उपन्यास : स्वरूप और संवेदना

उपन्यास

स्वरूप और संवेदना

राजेन्द्र यादव

वाणी प्रकाशन

वाणी प्रकाशन

4695, 21-ए, दरियागंज, नयी दिल्ली 110 002

फ़ोन : +91 11 23273167 फ़ैक्स : +91 11 23275710

शाखाएँ

अशोक राजपथ, पटना 800 004, बिहार

कॉफ़ी हाउस कैम्पस, महात्मा गांधी मार्ग, इलाहाबाद 211 001, उत्तर प्रदेश

महात्मा गांधी अन्तरराष्ट्रीय हिन्दी विश्वविद्यालय, वर्धा 442 001, महाराष्ट्र

सुल्तानिया रोड, मोतिया पार्क, भोपाल 462 001, मध्य प्रदेश

www.vaniprakashan.com
marketing@vaniprakashan.in
sales@vaniprakashan.in

UPANYAS : SWAROOP AUR SAMVEDANA
by Rajendra Yadav

ISBN : 978-93-88434-88-1
Criticism

पेपरबैक प्रथम संस्करण 2020

मूल्य : ₹ 295

सिटी प्रेस, दिल्ली-110 095 में मुद्रित

वाणी प्रकाशन का लोगो मक़बूल फ़िदा हुसेन की कूची से

क्रम

विस्मृति से लड़ते हुए...

तब मेरी उम्र रही होगी मुश्किल से तेईस चौबीस साल। 'रेखाएँ, लहरें और परछाइयाँ' तथा 'देवताओं की मूर्तियाँ' नाम से दो कहानी-संग्रह आ चुके थे। 'प्रेत बोलते हैं' (बाद में सारा आकाश) उपन्यास छप चुका था और 'उखड़े हुए लोग' का पहला प्रारूप लिख लिया गया था। 'चेखव : एक इण्टरव्यू' भी प्रकाशित पुस्तकों में था। 'खेल खिलौने' संग्रह छपने की प्रतीक्षा कर रहा था।

मगर उस समय सच पूछा जाए तो न जिन्दगी की समझ थी, न लेखन की। रोमानी मन में उत्साह बहुत था और काफी कुछ पढ़े होने का दम्भ। जमाना प्रगतिशील वर्चस्व का था। सारा साहित्य प्रगतिशील और प्रतिक्रियावादी (परिमलवादी) विचारधाराओं में बँटा था। परिमल में कलावादी और अमेरिकन सी.आई.ए. प्रायोजित 'व्यक्ति स्वातन्त्र्य' (कल्चरल फ्रीडम) के हामी भरे थे। प्रगतिशीलों की प्रेरणा, सोवियत-यूनियन और रूसी साहित्य था जो शोषण और साम्राज्यवाद के खिलाफ था और विश्व-शान्ति के लिए प्रतिबद्ध था। शीत-युद्ध अपने चरम पर था।

उन्हीं दिनों मैंने नरेन्द्र शिरोमणि नाम से 'राष्ट्रभारती' और बाद में श्यामलता नाम से ज्ञानोदय में कुछ तेज-तर्रार लेख लिखे। (तब तक 'मैला आँचल' इत्यादि उपन्यास नहीं आए थे)

कथा-साहित्य पर लिखे इन लेखों को पढ़कर आज हँसी आती है। ये साहित्य की स्वतन्त्र समझ से नहीं, उत्तेजना, आवेश और ख़ेमेबद्धता के ज़ोम में लिखे गए थे, जहाँ अपनी और 'उनकी' सूचियाँ बनाकर उन्हें लताड़ते रहना जरूरी था। रचना और स्थितियों की जानकारियाँ इनमें चाहे जितनी हों, मगर स्पष्ट ही सतही फ़तवेबाजी और बड़बोलापन मूल्यांकन पर हावी था। हर खेमे की उस समय एक ही बीमारी थी; अध्ययन और उद्धरणबाजी···यानी हर समय विरोधियों से युद्धस्तर पर तनाव की मानसिकता।

शायद उस समय गहरे और स्वतन्त्र मूल्यांकन किए भी नहीं जा सकते थे–

क्योंकि तटस्थ रह सकना सम्भव नहीं था। आप न भी चाहें तो इस या उस खेमे से जोड़ दिए जाते थे।

मगर एक बात लगभग तब भी साफ थी : परिमल में तब प्रायः नई कविता से जुड़े प्रयोगवादी कवि थे और उनकी चिन्ताएँ थीं 'व्यक्ति-स्वातन्त्र्य', नैतिक मूल्य और कला साहित्य की शाश्वत चिन्ताएँ...कालान्तर में व्यक्ति-स्वातन्त्र्य—व्यक्तिगत मुक्ति (मोक्ष) में, नैतिक मूल्यों की चिन्ताएँ हिन्दुत्व की पौराणिकता में और सनातन की खोज औपनिषिदिक दार्शनिकता या देश और काल के नकार में बदलती चली गईं। सब मिलाकर आध्यात्मिक रहस्यवाद ही उनकी शरण-स्थली बना। आज निर्मल वर्मा, नरेश मेहता और धर्मवीर भारती इसके उदाहरण हैं। दूसरी तरफ गद्य, विशेषकर कथा-साहित्य अपने समय और समाज से ज्यादा जुड़ा था इसलिए उसके सरोकार ज्यादा ठोस थे—वह सामाजिक विषमता, शोषण, सामंती अत्याचारों और किसान-मजदूरों की मुक्ति कामना से प्रतिबद्ध था। हाँ, वह समय ऐसे सांस्कृतिक संयुक्त-मोर्चे का भी था जब हिन्दी-उर्दू-पंजाबी लेखक एक साथ थे—पत्र-पत्रिकाएँ निस्संकोच सबको बिना भेदभाव के छापती थीं और शेष भाषाओं के बीच जीवन्त-संवाद बना था। यही नहीं इसमें 'इप्टा' और नई फिल्मों से जुड़े लोग भी शामिल थे। वह अद्भुत आशावाद का ऊर्जावान उभार था। क्रान्ति हम सबका सपना थी और जो इसके बीच बाधा थे वे सब वर्ग-शत्रु थे। यह 50 से 60 का दशक था।

'उपन्यास : स्वरूप और संवेदना' की घोषणा लगभग बीस-पच्चीस साल पहले की गई थी कहानी : 'स्वरूप और संवेदना' के साथ। किताब नहीं आई और टलती रही। लेख थे, लेकिन साथ ही कुछ संकोच (रिज़र्वेशंस) भी थे।

कहानी-उपन्यास लिखने के साथ-साथ मैं प्रायः शुरू से ही 'कथा-समीक्षा' से भी छेड़छाड़ करता रहा हूँ। इस किताब में भी 'नायक का विकास' लेख 1954 में प्रकाशित हुआ है। प्रसाद के उपन्यासों पर 1988 में और शेष 'हंस' सम्पादन के दौरान 97 तक। बीच के कुछ लेख '18 उपन्यास' में आ चुके हैं। कुछ को तो रोक लिया गया। अनेक बार पढ़ने पर भी वे मुझे काफी कच्चे और उपन्यासों के नामों और विवरणों से बोझिल लगते रहे। चूँकि किसी योजना के तहत नहीं, अलग-अलग समयों और जरूरतों में लिखे थे, इसलिए कुछ बातें बार-बार दुहराई जाती रहीं। उनमें कुछ ऐसे उपन्यासों और उपन्यासकारों का जिक्र भी आता रहा, जिन्हें हम आज प्रायः भूल चुके हैं। देखकर स्वयं आश्चर्य हुआ कि क्या किसी समय वे सचमुच ऐसे महत्त्वपूर्ण थे कि बिना उनकी बात किए उपन्यास पर बात करना अधूरा लगता था ? कहाँ गए वे ? मगर क्या परम्परा और इतिहास को रोज-रोज भूलते जाना सम्भव है ? आज तो कोई राहुल, यशपाल और इलाचन्द्र जोशी का भी जिक्र नहीं करता, मगर हमारी कथा मानसिकता को बनाने में उनकी जबर्दस्त ऐतिहासिक

भूमिका रही है, इसे कैसे झुठलाया जा सकता है ? सुविधा के लिए मैंने इन लेखों को तीन हिस्सों में बाँट दिया है : एक में इतिहास और अवलोकन है, दूसरे में कुछ उपन्यास और तीसरे में, वे मुद्दे और परिवेश जो स्वयं उपन्यासकार होने के नाते, मुझे अपने लिए साफ करने थे।

मैं समझता हूँ कि यहाँ दिये जानेवाले इन कुछ लेखों में साहित्य और समय की गहरी अन्तर्दृष्टि चाहे न हो, या चीजें काले-सफेद में भले ही बँटी हुई हों, मगर उस समय की कैमिस्ट्री और क्लाइमेट (मौसम) वहाँ जरूर है। उस बिन्दु से शुरू होकर आज हम कहाँ आ गए हैं, यह जानने के लिए भी इनका होना उपयोगी है, प्रश्न यह भी जरूरी है कि क्या वह सिर्फ इतिहास था या वहाँ ऐसे और कुछ सरोकार भी थे जो आज भी हमारे लिए प्रासंगिक हैं ? भटके हम पहले थे या आज ? और आज हम अपेक्षाकृत 'वयस्क' हुए हैं या स्थगित ?

मेरा विश्वास है कि काव्य-समीक्षा के समृद्ध होने का कारण यह है कि वहाँ पुरानी कृतियों का बार-बार नए दृष्टिकोण से विश्लेषण-विवेचन हुआ है, व्याख्याएँ और पुनर्व्याख्याएँ हुई हैं, 'जुही की कली' 'राम की शक्ति पूजा' से लेकर 'असाध्य-वीणा' और 'अन्धेरे में' या 'ब्रह्म राक्षस' तक। कथा-समीक्षा में प्रायः ऐसा कम हुआ है। वहाँ उपन्यासों के अन्दर और बाहर की दुनियाओं की समीक्षाएँ तो बहुत हैं, मगर स्वयं उपन्यास की कला और बाहरी भीतरी यथार्थ के सम्बन्धों अन्तःक्रियाओं की पड़ताल या स्वरूप की पहचान कम है। शायद 'चन्द्रकान्ता संतति' प्रसाद के उपन्यास या 'नदी के द्वीप' आदि की समीक्षाएँ मैंने इसी चिन्ता में लिखी हैं। हो सकता है 'औरों के बहाने' या अन्य स्थानों पर अपने समकालीनों के सम्पूर्ण रचना-केन्द्रित व्यक्तित्व विश्लेषण भी इसी पुनर्मूल्यांकन की दृष्टि से लिखे हों। इतिहास, विश्लेषण और परिवेश के पचास-साला फैलाव में हिन्दी उपन्यास की यहाँ सिर्फ रूपरेखा ही है। हाँ, यह आग्रह मैं जरूर करूँगा कि इस किताब को '18 उपन्यास', कहानी : स्वरूप और संवेदना, प्रेमचन्द की विरासत और 'औरों के बहाने' के साथ जोड़कर ही देखा जाना चाहिए। शायद तब 'विकास' को समझना आसान हो। सब मिलाकर समीक्षा विस्मृति के खिलाफ लड़ाई भी है।

इस पुस्तक की तैयारी में वीना उनियाल के उत्साही-सहयोग का ज़िक्र जरूरी है।

राजेन्द्र यादव

परिवेश और प्रश्न

सामाजिक परिवर्तन और कथा-साहित्य

व्यवस्था (एस्टेब्लिश्मेंट) को कोई भी साहित्य केवल तीन स्तरों पर झकझोर (डिस्टर्ब कर) पाता है, यानी 'आपत्तिजनक' होता है। एक है मैटाफ़िज़िकल और धार्मिक, दूसरा राजनैतिक और तीसरा है 'नैतिक'। कहा यह भी जा सकता है कि सांस्कृतिक विद्रोह की यही अनिवार्य शर्तें हैं कि उसने ज़िन्दगी के इन तीनों स्थापित आदर्शों के सामने कहाँ-कहाँ नए प्रश्नचिह्न लगाए या उनकी नई परिभाषाएँ दी हैं और बनी बनाई मान्यताओं को तोड़ने की मानवीय तड़प को रेखांकित किया है। सम्पूर्ण हिन्दी साहित्य में शायद यशपाल ही ऐसा अकेला लेखक है जिसने इस असलियत को समझा है और उसकी रचनाएँ व्यवस्था के इन तीनों पक्षों पर फिर से विचार करने को प्रेरित करती रही हैं। बहुत दिनों तक शायद उसे कलाकार भी नहीं माना जाता रहा है मगर हममें से बहुत लोगों को याद होगा 'अग्निपरीक्षा' (आचार्य तुलसी) नाम के खंडकाव्य पर मध्यप्रदेश में कितना तूफ़ान मचा था, क्योंकि वह कहीं हमारी तथाकथित धार्मिक भावनाओं को ठेस लगती थी। उससे भी पहले 'सरिता' में 'राम का अन्तर्द्वन्द्व' के कारण (अरविन्द कुमार) शीशे-दरवाजे तोड़े गए थे। यहाँ राजनैतिक और नैतिक स्तरों पर प्रश्न उपस्थित करनेवाली दो रचनाएँ लें। 'डॉ. ज़िवागो' में सोवियत दमन के खिलाफ़ पास्तरनाक ने राजनैतिक सन्दर्भों में आदमी के बदलते हुए मनोविज्ञान और सम्बन्धों की संवेदनशील कहानी कही थी और 'लेडी चेटरलीज़ लवर' में लारेन्स ने नारी-पुरुष के बदले हुए सम्बन्धों को साहस के साथ लिखा था। एस्टेब्लिश्मेंट इन दोनों की ही गुस्ताख़ी का अभ्यस्त नहीं होता। जो कथाकार कहीं भी 'आपत्तिजनक' नहीं है और समाज के बदलाव को कथा-स्तर पर चित्रित करने की बात कहता है, वह सारी बारीक सफाई और कलाकारी के बावजूद, ग्राहमग्रीन और समरसैट माम होकर रह जाता है। यथास्थिति उससे कोई ख़तरा नहीं देखती, बल्कि अक्सर प्रश्रय देती है। (क्या यह केवल संयोग ही है कि ये दोनों लेखक काफी समय तक 'ब्रिटिश इंटैलिजेन्स सर्विस' में रहे हैं)

कथा-साहित्य में सामाजिक परिवर्तन का अर्थ घटनाओं और स्थितियों के ब्यौरों से नहीं उनके दबावों में बदलते हुए मानसिक और आपसी सम्बन्धों से है, चीज़ों और लोगों के प्रति हमारे बदलते हुए सहज रवैये से है। वहीं रचना व्यक्तिगत और सामाजिक दोनों स्तरों पर प्रामाणिक हो पाती है। इसलिए कोई भी कहानी या उपन्यास तभी सार्थक या समय के साथ है जब वह हमें अपने आपसी सम्बन्धों को नए सिरे से सोचने को बाध्य करे, या स्वीकृत सम्बन्धों के अनदेखे आयाम खोले।

भारतीय कथा-साहित्य में स्वतन्त्रता के बाद ऐसे उपन्यासों की बाढ़ आ गई है जिनमें सामाजिक परिवर्तनों के पूरे विस्तार और पक्ष सूचीबद्ध किए गए हैं, देश के सौ और दो सौ वर्षों का इतिहास दिया गया है या हमारी तीन-चार पीढ़ियों का तर्पण किया गया है। लेकिन अपनी सारी रोचकता और विविधता के बावजूद बदलते हुए सम्बन्धों और मानव-स्थितियों के प्रति आधुनिक दृष्टि कहीं भी नहीं है···केवन नए और पुराने का सतही शाब्दिक संघर्ष सामने आता है। अपनी छोटी-बड़ी रचनाओं से शरच्चन्द्र ने सामाजिक चौखटे में सम्बन्धों के जिन पक्षों की दरारों को उभारा था···हज़ार-हज़ार पृष्ठों के ये दर्जनों 'वार ऐंड पीस' मूलतः वहाँ से एक क़दम आगे नहीं बढ़ पाए हैं। बल्कि इसी आधारभूत कमज़ोरी को छिपाने के लिए ये गाथा-ग्रन्थ 'विलक्षण' चरित्रों की कल्पनाएँ और अप्रत्याशित, अद्भुत घटनाओं के अम्बार लगाए चले जा रहे हैं। चूँकि इन वयोवृद्ध लेखकों को 'दुनिया में बहुत कुछ देखे होने' का सन्तोषप्रद गौरव प्राप्त है, इसलिए वे सामाजिक परिवर्तनों और उनके एक-एक पक्ष को रेखांकित करते हैं, इतिहास के हर मोड़ को एक उपन्यास या कहानी का रूप दे देते हैं, लेकिन जो चीज़ ये नहीं दे पाते वह है नए आदमी के मनोविज्ञान और सम्बन्धों को समझने की दृष्टि, उसके री-एक्ट करने की सचाई···बहुत हुआ तो 'दुनिया कहाँ आ गई है' की गहरी साँस के साथ इनकी रचनाएँ समाप्त होती हैं।

यद्यपि आज हिन्दी में प्रायः हर भारतीय भाषा की प्रमुख रचनाएँ उपलब्ध हैं, और हम सबने बड़े चाव से उन्हें पढ़ा भी है···लेकिन अपनी बात मैं हिन्दी कथा-साहित्य तक ही सीमित रखूँगा, इस समय अनायास याद आ गई इधर की कुछ ताज़ी कृतियों से अपनी बात कहने की कोशिश करूँगा···

'झूठा-सच', 'बूँद और समुद्र', 'धूपछाँही रंग' जैसे सशक्त उपन्यासों के बावजूद, भीतरी और मूलभूत परिवर्तनों को समझनेवाली रचनाएँ शायद उन्हीं लेखकों से आई हैं जिन्होंने 'पहले का' बहुत कम देखा है और इस बारे में तुलनात्मक ढंग से सचेत नहीं हैं कि स्वयं किसी बदले हुए समाज में रह रहे हैं। इसलिए कुछ मित्रों की इस बात से मैं सहमत हूँ कि इस कथा-पीढ़ी के सामने आदर्शों, दर्शनों या लक्ष्यों के ऐसे कोई भ्रम ही नहीं थे; जिनके भंग होने का दर्द इन्होंने सहा हो। इन लोगों का वास्तविक इतिहास स्वतन्त्रता के बाद से शुरू होता है और इन्होंने केवल मरी

हुई संस्कृति की लाश देखी है⋯कभी उससे एक सम्मानजनक दूरी बनाए रखी है कभी उस पर थूका है। अनुभव और उम्र का दायरा सीमित है, जिन्दगी के संघर्ष अवकाश नहीं देते, इसलिए कृतियाँ भी छोटी कहानियों और लघु-उपन्यासों से बड़ी नहीं हैं लेकिन दृष्टि में कोई पूर्वाग्रह या किसी भी आदर्श की खुमारी नहीं है। अपनी कुंठा छटपटाहट और अपनी तकलीफों को ही उन्होंने निडर और ईमानदार आदमी की तरह इकबाल (कन्फैस) किया है। यही कारण है कि अपनी पराजयों को लेकर आत्म दया वाला वह शहीदाना अन्दाज़ भी नहीं है जो पहले की रचनाओं में हुआ करता था।

अजब नहीं है कि स्वतन्त्रता के बाद हिन्दी की सबसे समर्थ और सार्थक विधा कहानियों और लघु-उपन्यासों की ही रही है और इनमें से एक भी रचना अपने से पिछले इतिहास पर नहीं है। चाहें तो हम आँसू बहा सकते हैं कि यह 'मूल-हीन' पीढ़ी 'गोदान' की तरह संस्कार, व्यवस्था और व्यक्ति के संघर्ष की महाकाव्यात्मक ट्रेजेडी नहीं दे पाएगी। लेकिन हमें स्वीकार कर लेना चाहिए कि व्यक्ति और समाज के पुराने इतिहास को दुहराने की परम्परा अज्ञेय और भगवतीचरण वर्मा के साथ समाप्त हो गई। नई अधिकांश रचनाएँ केवल अपने परिवेश और अपने समय का सामना करते हुए लिखी गई हैं। क्या यही इस बात का सूचक नहीं है कि हमारा समय ही हमारे लिए सबसे बड़ी चिन्ता और चुनौती है ? चाहे वे श्रीलाल शुक्ल के 'राग-दरबारी' और हरिशंकर परसाई की तरह आस-पास के तख़्ख़ कार्टून हों, या फिर फणीश्वरनाथ रेणु, शानी और राही मासूम रज़ा की तरह लगावभरी यातना हो ⋯अपने परिवेश से न भागने का तत्त्व सभी में समान है और यहीं रहकर नए लेखकों ने व्यक्तित्व के अन्तर्विरोधों और सम्बन्धों के बदलते रूप को पकड़ा है।

आपसी सम्बन्धों में सबसे नाजुक, सबसे निर्णायक और सबसे विस्फोटक सम्बन्ध नारी और पुरुष का है, इसीलिए संसार के सारे कथाकारों का केन्द्रीय विषय भी यही रहा है जो सामाजिक परिवर्तन बड़े-बड़े भाषणों और कानूनों से नहीं लाए जा सके और बड़े-बड़े शासक जिन्हें लागू नहीं कर पाए उन्हें किस तरह दो गुमनाम स्त्री-पुरुष ने अनजाने ही, केवल अपनी भावनाओं के बहाव में स्थापित कर दिया, इसे देखने के लिए कहीं दूर जाने की ज़रूरत नहीं है। धर्म, जाति, देश, रंग, प्रतिष्ठा, कुल-मर्यादा⋯सभी की दीवारें सबसे पहले यहीं और इसी धरातल पर अघोषित टूटी हैं। आज भी नौकरी या चुनाव के लिए जाति या प्रान्त का इस्तेमाल भले ही किया जाए, नारी-पुरुष के सम्बन्धों में ये आड़े नहीं आते। हाँ, स्वतन्त्रता से पहले की कहानियाँ जहाँ उनके मिलने, या न मिलने की यातनाओं और सुखों⋯या उनकी यादों पर आ कर समाप्त हो जाती थीं⋯आज वे उस बिन्दु के बाद, आपसी सम्बन्धों के तनाव, एडजस्टमेंट्स, या एक-दूसरे की समझ को सहज ढंग से सामने रखती हैं और उनका चित्रण नारी-स्वतन्त्रता के आँकड़ों या स्थितियों से ज्यादा महत्त्वपूर्ण है।

श्रीकान्त वर्मा का छोटा-सा उपन्यास 'दूसरी बार' (यहाँ मंजूर एहते शाम का 'कुछ दिन और' भी जोड़ा जा सकता है।) मुझे यहाँ रह-रह कर याद आ रहा है। ध्यान नहीं है कि स्त्री-पुरुष के आत्मीय अपरिचय को इतने खुले और यथार्थ धरातल पर कहीं और चित्रित किया गया है। इसकी नायिका बिन्दो की तुलना जैनेन्द्र, अज्ञेय की समर्पणवादी या इलाचन्द्र जोशी की रहस्यमयी, आदिशक्तिनुमा नारियों से करें तो दो समयों का बदला हुआ मिज़ाज ज्यादा साफ समझ में आता है। सैक्स केवल दो शरीरों या आत्माओं को मिलाने और आन्तरिक रूप से जान लेने की ही जगह नहीं है···अपने आपसे और दूसरे से बदला लेने, आपस में एकदम अपरिचित हो जाने और किसी भी निर्णय पर न पहुँच पाने की जगह भी है। गिरिराज किशोर की 'यात्राएँ' पति-पत्नी के हनीमून की सारी औपचारिकताओं के बीच अपरिचित होते चले जाने और शरीर के तथ्य से आतंकित होने की 'यात्रा' है। कोई भी जीवित सम्बन्ध किसी भी निर्णय पर नहीं पहुँचता, उसे हर क्षण विकसित होते हुए अन्वेषित करना होता है। कृष्णा सोबती की 'यारों के यार', 'मित्रों मर जानी' को लेकर जो शोर-शराबा हुआ था वह सबको याद है। भारतीय उपन्यासों में 'मित्रों' का चरित्र केवल अपनी निर्मम अकुंठित सच्चाई कि लिए ही अकेला है···औरत को केवल औरत की बेबाक और बेलाग निगाह से देखना, किसी भी आदर्श, कुंठा या मूल्य निर्णय की दयनीयता से अलग···मन्नू भंडारी का 'आपका बंटी', विवाह या अपने जीवन को फिर से एक अवसर देनेवालों के सन्दर्भ में एक निरीह, अबोध, संवेदनशील बच्चे की दुखभरी कहानी बिल्कुल नहीं है···वह पति-पत्नी और सन्तान के 'शाश्वत' सम्बन्धों को आज की परिस्थिति में फिर से जाँचने और ईमानदारी से स्वीकार कर लेने की कहानी है···केवल उस गोटी के माध्यम से कही गई है जिससे दोनों अपना-अपना खेल खेलते हैं और यहाँ यह 'गोटी' केवल गवाह नहीं रह जाती ···सारी स्थिति को स्वयं जीने और भोगनेवाला एक नया कोण बन जाती है। इसे "कपड़े सीकर बच्चे के लिए सब कुछ जुटा देनेवाली भारतीय माँ" वाला लेखक शायद बिल्कुल नहीं समझ सकता···लेकिन जिसके होने से आज का कोई व्यक्ति इन्कार भी नहीं कर सकता। क्या इस छोटे बच्चे की असुरक्षा, भविष्य-हीनता और कहीं भी 'बिलोंग' न कर सकने की भावना के पीछे देश की सारी असुरक्षित परिस्थिति का यही स्वर नहीं बोलता ? कमलेश्वर की कहानी 'फालतू' के नायक की यन्त्रणा को, अपनी जगह सुरक्षित और प्रतिष्ठित लेखक कैसे समझ सकता है जहाँ बच्चा माँ-बाप के लाख न चाहने पर भी धरती पर आ गया है और हर क्षण इस अहसास को ढो रहा है कि वह फिजूल और पालतू है। बिना भर्त्सना किए ज्ञानरंजन की 'पिता' कहानी के नायक की आक्रामक उदासीनता को समझ पाना भी मुश्किल है कि क्यों वह अपने बाप से कतराता है···ममता कालिया के उपन्यास 'बेघर' के परमजीत को आखिर क्या तकलीफ है कि अच्छी-खासी नौकरी, बीवी-

बच्चों के होते हुए और बिना किसी महत्त्वाकांक्षा को मन में रखे भी 'बेघर' है··· महेन्द्र भल्ला की लम्बी कहानी 'एक पति के नोट्स' में वह कौन-सी बेचैनी या भटकाव है कि सुन्दर, प्यार करनेवाली पत्नी के बावजूद नायक इधर-उधर 'मुँह मारता' है ···या एकदम नई लेखिका मृदुला गर्ग की कहानी 'अवकाश' की नायिका कैसी है, कि पति के साथ सम्भोग को, भिखारी को दिए जानेवाले टुकड़े की तरह फेंक कर अपने प्रेमी के पास चली जाती है ?

पतित, भ्रष्ट, कुंठित, दिग्भ्रान्त, निरंकुश···इन कथा-पात्रों को कुछ भी कहकर गाली दी जा सकती है···लेकिन सम्बन्धों को जाँचने की इनकी तटस्थ ईमानदारी या बेचैनी को अनदेखा नहीं किया जा सकता। इन कथाकारों ने स्थितियों और नियतियों को भावुक होकर टालना नहीं चाहा है, न नैतिक ऊँचाइयों से अपने मूल्य-निर्णय दिए हैं, केवल उन सम्बन्धों की कहानियाँ लिखी हैं जिन्हें लिखना अभी तक 'वर्जनीय' माना जाता था। स्थिति की नज़ाकत से न कतराने और वर्जित-क्षेत्र में प्रवेश कर जाने की दुहरी चुनौती को स्वीकार कर लेना क्या बिना किसी सामाजिक दबाव के ही हुआ है ? जी नहीं, अपनी इस तथाकथित दुस्साहसिकता को इन्होंने 'व्यावसायिक' बिल्कुल नहीं बनाया है। ये जानते हैं कि व्यवसाय या सरकारी व्यवस्था में इनके लिए कोई मान्यता नहीं है, इनकी एकदम अलग, अन-पहचानी और 'फूहड़' भाषा किसी का मनोरंजन नहीं कर पाएगी···इनका मुहावरा किसी के मन में सतरंगे फूल नहीं खिलाएगा। इन रचनाओं से कभी कोई साहित्य शास्त्री रस-सिद्धान्त नहीं निकालेगा···लेकिन फिर भी आज ये कहानियाँ लिखी जाती हैं, बल्कि आज ही ये कहानियाँ लिखी जाती हैं तो क्या, ऐसा नहीं लगता कि ये बड़े-बड़े सामाजिक परिवर्तन व्यक्ति के भीतर, गहराई में भी कहीं ऐसा कुछ बदल रहे हैं जिसे अभिव्यक्ति देने की जोखिम इस कथाकार को उठानी ही है···और जिसे राजनीतिज्ञ, समाजसुधारक, समाजशास्त्री नहीं···सिर्फ लेखक ही महसूस कर रहा है ···लांछित, निष्कासित और अकेला होने की नियति स्वीकार करते हुए सत्य के अंगार को हथेली पर लेने की हिमाकत केवल मज़ा लेने के लिए या चौंकाने के लिए ही नहीं होती।

और अगर यह कथाकार सचमुच इतना ही हताश हो गया है कि उसे हर कीमत पर यह 'आत्मघाती मज़ा' चाहिए, तो निश्चय ही इस डेस्परेशन के कारण व्यक्तिगत कुंठाओं में नहीं, कहीं और हैं, दूर हैं;···मैंने केवल एक ही कथास्तर की बात कही है···शायद राजनीति में इस डेस्परेशन के कारणों और रूपों को और भी साफ देखा जा सकता है। जहाँ प्रयास का निश्चित परिणाम जानते हुए भी मेधावी, प्रतिभावन नवयुवक अपना भविष्य बनाने की बात भूलकर देश के भविष्य के लिए हवनकुंड में छलाँग लगाने निकल पड़ते हैं। नक्सल आन्दोलन को विशुद्ध एडवैंचरिज़्म का नाम देनेवालों से पूछने का मन करता है कि भगतसिंह और चन्द्रशेखर आज़ाद

क्या थे ? उसे सिरफिरों का दुस्साहस नहीं कहा गया था।

विद्रोह का धरातल, कोण कोई भी हो···राजनैतिक, नैतिक या धार्मिक सवाल यही है कि आप उसे किस जगह खड़े होकर देख रहे हैं ? किसी भी प्रकार के परिवर्तन की माँग, आवाज़ या हमारी अपनी सुविधा, शान्ति या 'सब ठीक-ठाक' बना लेने की युक्ति यानी सब मिला कर सामाजिक, व्यक्तिगत या नैतिक सुरक्षा को खतरा तो पैदा करती ही है···

शब्द-बीहड़ों की यात्राएँ

मैं शुरू से ही स्वीकार कर लूँ कि इस वर्ष कुछ विशेष पढ़ने का अवसर नहीं निकाल पाया, फिर भी चाहूँ तो देशी-विदेशी समीक्षाओं के आधार पर खासी आतंकवादी सूची पेश कर सकता हूँ। दरअसल सम्पादन 'स्वान्तःसुखाय' पढ़ने का सबसे बड़ा शत्रु है। पहले, मैं पढ़ने में चुनाव कर सकता था, कोशिश करके किताबें उपलब्ध करता था। अब एक अजब लापरवाही आ गई है श्यामलाल 'अदीब' जैसे लोगों से सचमुच डर लगता है : कितना पढ़ते, याद रखते हैं और उसे अपनी एक वैचारिक व्यवस्था देते हैं। नामवर और मैनेजर पांडेय जैसे पुस्तक-भक्षियों के लिए भयानक सम्मान, परिणामतः घोर घृणा से दग्ध रहने का अभ्यस्त हो गया हूँ। वे सब मेरे शत्रु हैं जो निश्चिन्त होकर मनचाही पुस्तकें पढ़ रहे हैं–चाहे वे कृष्ण कुमार हों या डॉ. श्यामाचरण दुबे, सुधीश पचौरी और हरीश त्रिवेदी हों या मीनाक्षी मुखर्जी–जमाना जरूर उन्हें एक दिन समझेगा। ईश्वर करे उन्हें ज्ञान के रेगिस्तान में पानी नसीब न हो और उनसे भी ज्यादा पढ़ाकू डाकू उन्हें बार-बार 'दर्शन' दें। उनको स्मृति-भ्रंश हो।

सम्पादन जुएँ निकालने का काम है, घंटाभर बालों की एक-एक परत हटाकर देखो तो कहीं एक 'पकड़' में आती है, आँखों की बैटरी खर्च होती है सो मुफ्त, क्रमशः आप 'पढ़ने' के प्रति उदासीन होते जाते हैं–लम्बी चीज़ों को स्थगित करते हैं और मछुआरे की तरह हर मछली को हाथों से तौलकर ही 'मूल्यांकन' करते हैं। फिर दिल्ली की ज़िन्दगी, सुबह दस-ग्यारह बजे तक जो पढ़-लिख लो, सो अपना वर्ना महानगर का। ऊपर से अपनी माशाअल्ला याददाश्त–कल जो साहब दो घण्टे गप्पें लड़ाकर गए थे आज उनका नाम ही याद नहीं आ रहा। वर्ष के शुरुआती छह-आठ महीनों में जो पढ़ा वह पुराने जन्म के धुँधले सम्पर्क की तरह हो गया। इधर की कुछ चीज़ें ज्यादा निकट लगती हैं।

शुरू में राहुलजी का ज़ोर था, जिधर देखो गोष्ठियाँ, सेमिनार, परिसंवाद और

विशेषांक। उनकी कुछ रचनाएँ पढ़ीं और 'वोल्गा से गंगा' पढ़कर अभिभूत हुआ। गुणाकर मुले की लिखी उनकी दो जीवनियाँ (स्वयंभू पंडित आदि) और विद्यानिवास मिश्र द्वारा नखदंत विहीन हिन्दूकृत संकलन। कुछ पुराने प्रिय अनुवाद पढ़े, अपना 'अजनबी', मोहन राकेश का 'उस रात के बाद', निर्मल वर्मा का 'रोमियो जूलियट और अन्धेरा' मार्खेज की कहानियों का संकलन, 'कर्नल वाला' उपन्यास, स्टीफेनज्विग और दोस्तोएव्स्की की लम्बी कहानियाँ, मिलान कुंडेरा का बड़बोले वक्तव्यों से भरा 'आर्ट ऑफ नॉवेल', उम्ब्रेतो ईको का 'मिस रीडिंग', रोलाँ बार्थ का 'कैमरा लूसिडा' और सूजन सैंटॉग का 'अगेन्स्ट इंटरप्रिटेशन्स' जैसी कुछ किताबें। न्गुगीवा-थ्वांगो के उपन्यास 'कीरागीरों' और चिनुआ अचेबे का 'थिंग्स फॉल ए पार्ट', इधर-उधर कुछ छोटे-मोटे लेख।

उपन्यासों के लिहाज से यह वर्ष 1993 के मुकाबले बहुत कमजोर रहा। तब 'मुझे चाँद चाहिए' 'डूब' 'इदन्नमम' ने संतोष दिया था, इस वर्ष तेजेन्दर का 'काला-अज़ार' व्यक्तियों के कैरिकेचरों में और 'बीच में विनय' में यशपाल युग के मार्क्सवादी विमर्श में ही खोए स्वयं प्रकाश, दोनों ने बहुत निराश किया। हाँ मनोहरश्याम जोशी के 'हरिया हरकुलिस की हैरानी' नई तरह आन्दोलित करनेवाली उपन्यासिका लगी। भाषा तो जोशी के पास अद्वितीय है ही, 'रोशोमान' के मोटिफ का जैसा इस्तेमाल जोशी ने किया है वह दुर्लभ है। निश्चय ही जोशी प्रतिभाशाली कथाकार है और अपनी असली शक्ति न पहचानकर टी.वी. सीरियलों में ऐसी-तैसी करा रहा है—जैसे नामवर मंचों पर! तत्काल लाभ दोनों को 'मरकट की नाँई' नचा रहा है। इस उपन्यास में खिलवाड़ के अंदाज में यथार्थ को उलट-पलट कर पेश करना उपन्यास-कला पर पुनर्विचार को प्रेरित करता है। अभी-अभी वीरप्पा मोयली के 'कोट्टा' को भी पढ़ा और लगा वे कर्नाटक के मुख्यमन्त्री ही नहीं, उपन्यासकार भी हैं—कम-से-कम पूर्व मुख्यमन्त्री शांताकुमार से कहीं ज्यादा अच्छे। सारी आदर्शवादिता के बावजूद विष्णु प्रभाकर और अमृतलाल नागर के बाद के उपन्यासों से अधिक प्रौढ़ और ईमानदार…

वीरेन्द्र जैन के 'पार' को पढ़कर लगा कि 'डूब' के क्रमागत (सीक्वॅल) का मोह उन्हें ले डूबा—न वैसे चरित्र हैं, न कथा पर पकड़। स्वतन्त्र उपन्यास लिखते तो बेहतर था। मोयली का 'कोट्टा' भी आदिवासियों पर ही है और ज्यादा इन्वॉल्वमेंट के साथ लिखा गया है। प्रकाश मनु अपने 'यह जो दिल्ली है' में सन् चालीस-पचास की रोमानियत में ही किलोलें कर रहे हैं—घनघोर आदर्शवादी नायक और शोषक मक्कार पत्रकार या मालिक। जाहिर है सारी लड़कियाँ नायक पर निछावर हैं—राजकपूर और देवानंदी धजा, वही भाषा, वही 'जला दो ये दुनिया' वाला गुरुदत्त। काश, मनु ने पत्रकार जगत् पर इर्विंगवैलेस के 'ऑलमाइटी' जैसे उपन्यास ही देख लिए होते। तीन दशक पहले द्वारिका प्रसाद का 'पहिए' अखबारी दुनिया का ज्यादा

प्रामाणिक और गहरा चित्र था। जिस तरह वीरेन्द्र जैन का 'शब्दवध' प्रकाशकीय जगत् के छोटे-मोटे शोषणों की एक के बाद एक फेहरिस्त से आगे नहीं जाता उसी तरह प्रकाश मनु इस व्यवसाय की आर्थिक जटिलताओं, व्यक्तिगत महत्त्वाकांक्षाओं, मिशन और व्यापार की टकराहटों को न देखकर निष्पाप नायक की रोमानी यातनाओं की ही जुगाली करते रहते हैं। चूँकि ये आत्मग्रस्त भटकनें टुच्चे-दूसरों के बीच महान् नायकों की डायरियाँ हैं इसलिए इनकी लम्बाई दो सौ पन्नों से दो हजार पन्नों तक कुछ भी हो सकती है। पत्रकारिता या महानगर को भीतर से देखनेवाले कम से कम अरुणा साधु के 'बम्बई दिनांक' जैसा ही कुछ लिखते। इन्हीं सीमाओं का शिकार पहले वीरेन्द्र सक्सेना का 'खराब मौसम के बावजूद' था। परिचित दुनिया की अति-परिचित कहानियों में न भाषा की रचनात्मकता दिखाई देती है, न अनुभवों के निजी अनछुए क्षण। सबकुछ स्टॉक, पूर्वानुमेय और काले-सफेद में बँटा हुआ। निर्मल वर्मा का सबसे खराब उपन्यास 'रात का रिपोर्टर' अपनी सारी वायवीयता के बावजूद पढ़े जाने को मजबूर करता था। अन्य भारतीय भाषाओं के बरअक्स हिन्दी उपन्यासकारों की नई पीढ़ी अपने आपसे बाहर नहीं निकल पा रही है। न पर्स्पैक्टिव है न प्रयोगशीलता। ऐसे में 'गगनघटा गहरानी' (मनमोहन पाठक) और 'मैक्लुस्की गंज' (विकास कुमार झा) जैसी रचनाएँ अपनी कमजोरियों के बावजूद महत्त्वपूर्ण लगती थीं। शायद भीतर से टी.वी. सीरियलों ने और ऊपर से सेठों-सरकारों के लखटकिया पुरस्कारों ने हिन्दी कथाकार की सारी ऊर्जा सोख ली है, या कहिए निगाहें बदल दी हैं।

सन्तोष उर्दू के जोगेन्दर पाल के 'ख्वाबरौ' और 'बयानात' पढ़कर भी नहीं हुआ और उपमन्यु चटर्जी के 'अगस्त' को पढ़कर लगा कि ये सब अंग्रेजी को ही मुबारक हों। पिछले साल अमिताभ घोष के 'शैडो लाइन' ने एक भारतीय उपन्यास पढ़ने का सुख दिया था। विक्रम सेठ के 'सूटेबुल बॉय' की मोटाई और वीरेन्द्र कुमार बरनवाल की उच्छ्वासित प्रशस्तियों के चलते, छूने की हिम्मत नहीं हुई।

रुचि और समझ न होने के कारण कविता संग्रहों से बचने की प्रवृत्ति रही, मगर पिछले वर्ष अर्चना वर्मा के 'लौटा है विजेता' और इस साल कात्यायनी के 'सात भाइयों में चम्पा' कुछ अपनी-सी बात कहती लगीं।

हिन्दी की प्राध्यापकीय समीक्षाओं को देखकर मुझे प्रायः विरक्ति होती है। अक्सर समीक्षाओं के नाम पर विभिन्न अवसरों पर माँग के अनुसार तैयार लेखों-आलोचनाओं के बेतरतीब अम्बार होते हैं। विजयदेव नारायण साही और मुक्तिबोध की तरह अपनी दृष्टि साफ करने के लिए पुरानों या नयों के मूल्यांकन आज कोई नहीं करता। इस तरह की अन्तिम रचनात्मक समीक्षा विश्वनाथ त्रिपाठी की 'तुलसीदास' और 'मीरा' पढ़ी थीं। कविता की व्यापक महामारी और मूसलाधार समीक्षा-पोथों के बीच अजय तिवारी की 'समकालीन कविता और कुलीनतावाद'

सहमत-असहमत होने के लिए एक दृष्टि तो देती है। पसन्द मुझे अशोक वाजपेयी की समीक्षाएँ भी हैं, मगर उन्हें मैंने 95 में पढ़ने के लिए रखा है। उनके लिए खुदा को हाजिर-नाज़िर जानकर कविता और सिर्फ कविता की स्वायत्तता से प्रतिबद्ध होना पहली शर्त है। जाहिर है उतनी विकसित बुद्धि के लिए अभी मेरी विदेशी पढ़ाई पर्याप्त नहीं है। आचार्य गिरिराज किशोर के दो विचार-टिप्पणी संकलन भी मेरे सर्वज्ञ न होने का शिकार रहीं। यहाँ नामवरजी के ओशो की तर्ज पर दिए साक्षात्कारों की पुस्तक 'कहना न होगा' का जिक्र करना भी जरूरी है हालाँकि पिछले वर्ष रघुवीर सहाय और गोपालदास नागर की 'अज्ञेय' जिस तरह साक्षात्कारों के माध्यम से पूरे व्यक्तित्व को खोलती है वैसी एकान्विति तो नहीं है, मगर नामवरीय बौद्धिक कौंध तो है ही। मनमोहन ठाकौर की अपने बहाने कलकत्ता पचास वर्षों के साहित्यिक-सांस्कृतिक जीवन का बेहद जीवन्त इतिहास पढ़ना विलक्षण अनुभव था।

उत्तर-आधुनिकता के मुहावरों से भारतीय वर्तमान को समझने की जैसी धाँसू लेखमालाएँ सुधीश पचौरी ने लिखी हैं और उन्हें दो पुस्तकों 'उत्तर आधुनिक परिदृश्य' और 'उत्तर आधुनिकता और संरचनावाद' के रूप में प्रस्तुत किया है उससे चाहे और कुछ समझ में न आया हो, इतना जरूर लगा कि आर्थिक समृद्धि के लिए मल्टीनेशनल्स को लाने के प्रचंड तर्क देकर मनमोहन सिंह जिस तरह देश को मालामाल कर रहे हैं, वैसी ही वैचारिक सम्पन्नता और खुलेपन को साहित्य में सुधीश पचौरी भी लिए दौड़े चले आ रहे हैं। अस्तित्ववादी युग में इंग्लैंड के एंग्रीयंगमैन 'कॉलिन विल्सन' ने 'आउट साइडर' का उद्धरण मार धुआँधार किया था, वही उत्तर-आधुनिकता के जमाने में सुधीश पचौरी कर रहे हैं। हाँ, मेरे लिए यह समझना मुश्किल है कि मीडिया-विस्फोट द्वारा बड़ी-बड़ी राष्ट्रीय पहाड़ी बाधाओं को उड़ाकर सारे विश्व को 'ग्लोबल-विलेज' में बदले जाने के घनघोर हिमायती सुधीश पचौरी टी.वी. प्रोग्रामों के व्यावसायीकरण या व्यापारिक कुत्साकरण (वल्गराइजेशन) के इतने 'अज़दकी' विरोधी क्यों हैं ? "कहा हम नूह को लाएँ, कहा तुम नूह को लाओ, कहा, तूफ़ान का डर है, कहा तूफान तो होगा..."

इन्हीं दिनों दूसरे अनुशासनों से आए कुछ विचारकों की अच्छी पुस्तकें हिन्दी में आई हैं, जिनमें श्यामाचरण दुबे की 'संस्कृति के परिदृश्य' और रामशरण जोशी की 'चुनौतियों का चक्रव्यूह' पुस्तकें पठनीय लगीं। पिछले वर्ष ऐसी ही पुस्तक थी कृष्ण कुमार की 'राज्य, समाज और शिक्षा' हाँ, इसी वर्ष कानून को मानवीय सन्दर्भों में जाँचते हुए अरविन्द जैन ने 'औरत होने की सज़ा' जैसी विचारोत्तेजक पुस्तक दी। राजकिशोर द्वारा सम्पादित पुस्तक माला 'आज के प्रश्न' ने किसी हद तक साहित्येतर समकालीन विषयों को पाठकों तक पहुँचाया। उन्होंने अयोध्या, हिन्दू, मुसलमान, गैट-नीति, काश्मीर, हरिजन, स्त्री जैसे ज्वलन्त मुद्दों पर अलग-अलग लेखकों के विचारों का संकलन किया है। यही काम पिछले वर्ष अभय कुमार दुबे

ने स्कैम (घोटाला) और 'साम्प्रदायिकता के स्रोत' द्वारा किया था। अयोध्या पर दूसरा इस तरह का लेख-संग्रह सहमत और सारांश के सहयोग से 'अयोध्या कुछ सवाल' के रूप में आया है। दो पत्रकारों के अपने क्षेत्र की आत्मकथाएँ 'कहो व्यास कैसी कटी' और 'प्रेमचन्द के जीवनीकार की आत्मकथा' भारतीय पत्रकारिता के एक विशेष युग को बाँधने की कोशिश है। हिन्दी में जीवनी-परक उपन्यास या स्वतन्त्र जीवनियों का न होना इस वर्ष भी बहुत अखरता रहा। ऐसे में प्रभा खेतान द्वारा कामू की जीवनी पर 'वह पहला आदमी', पढ़कर बहुत अच्छा लगा। बेहद महत्त्वपूर्ण पुस्तक लगी।

और हाँ, पूरे वर्ष पर छाई तो तसलीमा नसरीन ही रही है—'लज्जा' और 'निर्वाचित कॉलम' (या कलाम) के माध्यम से। सो उसे तो पढ़ना ही था। अब इन दिनों पढ़ रहा हूँ 'महात्मा जोतिबा फुले' की ग्रन्थावली। वही स्त्री और दलित की उभरती हुई आवाज़ें।

'आजकल', 'इंडिया टुडे', 'सबरंग', 'लोकमत', 'कहानी' इत्यादि के विशेषांकों पर फिर कभी…

मुझे मेरे खोल में रहने दो

रचनात्मक दृष्टि से मेरे पढ़ने के लिए 1994 उपन्यासों का वर्ष था, 1996 आत्मकथाओं का। 'हंस' के चलते कहानियाँ, या दूसरी वैचारिक रचनाएँ तो दिनचर्या का अंग ही हैं, वहाँ प्रायः चुनाव नहीं है। मुझे याद है, शायद 55 में मैंने नरेन्द्र शिरोमणि के नाम से 'राष्ट्र भारती' (नागपुर) में एक लेख लिखा था– 'आखिर इन हिन्दी उपन्यासकारों को हो क्या गया है ?' लेख ने लगभग तूफ़ान खड़ा कर दिया था। पिछले वर्ष वही मुझे बार-बार याद आता रहा। इस लेख का कथ्य यही था कि हिन्दी-उपन्यास की दुनिया बहुत सीमित, सँकरी और संकुचित है। उसका विषय और नायक प्रायः वह स्वयं होता है, यानी वह लेखक या लेखकीय समस्याओं को केन्द्र बनाकर ही लिखता है। इतना बड़ा हिन्दी क्षेत्र और ऐसा उथल-पुथल भरा तूफानी माहौल, मूल्यों, मान्यताओं और सारी जीवन-पद्धति का जड़-मूल से बदल जाना और ऐसी बन्द लेखकीय दृष्टि। चिन्ताएँ सिर्फ लेखन, लेखक और उससे जुड़े प्रश्नों का प्रासंगिक या अप्रासंगिक होते जाना। दूसरे शब्दों में, भोगवादी बदलती औद्योगीकृत दुनिया में अपने व्यर्थ हो जाने या सार्थकता तलाश करने का गहरा अहसास। (बूढ़ों पर लिखी जानेवाली अस्सी प्रतिशत कहानियों की थीम) यह आंचलिकता के उभार से पहले की औपन्यासिक स्थिति थी···स्थिति आज भी बहुत बदली नहीं है। गहरी मानवीय संवेदना या तलस्पर्शी जीवन मूल्यों का अनुसंधान करनेवाले रचनाकार ने शायद ही आसपास घटित होती भौतिकता का नोटिस लिया हो। वह अपनी व्यक्तिगत दुनिया का ही अनुसन्धान करता रहा। अफसोस यही है कि वहाँ भी वह टामस मान या काफ्का की तरह रचनात्मकता या मूल्यों के गहरे स्रोतों से कभी मुठभेड़ नहीं करता–उसके सरोकार प्रायः बहुत उथले और सतही बने रहे। प्रेमचन्द, यशपाल, निराला, राहुल, मुक्तिबोध, रेणु या इधर के सुरेन्द्र वर्मा, मनोहर श्याम जोशी, जगदीश चन्द्र, शानी, मासूम रज़ा, गिरिराज किशोर, संजीव, कृष्णा सोबती, नासिरा शर्मा, मन्नू भंडारी, मृदुला गर्ग, प्रभा खेतान और मैत्रेयी पुष्पा

जैसों को छोड़कर सभी 'व्यक्तिगत' ही लिखते रहे हैं। 1857 से लेकर विभाजन और बाबरी मस्जिद ध्वंस जैसी इतिहास बदलनेवाली बड़ी से बड़ी घटनाएँ होती रहीं और हिन्दी-लेखक इन सबसे असंपृक्त अपने भीतर की गहराइयाँ ही देखता रहा। जबकि इसी क्षेत्र के उर्दू लेखक अपनी भीतरी और बाहरी दोनों दुनियाओं से जूझते रहे—'उमराव जान अदा' 1857 के गदर की हलचलों के बीच लिखा गया तो 'आग का दरिया' विभाजन के कगार पर खड़े होकर—इस्मत, मंटो, बेदी, इन्तजार हुसैन, बलवंत सिंह (यहाँ तक कि 'मिडनाइट चिल्ड्रन' के सलमान रुश्दी तक) सभी ने इतिहास को अपने भीतर से गुजरते हुए देखा। 'हिन्दी-प्रदेश का वैचारिक संकट' की बहस में मैंने यही पड़ताल करने की कोशिश की थी कि हिन्दी लेखन क्यों प्रायः इतिहास से बाहर ही खड़ा रहा है ? इसके पीछे निर्विकार, निरासक्त, निर्गुण आत्मा के अनुसन्धान की शाश्वतवादी हिन्दू गाँठ रही है या सुविधापरस्त, समझौतावादी, आत्मकेन्द्रित शहरी मध्यवर्गीय सवर्ण मानसिकता जिसने सौ सालों के हिन्दी लेखन को ऊर्जाहीन, रक्ताल्प, लिजलिजा और मनोहर श्याम जोशी के शब्दों में 'सत्यम्, शिवम्, सुन्दरम्-वादी' ही बनाए रखा और जिसने कभी अपने से बाहर नहीं देखा।

मुझे लगता है कि हारी हुई, पस्त, पराजित और भविष्यहीन जातियाँ जिस तरह अपने वर्तमान से आँखें मूँदकर अतीत गौरव और सांस्कृतिक महानता का कीर्तन, सियापा या गुणगान करती हैं, उसी तरह अस्तित्व के बचाव की लड़ाई में साहित्य भी सिर्फ इतिहास-हीन 'आत्मदर्शन' करता है। समाप्त हो जाने के खतरे की ये वे घंटियाँ हैं जो छिनते जाते मोर्चों के बीच, टूटे और खोखले शस्त्रों के साथ अपनी-अपनी खंदकों में कैद इतिहास के शरणार्थियों के कानों में गूँजती हैं। इस विश्वासघाती 'लुच्चे' समय में कुलीन कविता की आत्मप्रशस्तियाँ (या आश्वस्तियाँ ?) और उपन्यास के लेखक (नायक) को बचाने की दुहरावभरी मर्सियाख्वानियाँ मुझे एक ही मनोरोग का विस्तार लगती हैं। शिकायत यह भी है कि यहाँ गोरा, चित्रलेखा या संस्कार जैसी बेचैनी, मूल्यों-संस्कारों और सांस्कृतिक गाँठों से मुठभेड़, घुटन, जिजीविषा या फैशन भी नहीं है। अपने भीतर के शाश्वत को अखबारी-लेखन के प्रदूषण से बचाने की चिन्ता में हिन्दी-लेखक का पौराणिक आदिमताओं की रेत में मुँह गड़ा लेना सचमुच बहुत दयनीय लगता है। दूसरी तरफ मराठी के अरुण साधु का 'बम्बई दिनांक' या 'सिंहासन' जैसी शुद्ध तात्कालिक राजनीति की पत्रकारी दुनिया से गुजरते हुए 'शोध' जैसे उपन्यास लिखना आश्वस्त भी करता है और चकित भी, जहाँ औद्योगिक सफलता के चरम पर पहुँचा हुआ नायक अचानक सब कुछ छोड़-छाड़कर 'अपनी खोज' में विभिन्न संस्थानों और क्षेत्रों में भटकने निकल पड़ता है। यह भटकन और खोज चाहे जापानी उपन्यासकार कोबो एबे के 'वुमन इन द ड्यून्स' और लॉस्ट मैप, कुर्रतुल एन हैदर के 'आग का दरिया' हरमन हैस के सिद्धार्थ या सॉल बैलो के 'हरज़ोग' जैसी झकझोर देनेवाली भले ही न हो, मगर

अपनी कैद को तोड़कर बाहर निकलने की तड़प को तो रेखांकित करती ही है। इसी सन्दर्भ में हिन्दी-लेखक के घर-घुस्सूपन और आत्ममुग्ध किस्म के सिर्फ लेखकीय समस्याओं से जूझते नायक की उबाऊ उपस्थिति झुँझलाहट पैदा करे तो क्या यह अक्षम्य किस्म की बे-अदबी और गुस्ताख़ी है ? किन गुमनामियों के आदमख़ोर जंगलों में मर गया है वह बेचैन बंजारा, जो भूगोल, इतिहास, संस्कृति और समकालीनता में भटकता हर क्षण आविष्कार के थ्रिल को जीता था ? नौकरी, सम्बन्धों, सुख-सुविधाओं और अपनी ही आन्तरिक जटिलताओं में घुटता यह हिन्दी लेखक क्या कभी भी अपने से बाहर नहीं आएगा ? सिर्फ वही लिखेगा और आलोचकीय प्रमाणपत्रों की 'विमोचनी' अमरता प्राप्त करता मीडियॉक्रिटी में ही खेत रहेगा ?

कभी-कभी मुझे यह भी लगता है कि इस अवरोध और सड़ाँध के कारण उपनिवेशनवाद में ज़रूर होने चाहिए क्योंकि जिस मुर्दनी को हम भोग रहे हैं—लगभग इसी निस्तेज ऊर्जाहीनता को हमारा कल तक का सांस्कृतिक मालिक इंग्लैंड भी तो जी रहा है। पिछले पचास वर्षों से न वहाँ कोई विश्व-स्तर का लेखक पैदा हुआ, न विचारक। उनकी छोड़ी प्रशासकीय व्यवस्था और पिछड़ी हुई अन्य मशीनों की तरह क्या सचमुच वहाँ का रचनात्मक बंजर ही है जो हमारे भीतर भी गहरे में पसर गया है ? उपनिवेश युग के अपने गौरवशाली अतीत को मुड़-मुड़कर देखते इंग्लैंड और अपने स्वर्ण-युग की रह-रहकर जुगाली करते हम—इन दोनों के बीच क्या कोई अंतःसूत्र है ? मगर वहाँ इंग्लैण्ड में तो एक गुस्सैल पीढ़ी उभरी भी थी—सन् 50 और 60 के बीच, हमारी स्वतन्त्रता यानी द्वितीय महायुद्ध के बाद उपनिवेशी साम्राज्य के समाप्त होने पर थके नायकों से अपनी पराजय, पस्ती और बेकारी के लिए जवाब माँगती, गाली देती युवाओं की पीढ़ी ने सारे साम्राज्यवादी अतीत की धज्जियाँ उड़ाने वाला साहित्य लिखा था—अतीत की महानताओं पर थूकते हुए। मगर वे भी शीघ्र ही 'मुकुट में जड़े हीरे' (ज्वेल इन द क्राउन) की खोज में 'राज' के अतीत रेगिस्तानों में निकल पड़े—नतीजे में बंगाली उपन्यास भी दो-ढाई सौ सालों की उपनिवेशी यात्राएँ करता रहा। हिन्दी उपन्यास ने वह खोज भी नहीं की। उसके पास या तो लेखक का अपना हाय, 'यह पथ बन्धु था' मार्का अतीत था जो फिर देश के पौराणिक 'स्वर्णयुग' या 'सवर्णयुग' तक जाता था। समकालीन वर्तमान प्रायः उसकी रचनात्मकता का हिस्सा नहीं ही रहा—शायद वह कुछ ज्यादा ही 'भौतिक' था। और तो और 'होरी' और 'सुनीता' भी उसकी पकड़ से बाहर हो गए—रह गया सिर्फ मध्यवर्गीय ठहरा हुआ घर—और उसमें बन्द नायक (लेखक), क्या हम इन्दिरा-युग को 'भविष्य-हीन पीढ़ी' कह सकते हैं ?

सही है कि नाम, स्थितियाँ और समाज कोई भी हो, सच्चा (जैनुइन) लेखक अपनी ही कहानी कहता है, अपने ही अनुभवों से रचना को प्रामाणिकता देता है—मगर यह किसने कहा कि इन अनुभवों का विस्तार नहीं होता—वे अपने भीतर

ही उगते और पल्लवित नहीं होते ? अपने आप से बाहर निकलकर दूसरों में भी उनका साक्षात्कार क्यों नहीं किया जा सकता ? और अगर वे इतने इकलौते विलक्षण या अद्वितीय हैं कि सिर्फ एक ही गमले और जलवायु में जीवित रह सकते हैं तो फिर उनके सार्वभौमिक होने का अर्थ क्या है ? फिर वे अपने से अलग, एक भी पाठक के अपने कैसे होंगे ? व्यक्तिगत में सार्वजनिक और सार्वजनिक में व्यक्तिगत की तलाश के सिवा रचना की सार्थकता क्या है ? जीवन्त अनुभव हमेशा अपने आपका अतिक्रमण करता है, उसकी कोपलें दीवारें लाँघकर बाहर आती हैं। यह भी मान लें कि हिन्दी-लेखक की एकमात्र चिन्ता, सीमा या पहुँच सिर्फ अपने जीवन या अपने साथ घटित ही है तो यह सरोकार दूसरे परिवेश, अपने से अलग पेशों और अन्य लोगों के अन्तःसम्बन्धों की द्वन्द्वात्मकता में प्रक्षेपित क्यों नहीं किया जा सकता ? टॉल्स्टॉय की सबसे बड़ी शक्ति ही यह है कि वह किसी भी स्थिति, स्तर और परिवेश के पात्र को उठाए, हमेशा लगता है कि वह लेखक स्वयं है। 'युद्ध और शान्ति' में तो उसने अपनी आत्मा को जिस तरह दर्जनों पात्रों में बाँट दिया है, वह साधारण लेखक को दंग कर देता है। 'फाउंटेन हेड' में आइन रैंड, आर्किटैक्ट पात्रों और उनकी आपसी खींचतान से नहीं, स्वयं अपनी रचनात्मकता की समस्याओं से जूझ रही है। रचनात्मक क्षेत्र की शायद कोई समस्या इतनी अपनी, निजी और अद्वितीय नहीं होती कि दूसरे क्षेत्रों के माध्यम से उसे समझा या सम्पन्न न किया जा सके। 'रेणु' की कहानी 'तीन बिन्दियाँ' संगीत के माध्यम से उसी रचनात्मकता के बदलते स्वरूप को जानना चाहती हैं, जिसे स्वयं लेखक जी रहा है...परिवेश और पात्र कोई हों, रेणु ने अपने निजी अनुभव ही दिए हैं। वहाँ यथार्थ अपने आप में लक्ष्य, यानी अखबारी विवरण नहीं, एक रूपक की तरह इस्तेमाल होता है। दूसरे शब्दों में वह एक बहाना या तरकीब है। मगर इसके लिए वे हमेशा अपने आप से बाहर निकलकर दूसरों से जुड़े हैं। कला के क्षेत्र में 'साधना' का अर्थ ही है आत्म-विस्तार। अधिकांश हिन्दी लेखन न अपने आप से बाहर निकलता है, न दूसरों के साथ साधारणीकरण करता है। नौकरी, घर और ग़मे-जिन्दगी ही उसके सुरक्षित गढ़ हैं—किसी दूसरे पेशे, घर या गम तक पहुँचने या कहें फील्ड वर्क करने की न वहाँ कोई इच्छा है, न जोखिम—शायद धैर्य भी नहीं है। वही मेले में खोये बच्चे जैसा, अजनबी खूँखार दुनिया में आ-पड़ा लेखक-पात्र और उस पर जान निछावर करती नायिकाएँ—यही है हमारी आत्मग्रस्त रचनात्मकता। (हिन्दी-लेखन में विविधता और प्रयोग न होने का कारण यही आत्म-ग्रस्त घरघुसरापन तो नहीं है ?)

इस दुहराव, बासीपन, एकरसता और अवरोध को दूसरी तरह तोड़ा है विभिन्न वर्गों और भाषाओं से आनेवाली आत्मकथाओं ने। वे अपने से अलग दुनिया जानने का सुख देती हैं। पिछले दिनों आत्मकथाओं पर लिखते हुए मैंने इस तथ्य को समझने की कोशिश की थी कि हिन्दी में, खासतौर से साहित्य और संस्कृति के क्षेत्र में

आत्मकथाएँ क्यों नहीं हैं ? कितना बड़ा अन्तर्विरोध है कि लेखक के पास अपने सिवा लिखने को कुछ न हो, मगर अपनी कहानी भी वह साहस और बेबाकी से न लिख सके···इसके पीछे भी आत्मगोपन, हिप्पोक्रैसी, असुविधाजनक के सामने आने का भय, 'मेरे जीवन में, ऐसा कुछ नहीं है' की ज़र्रा-नवाज़ी है या 'रहिमन निज मन की विथा, मन ही राखौ गोय, सुन इठलेयहिं लोग सब, बाँट न लहियै कोय' की सावधानी ? सामाजिक सुरक्षा का यही चौंकन्नापन रहा होगा कि हमारे पास सौ सालों में सिर्फ कुछ गिनी-चुनी आत्मकथाएँ ही हैं। दलितों और औरतों को तो हमने हजारों सालों से कभी मौका ही नहीं दिया कि वे हमारे बीच, हिकारत और हँसी का पात्र बने बिना, अपनी बात खुलकर कह सकें। क्या यह बात आपको चकित नहीं करती कि सौ सालों के हमारे शिष्ट साहित्य में शिवरानी देवी के 'प्रेमचन्द : घर में' के सिवा किसी लेखिका की आत्मकथा का नाम याद नहीं आता ? (पिछली सदी के नवें दशक में 'एक हिन्दू औरत' की 'संदीपनी-सन्देश' आत्मकथा कम, औरत-दुर्दशा ज्यादा है)।

मगर अब शायद परिदृश्य बदल रहा है। अनेक बार दुहराई गई बात को फिर से कहने का जोखिम उठाते हुए मैं कहूँगा कि रीतिकालीन सड़ाँध को दरकिनार करते हुए जिस तरह संत साहित्य में दलितों और स्त्रियों के लेखन से नई ऊर्जा, तेवर और लगभग सांस्कृतिक क्रान्ति के दर्शन हुए थे—ठीक वही युग अब वापस लौट रहा है—हिन्दी के अपने भीतर और बाहर से छनकर हिन्दी में ! दया पवार के 'अछूत' से लेकर शरण कुमार लिंबाले के 'अक्करमाशी' तक मराठी दलित आत्मकथाओं से हम सभी परिचित और विचलित रहे हैं। इधर मोहनदास नैमिशराय और ओमप्रकाश वाल्मीकि की आत्मकथाएँ देखने का अवसर मिला। एक का नाम है 'अपने-अपने पिंजरे' और दूसरी है 'जूठन'। अपनी यातनाओं और संघर्षों को यथासम्भव खुलकर कहती ये आत्मकथाएँ, सवर्ण समाज पर आरोपों के श्वेत-पत्र लगती हैं। रवीन्द्र वर्मा जैसे लोग इन पर आरोप भी लगा सकते हैं कि इनमें अपेक्षित कलात्मक गहराई और सन्तुलन नहीं है, कि ये अपनी भौतिक और आत्मिक विपन्नता को बढ़ा-चढ़ाकर कहती ओढ़ी हुई शहादत की शिकार हैं, कि सभी कुछ एक ही बार में बता देने के बाद इन लेखकों के पास ऐसा कुछ भी बचा नहीं रह जाएगा कि आगे के लेखन में नया कुछ जोड़ सकें, कि वे अपनी रचनाओं में यही सब दुहराएँगे, कि उनकी गरीबी, अपमान, संघर्ष और आत्मदया की एकरसता को आखिर हम कितनी बार और कब तक पढ़ते रहेंगे, कि सहानुभूति और प्रोत्साहन के लिए हम इन्हें पढ़ भले ही लें मगर वस्तुतः हमारे सौन्दर्यबोध और सुरुचि के साथ इनका कोई तालमेल नहीं है, कि ये साहित्य की मूलभूत प्रतिज्ञा, सत्य, शिव, सुन्दर को ही ध्वस्त करती हैं, कि क्या यह जरूरी है कि दलित-लेखन के लिए लेखक दलित ही हो ? हो सकता है उनके दर्द को हम ज्यादा प्रासंगिकता और शक्ति के साथ रखें—प्रेमचन्द से लेकर

गिरिराज किशोर, जगदीश चन्द्र तक रखते ही रहे हैं।

दलित लेखन को लेकर ये सारे प्रश्न, आरोप, आशंकाएँ और सद्भावनाएँ अनेक बार उठेंगी और रामचन्द्र शुक्ल से लेकर रवीन्द्र वर्मा तक इस 'फूहड़' और अधकचरे लेखन को ख़ारिज करने के तर्क तलाश करेंगे। पता नहीं इसके पीछे कुरूप और कुरुचिपूर्ण को न देख पाने की जुगुप्सा है, अपने ही बीच इस दुनिया के बने रहने का अपराध-बोध है या उनके होने की जिम्मेदारी से बचने की साहस-हीनता। मगर मुझे लगता है कि हमारा बद्धमूल विश्वास है कि साहित्य, मध्यवर्गीय समाज की वह निजी और पवित्र दुनिया है जहाँ लोग सिर्फ 'व्यक्तित्व' के लिए लड़ते हैं, 'अस्तित्व' और अस्मिता को लेकर जूझनेवालों की यहाँ कोई जगह नहीं है। 'साहित्य मुक्त करता है' कहते हुए हमारी चेतना में सिर्फ अपनी सीमाओं और संस्कारों से मुक्ति है—मानवता के एक बड़े भाग की मुक्ति नहीं है। साहित्य सब कहीं एक है, वह हमें देश-काल से ऊपर उठाता है, वहाँ भौगोलिक और सामाजिक विभाजन करना गलत है, वह सभी को वाणी देता है और सबका हित करता है, 'सुरसरिसम सबकर हित होई' कहते हुए भी हम जानते हैं कि समाज के एक वर्ग के लिए ही यह सत्य है, बहुलांश को न इसमें वाणी दी गई है, न उनका हित है। अगर वह है भी तो केवल हमारी शर्तों पर, हमारे समर्थन में है। वे शायद कहीं हमारी चेतना-वृत्ति में हैं ही नहीं। मगर अब हमारे सौन्दर्यबोध और कला चेतना के लिए चाहे जितना अपचनीय हो, इस तथ्य को स्वीकार किए बिना कोई बचाव नहीं है कि साहित्य सिर्फ व्यक्तित्व का बनना ही नहीं, अस्तित्व का होना और उससे जूझना भी है। जरूरत उनके मूल्यांकन की नहीं, उत्तर-आधुनिक युग में स्वयं अपनी शाश्वत कसौटियों को जाँचने की है...

ज़ाहिर है कि अभी हम मानसिक रूप से स्वीकार नहीं कर पा रहे हैं कि दलितों और अल्पसंख्यकों की दुनिया भी 'अपनी' ही है, अपने भीतर ही है। वे कोई दूसरे, अलग और नीचे के लोग हैं, यह कुंठा कहीं गहरे में जड़ जमाए हैं। शायद इसके पीछे प्रतिरोध यही है कि वे हमारी सुविधा, शर्तों और संस्कारों के हिसाब से आएँगे, तभी हमारे हो सकते हैं, वर्ना वे अपनी शर्तों पर हमारे अपने कैसे होंगे ? वे हमेशा अलग, नीचे और दूसरे ही बने रहेंगे। यानी हम तो जैसे हैं वैसे ही रहेंगे, बदलना सिर्फ उन्हें ही है। बदलना नहीं, हमारी बनाई यथास्थिति के अनुकूल होना। शायद यह द्वन्द्व सवर्ण हिन्दू समाज में प्रगतिशीलता के युग से ही रहा है कि क्रान्ति के लिए हम ही अपनी सुविधा और यत्किंचित बदली मानसिकता के साथ शोषितों और वंचितों की दुनिया में जाते रहे हैं, वे खुद चलकर अपनी बदबू, गन्दगी और फूहड़ जबान के साथ, हमारे बीच घुसे चलें आएँ—यह स्थिति तो अकल्पनीय ही है।

ईमानदारी की बात कहूँ तो दूधनाथ सिंह की संस्मरण पुस्तक 'लौट आ ओ

धार' के बाद दलित लेखकों की आत्मकथाएँ पढ़कर ऐसा ही कुछ मुझे लगा था। कहाँ भाषा और संवेदना की वह अद्भुत तराश, शैली की नियन्त्रित लय, कलात्मक कोणों से डाले गए आधे-पूरे प्रकाश-वृत्त, शमशेर, मलयज, अज्ञेय, पंत की सुरुचि-सौन्दर्य में डूबती-तैरती, पाठ के उल्लास से भरी मन-आत्मा सबको 'अघा' देनेवाली दूधनाथ की पेंटिंग जैसी अनुभूतियाँ और कहाँ मोहनदास नैमिशराय की कीचड़, गोबर, गू और चमड़े में लिसड़ती या ओमप्रकाश वाल्मीकि की मरे जानवरों की बदबू देती, भूखी-ठिठुरती ज़िन्दगियाँ—जैसे बढ़िया हलुए के बाद मोटे नाज की कच्ची-पक्की रेतीली रोटियाँ चबानी पड़ रही हों। अपने सौन्दर्यबोध, संस्कार और अभ्यास को मैं कितना लतियाता ? मगर क्या करूँ। दूधनाथ के नायकों के सूफियाना दर्द के मुक़ाबले इन दलित लेखकों की अमानवीय तकलीफों, उससे निकलने की जद्दोजहद ने मुझे भीतर अंतर्तम तक झकझोर दिया। ठीक है : इसमें अभी पकाव भी आएगा और सलीका भी—मगर हमारी आनेवाली तीसरी दुनिया का सौन्दर्यशास्त्र जिस यातना, संघर्ष और स्वप्न के खम्भों पर खड़ा होगा—उसकी नंगी, अनगढ़ और भौंडी रूपरेखा तो यही रचनाएँ देंगी। फिर मैं अभी तक तय नहीं कर पाया हूँ कि दूधनाथ की पुस्तक ने मुझे जो लोकोत्तर आनन्द दिया, वह सचमुच मेरा अपना था या दो सौ सालों के 'विश्व-साहित्य' से छनकर मेरी रगों और रुचियों में बसा हुआ 'पढ़ने का संस्कार' था—एक अभिजात, स्नॉब और निथरे हुए वर्ग का मानसिक विलास··· यह अपराध-बोध, कुलीन-साहित्य में ही सेन्स ऑफ बिलोंगिंग या वहाँ का अपना होने की भावना से आया था या अपने ही वीभत्स को अनदेखा करने की उदासीनता से ? ईमानदारी की बात तो यह है कि आज भी गोरों का योरूप-केन्द्रित साहित्य हमारी बौद्धिकता, सौन्दर्यबोध और संस्कारों को जितना आत्मीय लगता है उतना खुद तीसरी दुनिया के होने के बावजूद अश्वेत साहित्य नहीं··· वह अभी भी कच्चा, गैर-कलात्मक, विपन्नता और संघर्ष जैसी टुच्ची मानसिकता से ग्रस्त है··· हम जिस ग्लोबलाइज़ेशन (भू-मंडलीकरण) का हिस्सा बनने को ललकते हैं, ये काले लोग उसी के ख़िलाफ लड़ रहे हैं।

उधर हमारे आस्वाद-बोध में ऐसी ही फाँक स्त्री-लेखन पैदा कर रहा है। दलित लेखन अगर हमारी अब तक चली आती सामाजिक-राजनैतिक सांस्कृतिक यथास्थिति को गड़बड़ा रहा है तो स्त्री-लेखन सारी नैतिक मूल्य-मान्यताओं में दरार पैदा कर रहा है। हम समझ नहीं पा रहे कि हमारे अब तक के दिए हुए सांस्कृतिक सम्मान से आखिर इन औरतों को शिकायत क्या है कि अपनी बात को अपनी ही ज़बान में बोलने की जिद ठाने हुए हैं। दहेज-दहन हत्याएँ, आत्महत्याएँ, वेश्यावृत्ति, बलात्कार या सती-वती जैसी बातें तो हमेशा से होती रही हैं, इनसे हमारी उनके प्रति श्रद्धा, सम्मान या 'जय माता दी' की भावना का क्या लेना-देना ? हमने उनके महिमागान और प्रशस्ति पाठ में कभी कोई कमी आने दी है ? कितना कुछ महान्

और उदात्त लिखा है हमारे शास्त्रों में। वह घर की रानी है, माता है, परिवार की धुरी है और हम उसकी हर इच्छा, आकांक्षा को बाहर बताते ही रहे हैं। उस पर लिख रहे हैं। यह अचानक अविश्वास की स्थिति कैसे आ गई कि नहीं, अब उसे पुरुषों की नुमाइंदगी नहीं चाहिए; निर्णायकों और समाज के सामने खुद बोलेंगी—और वे भी ऐसी-ऐसी बेशर्मी भरी गन्दी-गन्दी बातें कि तौबा : वे क्यों भूलती हैं कि हया औरत का गहना है। तुम्हारे साथ अगर कुछ ऐसा अशोभन या अमानवीय हुआ भी है तो बर्दाश्त करो और घर बैठो—यह क्या कि गली मुहल्ले में निकलकर दुनिया सिर पर उठा लो...मत भूलो कि तुम घर की शोभा और इज्जत हो, धरती की तरह तुम्हारा शील, धैर्य और सहिष्णुता ही है कि दुनिया-भर में भारतीय नारी की पूजा होती है।

इसी नई हवा और पश्चिम की अन्धी नकल के कारण हमारी इस आश्वस्ति-दायिनी दुनिया को ध्वस्त किए दे रहा है, इधर आनेवाला स्त्री-लेखन। वह दलितों की तरह 'दूसरों' का या दूर का, अलग और नीचे के लोगों का नहीं, ठेठ अपने बीच, अपनों का लेखन है, इसलिए हमें ज़्यादा उघाड़ता और उधेड़ता है। अपनी बात खुद कहनेवाली स्त्रियों की आत्मकथाओं का मराठी में सिलसिला सौ साल पुराना है और वहाँ सब वे खुलकर कहने लगी हैं कि हजारों सालों से औरत की देह का शोषक और शासक सिर्फ पुरुष रहा है, वही उसे भोगता, प्रदर्शित करता और खरीदता-बेचता रहा है—अब उसे बताना ज़रूरी है कि देश, राष्ट्र और संस्कृति में हमारी भी उतनी ही हिस्सेदारी है, कि हमारी देह, हमारा जीवन हमारे अपने हैं। हिन्दी प्रदेश में यह आवाज आत्मकथाओं के रूप में नहीं, कथा-रचनाओं के माध्यम से आती रही है। हाँ, मराठी की तरह हमारे यहाँ दलित लेखिकाएँ नहीं हैं, न ही मल्लिका अमरशेख या बेबी काम्बले जैसियों की आत्मकथाएँ हैं। यहाँ लेखिकाएँ सिर्फ शहरी मध्यवर्ग से आती हैं—मगर कृष्णा सोबती से लेकर प्रभा खेतान तक की उपस्थिति, यथास्थितिवादी नारी-लेखन को ध्वस्त करती है। हाँ, इस्मत चुगताई की तरह आत्मकथा (टेढ़ी लकीर) लिखने का साहस अभी हिन्दी लेखिका में नहीं है। अब तक के हिन्दी साहित्य में शायद एकमात्र आत्मकथा (मेरी जानकारी में) अभी-अभी कुसुम अंसल की 'जो कहा नहीं गया' आई है। 'प्रेमचन्द घर में' शिवरानी नहीं, प्रेमचन्द ही सामने हैं। यों कुसुम अंसल ने जिस वर्ग पर लिखा है उस पर आत्मकथात्मक उपन्यासों की शृंखला दिनेश नंदिनी डालमिया शायद ज्यादा साहस और बेबाकी से लिखती रही हैं। मगर कुसुम अंसल की इस इकलौती आत्मकथा से शिकायत हो सकती है कि वह एक उच्च-परिवार की शील, सुरुचि संस्कारवती कुलवधू की कहानी है। उसमें औरत कुसुम कहाँ है ? वहाँ आदर्श बेटी, पत्नी, माँ, समाजसेवी लेखिका सभी कुछ है—धर्म के भेदभाव को लेकर प्रारम्भिक प्रश्नाकुलता के सिवा व्यक्ति कुसुम कहीं नहीं है। अपने बारे में उसका कोई फैसला ऐसा नहीं

है जो उस समाज के लिए असुविधाजनक हो। अगर उसमें 'भविष्य की ओर' वाला प्रकरण न होता जहाँ लेखिका ने औरत को अवधारणात्मक स्तर पर समझने के कोशिश की है—तो यह आत्मकथा भी सम्पन्न समाज में आत्मा की शान्ति या 'मैं कौन हूँ' के आध्यात्मिक षड्यन्त्र की कहानी बनकर रह जाती। फिर भी वहाँ तलाश की वही बेचैनी है जो अरुण साधु की 'शोध' में दिखाई देती है या असमिया लेखिका इन्दिरा गोस्वामी की आत्मकथा 'जिन्दगी सौदा नहीं' की उथल-पुथलभरी तूफ़ानी ज़िन्दगी सौदा है। एक जगह उन्होंने सवाल उठाया है (जो उनकी अगली तलाश का प्रस्थान बिन्दु हो सकता है) 'समय और इतिहास गवाह है, रानियाँ, महारानियाँ, बेग़मात या फिर सो-कॉल्ड बड़े लोगों की पत्नियाँ, इंडस्ट्रियलिस्टों की बीवियाँ अपनी जीवन-सन्ध्या तक आते-आते बहुत सामान्य या नॉर्मल नहीं रह पातीं।'

बहरहाल, यह सच है कि दलितों को लेकर अम्बेडकर ने और औरत को लेकर तसलीमा नसरीन ने आत्महंता निर्भीकता, कफन-बाँध बेबाकी से जो सवाल उठाए हैं—वैसा इस भूखंड में पहले कभी नहीं हुआ। हम इस 'बेहया नंगी' भाषा के कभी अभ्यस्त नहीं रहे। इसलिए उसके नाम अगर मौत का फ़तवा है तो बहुत अस्वाभाविक नहीं है। औरतें हमेशा से पागल होकर नंगी घूमती रही हैं—एक तसलीमा और सही ...मगर इस सचाई को झुठलाना अब शायद सम्भव नहीं रह गया है कि तसलीमा ने नारी-विमर्श को एक असुविधाजनक आयाम दे दिया है। काश, किसी हिन्दी लेखिका ने भी फूलन देवी और भँवरी बाई के जीवन की बेबाक कहानी लिखी होती। और अपने समाज में मूल-भूत स्त्री प्रश्नों से जोड़ा होता। (सुन रही हो मृदुला ?)

मैं लगभग कन्विन्स होता जा रहा हूँ कि हिन्दी-लेखन की आत्मग्रस्त जड़ता, अवरोध और कुलीन सड़ाँध के रीतकाल को अल्पसंख्यक, दलित और स्त्री लेखन के 'समाज बाहर' कुजात संत ही तोड़ेंगे...और मेरा डर यही है कि कहीं मैं उन्हीं के पक्ष में न जा मिलूँ। वर्ना मैं ? बृजमोहन व्यास का निहायत आत्मीय शैली में लिखा गया अनन्त सांस्कृतिक पुरातात्विक जानकारियाँ देता, बेहद पठनीय 'मेरा कच्चा चिट्ठा' पढ़कर गद्‌गद हो जानेवाला, अच्छा-खासा हिन्दी लेखक ही बना रहता तो अपना जिन्दगी भर का यश और सम्मान तो न खोता। तब शायद मित्रों-आत्मीयों से यह भी न सुनना पड़ता कि, 'राजेन्द्रजी का दिमाग खराब हो गया है।'

खुद कहीं अनुवाद हैं हम…

सही है कि अपने लेखन-जीवी युग में मैंने विदेशी, विशेषकर रूसी रचनाओं के अनुवाद किए। मेरा प्रिय कथाकार रहा है चेखव। उसी से शुरू किया। उसके पत्रों, डायरियों या उससे जुड़े मित्रों, प्रकाशकों, महिलाओं, भाई-बहनों की प्रतिक्रियाओं के आधार पर एक काल्पनिक इंटरव्यू तैयार किया। उन दिनों खासा चर्चित भी रहा। फिर कुछ कहानियाँ और *डुएल* उपन्यास (इसी का संशोधित रूप *टक्कर* नाम से बाद में आया), उसके तीन नाटक और आठ-दस कहानियाँ फिर लर्मन्तोव का *हमारे युग का एक नायक,* तुर्गनेव के *प्रथम-प्रेम* और *वसन्त प्लावन,* कामू का *अजनबी,* स्टाइन बैक का *एक मछुआ : एक मोती*। (टॉल्स्टॉय के फादर सर्गियेव का अनुवाद तो हो गया लेकिन इतना समय नहीं मिल पाया कि संशोधित करके प्रकाशित करा सकूँ।) हाँ, बहुत परिश्रम से फादयेव के एक उपन्यास *मैटर ऑफ हार्ट* का अनुवाद भी किया था—तीन सौ पृष्ठों से ऊपर ही रहा होगा—पीपुल्स पब्लिशिंग हाउस के लिए। सम्पादन की प्रक्रिया में पता नहीं कहाँ खो गया ! नेशनल बुक ट्रस्ट के शुरू में ही अकबर की जीवनी भी इस सूची में है। मोहन सिंह सेंगर ने विदेशी कहानियों का एक विशेषांक निकाला था नया समाज का। उसमें आठ-दस कहानियाँ नरेन्द्र शिरोमणि, श्यामलता या अपने नाम से मैंने की थीं। उनका भी एक अलग संग्रह बन सकता है, लेकिन अब उन्हें खोजना, एक बार फिर संशोधित संकलन करना झंझट ही लगता रहा और टलता रहा। तो यह है मेरा 'अनुवादित' साहित्य ! शायद कम नहीं है।

दरअसल शुरू से ही एक जिद रही कि लेखन चाहे अपना हो या अनुवाद, वह नहीं करूँगा जो मेरे अपने मन का न हो…अनुवाद के लिए चुनाव, जाहिर है प्रायः मेरा अपना ही रहा है। लेखन-जीवी रहकर आप हमेशा अपना ही नहीं लिखते रह सकते, वह भी लिखना होता है जो तत्काल पैसा दे।…चेखव की रचनाओं ने मुझे कलकत्ता जाने, वहाँ रहने में मदद दी…बाद की रचनाएँ भी मैंने खुद चुनीं, कुछ

दूसरों ने सुझाईं। शायद दूसरा दबाव यह भी रहा कि जो रचनाएँ मुझे इतनी प्रिय रही हैं वे हिन्दी पाठकों को भी सुलभ होनी चाहिए। अपने शिक्षक, महान् लेखकों के प्रति श्रद्धांजलि का यह भी एक तरीका ही था और यहाँ रूसी लेखक मेरे आदर्श थे। बहुत भीतर अवचेतन में शायद एक कारण यह भी रहा होगा कि मैंने हिन्दी में एम.ए. किया था—अनुवाद की प्रक्रिया में अंग्रेजी को ज्यादा अच्छी तरह समझने के प्रशिक्षण का यही सबसे आसान तरीका था। अनुवादों के संशोधन के दौरान वह निश्चित रूप से हुआ, क्योंकि ये सारे अनुवाद, मूल भाषा जाननेवालों के साथ बैठकर संशोधित किए—फादयेव का उपन्यास पी.पी.एच. के मुंशी (रामविलास शर्मा के छोटे भाई रामशरण शर्मा) के साथ और तुर्गनेव के महादेव साहा के साथ। चेखव के नाटकों को तीन अंग्रेजी अनुवाद सामने रखकर एक-एक पंक्ति के सहारे...आज कह सकता हूँ कि अंग्रेजी जानने से अधिक यह प्रशिक्षण अपनी भाषा को अधिक गहराई और बिल्कुल नए सिरे से आविष्कृत करने का प्रशिक्षण भी था। निश्चय ही अनुवाद अपनी भाषा की क्षमताओं, शब्दों और मुहावरों को खंगालने की ऐसी प्रक्रिया है जो लेखकीय औजारों को धार देती है। सही और सटीक शब्द का पर्याय तलाश करने की कोशिश में आप अपना सब कुछ उलटते-पलटते रहते हैं। मैं इसे लेखकीय रियाज का अनिवार्य हिस्सा मानता हूँ।

सिर्फ अंग्रेजी जानने की मजबूरी के चलते, मुझे लगता है कि दोनों भाषाओं के मुहावरे, शब्दार्थ और अभिव्यक्तियाँ इतने पूर्वनिश्चित हो जाते हैं कि मूल-लेखक की अपनी विशिष्टता लगभग पकड़ में नहीं आती। कांस्टांस गार्नैट चाहे टॉल्स्टॉय, चेखव के अनुवाद करें या दोस्तोएव्स्की, तुर्गनेव के—सबकी भाषा एक जैसी है। जाहिर है, हिन्दी में भी वही होगा। इस सपाटीकरण में विषय-वस्तु तो किसी हद तक बची रह जाती हो लेकिन हर लेखक की अपनी भाषिक विशिष्टता उस रूप में नहीं आ पाती जिसने उसे अपने साहित्य में अलग पहचान दी रही होगी। किसी भी लेखक की अपनी विलक्षणता उसकी अपनी भाषा-शैली भी तो है—पहले अंग्रेजी और फिर हिन्दी में आते-आते उसमें कितना कुछ रह जाता होगा, यह कहना मुश्किल है।

अनुवाद मूलतः उस सही पर्याय की तलाश है जो शब्दकोश में कहीं नहीं मिलता। हर भाषा का अपना संस्कार, इतिहास, परम्परा, मिज़ाज या रिवायत है और जरूरी नहीं है कि अपने देशकाल से अलग दूसरी भाषा में भी वह ठीक वैसा ही मिले। सारी जंग यही है कि मूल भाषा के प्रति अधिक से अधिक ईमानदार रहते हुए हम कैसे अपनी भाषा के लिए बेईमान न हों—अपनी भाषा और भाषा में रहने वालों की मानसिकता को धक्का या धोखा न लगे। सारे अच्छे अनुवाद या तो मूल भाषा को धोखा देते हैं या अपनी भाषा को। मानकर चला जाता है कि मूल पाठ

कहीं-न-कहीं अधिक श्रेष्ठ या प्रामाणिक है इसलिए अनजाने ही अपनी भाषा दूसरे स्तर पर उतर आती है। यानी आप उसके साथ 'मनमानी' करने की छूट ले लेते हैं। यह 'छूट' प्रायः अपनी भाषा को नकली, निर्जीव और अपठनीय बना देती है। अनेक बार पढ़ने, समझने और घोटने की प्रक्रिया में मूल भाषा का वाक्य-विन्यास कुछ इस तरह दिमाग और सोच पर हावी हो जाता है कि अपनी भाषा की हम चिन्ता ही नहीं करते और मानकर चलते हैं कि मूल पाठ ज्यों का त्यों अपनी भाषा में भी ठीक उसी सटीकता से अभिव्यक्त हो रहा है—जबकि अपनी भाषा में न शब्द सही होते हैं, न वाक्य-विन्यास। हिन्दी ही क्या, हर भाषा में ऐसे अनुवाद भरे पड़े हैं जहाँ या तो मूल मंतव्य और भाषा को समझा ही नहीं गया है या अपनी भाषा की ऐसी रेड़ मारी गई है कि न वहाँ मूल मंतव्य है, न भाषा। उसे पढ़ने से कम सरदर्द मूल को ही पढ़ना है।

कितनी बड़ी ट्रेजेडी है कि जिस सदाशयता से आप किसी प्रिय रचना के अनुवाद की दुनिया में उतरते हैं, अपनी प्रक्रिया और परिणति में सबसे पहला नाश उसी का होता है। इसके लिए अक्सर लोग अंग्रेजी मुहावरे का सहारा लेते हैं कि अनुवाद उस स्त्री की तरह है जो अगर सुन्दर है तो वफादार नहीं है और वफादार है तो सुन्दर नहीं है। तत्त्वतः देखें तो हर रचना एक स्तर पर अनुवाद ही है। हमारे भीतर जो कुछ अनुभूतियों, बिम्बों और संस्कारों में घटित हो रहा है उसे शब्दों या भाषा में अनुवादित करने के संघर्ष को हर लेखक रोज महसूस करता है। यहाँ बहुत कुछ छूट जाने या जैसा है ठीक वैसा ही अभिव्यक्त न कर पाने की बेवफाई सबसे ज्यादा कचोटती है। समृद्धतम भाषाओं के लेखक अभिव्यक्ति की असमर्थता, नाकाफीपन और नकली या 'ऊपरी' होने की सचाई से त्रस्त रहे हैं और इसी प्रक्रिया में उन्होंने अपनी भाषा को अधिक समृद्ध बनाया है। मौलिक लेखन में इस नाटकीय उठा-पटक के केन्द्र आप स्वयं हैं—भोगने और कहनेवाले दुहरे व्यक्तियों के बावजूद हैं तो आपके ही अंश। सारी परेशानी तो वहाँ है जहाँ भोगने और कहनेवाला आपसे हजारों मील या सैकड़ों साल पहले की दूरियों पर बैठा है और उसकी बात आपको अपनी भाषा में कहनी है। यहाँ अपनी भाषा सबसे बड़ी बाधा है, मगर आपका एकमात्र सहारा भी वही है।

भाषा हम स्वयं नहीं गढ़ते, वह हमें बनी-बनाई मिलती है, जिसे न जाने कितनों ने, कितने सालों में बनाया है। आप सिर्फ उसमें शामिल होकर अपना रंग देते हैं। वह आपके अपने भीतर होती है, मगर रचना में अपने आप से तोड़कर उससे एक बाहरी तत्त्व की तरह जूझना पड़ता है। उस गुत्थम-गुत्था की कल्पना ही की जा सकती है जहाँ मूल भाषा और अपनी भाषा दोनों बाहरी हैं और आपको जैसे-तैसे अपनी

तरह उन्हें साधना पड़ता है। हिन्दी में यह द्वन्द्व और भी गहरे स्तरों पर है क्योंकि अंग्रेजी तो बाहरी है ही, कमबख्त हिन्दी भी अपनी नहीं है, वहाँ भी ब्रज, अवधी, भोजपुरी जड़ में बैठी है 'मातृभाषा' बनकर। यानी 'अनुवादित' हिन्दी में हम अंग्रेजी से अनुवाद करते हैं।

हमारी मजबूरी है कि दुनिया की हर भाषा की रचना को हम अंग्रेजी में ही पढ़ने को अभिशप्त हैं। यह दुहरा-तिहरा अनुवाद अक्सर एक अविश्वास के बीच घटित होता है : पता नहीं, मूल क्या रहा होगा जिसका सपाट यह अंग्रेजी अनुवाद है, या उसे किस तरह हम अपनी भाषा में ला पा रहे हैं। मुझे हर क्षण यह कचोट बनी रही है कि अपने श्रद्धेय रचनाकार के साथ धोखा कर रहा हूँ। मगर आज जब देखता हूँ और दूसरे भी बताते हैं कि अनुवाद बुरे नहीं हैं, वे मूल के प्रति कितने वफादार हैं, यह बताना तो मुश्किल है। हाँ, अंग्रेजी के साथ भी बहुत बेईमानी नहीं की गई है।

एक भाषा में महसूस करना और दूसरी में लिखना एक दूसरी अविश्वसनीयता को जन्म देना है। पिछले दो सौ सालों से अंग्रेजी ने जिस तरह हमारी मानसिकता को गढ़ा है वह लगभग हमारा संस्कार बन गई है। प्रायः हर स्थिति में पहला शब्द अंग्रेजी का आता है। उसका सटीक पर्यायवाची अपनी भाषा में प्रायः नहीं ही मिलता। या तो सीधे उसे ही रखना पड़ता है या सन्दर्भ के अनुसार उसकी व्याख्या करनी होती है। यह कठिनाई सबसे अधिक वैचारिक या अमूर्त विषयों को लेकर होती है—वहाँ हमारे जीने की और सोचने की दो स्पष्ट अलग भाषाएँ हैं। यह तय करना मुश्किल हो जाता है कि हम किसका किस भाषा में अनुवाद कर रहे हैं। अक्सर ही हमारे ऊपर आरोप लगता है कि हम लोग अंग्रेजी में सोचते और हिन्दी में लिखते हैं। उधर भारतीय अंग्रेजी लेखकों पर आरोप है कि वे अपनी भाषाओं में सोचते और अंग्रेजी में लिखते हैं। यानी हम दोनों जगह न सहज हैं, न स्वाभाविक। मूल अपने भीतर हो या बाहर, मुझे तो लगता है कि अनुवाद सिर्फ एक प्रॉक्सीमेशन है यानी अधिक से अधिक मूल का प्रतिनिधि या नैकट्य···दूसरे शब्दों में, 'रचना के ढाँचे में प्रतिरचना'—के साथ जुड़ना है। भारतीय दर्शनग्रन्थों की टीकाएँ ऐसी प्रतिरचनाओं का श्रेष्ठ उदाहरण हैं। हर अनुवाद, मूल का पुनर्प्रस्तुतीकरण करने की प्रक्रिया में सिर्फ एक व्याख्या—इण्टरप्रिटेशन ही है—रचना के ढाँचे में एक प्रतिरचना···मुझे लगता है अनुवाद शब्दों का होता है, भावों का होता है या इन सबके पार मूल मंतव्य का होता है, यह समस्या हमेशा ही हमें परेशान करेगी।

अनुवाद सिर्फ भाषांतरण ही नहीं, एक सांस्कृतिक प्रतिक्रिया भी है। भाषा के माध्यम से दो संस्कृतियाँ एक दूसरी में प्रवेश करती हैं—कभी मैत्री भाव से तो कभी प्रतिद्वन्द्वी बनकर। मैं सम्मोहन, आकर्षण, प्यार और समर्पण के जोम में अंग्रेज लड़की को अपनी पत्नी बनाता हूँ, वह भी अपने सारे पूर्वग्रह छोड़कर मेरा और मेरे

परिवार का हिस्सा बनने लगती है। मगर जिन्दगी भर वह हमारी 'जैसी' ही बनी रहती है, 'हम' नहीं बनती। हमारे जैसा बनने के उसके सारे प्रयास मनोरंजक, मेरे अहं को सन्तोष देनेवाले, सिखाने की सफलता का समर्थन करनेवाले और कभी झुँझलाहट और चिढ़ पैदा करनेवाले बने रहते हैं। तीस साल बाद भी सोनिया गाँधी विदेशी यानी भारतीय अनुवाद बने रहने की नियति जी रही हैं। संस्कृतियों की इस द्वन्द्वात्मकता में न हम सहज हैं, न वह। दो अलग रसायनों से बनी इस मानसिकता की फांक अनुवाद में सबसे अधिक उजागर होती है, रहन-सहन बुनियादी शब्द-समूह और संवादों, या सम्बोधनों में यह तनाव और दूरी एक नहीं होने देती। 'बापू' शब्द मेरी चेतना में जो तस्वीर बनाता है, 'डैड' या 'पापा' होते ही वह धोती-कुर्ता छोड़कर कमीज-पैंट पहन लेता है। संयुक्त परिवारों के जिस गैर-महानगरीय परिवेश में हमारी भाषा विकसित हुई है वहाँ सीधे-सीधे आत्मीय और अन्तरंग सम्बोधन नहीं हैं—बड़ों के सामने न मैं बेटे-बेटी को गोद में खिलाते हुए लाड़-लड़ा सकता हूँ, न पत्नी से सीधे-सीधे बात कर सकता हूँ, वह जिन्दगी भर 'तेरी भाभी/चाची', 'मुन्ना की माँ' या और कुछ नहीं तो 'बरेली-कानपुरवाली' ही बनी रहती है। रामविलास शर्मा ने जिन्दगी भर भाभी को 'मालकिन' ही कहा—शायद नौकरों-चाकरों की नकल में। ऐसी 'सांस्कृतिक' पृष्ठभूमि में अंतरंग सम्बोधनोंवाले अंग्रेजी संवादों का अनुवाद सचमुच विकट समस्या है : डार्लिंग, बेबी, स्वीटी वहाँ सहज, आत्मीय सम्बोधन हैं, हिन्दी में 'जाने मन' बाजारू हो जाता है और 'प्यारी' या 'प्रियतमा' निहायत नकली या किताबी। हम अभ्यस्त तो जिन्दगी भर 'सुनो जी' कहने के रहे हैं। ऐसे में या तो इन सम्बोधनों को छोड़ना पड़ता है या ज्यों का त्यों लेना। उसी तरह प्लेट और थाली, पिगटेल और चोटी, एक ही नहीं हैं। प्रताप नारायण श्रीवास्तव नाम के उपन्यासकार 'शेकहैंड' के लिए 'हस्तमर्दन' शब्द का इस्तेमाल करते थे। 'किस' और चुम्बन दो अलग व्यक्तियों या क्रियाओं के बिम्ब मन में जगाते हैं। भारतीय भाषाओं में, इतनी अधिक सांस्कृतिक एकता है कि मलयालम या कन्नड़ रचना का अंग्रेजी से हिन्दी में अनुवाद करना मुझे हमेशा अपमानजनक लगता है।

मगर इन सारे अवरोधों और बाधाओं के बावजूद हिन्दी में हमेशा से विदेशी रचनाओं के अंग्रेजी से अनुवाद होते रहे हैं। एक-एक रचना के अलग-अलग अनुवाद देखकर लगता है कि साहित्यिक सौन्दर्य के प्रति स्वतः स्फूर्त आकर्षण ही इनकी प्रेरणा रहा है। शेक्सपीयर की रचनाओं के अलावा, *गीतांजलि, मेघदूत, उमरखैयाम की रुबाइयाँ, खलील जिब्रान की कहानियाँ, एक अनजान औरत का खत* (स्टीफेन ज़्विग), *माँ* (गोर्की) के दर्जनों अनुवाद मैंने देखे हैं। सोवियत युग में रूसी रचनाओं के अनुवादों का अटूट सिलसिला था। उसके विपरीत अमेरिकन-प्रचारतन्त्र के आर्थिक रूप से

अत्यन्त लाभदायक अनुवाद राजनैतिक पैंफलेटों (हैंडआउटों) या रूस के लिए असुविधाजनक रचनाओं से आगे नहीं बढ़ पाए। ये अनुवाद भी निहायत गलत, फूहड़ और भ्रष्ट हैं। उधर रूसी आग्रह, प्रचार के साथ, अपने यहाँ के क्लासिक साहित्य को सुलभ मूल्य में उपलब्ध कराना अधिक रहा है। मगर उनके अनुवाद भी मशीनी ही अधिक हैं, मूल के प्रति वफादार रहने के अतिरिक्त आग्रह में हिन्दी अनुवाद लगभग असम्प्रेषणीय हो जाते हैं। अन्ना कैरेनिना जैसी रचना का अनुवाद पढ़कर झुँझलाहट होती है कि इन कमबख्तों को अनुवाद कर चुकने के बाद हिन्दी ठीक करनेवाला कोई नहीं मिला। यह ठस्सपना भीष्म साहनी जैसों के अनुवादों में भी है। वहाँ अपवाद नरेश बेदी, हेमचंद पांडेय और जितेन्द्र रघुवंशी जैसे कुछ लोग ही हैं। मूल भाषा के प्रति अतिरिक्त वफादार रहने का आग्रह हिन्दी अनुवाद को कितना भ्रष्ट, अपठनीय और कूड़ा बना देता है इसका उदाहरण शरत चन्द्रा द्वारा किए गए कामू के अनुवाद हैं। यह शब्दमार (चिड़ीमार की तर्ज पर) करतब सरकारी प्रतिष्ठानों की भी विशेषता है। मेरी अपनी धारणा है कि अनुवाद को हमेशा उस व्यक्ति से सम्पादित कराना चाहिए जो न मूल भाषा जानता हो, न रचना। इस मामले में अंग्रेजी में अपनी भाषा के लिए आग्रह अधिक है। अधिकारियों पर अगर विश्वास किया जाए तो काफ्का या सोलजेनित्सिन के अंग्रेजी अनुवाद तीस-चालीस प्रतिशत भ्रष्ट, गलत और अधूरे हैं। अब हमारी हालत का अन्दाजा कीजिए कि उन्हीं पर निर्भर होकर हम उनकी 'महानता' को हिन्दी में पाना चाहते हैं। मूल के प्रति वफादारी का आश्वासन कितना है इस बात को अगर छोड़ दिया जाए तो भालचंद्र जौहरी द्वारा अलैक्जांद्र कुप्रिन का *गाड़ीवालों का कटरा,* अमृतराय का *आदिविद्रोही* (हावर्ड फास्ट), बच्चन का *हैमलेट* और *उमर खैयाम की रुबाइयाँ* जैसे कुछ अनुवादों को 'प्रतिरचना' का नाम दिया जा सकता है। इसी सूची में मैं निर्मल वर्मा के *रोमियो जूलियट* और *अँधेरा* (यान ओत्वेनाशेक), मोहन राकेश के *उस रात के बाद* (द एंड ऑफ एन अफेयर) और *अपने अजनबी* (आल्बेयर कामू) या किसी हद तक प्रभा खेतान के *स्त्री उपेक्षिता* (सैकिंड सेक्स) को भी रखना चाहूँगा।

इधर जो चीज मुझे चकित करती है वह है पिछले तीस-चालीस सालों में अनुवादों का लगभग गायब हो जाना। सही है कि शीतयुद्ध के अमेरिका और रूस में अब यह मुद्दा किसी प्राथमिकता में नहीं रह गया है, फिर भी श्रेष्ठ रचनाओं के आकर्षण क्या बिल्कुल ही खत्म हो गए हैं ? सैकिंड सेक्स जैसी पुस्तक को बीसियों वर्ष पहले आ जाना चाहिए था, सार्त्र के एकाध नाटक और कहानियों को छोड़कर कोई अनुवाद मेरे देखने में नहीं आया, पास्तरनाक के *डॉ. जिवागो* के अच्छे अनुवाद की आज भी प्रतीक्षा है। मार्खेज या कुंडेरा के किसी उपन्यास को हिन्दी में देखने के लिए पाठक तरस रहे हैं। पिछले बीस सालों में 'ब्लैक लिटरेचर' या अश्वेत साहित्य का इतना शोर है, मगर न्गुगीवा थ्वांगो के एक उपन्यास को छोड़कर मेरे

देखने में सिर्फ कुछ कहानियाँ हैं जो या तो *हंस* में ही आई हैं या आनन्दस्वरूप वर्मा ने की हैं। इस उदासीनता की जड़ें कहाँ हैं ? विदेशी साहित्य में सचमुच हमारी रुचि समाप्त हो गई है या हम स्वयं अंग्रेजी में इतने निष्णात हो गए हैं कि वही पढ़कर सन्तोष कर लेते हैं।

सुनते हैं, व्यावसायिक लाभ की सम्भावनाओं के चलते सलमान रुश्दी और विक्रम सेठ के कुछ अनुवाद आ रहे हैं, मगर कहाँ गया वह स्वतः स्फूर्त अनुवादों का दौर जब एक-एक रचना के दर्जनों अनुवाद सामने आते थे ? क्या इसके पीछे यह भागदौड़ है कि लेखक के पास समय और धैर्य नहीं है, कि वह अपना लिखे या अपनी प्रिय रचना का अनुवाद करे ? 'यह रचना हिन्दी पाठकों को भी सुलभ की जानी चाहिए' की मिशनरी भावना शायद बहुत पहले ही समाप्त हो चुकी है, मगर अनुवाद खुद लेखक के लिए सबसे बड़ा प्रशिक्षण है, क्या इस सच का भी लोप हो गया है और क्या हिन्दी लेखक की भाषागत असावधानी या अराजकता के पीछे यही कारण तो नहीं है कि उसने दूसरी भाषा से जूझते हुए अपनी भाषा के आविष्कार : एक-एक शब्द को चिमटी से पकड़कर उसकी जाँच-परख और परिष्कार का अनुशासन गैर-जरूरी मान लिया है ? हो सकता है नई उत्तर-आधुनिक स्थितियों में वर्चस्ववादी साहित्य के अप्रासंगिक होते जाने के लक्षण अनुवादों के प्रति इस उपेक्षा में भी प्रकट हो रहे हों—जब लेखक, विचारधारा, इतिहास और भविष्य सभी समाप्त हो चुके हों तो कालजयी या उत्कृष्ट रचना की माँ कब तक खैर मनाएगी ? कालजयी या उत्कृष्ट रचना की परिभाषाएँ स्वयं आज संकटग्रस्त हैं। बकौल सुधीश पचौरी (वाया विदेशी विचारकों के) जब सभी कुछ सूचनाएँ हैं तो सूचनाओं की औकात या जिन्दगी क्या ? शायद, स्थितियों की ऐसी उठापटक में न अपने लेखन के प्रति आस्था बची रह सकती है न दूसरों के⋯जो कुछ लिख लें और जल्दी से जल्दी उसे वसूल कर लें—यही गनीमत है। पहले दूसरों के सहारे हम जो यश और धन प्राप्त कर लेते थे शायद वह शॉर्टकट भी अब जरूरी नहीं रह गया है।

और इस माहौल में रमेशचन्द्र सिन्हा जैसों द्वारा होमर के महाकाव्य *इलियड* का और राजी सेठ द्वारा रिल्के के पत्रों का (अंग्रेजी से प्रामाणिक) अनुवाद लेकर आना पता नहीं हास्यास्पद लगता है या श्रद्धास्पद। हाँ, वह पंक्ति जरूर याद आती है कि 'अकबर नाम लेता है खुदा का इस जमाने में⋯ !

इतना कायर हूँ कि उत्तर प्रदेश हूँ

मैं भी ग़ालिब की तरह आगरा से दिल्ली आया-वाया कलकत्ता। आगरा छोड़े पैंतीस-चालीस साल हो गए। प्रायः जाना नहीं होता—इतना पास है। बड़े शहरों में अपने सबसे निकट पड़ोसी से मिले महीनों निकल जाते हैं : कभी भी मिल लेंगे। लेकिन कहीं भी रहूँ—आगरा मेरे साथ रहता है। वहाँ का कुछ भी सुनते या पढ़ते हुए दिल में—'कुछ-कुछ' होने लगता है। एक ही भाव है; सुनो, वृक्ष महाराज, किसी देश में रहें, किसी वेश में रहें, पुष्प तो हम तुम्हारे ही कहलायेंगे… ! कहाँ है किसी दूसरे शहर के पास वह गरिमा ?—ताज, सीकरी, सिकन्दरा…अकबर, शाहजहाँ और सूरजमल, जलेबी, कचौड़ी और पेठा…ये गलियाँ, बाज़ार और चौबारे…ये सूअर, घूरे और मक्खियाँ…डेढ़ सौ सालों से शिक्षा और कला का केन्द्र; वे गलियाँ, गालियाँ, नंगई और बेशर्मियाँ…कुश्तियाँ, तैराकी, पतंगबाजी और कबूतरबाजियाँ…नज़ीर, ग़ालिब और सूरदास ? रांगेय राघव, रामविलास शर्मा और अमृतलाल नागर… ? अजी लखनऊ, इलाहाबाद और बनारस…सब साले फ़ौक्स हैं उसके सामने; एक डेढ़ स्टेशन के शहर, हमारे यहाँ शहर के अन्दर पाँच-सात स्टेशन…भगवान कृष्ण और डाकू मानसिंह की लीलास्थली…ऐसे ही नहीं आया था…अकबर अपनी दिल्ली छोड़कर राजधानी बनाने। बना लेता न आपके फाफामऊ में। जी हाँ, है पागलखाना हमारे यहाँ। तो ? बड़ों-बड़ों के दिमाग ठीक करके रख देते हैं। और सौ बातों की एक बात, उम्मीदवारों की संख्या से उत्साहित पागलखाना तो आप भी अपने शहर में बनवा लेंगे, ताजमहल आपका बाप बनवाकर देगा ? इसका पहला नाम था संयुक्त-प्रान्त, आगरा और अवध। देखा आपने, एक तरफ़ सिर्फ़ एक शहर और दूसरी तरफ़ पूरा प्रदेश…

और आगरा जिस प्रदेश का सिर्फ एक शहर है वह है उत्तर प्रदेश। भारत का हृदय, भारतीय संस्कृति का केन्द्र, राम, कृष्ण और शिव की जन्म-भूमि; गंगा-जमुना का संगम, सारे भारत का इतिहास-भूगोल और परलोक; विद्रोह और

क्रान्ति का मैदान, संगीत और साहित्य का स्रोत, सीता से लेकर झाँसी की रानी और फूलनदेवी तक के स्पर्श से पवित्र और नेहरू से लेकर मुद्राराक्षस के चरणों से खूँदित···वाह, वाह। क़िबला, दुनिया में अगर कोई प्रदेश है तो वह सिर्फ उत्तर प्रदेश है। याद रखिए, विश्व की, या कम-से-कम भारत की हर महान् हस्ती, घटना या बात या तो उत्तर प्रदेश से जुड़ी है या फिर महान् इत्यादि नहीं है। 'सारे भारत' का हज़ारों सालों का इतिहास सिर्फ इसी उत्तर प्रदेश का इतिहास है···चार प्रधानमन्त्री दिए हैं, कोई मज़ाक नहीं है। हिन्दी और उर्दू का गढ़—हिन्दू और मुस्लिम विश्वविद्यालय, दारूल उलूम।

अब बेसुरा और बेताल सवाल यह उठता है कि पिछले पचास सालों से लोगों ने हमें लेकर जो नाक-भौं सिकोड़नी शुरू कर दी हैं, सो हे, विक्रमादित्य क्यों ? हम पिछड़े हुए, जाहिल, जड़, अनपढ़, मूर्ख, ढोंगी, जरायमपेशा, संस्कृति विहीन, लद्धड़, पुस्तक-शत्रु, अफीमची, चोर-उचक्के, क्रूर इत्यादि इत्यादि बताए जाते हैं। यही नहीं, इसी लपेट में सारा हिन्दी-प्रदेश ले लिया गया है—बिहार से लेकर बाड़मेर तक, पिथौरागढ़ से छत्तीसगढ़ तक। बोलो, ऐंचो, हम साले पूरे देश और दुनिया की नाक और हमारी ऐसी किरकिरी ! संस्कृत भाषा और संस्कृति हमारी अधोवायु, और हमीं संस्कृति-विहीन और तुम हो क्या ? पिद्दी न पिद्दी का शोरबा, जुम्मा-जुम्मा आठ दिन ···हमारी पीनक में खलल डालोगे तो हम तुम्हारा सिर फोड़ देंगे···हम···हम जब तक कुछ बोलते नहीं हैं तभी तक···

अरे, बोलने से पहले कुछ तो सोचना चाहिए···काशी, इलाहाबाद, आगरा और अलीगढ़ विश्वविद्यालय जहाँ अपनी शताब्दियाँ मनाएँ, तहज़ीब और तमद्दुन का केन्द्र लखनऊ जहाँ की राजधानी हो; बनारस, अयोध्या, प्रयाग, चित्रकूट, हरिद्वार और मथुरा, वृन्दावन जैसे दुनिया के सबसे बड़े तीर्थ हों, साहित्य, कानून शिक्षा के दिग्गजों का गढ़ जहाँ इलाहाबाद हो, आधुनिक भारत की स्वतन्त्रता का इतिहास, जहाँ मेरठ, विठूर, झाँसी की सत्तावनी क्रान्ति से शुरू हो···वह प्रान्त पिछड़ा हुआ, अशिक्षित, गरीब कहाये ? लानत है ! अजी जनाब, हमारे प्रान्त में चार तो इतने बड़े शहर हैं जैसे दूसरों में एक भी नहीं है। बंगाल में ? ले देकर कलकत्ता। कर्नाटक में ? बंगलौर, मैसूर। महाराष्ट्र में मुम्बई और पुणे, गुजरात में अहमदाबाद और सूरत, इत्यादि ···हमारे यहाँ के आगरा, लखनऊ, कानपुर, बनारस, इलाहाबाद में से कोई भी एक किसी दूसरे प्रान्त की राजधानी होने का गौरव वहन करने लायक है। हाँ, प्रान्तीय संकीर्णता और भाषाई पूर्वाग्रह बिल्कुल नहीं है। हम छोटे और सँकरे नहीं; व्यापक राष्ट्रीय धरातल पर जीते हैं।

और यहीं मैं ज़रा रुककर सोचता हूँ। वे क्या कारण हैं कि देश के सबसे बड़े कल-कारखानों और अपार खनिजों या प्राकृतिक सम्पदा (कोयला, लोहा, अभ्रक इत्यादि) के बावजूद बिहार देश का सबसे गरीब प्रान्त है ? इतनी समृद्ध पौराणिक

ऐतिहासिक, धार्मिक, सांस्कृतिक और साहित्यिक विरासत के बावजूद उत्तर प्रदेश अप-संस्कृति और विसंस्कृति का सबसे ज्वलन्त उदाहरण है ? यहाँ का आदमी मूलतः ढोंगी, झूठा और मक्कार, बेईमान, रूढ़िवादी, स्वार्थी, क्रूर, अनपढ़, ठस, पोंगा, आलसी, परोपजीवी, मूल्य और विवेक-विहीन और किसी भी सांस्कृतिक चेतना से वंचित है। औरों के मुकाबले न उसने भाषा-साहित्य को लेकर कोई पहचान बनाई है न बौद्धिक तेजस्विता या वैज्ञानिक उपलब्धियों में कहीं उसका नाम है...बेहद कड़वा सच है कि दूसरे किसी भी प्रान्त के व्यक्ति को आप उसके गुणों के साथ जोड़कर देखते हैं, वह अपनी विशिष्ट पृष्ठभूमि के साथ आपके सामने आता है, उसकी क्षमताओं के प्रति आप आश्वस्त होते हैं–उत्तर-प्रदेशी ऐसा कोई आश्वासन आपको नहीं देता। बल्कि जो धारणा 'यू.पी. का आदमी' सुनकर बनती है वह मानवीय गुणों की दृष्टि से कतई प्रशंसनीय नहीं है। अपवादों को छोड़ दें, तो यहाँ के आदमी की एक घटिया और कुरूप तस्वीर ही उभरती है। विश्व-मानव और खाँटी भारतीय होने के चक्कर में हम व्यक्तित्वहीन और मनुष्य के दर्जे से एक स्तर नीचे के प्राणी बन गए हैं–व्यंग और हिकारत से 'हिन्दुस्तानी' पुकारे जानेवाले ! ऐतिहासिक और भौगोलिक गरिमा अपनी जगह है, लेकिन भारत के अन्य प्रान्तों की तुलना में यह सचाई हमें ओढ़नी ही होगी। भड़क कर जवाब देने की बजाय, हमें उन कारणों की पड़ताल करनी चाहिए जिन्होंने हमें ऐसा खोखला और प्राणहीन बना दिया है।

मुझे लगता है कि सांस्कृतिक और ऐतिहासिक केन्द्र जब अपनी प्रासंगिकता और आवश्यकताएँ खो देते हैं तो तीर्थ बन जाते हैं। तीर्थ, चिन्तन और दृष्टि की नहीं, सिर्फ दर्शनों की जगह होती हैं। उत्तर प्रदेश की त्रासदी यही है कि यह विश्वविख्यात तीर्थों से पटा पड़ा है। (ताजमहल भी तीर्थ ही है !)

कहते हैं यूरोप में इस 'हिन्दुस्तानी' चरित्र के सबसे निकट अगर कहीं लोग मिलते हैं, तो वह इटली है। धोखाधड़ी, झूठ, मक्कारी, चालाकी और ठगी में माहिर। यह सिर्फ संयोग ही नहीं है कि पुरानी योरूपीय सभ्यता, संस्कृति का केन्द्र इटली ही है। उसी तरह पौराणिक और ऐतिहासिक तीर्थों से भरा और आज के सबसे दुर्दान्त संगठित अपराधों यानी 'माफ़िया' की आदिभूमि।

सामाजिक और आर्थिक मनोविज्ञान की दृष्टि से विश्व-विख्यात तीर्थों का स्थानीय जन-समुदाय पर क्या प्रभाव पड़ता है, इसका किसी ने अध्ययन किया है या नहीं, मुझे जानकारी नहीं है। लेकिन यह सच है कि उत्तर प्रदेश के चरित्र-निर्धारण में इन तीर्थों की महत्त्वपूर्ण भूमिका रही है–यानी, मुख्य रूप से तुलसी के मानस और गंगा की धारा का प्रदेश। बद्री-केदारनाथ से लेकर बनारस, मिर्जापुर तक और आगरा-मथुरा से लेकर सारनाथ-विन्ध्याचल तक का गंगा-यमुना का यह दुआबा और आसपास जुड़ा प्रान्त, पुरानी सांस्कृतिक गरिमा और वर्तमान अमानवीयताओं से

आक्रान्त है।

तीर्थ-संस्कृति, टूरिस्ट-दृष्टि से परिचालित होती है। तीर्थ-यात्रियों और तीर्थों के बीच होती है—श्रद्धा। इसी श्रद्धा और भक्ति के मारे ये यात्री दुनियाभर से लगातार चलते आते हैं—हर दिन, हर महीने, हर वर्ष—सैकड़ों, हजारों वर्षों से। जो जितना कष्ट उठा कर आता है, वह उतना ही परलोक के निकट होता है। रास्ते में या तीर्थ पर पहुँचकर मर भी जाता है तो 'मोक्ष' पा लेता है। जिस भक्ति और श्रद्धा के काटे ये लोग हजारों मील की यात्राएँ करते हुए आते हैं, उस सिलसिले को आख़िर तक बनाए तो रखना ही है। इन्हें वही 'सपना' बेचना होगा जिसे वे पैदा होते ही अपने तन-मन में और परिवेश में जी रहे थे—कभी मथुरा जाकर कृष्ण की लीलाभूमि के दर्शन करेंगे, त्रिवेणी के संगम में स्नान करेंगे, भगवान विश्वनाथ के चरणों में लोटेंगे, विश्व के महान् आश्चर्य ताजमहल को देखेंगे। इनकी इस श्रद्धा को जीवित रखना बहुत जरूरी है : यह शिवलिंग पाँच लाख साल पुराना है, यहाँ सीताजी रसोई बनाया करती थीं, यहाँ पहली बार राधा-कृष्ण का संभोग हुआ था, यहाँ मुमताज बेगम नहाया करती थीं, यहाँ अकबर बादशाह वजू करते थे···यह मीना बाजार है। अगर श्रद्धा बेचनी है तो वही सब बनाकर रखना होगा जो भक्त को मोहाच्छन्न किए हैं। नतीजे में तीर्थों और टूरिस्ट केन्द्रों में मूल मनोवृत्ति रहती है नोचने, खसोटने की, और ऊपर एक दिखावटी, ढोंगी और आडम्बरी संस्कृति निरन्तर विकसित होती रहती है—जो कुछ जितना पुराना है वह उतना ही महान् है। कुछ चमत्कार कथाएँ जोड़ी जा सकें तो कहना ही क्या है ! आसानी से बेवकूफ बनाया जा सकता है।

तीर्थ और उसके आकर्षण को बनाए रखना अपने आप में एक उद्योग है; उसकी महिमा और महात्म्य ही तो भक्तों को खींचकर लाएँगे। ऐसी जगहों का सारा जीवन इन्हीं यात्रियों के लिए होता है : व्यक्तिगत रहन-सहन से लेकर हाट-बाज़ार तक। जो कन्याकुमारी से यहाँ तक आया है वह शायद दुबारा नहीं आएगा—उसका आखिरी कपड़ा तक उतार लेना है। कुली, रिक्शेवाले से लेकर पंडे-पुजारी तक, सभी उसकी बोटियाँ नोच लेना चाहते हैं। ठगना और जैसे तैसे सब कुछ छीन लेना—तीर्थों का एक मात्र मनोविज्ञान होता है। यात्री को जो चाहिए वह देंगे, बस एक बार फँसे तो सही। यह संयोग नहीं है कि ये तीर्थ ही देश के सबसे बड़े अपराध-केन्द्र भी रहे हैं। बाजीगरी-चमत्कार दिखानेवाले साधु, ठग, शराब, चरस-अफीम के व्यापारी, वेश्याएँ और दलाल। वृन्दावन और बनारस तो विधवाओं, परित्यक्ताओं की मंडियाँ हैं ही। श्रद्धालुओं की भावना कुछ भी हो, आध्यात्मिक और भौतिक सामान की दूकान लगाए बैठनेवाले खूब जानते हैं कि वे क्या बेच रहे हैं और ग्राहक को क्या चाहिए। नए से नया टी.वी. और पुराने से पुराना आध्यात्म तिलक छापे, जटाओं और रुद्राक्ष का आडम्बर। बनारस में तो आए दिन तीर्थयात्रियों के पूरे के पूरे

परिवारों को लूट लेने, मार डालने और उनकी लड़कियों के अपहरण की घटनाएँ होती हैं।

राष्ट्रीय अखंडता और धार्मिक एकता के तर्क अपनी जगह हैं और सुनने में अच्छे लगते हैं। मगर इन तीर्थों में बैठे, मोक्ष, परलोक और श्रद्धा के व्यापारी अपने ग्राहकों के मनोविज्ञान को गहराई से जानते हैं। पीढ़ी-दर-पीढ़ी चला आता धन्धा, व्यक्ति, परिवार और समाज की मानसिकता बनाता है। उत्तर प्रदेश के ये पाँच-छह बड़े तीर्थ हजारों सालों से एक झूठ, ठगी और ढोंग की मानसिकता बना रहे हैं। सारे देश और विदेशों से लोग यहाँ अपने शरीर और आत्मा की खाल उतरवाने आते हैं। जिसे हम 'संकीर्ण प्रान्तीयता से मुक्त' होने का गुण कहते हैं, मूलतः वह 'सभी को लूट सकने की उदारता' है। व्यापारी को क्या मतलब, ग्राहक कौन है, कहाँ से आया है ? श्रद्धालुओं के मत्थे खानेवाला, अच्छे से अच्छा ही खाएगा और जितना बन सकेगा खाएगा। हजारों सालों में यह अभ्यास एक 'खाऊ संस्कृति' के रूप में स्वीकृति पाने लगता है। हलुआ, पूरी, लड्डू का भोजन, भांग ठंडाई गांजे का सेवन, इत्र-फुलेल की नवाबी लतें—वेश्यावृत्ति और समलैंगिकता के शौक, दो चार घंटे के आध्यात्मिक व्यापार से अगर ये सारे ऐश मिलें तो मुझे हकीमजी ने बताया है कि मैं मेहनत करूँ या किसी बौद्धिक चिन्ता में दिमाग लगाऊँ ? जितना भक्त को बेवकूफ बनाने के लिए जरूरी है, उतना पुरानी पोथियों को रट लूँगा, और अंटा चढ़ाकर दिनभर झूठ-सच हाँकूँगा। ग़प ही तो मारनी है।

'खाऊ संस्कृति' में भोजन और शौच दिनचर्या के आवश्यक अंग नहीं, सम्पूर्ण जीवन ही होते हैं; इन्हें तरह-तरह की धार्मिक और दार्शनिक व्याख्याएँ दी जाती हैं। खाना कहाँ बनेगा, बनानेवाला कितना पवित्र होगा, क्या खाएँगे, पूरा परिवार जैसे इसी चिन्ता के आस-पास घूमता है। शौच के अपने नियम हैं, कैसे जाएँगे—कौन से कपड़े पहनेंगे, हाथ कितनी बार धुलेंगे; नहाना कितनी बार है। यह देह-केन्द्रित 'उच्चता' खाने, नहाने में ही आचारवान होने के दम्भ में जीवित है। दूसरे के प्रति व्यवहार, नैतिकमूल्य, सामाजिक सरोकार जैसी फालतू चीजें यहाँ के व्यक्ति का चरित्र नहीं बनातीं। शायद इसी प्रदेश ने नामर्दी और भोजन पचाने के नुस्खों पर सबसे अधिक शोध की है—सारा आयुर्वेद पाचक-चूर्ण और स्वर्ण-भस्मों तक ही सीमित होकर रह गया है।

चूँकि सारे छोटे-बड़े तीर्थ और आसपास की आबादियाँ इसी मानसिकता में जीती रही हैं, इसलिए उत्तर प्रदेश में न तो कुछ नया सोचने की परम्परा रही है, न करने की। उन्नीसवीं शताब्दी के उत्तरार्ध में जरूर कुछ अधिकारियों और बंगाली डॉक्टरों, वकीलों, प्रोफेसरों ने इस व्यापक रेगिस्तान में कहीं-कहीं खजूर लगाए; मगर सचाई यही है कि जिन्हें हम उत्तर प्रदेश के उज्ज्वल नक्षत्र कहते हैं, वे काश्मीरी बंगाली परिवार दो-चार पीढ़ियाँ पहले ही आकर बसे थे। मुरादाबाद और कानपुर,

आगरा, बनारस, मिर्जापुर के 'उद्योग' उन लोगों के हाथों पले और बढ़े हैं जो हिन्दू नहीं हैं।

धर्म सामन्ती व्यवस्था को जायज और शाश्वत सिद्ध करता है। इसीलिए गंगा के आसपास का सारा हिन्दी-प्रदेश (और गंगा मुख्य रूप से हिन्दी प्रदेश की ही नदी है) आज भी सामन्ती विश्वासों के कैंसर से पीड़ित है। जिन पुराणों मिथकों और पुण्य कथाओं को इन तीर्थों के माध्यम से जीवित रखा जाता है; वे अपने मूल में सामन्ती मान्यताओं की पुनःप्रतिष्ठा के लिए 'जन-जन के मानस' में गहरे संस्कारों के साथ जीवित हैं। सामन्ती व्यवस्था, संघर्ष और प्रयास पर नहीं, समर्पण और व्यक्तिचेतना के विलयन पर टिकी है। इसीलिए यहाँ ऊँच-नीच, छूआ-छूत, नारी ताड़न, प्रारब्ध, संतोष, देवी-देवता जैसी रवायतों को धार्मिक स्वीकृति मिली हुई है। स्त्रियों, अछूतों और अधर्मियों के लिए जैसी घृणा यहाँ के व्यक्ति में है, वैसी शायद ही कहीं हो—सबसे अधिक बलात्कार, दहेज-दहन, पिछड़े लोगों पर अत्याचार की घटनाएँ शायद यहीं सुनाई देती हैं—(वैसे तो सम्पूर्ण आर्यावर्त ही 'धर्मप्राण' है) सामन्ती पुरखों के खून का वास्ता देकर जमीनें हड़पने या आपस में खून-खराबे के सबसे ज्यादा मुकदमे शायद इसी प्रदेश में चलते हैं। यों तो सारा भारतीय सामन्तवाद परोपजीवी, परिश्रम-चोर और हाथ के काम को नीची निगाह से देखता है, लेकिन बंगाल इत्यादि के जमींदारों-जागीरदारों ने संगीत, साहित्य, कला-संस्कृतियों को भी प्रश्रय दिया है—हमारे यहाँ सिर्फ गुंडा-गर्दी, बलात्कार, गावों, हरिजनों और स्त्रियों के 'वध' की कला का विकास हुआ है। यहाँ जमींदार का अर्थ ही है 'जायज़-डाकू'। भूखे-नंगे लाखों लोगों के बीच यज्ञों, हवनों के नाम पर टनों घी और सामग्री फूँकने की वीभत्स अश्लीलता में जीनेवाले आज भी वातावरण शुद्धता का तर्क देते हैं—बिना किसी शर्म-हया और अपराध-बोध के ! 'हनुमान चालीसा' और 'सत्यनारायण की कथा' जैसी मूर्खतापूर्ण पुस्तकें शायद ही किसी प्रान्त में पूजा केन्द्र हों···

तीर्थ-यात्री 'बाहर' का आदमी है, ग्राहक और शिकार है। उसे हरदम यह बताए रखना होगा कि जिस तीर्थ में वह आया है, वह और उससे जुड़े ये पंडे-पुजारी विश्व में सबसे महान् हैं। एक झूठी पोंगा पंथी और दिखावटी महानता का वितान हमेशा ताने रहना है और इस महानता के समर्थन में निरन्तर उद्धृत और प्रक्षिप्त किए जाते रहना है धार्मिक-कथाएँ, शास्त्र, वचन। यानी झूठ, धोखाधड़ी और लूट को—अपने और दूसरों के लिए धार्मिक और शास्त्रीय 'जस्टीफिकेशन' दिए बिना अपनी और दूसरों की आत्मा को शान्ति कैसे मिलेगी ? अशान्त आत्मा, मन की शान्ति ! यानी ग़लत करने की कचोट, अपराध-बोध ! अब मन की शान्ति के विधानों का सिलसिला—यानी किए गए अपराध से बच निकलने के धार्मिक चोर-रास्ते ! नहीं, हम जो कुछ कर रहे हैं वह सही और जायज़ है उसे शास्त्र का समर्थन है, हमेशा से होता आया है। करनेवाले हम कहाँ हैं ? करनेवाला तो 'वो'

है। हम तो उसके हाथों की कठपुतली हैं—निमित्त हैं। वही हमारे और भक्त के मन में 'होनी' की प्रेरणा देता है। जो कुछ आता-जाता है, उसी के लिए है। हम तो माध्यम हैं, बहाना हैं। यह सारा संसार ही तो उसी की माया है। हम थोड़े ही ठगते हैं, माया ही ठगती है, वही ठगिनी है। यह हाथी, घोड़े, धन-दौलत किसी के साथ नहीं जाएँगे। सब उसी के चरणों में अर्पण हैं। उसी में कुछ हमारा भी भोग लिखा है। हम उसके निकट के और उसके द्वारा 'चुने गए' लोग हैं—हम नहीं, हमारे पुरखों, ऋषियों को चुना था स्वयं भगवान ने। न हम मारते हैं : न लूटते हैं, हम तो सिर्फ उसकी जैसी आज्ञा होती है उसे पूरा करते हैं और मरनेवाला क्या सचमुच मरता है ? वह तो पुराने कपड़े उतारकर उसके चरणों में लीन हो जाता है। न कोई मारता है, न मरता है, यह सब तो उसके कर्मों का फल है, लीलाधर की लीला है। जो आया है, वह जाएगा, आत्मा अजर अमर है।

जो समाज, या जन-समुदाय हजारों सालों से इस अर्थशास्त्र, मानसिकता और तर्क-प्रणाली को जी रहा है, उसके लिए सही-गलत की विभाजन-रेखा कहाँ है ? सदियों से यह बोध भी उसके अन्दर से गायब हो गया है कि वह कुछ गलत कर रहा है। चूँकि उसकी 'पीठ' पर या उसके भीतर स्वयं भगवान हैं, इसलिए सब कुछ जायज़ और शास्त्र-सम्मत है। वहाँ मानव जीवन के प्रति सम्मान, सहानुभूति और संवेदना की जरूरत ही नहीं है। नतीजे में स्वर्ग, परलोक और पुराणों से जो जितनी गइराई या निकटता से जुड़ा है वह उतना ही मनुष्य-विरोधी, नृशंस होता चला गया है, सामाजिक ज़िम्मेदारियों से ऊपर है। हाँ, अपने को श्रेष्ठ, श्रद्धेय और 'पहुँचा हुआ' बताने के लिए जरूरी है कि धार्मिक अन्धविश्वासों, शास्त्रों, अपने आचरण, व्यवहार को सबसे अलग और 'ऊँचा' बनाए रखा जाए—वर्णाश्रम धर्म, कर्मकांड या स्मृतियों के अनुसार समाज-विभाजन को जीवित प्रासंगिक और पवित्र सिद्ध किया जाता रहे। रामचरित मानस के उद्धरण शायद ही कभी किसी नेक काम के लिए याद किए जाते हों। हाँ, अपनी ग़लत हरकत को सही सिद्ध करने या पोंगा पंथी विश्वासों के समर्थन में तुलसी की चौपाइयाँ लोगों की जबान पर होती हैं। परलोक और कलियुग के नरक दिखा-दिखाकर। और इस प्रकार रूढ़ियों, ढोंग और आत्मश्रेष्ठता का बेशर्म प्रदर्शन, यात्रियों या टूरिस्टों को परोसे जानेवाले माल का ही अनिवार्य हिस्सा हो जाता है ! (दूसरे को हेय, नीच, अशुद्ध, आचारहीन और अपवित्र समझने का चरम उदाहरण है, 'स्वयं पाकी' होना)। न जाने कब से आज तक जो जन-समुदाय इन्हीं विश्वासों को स्थायी बनाए हुए है, उसका गैर-जिम्मेदार हृदयहीन, क्रूर और परम-दकियानूसी न होना ही आश्चर्य का विषय होता। जीवन और सोच की जो पद्धति श्रेष्ठ या श्रद्धेय वर्ग अपनाता है, वही कालान्तर में छन-छन कर सारे समाज के मनोविज्ञान का हिस्सा बन जाती है।

लगातार दूसरों को पिलाया जानेवाला झूठ खुद हमारे अपने व्यवहार जीवन

या पारिवारिक और सामाजिक सम्बन्धों का हिस्सा नहीं हो जाता, यह बहुत बड़ा भ्रम है। गोयबिल्स से हजारों साल पहले हमारे ऋषि-मुनि जानते थे कि झूठ को इतनी बार दुहराओ कि झूठ-सच का भेद ही मिट जाए, वह आपकी अपनी सोच बन जाए। घूसखोर अफसरों और ब्लैकमार्केटियर निरंकुश व्यापारियों की सन्तानें एक ही पीढ़ी में अगर समाज-विरोधी, अपराधी या आत्महंता व्यसनों की शिकार हो जाती हैं तो हमारा प्रदेश तो न जाने कब से भक्तों की कृपा से परिश्रमहीन कमाई पर जीता आ रहा है। वह क्यों झूठी लंतरानियों के सिवा किसी भी दूसरे उद्योग में अपना खून-पसीना एक करें ? परोपजीवी समाज अपने बने रहने के लिए तर्कों की बारीक शृंखला बुनता चला जाता है—पीढ़ी-दर-पीढ़ी उन्हीं की मरम्मत, पॉलिश और आधुनिकता देकर उन्हें स्थायी करता रहता है।

मूलतः इस समाज को न अपनी भाषा, साहित्य, संस्कृति से प्यार होता है, न किसी नैतिक सामाजिक जिम्मेदारी से। उसे न कभी कोई अपराध-बोध होता है, न पाप-चेतना। संस्कारों के नाम पर हैं इसके पास रूढ़ियाँ, कर्मकांड, धार्मिक अन्धविश्वास और दूसरों के साथ या आपस में झूठ को जीते चले जाने की साधना। उसे न किसी बौद्धिक क्रिया-कलाप की जरूरत है, न परिश्रम और उद्योग की। वह तो भगवान विष्णु की तरह जल-प्रलय के बीच शेष-शैया पर लेटा अपनी लक्ष्मी से पाँव दबवा रहा है—जहाँ लक्ष्मी अपने 'धर्म' में चूकी कि उसे धक्का देकर पानी में धकेल देगा···आराम बड़ी चीज़ है, मुँह ढँक कर सोइए···

हिन्दी-प्रदेश और वैचारिक-संकट

जब श्रीकांत वर्मा ने लिखा था 'मगध में विचारों की कमी है' तो वास्तव में वे हिन्दी-प्रदेश की ट्रेजेडी के बारे में लिख रहे थे। ग्रियर्सन ने हिन्दी हार्टलैंड नाम दिया था उत्तर प्रदेश और बिहार को। वस्तुतः इन्हीं दो प्रान्तों से उत्तरी-भारत की सारी मानसिकता को समझा जा सकता है, इसे डॉ. रामविलास शर्मा हिन्दी जाति कहकर गौरवान्वित करते हैं। जिसे हम भारतीय इतिहास कहते हैं, वैदिक काल से उसका निर्माण और निर्धारण इसी हिन्दी-प्रदेश में हुआ है। यहाँ की बदलती सत्ताओं ने सारे भारत के राजनैतिक भूगोल को बदला है। न जाने कब से देश की राजधानियाँ यहाँ बनती-बिगड़ती रही हैं। मगर आज चारों तरफ से आवाजें उठ रही हैं कि बौद्धिक-रूप से जड़, वैचारिकता में ठस यह संस्कृति और सोच-विहीन प्रदेश ही क्यों सारे देश का भाग्य-निर्धारण करे ? चूँकि यहाँ देश की राजधानी है और सबसे अधिक आबादी वाले प्रदेश आस-पास हैं या सबसे बड़ा 'वोट-बैंक' यहीं बनता है और इसी बूते पर चार-चार प्रधानमन्त्री यहीं के थे, इसलिए क्या इस क्षेत्र को यह निर्विवादित शाश्वत अधिकार मिल गया है कि वह अपनी मनमानी करता रहे ? यह वर्चस्व तो इसे सिर्फ बहुसंख्यकों की हुल्लड़बाजी और बुद्धिहीनों के बुलीइज़्म (धौंस-पट्टी) से मिला है। वस्तुतः यह लोकतन्त्र का विकृततम रूप है। सांस्कृतिक रूप से तो यह क्षेत्र, देश के बाकी प्रदेशों पर हावी नहीं हो पाया, लेकिन एक भयानक राजनैतिक संस्कृति जरूर इसने सारे देश पर लाद दी। मानवीय पतन का कौन-सा रूप है जो अपने चरम पर यहाँ नहीं है और फिर भी देश की अखंडता-एकता के नाम पर यह प्रदेश या यहाँ का भी एक वर्ग अपना वर्चस्व कायम रखना चाहता है। कब तक चलता रह सकता है यह सब ? देश को तो टूटना ही है। क्यों बर्दाश्त करें हम बुद्धिहीनों का असांस्कृतिक वर्चस्व ? कैसे तय हो गया कि हिन्दी-प्रदेश के छोटे से क्षेत्र का इतिहास ही सारे भारत का इतिहास है या इस केन्द्रीयता को तोड़ना सारे राष्ट्र को तोड़ना है ? अगर राष्ट्र या राष्ट्रीयता के अर्थ वही हैं जो यह बता रहे हैं

तो निश्चय ही हम इसके हिस्से नहीं हैं। उत्तर भारतीय वर्चस्व या किसी एक पार्टी की सत्ता का विरोध करना, दूसरे शब्दों में मुट्ठीभर लोगों द्वारा हथियायी गई केन्द्रीयता को तोड़ना ही अगर 'राष्ट्रद्रोह' है तो हम उसके अपराधी हैं।

भड़ककर प्रत्यारोप करने से पहले हमें ईमानदारी से जाँचना चाहिए 'के इन आरोपों में सचाई कितनी है। सच पूछें तो मुझे वे बहुत बेबुनियाद नहीं लगते। आठ-नौ साल पहले मैंने 'इतना कायर हूँ कि उत्तर प्रदेश हूँ' नाम के लेख में इस सांस्कृतिक और बौद्धिक जड़ता को समझने की कोशिश की थी। जाहिर है बहुत हाय-हल्ला मचा। पहले मैं इस लेख का शीर्षक देना चाहता था, 'मूढ़ों का प्रदेश : उत्तर प्रदेश' मूढ़ों से मेरा आशय मूर्खों और ढोंगियों से था। मगर फिर कवि धूमिल की पंक्तियों से काम चल गया। उसमें मैंने यही कहने की कोशिश की थी कि हज़ारों सालों से विश्व-प्रसिद्ध तीर्थों का केन्द्र बने रहने के कारण यह प्रदेश न तो अपना बौद्धिक विकास कर पाया, न सांस्कृतिक। इसकी ज़रूरत भी नहीं समझी गई। चूँकि तरह-तरह के भगवान हमारे पास थे और सारे देश से श्रद्धा-भक्ति के मारे लोग यहाँ आकर हमारे चरण छूते थे, इसलिए शेष सबसे ऊँचा होने की ग्रन्थियाँ और जटिलताएँ पनपती गईं। हमें अपने भगवान को और उससे जुड़े होने के नाते स्वयं अपने आपको, सबसे पवित्र और श्रेष्ठ दिखाते रहने का इतना लम्बा अभ्यास हो गया कि स्वयं हम उसे लगभग प्राकृतिक मानने लगे। दूसरे को अगर स्वर्ग में जाना है या मोक्ष पाकर अपना जीवन सार्थक करना है तो उसे हमारे भगवान यानी हमारी सेवा करनी ही होगी। होड़ यह लग गई कि किसका भगवान कितना श्रेष्ठ है और कौन-सा वर्ग कितनी घनिष्ठता से जुड़ा होने के नाते उसी श्रेष्ठता का अधिकारी है। चूँकि यह सारा खेल ब्राह्मण-वर्ग के बीच ही था इसलिए वहाँ भी श्रेष्ठता की श्रेणियाँ बन गईं। धड़ाधड़ भगवत-महात्म्य के ग्रन्थ आने लगे और उन्हें "हज़ारों साल पहले विष्णु-ब्रह्मा या किसी ऋषि-महर्षि द्वारा रचित" बताकर अपौरुषेय सिद्ध किया जाने लगा। किंवदंतियाँ और लोककथाओं के अम्बार लग गए। दूकानें सिर्फ अपने लिए ही नहीं चलानी थीं, उन्हें युग-युग के लिए स्थायित्व भी देना था। तीर्थों या टूरिस्ट-सेंटरों की मानसिकता ही चूँकि लूट की बन जाती है इसलिए वे अपराधों के भी बड़े केन्द्र बन जाते हैं। कहना चाहिए यहाँ के वही उद्योग हैं, इसलिए किसी दूसरे उद्योग का सवाल ही नहीं है—छोटे-मोटे उद्यम अगर दिखाई भी देते हैं तो भी इस 'बड़े उद्योग' की एन्सिलरियों (सहायक इकाइयों) के रूप में ही काम करते हैं। परोपजीवी संस्कृति यहाँ अपने सर्वश्रेष्ठ रूप में होती है।

अब जिस प्रदेश के पास, काशी, वृंदावन, प्रयाग, अयोध्या, हरिद्वार बद्री-केदारनाथ जैसे महान् तीर्थ हों, वहाँ न किसी दूसरे उद्योग की जरूरत है, न संस्कृति और सभ्यता की। सारा देश हज़ारों सालों से अपने जीवनभर की कमाई लाकर आपके चरणों में अर्पित कर ही रहा है—भौतिक सुख-सुविधाएँ कितनी

निरर्थक और व्यर्थ हैं—तरह-तरह से यही समझाते रहिए और लड्डू-मलाई का तर माल उड़ाइए। ऑब्रे मेनन इसे 'खाउओं और भकोसुओं' की संस्कृति यानी 'कल्चर ऑफ़ ग्लटन्स' कहता है। इसलिए हमने यहाँ विद्वानों के नाम पर या तो पुराने संस्कृत ग्रन्थों को उगलने वाले रट्टू तोते तैयार किए, जो परम आत्मविश्वास और कर्मकांड के साथ हमें बताते हैं कि किस शास्त्र-पुराण में क्या लिखा है या फिर सौ-दो सौ लड्डू खा-जानेवाले भोजन-भट्ट…आश्चर्य नहीं होना चाहिए कि हिन्दी-प्रदेश ने आज तक न तो कोई बड़ा दार्शनिक पैदा किया न मौलिक-चिंतक। हाँ, टीकाकारों और भाष्यकारों की भरमार है अर्थात् वहाँ भी वे परोपजीवी ही हैं। जिन तीन-चार विद्वानों के नाम मैं याद कर पाता हूँ या जो अखिल भारतीय स्तर पर कहीं कुछ स्वीकृत हैं वे हैं काशी प्रसाद जायसवाल, राहुल सांकृत्यायन, आचार्य नरेन्द्र देव, हजारी प्रसाद द्विवेदी, भगवतशरण उपाध्याय, रामविलास शर्मा और राममनोहर लोहिया। मगर ये सब उस हिन्दू वैदिक परम्परा यानी ब्राह्मण-वर्चस्ववादी धारा के बाहर के लोग हैं। तथाकथित हिन्दू-दर्शन को जिन्होंने कुछ नया दिया था वे सारे आचार्य या तो सैकड़ों साल पहले दक्षिण से आए या फिर हजारों साल पहले ऋषि मुनियों के मिथ के रूप में रहे। हमने तो अन्तर्राष्ट्रीय स्तर के बाबा या 'भगवान' यानी गॉडमैन ही पैदा किए हैं—रजनीश, महेश योगी, धीरेन्द्र ब्रह्मचारी, चन्द्रास्वामी और देवरहा बाबा तक। ज़ाहिर है कि परोपजीवी या मुफ्तखोर लोगों की एकमात्र चिन्ता अपने आपको श्रेष्ठ महान् और साधारण लोगों की पहुँच (छूत) से बाहर बनाए रहकर अपने को सही सिद्ध (जस्टिफाई) करते रहने की होती है और एकमात्र डर और घृणा उत्पादन या श्रम को लेकर होते हैं। इसलिए धर्मग्रन्थों में सिर्फ दान की भूरि-भूरि महिमा बखानी गई है, उत्पादन और श्रम कहीं है भी तो आपद्धर्म या धर्मच्युति के रूप में। उत्पादन के प्रति इस घृणा का परिणाम, दलितों शूद्रों के प्रति ही अमानवीय व्यवहार नहीं, स्त्रियों के प्रति शत्रुता और हृदयहीनता भी है। बालिका-हत्या, सती और विधवा के लिए दी गई मर्यादाएँ इनका उदाहरण हैं। दुनिया की बर्बरतम जातियाँ भी अपनी स्त्रियों का इस तरह वध नहीं करतीं, जिस तरह शास्त्रों के समर्थन से हिन्दू धर्म उन्हें मारता है। कल तक जो आपकी बहन, भाभी, चाची, माँ या मौसी थी उसे किस नृशंसता से आप आग पर रखकर भून देते हैं। दहेज-दहन के बाद नई शादी के लिए परिवार का उत्साह देखकर कोई कह सकता है कि वहाँ कहीं कोई पाप या अपराध बोध जैसा दंश है ? बेशर्मी और बेहयाई की हद यह है कि उसी स्त्री की प्रशस्ति में सप्तशतियों की संख्याएँ और ऊँचाइयाँ भी कम नहीं हैं। आज भी सती और बलात्कार की घटनाएँ प्रायः इसी प्रदेश में होती हैं।

प्रतिरोध या विद्रोह अगर कहीं दिखाई भी देते हैं तो वह या तो इसी श्रम और उत्पादन से जुड़े लोगों की ओर से हैं या सत्ता के छिन जाने और छीन लिए जाने पर हैं। वर्ना सवर्ण प्रभु वर्ग—यानी परोपजीवी वर्ग समझौते और सौदे ही करता

रहा है, मुगलों के समय से लेकर आज तक देश को लूटने-बेचने या कुचलने का काम इसी वर्ग की मिलीभगत से हुआ है। अपनी सुख-सुविधा या भौतिक-सम्पत्तियों के लिए इस वर्ग ने या तो हमलावरों का साथ दिया है या व्यक्तिगत धरातल पर आध्यात्मिक गुफ़ाओं में मोक्ष तलाशी है। यह सब मैं नहीं कह रहा—नब्बे वर्ष पहले पं. चन्द्रधर शर्मा गुलेरी अपने 'कछुआ धर्म' लेख में लिख गए हैं। सुना है कि फ़िराक़ ने भी कोई ऐसा ही लेख लिखा है। हिन्दू प्रायः सामाजिक उत्तरदायित्व, जायज संघर्ष और प्रतिरोध से बचता है और इस शुतुर्मुर्गी कायरता को 'शान्तिप्रिय' होने के ढोंग का मुकुट पहना लेता है। जिस धर्म का छोटा-बड़ा हर देवता भेंट पूजा के बिना कृपा-फल न देता हो, वहाँ सौदाबाजी, घूस और उत्कोच ही जीवन मूल्य बन बैठें तो आश्चर्य क्या है ? वहाँ किसी नैतिक संकल्प या वैचारिक दृढ़ता की बात सोचना मूर्खता है। उसकी नैतिकता, साथी मनुष्य या समाज के प्रति व्यवहार से नहीं, लिंग-प्रयोग से निर्धारित होती है। चूँकि आज तक किसी सरकार ने जमीन और किसानों के सम्बन्धों को आधारभूत ढंग से नहीं बदला है इसलिए भू-स्वामी ही अपने ढंग से लोकतन्त्र चला रहे हैं। गुंडे-लठैतों की फौज, जातिगत श्रेष्ठता और राजनैतिक संरक्षण ने उनके वर्चस्व को और व्यापक ही किया है। यही लोग 'भारतीयता' के नाम पर अगर सामन्ती मूल्यों की रक्षा नहीं करेंगे, तो इन्हें नीचे से उठते विद्रोह से बचाएगा कौन ?

किसी भी क्षेत्र की सांस्कृतिक अस्मिता वहाँ के बुद्धिजीवी और प्रबुद्ध वर्ग से बनती है। हिन्दी-क्षेत्र ने स्वतन्त्र रूप से सोच सकनेवाले न बुद्धिजीवी पैदा किये, न वैसा प्रबुद्ध-वर्ग जो अपनी अलग पहचान बनाता। जैसा कि मैंने कहा, यहाँ कम से कम हज़ार सालों तक या तो दार्शनिक स्तर पर दक्षिण के आचार्य छाए रहे या मुग़ल साम्राज्य से साठ गाँठ बनाए रखनेवाले कुलीन घराने। इस्लाम के साथ पूजा करने और साथ खाने के लोकतान्त्रिक आश्वासन ने हिन्दूधर्म को और अधिक संकीर्णता और कूपमंडूकता ही दी है। मैं नहीं जानता कि रामायण, महाभारत की रचना कहाँ हुई—मगर यह जरूर जानता हूँ कि इनके पाठ पर सबसे अधिक वैज्ञानिक दृष्टि से काम विन्ध्याचल के नीचे ही हुआ है। और तो और गीता के सर्वश्रेष्ठ भाष्य भी हिन्दी-प्रदेश में नहीं किए गए। यहाँ या तो रटन्त विद्वत्ता का साम्राज्य रहा है, या उन पाठों के ऊल-जलूल अर्थ निकालते रहने का उद्योग—किसी भी प्रतिरोधी स्वर को दबाने के लिए कीर्तन और भगवद् महिमा तो रामबाण हैं ही। तर्क न कर सको तो भगवान के नारे लगाओ। सिद्धों और संतों ने निश्चय ही यहाँ प्रतिरोध और विद्रोह की समानान्तर संस्कृति का निर्माण किया, मगर वे इस वैदिक-वर्चस्व से बाहर के लोग थे—उत्पादन और श्रम से जुड़े लोक जीवन के नायक···दूसरे शब्दों में परोपजीवी अत्याचारों के विद्रोही परिणाम···जिन्हें कालान्तर में हथिया लिया गया।

इधर उन्नीसवीं और बीसवीं शताब्दी पूर्वार्ध के हिन्दी साहित्य को देखकर तो

और भी आश्चर्य होता है। हममें से बहुत से लोग और विशेषकर डॉ. रामविलास शर्मा 1857 के सिपाही-विद्रोह को इधर का महत्त्वपूर्ण प्रस्थान-बिन्दु मानते हैं। शायद उपनिवेशी साम्राज्यवाद के ख़िलाफ वह सबसे बड़ा जन-विद्रोह है भी। उसमें परोपजीवी वर्चस्ववादियों ने नहीं; किसानों और साधारण जनता ने भाग लिया और परिणाम भुगते। वर्चस्ववादियों ने तो उनकी लाशों पर पाँव रखकर दरबारी तमग़े, लक़ब और जागीरदारियाँ हथियाईं, आकाओं की मदद से चुन-चुनकर बाग़ियों को सूलियाँ दिलवाईं। क्या यही कारण तो नहीं है कि इतिहास के विद्यार्थी उस विद्रोह को चाहे जितना महत्त्वपूर्ण मानते रहें, समाजशास्त्रियों के लिए वह सबसे बड़ी चुनौती बना रहे, जनता लोक-गीतों में उसकी स्मृतियाँ जिलाए रखे—लेकिन हिन्दी साहित्य के भद्र-इतिहास में उस पर एक पंक्ति देखने को नहीं मिलती। साठ-सत्तर साल बाद ले-देकर वही सुभद्राकुमारी चौहान और वृंदावनलाल वर्मा...हो सकता है डॉ. रामविलास शर्मा भारतेन्दु की स्वयं या आस-पास की दो-चार पंक्तियाँ इस विद्रोह की दबी प्रशंसा में निकाल दें—मगर हिन्दी के मुख्य-साहित्य में वह कहाँ है ? कम से कम उन्नीसवीं के अन्त और बीसवीं शताब्दी के पहले दशकों में तो नहीं है। हाँ, बंगला में 'महाराजा नन्दकुमार को फाँसी' उपन्यास मुझे अभी भी याद है—वह भी अंग्रेजी राज्य की स्थापना के समय का प्रसंग है, इस विशिष्ट घटना पर नहीं। जैसे बाद में पं. सुन्दरलाल का 'भारत में अंग्रेजी राज' या और भी बाद में दुर्गाप्रसाद खत्री का 'सफेद शैतान' और 'रक्त मंडल'। हाँ, मार्क्स के समकालीन लेबर नेता अर्नेस्ट जोन्स की 1857 पर एक लम्बी कविता 'रिवोल्ट ऑफ हिन्दोस्तान और राइज़िंग ऑफ ए न्यू वर्ल्ड' जरूर मेरे देखने में आई और उसका मैंने अनुवाद भी किया। विद्रोही विचारों के लिए जेल भुगतने के दौरान जोन्स ने यह कविता बाइबिल के पन्नों पर अपने रक्त से लिखी थी क्योंकि लिखने-पढ़ने की कोई सामग्री उसे नहीं दी गई थी।

दरअसल, स्वतन्त्रता के पहले का सारा हिन्दी-साहित्य उभरते और बनते मध्य-वर्ग का साहित्य है। बदली हुई स्थितियों में अपनी समस्याएँ, तनाव, आकांक्षाएँ और असन्तोष सभी कुछ वह कविता-कहानियों में बयान करता रहा है। वह दुविधा और डिबेट का साहित्य भी है। वहाँ विद्रोह और विक्षोम नहीं, नए शासकों के साथ तालमेल बैठाने की चिन्ता ज्यादा है। अपनी प्राचीन महानता का आविष्कार भी वह मुख्य रूप से इसीलिए करता है कि नई व्यवस्था में सम्मानजनक स्थान पा सके। सवाल यहाँ यही है कि क्या वह हिन्दी-क्षेत्र की अपनी निजी मनीषा का साहित्य भी है ? मेरे मन में इसे लेकर सन्देह है, क्योंकि हिन्दी-क्षेत्र में अंग्रेजी राज की उस समय तीन स्पष्ट सतहें या लेयर्स हैं। ऊपर अंग्रेज, फिर नौकरशाही और समानान्तर ज़मींदारी या सामन्तशाही। तीनों के बीच घनघोर मिली-भगत है। साहित्य और संस्कृति मुख्य रूप से बना रही है यह नौकरशाही, इन्हीं मध्यवर्गीय परिवारों के लोग

और व्यापारी वर्ग। अंग्रेज बहुत ऊपर है—उससे हमारा सम्बन्ध सिर्फ डर और खुशामद का है, हिन्दू जमींदारों को अपने धर्म-कर्म साधु-संत, अंग्रेज अफ़सरों की ताबेदारी और सामन्ती शान-शौकत भरी ऐयाशियों से ही फुरसत नहीं है—थोड़ी बहुत ब्रज भाषा की कविता, भजन-कीर्तन या मजरे-संगीत। इस सबके साथ मुसलमान ज़मींदार ज्यादा पढ़े-लिखे और शेरो-शायरी के शौकीन हैं—रामपुर की विश्व-विख्यात रज़ा और पटना की खुदाबख्श लाइब्रेरियाँ इनकी गवाह हैं। हिन्दुओं में एकमात्र महाराज कुमार रघुवीर सिंह हैं। बंगाल तो ऐसे ज़मींदारों से भरा पड़ा है। हिन्दी-क्षेत्रों की बनावट यह है कि यहाँ हर शहर में सबसे बड़ा डॉक्टर, सबसे बड़ा वकील और सबसे बड़ा प्रोफेसर बंगाली है। यानी यही बौद्धिक हलचलों का एकमात्र केन्द्र है—न अंग्रेज न हिन्दुस्तानी। दूसरे शब्दों में सारा हिन्दी-प्रदेश प्रशासनिक रूप से भले ही अंग्रेजों का उपनिवेश हो, बौद्धिक, साहित्यिक और सांस्कृतिक रूप से बंगाली उपनिवेश के नीचे है। प्रोफेसर या एकाध अन्य अपवादों को छोड़कर हिन्दी-क्षेत्र में रहने वाला यह बंगाली भद्रलोक यहाँ की भाषा, जन-जीवन या जन-असन्तोषों से असंपृक्त है—अंग्रेजों के कैंटोनमेंटों की तरह उसकी अलग दुनिया है। 'शेष प्रश्न' इसका अद्भुत उदाहरण है—कहानी का मुख्य भाग आगरा में है, मगर वहाँ ताजमहल और दो-चार बंगाली परिवारों को छोड़कर और कोई नहीं रहता। वहाँ इतनी भी स्थानीयता नहीं है जितनी फौरेस्टर के 'पैसेज टू इंडिया' में है। बिना इस बौद्धिक बंगाली उपनिवेशवाद को समझे हिन्दी-प्रदेश के न साहित्य को समझा जा सकता है, न संस्कृति और सोच को। मुझे तो लगता है कि स्वतन्त्रता के पहले का सारा आधुनिक हिन्दी साहित्य इसी बंगाली उपनिवेशवाद के ग्रहण और मुक्ति का साहित्य है। चूँकि बंगला पुनर्जागरण का केन्द्र बंगाली मध्यवर्गीय भद्रलोक है जो मुख्य रूप से अंग्रेज़ी रोमांटिसिज़्म से प्रभावित है। इसलिए यहाँ भी उसकी अपील, या सम्बोधन उसी वर्ग के प्रति है। वेशभूषा से सोच तक आज भी नरेश मेहता या जानकी वल्लभ शास्त्री इसके दयनीय उदाहरण हैं। अजीब लग सकता है, मगर स्वतन्त्रता के बाद इस बंगाली-वर्चस्व से मुक्ति या तो पश्चिम के संघर्षशील साहित्य के माध्यम से मिली है, या स्थानीय जनान्दोलनों के साथ जुड़कर। शायद हिन्दी के किसी विद्वान् ने इस पर विचार नहीं किया कि अंग्रेजी उपनिवेशवाद से मुक्ति के साथ हम कहाँ-कहाँ सांस्कृतिक स्तर पर मुक्त या संयुक्त हुए हैं। दूसरे शब्दों में बंगाली प्रभाव से छूटकर ही हम दक्षिण, विशेष रूप से महाराष्ट्र के अधिक कद्दावर और आधारभूत पुनर्जागरण से जुड़ पाए हैं। हालाँकि रामविलास शर्मा शुरू से बौद्धिक स्तर पर सिद्ध करते आए हैं कि हिन्दी-जाति का पुनर्जागरण, बंगाली मध्यवर्गीय पुनर्जागरण से गुणात्मक रूप से अलग और उससे अप्रभावित है। मगर वे जिन किसानों, खेतिहरों और सामान्य जनता के उभारों में इसे तलाश करते हैं उनके लिखित-प्रमाण हिन्दी के शिष्ट साहित्य में कहाँ हैं ?

यहीं मुझे यह भी लगता है कि हमने बंगाली पुनर्जागरण के भी रचनात्मक और ऊर्जावान तत्त्वों को आपराधिक रूप से अनदेखा किया है। 'गोरा'—'शेष प्रश्न', 'पथ के दावेदार' या दूसरी ऐसी रचनाओं में धर्म, नैतिकता, परम्परा इत्यादि को जिस बेचैनी और छटपटाहट के साथ खंगाला गया है, हिन्दी के छायावादी काल में न वह बेचैनी दिखाई देती है, न छटपटाहट। निराला, प्रेमचन्द, रांगेय राघव, राहुल या बाद में यशपाल, अज्ञेय ही इसके अपवाद हैं। प्रसाद-जैनेंद्र ठंडे विचारक हैं। शताब्दी के पूर्वार्ध का साहित्य अपने मूलरूप में न रैडिकल है न रिवोल्यूशनरी—वह सिर्फ सावधान प्रोटैस्ट का रूमानी साहित्य हो सकता है। उसकी अन्तःप्रकृति कंज़र्वेटिव और अतीत प्रेम है—यानी वही वर्चस्ववादी हिन्दू मानसिकता से आक्रान्त। वर्ना क्या कारण है कि रसखान-रहीम के बाद सैंकड़ों सालों तक (यानी शानी तक) न हिन्दी में कोई मुसलमान है, न नामवर सिंह द्वारा प्रशंसित, अधिगृहीत रैदास के बाद (ओमप्रकाश वाल्मीकि तक) कोई दलित। महादेवी को छोड़कर स्त्रियाँ भी प्रायः अनुपस्थिति हैं। बंगला और उर्दू में उस समय जितनी महिला लेखिकाएँ हैं हिन्दी में नहीं हैं। इस्मत जैसी तो है ही नहीं। शायद हम लोग यह प्रश्न भी नहीं करते कि समाज के ये महत्त्वपूर्ण वर्ग हमारी सोच से बाहर क्यों रहे हैं और क्यों हमने इन्हें अपनी मुख्यधारा में नहीं आने दिया ? उर्दू और बंगला इस मामले में ज़्यादा उदार हैं, वहाँ सरशार, चकबस्त, नसीम-फ़िराक़ हैं तो रवीन्द्रनाथ को टक्कर देते काजी नज़रूल्समाल और बाद की शृंखला···क्रिश्चियन प्रतिनिधित्व तो आज तक हिन्दी-क्षेत्र में है ही नहीं···

अपनी छद्म उदारता में हम उर्दू को हिन्दी की छोटी बहन कहते रहे हैं, लेकिन सचाई यह है कि हिन्दी साहित्य में राजस्थानी, भोजपुरी, ब्रज, डिंगल-पिंगल सब हैं। सिर्फ छोटी बहन का प्रवेश वर्जित है। बरसों से भारत सरकार की तरह कमीशन बैठे हैं कि इसे क्यों या कितना प्रवेश देना है।

जिस महान् हिन्दी-प्रदेश के सांस्कृतिक परिदृश्य में न किसान-मजदूर हों, न मुसलमान और दलित हों, न स्त्रियाँ और आदिवासी हों वह अगर परम रूढ़िवादी, पतनशील घुटन और अन्धेरों से भरा बेजान है तो आश्चर्य की बात कहाँ है ? जो कभी इसका, तो कभी उसका सिर्फ उपनिवेश ही बना रहा हो वह पश्चिम से मौलिकता उधार नहीं लेगा तो कहाँ जाएगा ? उसे तो धुर अतीत और धुर पश्चिम का उपनिवेश होना ही है। क्योंकि वहीं इन रिफ-रैफ या सिरदर्दी झंझटों से मुक्ति है। यहाँ या तो नरेन्द्र कोहली प्रकांड बुद्धिजीवी होंगे या अशोक वाजपेयी—हाँ, निर्मल वर्मा जैसे टू-इन-वन भी इन्हीं में शामिल होंगे। क्या आपको नहीं लगता कि जिसे हम हिन्दी-प्रदेश की संस्कृति कहते हैं वह अन्ततः उसी परोपजीवी, ऊर्जाहीन सवर्ण मानसिकता की जायज सन्तान हैं जो हजारों सालों से शुतुरमुर्ग़ की तरह कछुआ-धर्म निभाती रही है ? या जिसने हिन्दी-साहित्य की मुख्यधारा को सिर्फ संकीर्ण सवर्ण

हिन्दू-साहित्य बनाए रखा है ? अब दूसरी बात यह है कि अपने जस्टिफिकेशन में आप कहें कि दुनिया में हर जगह संस्कृति और साहित्य मध्य वर्ग ही बनाता-निर्धारित करता रहा है और उसकी अपील इतनी ही सीमित रही है। मगर फिर इस बात का जवाब क्या है कि हमने दर्शन, साहित्य, विज्ञान, कला या किसी भी दूसरे क्षेत्र में प्रथम श्रेणी के मौलिक व्यक्तित्व क्यों नहीं पैदा किए ? हाँ, ढोंगी, तिकड़मी, अपराधी, रट्टू, खुशामदी नटवरलाल एक से एक हमारे पास हैं। विशेष रूप से विश्वविद्यालयों में···यथास्थिति संरक्षक और रूढ़िवादी।

मूलतः हमारे इस मध्यवर्ग को न किसी आदर्श की जरूरत है, न संस्कृति और साहित्य की। गांधीवाद को हमने गांधीजी के जमाने में ही अप्रासंगिक और फ़ालतू बना दिया था। इधर जैसे ही सुना कि मार्क्सवाद का अन्त हो गया है तो पलक झपकते ही इस अवांछित बोझ को भी उतार फेंका। कौन शोषितों, दलितों, गरीबों-बेकारों, समानता, समता, सामाजिक न्याय प्रतिबद्धता और लोक-कल्याण के पचड़ों में पड़े। सब फ़ालतू बकवास है। जे.एन.यू. जैसे फ़ैशनेबुल संस्थानों के दिमागी फ़ितूर हैं। लगता है मानो, अवसरवाद, सुविधापरस्ती और मूल्यहीन चूहा-दौड़ के लिए किसी तर्क और मौके की हम राह ही देख रहे थे। नेशनल और मल्टीनेशनल उपक्रमों ने लंगर खोल दिए हैं—आओ, और छको···जो बहुत नैतिकता, मूल्य, आदर्श की बात करे—उसे ठिकाने लगाओ। सारे टी.वी. सीरियल अपने दर्जनों चैनलों से चौबीस घंटे यही तो सांस्कृतिक उपदेश दे रहे हैं। पंचतारा हर्षद मेहता जैसे सटोरिए हमारे नायक हैं और सुष्मिता सेन नायिका। रही साहित्य और संस्कृति की भूख तो सारे हिन्दी लेखक वेद-पुराण, महाभारत, रामायण उलट ही रहे हैं। और कुछ नहीं तो वैष्णोदेवी, भगवती जागरण, मुरारी बापू जैसे सांस्कृतिक केन्द्र तो कहीं गए ही नहीं।

टनों और मनों के हिसाब से जितना घी, कपड़ा, लकड़ी, दूध यहाँ यज्ञों-हवनों या दूसरे धार्मिक अनुष्ठानों में फूँका और बहाया जाता है, या गायों, कुत्तों, कौवों को खिलाया जाता है वैसा दुनिया के किसी और धर्म में भी होता हो तो ज़रूर बताएँ। यह भी बताएँ कि शिक्षा, संस्कृति, कला-विहीन राजनैतिक और धार्मिक नेतृत्व दसियों सालों से और किस दूसरे प्रदेश ने भुगता है ?

बिजूकों और शुतुरमुर्गों का देश

और वही हुआ, जिसका मुझे डर था—यानी 'उत्तर-भारत के हिन्दी क्षेत्र का वैचारिक-संकट' अपने असली रूप में सारे नक़ाब झाड़कर हमारे सामने है। आराम से बैठा या आत्म-मुग्ध इत्मिनान में सोता एक पूरा (साहित्यिक) वर्ग झुँझलाकर दहाड़ उठा : यह कौन है, जो हमारी शान्ति में खलल डाल रहा है ? मैंने 'हिन्दी क्षेत्र के वैचारिक संकट' की बात उठाई, तो मेरे सात पुरखों के परखचे उड़ा दिए गए—रहन-सहन से लेकर व्यक्तिगत कुंठाओं और भड़काऊ बातें कहने के कच्चे चिट्ठे खोले जाने लगे—दुःस्वप्नों की बर्राहट में किसी को अहीर-भैरव दिखाई दिया, तो कोई मियाँ की टोड़ी घिघियाने लगा, बड़े-बड़े भीम-पलासी बिरहा रिरियाने में जुट गए। सब मिलाकर 'कबीर' गाने का माहौल यानी माँ की बात की, तो नानी याद आई···नहीं, कहीं कोई संकट-वंकट नहीं है, सब सुख-शान्ति है और नवीनतम 'सूचना के अनुसार हालात क़ाबू' में हैं। (देखें, 'निमित्त' का नया अंक)

मगर नहीं, बात मुद्दों पर भी हुई और गम्भीर-मंथन की पृष्ठभूमि भी बनी। 'हंस' की ओर से अगस्त, 95 में सारे दिन की गोष्ठी थी; 'उत्तर भारत का वैचारिक संकट' इतिहास, समाजशास्त्र, राजनीति, शिक्षा-शास्त्र और विज्ञान के क्षेत्रों के उद्भट विद्वानों ने मुद्दों से मुठभेड़ की। इसके बाद जगह-जगह छोटी-मोटी गोष्ठियों के अलावा बड़ी परिचर्चाओं का जो सिलसिला शुरू हुआ, तो आज तक जारी है। 1996 में जवाहर लाल नेहरू विश्वविद्यालय में इसी समस्या पर दो दिनों के सेमिनार के बाद ही अभी फरवरी, 97 में 'अखिल भारतीय जनवादी लेखक संघ' के कलकत्ता अधिवेशन का भी यही विषय था। दोनों जगहों पर अन्तर्राष्ट्रीय विद्वान् एजाज़ अहमद, इरफ़ान हबीब, पी.सी. जोशी, जी.पी.देशपाण्डे, कृष्ण कुमार, हरवंश मुखिया, नामवर सिंह, मैनेजर पांडे, अशोक मित्र आदि ने अपने गम्भीर विश्लेषण दिए। प्रत्याशित ही था कि वैचारिक संकट का सबसे दरिद्र और दयनीय प्रदर्शन संस्कृति और साहित्य के झंडाबरदार हिन्दीवालों ने ही किया। उनका एक-सूत्री

निष्कर्ष यही था कि राजेन्द्र यादव नामक आदमी कुंठित, बदमाश और सनसनीबाज़ है।

ठीक उन्हीं दिनों विश्व के दो-चार दिग्गज चिन्तकों में से एक, दरीदा 'सत्ता का झूठ और झूठ की सत्ता' पर दिल्ली-कलकत्ता में अपने विचारोत्तेजक गम्भीर व्याख्यान दे रहे थे। मैंने भी शायद हिन्दी-प्रदेश में व्याप्त ऐसे झूठ की सचाई को अनजाने ही उघाड़ दिया था, जिसने हम सबको बौखला दिया। यद्यपि मैं अपनी मूल स्थापनाएँ अगस्त, 1995 के सम्पादकीय में रख चुका हूँ, फिर भी कुछ और खुलासा यहाँ जरूरी है।

हजारों वर्षों से पूरे आर्यावर्त की मानसिकता निर्धारित करनेवाले विचारक्षेत्र उत्तर प्रदेश और बिहार ही रहे हैं। कहा जाता है कि वेद-पुराणों की रचना भी यहीं हुई। भौगोलिक रूप से तीर्थों की जितनी बड़ी श्रृंखला यहाँ है, वैसी शायद भारत के किसी प्रदेश में नहीं है। कहने को नो तीर्थ-स्थान गुजरात, कन्याकुमारी, मद्रास से लेकर आसाम, उड़ीसा तक फैले हैं, मगर हिन्दुओं के तीनों बड़े अवतारों—राम, कृष्ण और शिव की जन्मभूमियाँ, कर्मस्थलियाँ प्रायः यहीं हैं। भारतीय इतिहास और संस्कृति को आकार देनेवाला गंगा-यमुना का दुआबा, बौद्ध-जैन धर्मों का भी केन्द्र यहीं रहा है। शंकराचार्य, रामानुजाचार्य आदि बौद्धिक दिग्गज आए भले ही दक्षिण से हों, मगर सगुण-निर्गुण के दार्शनिक धार्मिक विमर्शों के पीठ यहीं थे। इसे रांगेय राघव आदि विद्वान्, 'उत्तर पर दक्षिण की सांस्कृतिक विजय' भी कहते हैं। विजय या साम्राज्य की भाषा में बात न की जाए, तो भी दोनों में द्वन्द्व जरूर रहा होगा, जिसकी एक अभिव्यक्ति रामकथा है। इन तीनों देवताओं में सबसे कम 'दार्शनिकता' रामकथा को प्राप्त है। राम निश्चित उद्देश्य लेकर अवतरित हुए लगभग एकायामी अवतार हैं ('योग-वाशिष्ठ' की 'दार्शनिकता' वशिष्ठ की ही अधिक है, राम की नहीं) विद्वान् रावण को शौर्य-पुरुष राम ने समाप्त किया। शायद यह दक्षिण के सांस्कृतिक आक्रमण का, उत्तर की ओर से जवाब हो। कभी-कभी मुझे लगता है कि मौलिक चिन्तन और दार्शनिक मीमांसाओं के खिलाफ, लगभग 'हल्लाबोल' के संस्कार हमने 'रामकथा' से ही तो नहीं लिए, जिसका नवीनतम प्रदर्शन लालकृष्ण आडवानी ने राम-रथ के प्रयोग में किया ?

पहले मुसलमानों के आक्रमण और फिर मुग़ल-साम्राज्य की स्थापना, इसी हिन्दी-प्रदेश पर दूसरा ऐसा आक्रमण था, जिसने यहाँ की मानसिकता को मूलभूत रूप में बदल डाला। निश्चय ही इस्लाम ज्यादा आक्रामक, डायनैमिक और समतावादी धर्म था—इसलिए वर्ण-व्यवस्था से खण्ड-खण्ड में बँटे ऊर्जाहीन समाज को आसानी से जीतता चला गया। भौतिक पराजय को आध्यात्मिक स्तर पर झेलने के सिवा हिन्दू-समाज के पास दूसरा चारा भी नहीं था। पराभव के इन क्षणों में आत्मविश्लेषण और समाज-व्यवस्था में अपेक्षित परिवर्तन लाने की बजाय हिन्दू-धर्म आत्मरक्षा

(डिफेन्सिव) के दबाव में अधिक-से-अधिक आत्मकेन्द्रित और हवाई होता गया। भौतिक पराजय की क्षतिपूर्ति एक ओर तो आध्यात्मिक श्रेष्ठता के झूठे-सच्चे चमत्कारी आख्यानों के रूप में हुई, तो दूसरी ओर धार्मिक रूढ़िवादिता और वर्ण-व्यवस्था को और मजबूत करने की जिद के रूप में। माना गया कि पराजय का कारण धर्म के प्रति अपेक्षित आस्था का न होना है—और धर्म का अर्थ है विश्व-विजयी होने का भ्रम देनेवाले अपौरुषेय वेद-पुराण, अवतार-कथाएँ और देवी-देवताओं के चमत्कार। सामाजिक मर्यादाओं के नाम पर सदियों तक गैर-बराबरी या ऊँच-नीच के धार्मिक आधारों में विश्वास को और भी अधिक पुख्ता किया जाता रहा, जिसका परिणाम यह हुआ कि आधी से अधिक आबादी किसी भी सामाजिक निर्णय से बाहर कर दी गई—उसका धर्म केवल श्रेष्ठ वर्णों की गुलामी करते रहना तय किया गया। वर्णाश्रम व्यवस्था ने सारी सामाजिक गतिशीलता का गला घोंट दिया। सामन्ती-समाज अपनी वैधता धर्म से ही प्राप्त करता है और बदले में उसे संरक्षण प्रदान करता है।

यहाँ यह ध्यान रखने की बात है कि उत्तर-भारत के इस समाज को दो धर्म-सत्ताओं के द्वन्द्व में हजार साल गुजारने पड़े हैं। अपनी राजनैतिक और प्रशासनिक सत्ता को मुसलमान मुल्ला-मौलवियों के आदेशों और फतवों से सही-गलत सिद्ध करते हैं, तो हिन्दू-राजाओं को भी अपने धर्माचार्यों से 'व्यवस्थाएँ' लेनी पड़ती हैं। शिवाजी को जब तक बनारस के धर्माचार्यों ने क्लियरेन्स नहीं दी, तब तक वे राजगद्दी के अधिकारी नहीं हुए। बहरहाल, हजार सालों के हिन्दी-प्रदेश का नक्शा यह है कि शासन-सत्ता मुसलमानों के पास है और हिन्दू धर्म ने मन्दिरों-मठों को स्वतन्त्र गढ़ बना लिया है। दोनों के सम्बन्ध खासे असहज और द्वन्द्वात्मक हैं, कभी झड़पें होती हैं, तो कभी सहअस्तित्व। मूलतः यह धर्मों का नहीं, दो समानान्तर राजनैतिक सत्ताओं का द्वन्द्व है। इसलिए जब अकबर के बुलावे पर कुंभनदास 'संतन कहा सीकरी सों काम' की घोषणा कर रहे थे, तो यह एक चिन्तक या कवि की व्यक्तिगत स्वतन्त्रता का उद्घोष नहीं था; एक सत्ता का प्रतिनिधि दूसरी सत्ता की हुक्म-उदूली कर रहा था, कुंभन ही नहीं, सरमद आदि न जाने कितने पीर-फकीरों ने राज-दरबारों में हाजिरी देने से इन्कार कर दिया था। आज भी देश का राष्ट्रपति किसी शंकराचार्य को अपने दरबार में बुलाने की गुस्ताखी नहीं कर सकता। शायद वे आएँगे भी नहीं।

मैंने अपने 'इतना कायर हूँ कि उत्तर प्रदेश हूँ' और 'हिन्दी प्रदेश का वैचारिक संकट' (अगस्त, 95) के सम्पादकीयों में इसी धर्म-प्राण क्षेत्र की मुर्दानगी को अपने ढंग से समझने की कोशिश की है कि कैसे हिन्दू-धर्म के बड़े तीर्थों का केन्द्र होने के चलते यहाँ की मानसिक ऊर्जा समाप्त होती गई। दुनिया-भर से आनेवाले तीर्थ-यात्रियों ने यहाँ के लोगों को जहाँ एक ओर लूट-खसोट की संस्कृति दी, वहीं

उन्हें फँसाए रखने की चालबाजियों ने ढोंग और धार्मिक आडम्बरों को यहाँ का प्रमुख उद्योग बना दिया। ज्ञान-विज्ञान के नाम पर सिर्फ पुराणों की व्याख्याएँ, तोतारटंत, उनके पुनर्कथन और चमत्कारी अवतार-कथाएँ ही यहाँ का बौद्धिक-विमर्श बने। जिन महंतों, पुजारियों, आचार्यों के चरणों में रोज हजारों भक्त और तीर्थ-यात्री माथा रगड़ते हों, उनमें जगद्गुरु होने का अहंकार पैदा होना स्वाभाविक है। अपनी महानता स्थापित करने के लिए वे या तो भगवान के निकट होने के दावे करते थे या भगवान की ओर से उनके 'वचन' बोलते थे। गुरु को ईश्वर से बड़ा सिद्ध करने का पराक्रम इन्हीं दिनों किया गया। सामाजिक रूप से ये श्रद्धालुओं या गौ-ब्राह्मण पालक समाज का ही निर्माण करते रहे। इस लूट-खसोट, हत्या, बलात्कार, अपहरण और दान-दक्षिणा की कमाई को स्थायित्व देने के लिए आध्यात्मिक फैक्टरियों का निर्माण करनेवाला पूरा एक उच्च वर्ग, परिश्रम और उत्पादन-कर्म से घृणा करता, यानी शोषण पर फूलता-फलता रहा। पिछले जन्मों के कर्मों और प्रारब्ध के अभिशाप ढोते दलित, शूद्र, श्रमिक, औरतें स्थायी गुलाम थे ही, बाद में इन्हीं के सामाजिक विद्रोह ने सिद्ध और संत-साहित्य के रूप में अभिव्यक्ति पाई।

हो सकता है, मेरा सोच एकांगी हो, मगर मुझे लगता है कि इस प्रदेश में किसी भी अध्यवसाय, उद्योग-धन्धे का न पनपना, मौलिक चिन्तन की अनुपस्थिति और बड़े सामाजिक आन्दोलन के न होने के पीछे यही धर्म-प्राण संस्कृति है, जो भाग्य, भगवान, अवतारों में लौ लगाने और भौतिकता से घृणा सिखाती है—जो जहाँ है, वही उसका धर्म है, उसी का पालन श्रेयस्कर है और सन्तोष-धन पाने पर सब धन 'धूरि समान' होता है, का उपदेश ही एक विशाल वर्ग की 'बौद्धिक' खुराक रही है। विडम्बना यह भी है कि हलुआ-पूरी की डकारें छोड़ते, सोने के खड़ाऊँ, सिंहासनों पर विराजमान जगद्गुरु ही ये उपदेश देते रहे हैं। श्रमहीन कमाई किस तरह की विकृतियों, अपराधों और अमानुषिकताओं को जन्म देती है—यह हम लॉटरी-शेयर बाजार और काले धन पर पनपते मध्य और उच्च वर्ग की दो पीढ़ियों में ही अपनी आँखों से देख रहे हैं—फिर उनकी कल्पना कीजिए, जो सैकड़ों पीढ़ियों से इसी लूट पर फूलते-फलते रहे हैं। लोग जागरूक न हो जाएँ—इसलिए सारे विद्या और ज्ञान को इन्होंने तिरस्कार ही दिया है। गैर-बराबरी को इन्होंने न सिर्फ अपना विश्वास बनाया है, बल्कि सभी वर्गों और वर्णों में इसके संस्कार बना दिए हैं। बहरहाल, जिसे सोशल मोबिलिटी (सामाजिक गतिशीलता) कहते हैं, उसकी हर गुंजाइश को यहाँ कुचल दिया गया। शायद हिन्दू-धर्म में विद्रोह और असन्तोष के नाम पर प्रतिरोधियों को धर्मच्युत और बहिष्कृत ही किया जाता रहा, बाहर के किसी व्यक्ति या समुदाय को अपनी व्यवस्था में शामिल किए जाने के उदाहरण प्रायः नहीं हैं। हाँ, यदि अपने ही समाज का कोई व्यक्ति पाप कर दे, तो भयानक प्रायश्चित्त के बाद उसे पुनः स्वीकार कर लिया जाता है। इस जड़ता और यथास्थितिवाद को

श्रमिक जातियों ने तोड़ा, गुरु नानक और गुरु गोविन्द सिंह ने सभी को अमृत चखाया और सिख बनाया, वरना आर्य-समाज से पहले दूसरे धर्म का व्यक्ति 'वैदिक' रूप से प्रवेश नहीं पा सकता था, जबकि बौद्ध, इस्लाम और क्रिश्चियन-धर्म बाहरी लोगों का खुले दिल से स्वागत करते रहे हैं।

हिन्दी-प्रदेश की इसी जड़ता के परिप्रेक्ष्य में मैंने सौ वर्षों के हिन्दी-साहित्य का जायज़ा लेने की कोशिश की थी—समय निर्धारित किया 1850 से 1950 तक। मैं मानता हूँ कि साहित्य सिर्फ साहित्य नहीं होता। न तो वह स्वायत्त और संप्रभुतासम्पन्न स्वतन्त्र द्वीप होता है, न जड़ प्रतिक्रियाहीन दर्पण'। वह सामाजिक चेतना का दुतरफा (द्वन्द्वात्मक) रोज़नामचा होता है। इस सन्दर्भ में पहली आपत्ति तो सौ साल की सीमा और 1850 से 1950 की अवधि को लेकर ही हुई। हम सब जानते हैं कि साहित्य या संस्कृतियाँ तिथियों और तारीखों से तय नहीं होतीं। न जाने कितनी परम्पराएँ और प्रवृत्तियाँ लम्बे समय तक सुगबुगाती रहती हैं और फिर एक या अनेक घटनाओं और रचनाओं के रूप में 'प्रगट' होकर अचानक ध्यान खींचने लगती हैं—इसे हम साहित्य में कहते हैं—युग-परिवर्तन। जिसे हम आधुनिकता या आधुनिक-युग कहते हैं। हिन्दी-प्रदेश में उसकी निर्माण-प्रक्रिया इन्हीं सौ वर्षों में सक्रिय रही है। 1850 वह समय है, जब 'ईस्ट इंडिया कम्पनी' अपना उपनिवेश बाक़ायदा ब्रिटिश-सिंहासन को हस्तांतरित करती है। विलियम-बैंटिक के समय से अंग्रेज सक्रिय सामाजिक हस्तक्षेप ही नहीं कर रहे थे, बल्कि मैकॉले जैसे लोग नई शिक्षा-नीतियाँ और 'ताजीरातेहिन्द' (इण्डियन पीनल कोड) भी बना रहे थे—यानी 1950 से पहले तक अंग्रेज अपने प्रशासन के लिए के बाक़ायदा एक संवैधानिक ढाँचा तैयार कर चुके हैं और इसी क्रम में राज्यों, रजवाड़ों, ज़मींदारों और किसानों का पुनर्गठन हो रहा है, जमीनों की मिल्कियत और लगान बदले और तय किए जा रहे हैं। 'अंग्रेजी राज्य में सब बराबर हैं' के आश्वासन के बावजूद विदेशी आक़ाओं का वर्चस्व 'इस्तमरारी बन्दोबस्त' (परमानेंट सेटिलमेंट) के रूप में किसानों और जमींदारों के भाग्य बना-बिगाड़ रहा है। ज़ाहिर है, राजा-नवाबों से लेकर जमींदारों किसानों में भयानक असन्तोष है—यही असन्तोष आगे जाकर फूटता है 'सिपाही-विद्रोह' में। सदियों से चली आ रही एक व्यवस्था समाप्त की जा रही है और छल-बल से दूसरी नई व्यवस्था थोप दी गई है। मोटे रूप में कहें, तो लखनऊ की नवाबी और दिल्ली का साम्राज्य बीते इतिहास की घटनाएँ होने जा रही हैं। फ़ौजों की भर्ती चूँकि किसान-वर्ग से ही होती है, इसलिए असन्तोष और क्षोभ वहीं सबसे अधिक है। जो भोले-भावुक 1857 के विद्रोह का श्रेय मंगल पांडे या सूअर-गाय की चर्बी के कारतूसों यानी धार्मिक-भावना को देते हैं—वे इस पृष्ठभूमि को प्रायः नजरअन्दाज़ कर देते हैं। भीतरी गुस्सा इस विस्फोटक बिन्दु पर आ गया था कि चर्बी न होती, तो दूसरा कोई बहाना मिल जाता। यही कारण था कि मैंने अपना प्रस्थान-बिन्दु

1857 न लेकर 1850 लिया है, क्योंकि तब तक परिवर्तन की स्थितियाँ पूरी तरह पक चुकी थीं। ठीक उसी तरह 1950 में भारत को नए संविधान के साथ स्वतन्त्र गणतन्त्र घोषित किया गया। अंग्रेजों के राज्य में 'सब समान थे', मगर सामाजिक ढाँचा वही सामन्ती था। लोकतन्त्र सिर्फ उनके अपने लिए था। पहली बार हमने मुक्ति और विकास के समान अवसर देने का आश्वासन दिया, क्षेत्रों और व्यक्तियों को बन्धुत्व, स्वतन्त्रता और समानता के सपने सच होते लगे। रियासतों, रजवाड़ों के विलय के साथ ज़मींदारी-प्रथा समाप्त करने की कम-से-कम घोषणाएँ तो कर ही दी गईं। संसद और चुनावों की शुरुआत हुई। कह सकते हैं कि 1950 वह बिन्दु है, जहाँ हर क्षेत्र में और परिणामतः साहित्य में भी, नई सामाजिक शक्तियों का उन्मोचन हुआ। इसके बावजूद अगर नए युग की ये यात्राएँ स्थगित हो गईं, तो इसका कारण था कि प्रशासनिक नौकरशाही को बहुत अधिक नहीं छेड़ा गया और उसका ढाँचा हमने वही उपनिवेशी ही ले लिया। परिणामतः सारी सद्भावी घोषणाओं का लाभ जनता तक पहुँच ही नहीं पाया, उसे बीच में ही सोख लिया गया। संक्षेप में 1950 के बाद भारत की राजनैतिक-सामाजिक स्थिति वह नहीं रही, जो पिछले सौ वर्षों से थी। आसानी से इन तिथियों में दो-चार साल आगे-पीछे भी किए जा सकते हैं। चली आती, व्यवस्था के लिए 1850 और 1950 सबसे बड़े झटके थे।

इन सौ वर्षों के साहित्य पर दृष्टि डालते हुए सबसे पहले जिस बात पर ध्यान जाता है, वह है एक ही क्षेत्र और एक ही समाज में हिन्दी और उर्दू दो अलग समान्तर मानसिक धरातलों पर विकसित होती हैं। आश्चर्य इस पर भी है कि हिन्दी के प्रायः सारे साहित्यकार उर्दू-फारसी के शिक्षा-संस्कार लेकर आए हैं—आपस में पारिवारिक और सामाजिक मिलना-जुलना आज के मुकाबले कहीं अधिक घनिष्ठ है, मगर मूलतः वे हिन्दू हैं. अवधी, ब्रज, भोजपुरी, राजस्थानी सब अपने साहित्य की भाषाएँ हैं, मगर उर्दू को इस रसोई में प्रवेश नहीं है। प्रेरणा भी वे बंगाली पुनर्जागरण से ले रहे हैं। जहाँ हिन्दू गरिमा और अतीत-महिमा प्रायः राष्ट्रीयता के पर्याय हैं। उधर बंगाल में उस 'पूरब' को सामाजिक-सांस्कृतिक स्वीकृति मिल चुकी है, जिसका आविष्कार और निर्माण (एडवर्ड सईद के अनुसार) फ्रेंच, जर्मन, अंग्रेज यानी यूरोप सौ-डेढ़ सौ वर्षों से हमारे लिए करता रहा है। इस 'ओरियेंटलिज्म' का एकमात्र उद्देश्य ऐसे मनोविज्ञान का विकास है कि हम हिन्दू, महान् अतीत के स्वामी हैं, हमारे यहाँ वेद-पुराण जैसी विरासतें और उपनिषद् जैसे अद्वितीय दर्शन-ग्रन्थ हैं—हम भौतिकता के शिकार कभी नहीं हुए, बल्कि आध्यात्मिक-दार्शनिक ऊँचाइयाँ ही हमारे वास्तविक विचरण क्षेत्र हैं। भौतिकता की दरिद्रता तो इतिहासहीन यूरोप की नियति है। हमें चाहिए कि लंगोटी लगाकर अपनी मूल-प्रवृत्ति यानी आध्यात्मिक दुनिया और सामाजिक वैराग्य की ऊँचाइयों में विहार करें और शासन-प्रशासन जैसे दुनियादारी के काम अंग्रेज साम्राज्यवादियों के हाथों सौंप कर निश्चिन्त हो जाएँ।

मैक्समूलर इत्यादि की भारत-मुग्धता का विश्लेषण करते हुए रामविलास शर्मा, श्यामाचरण दुबे इस षड्यन्त्र को बहुत पहले पहचान चुके थे—एडवर्ड सईद की पुस्तक से लगभग तीस साल पहले। 'पूरब की महानता' की निर्माण-प्रक्रिया का व्यापक और गम्भीर अध्ययन, विभिन्न यूरोपीय और साम्राज्यवादी स्रोतों को एक स्थापना के रूप में व्यवस्थित करते हुए एडवर्ड सईद ने जरूर किया। हिन्दी में यह 'राष्ट्रीय गौरव' सीधा साम्राज्यवादी अंग्रेजों से नहीं बंगाल के उन कुलीन घरानों और अभिजात वर्ग से आ रहा था, जिसे बाद में 'नेशनल बोर्जुआज़ी' कहा गया : राजा रईस, ज़मींदार, सम्पन्न वकील, डॉक्टर ही बंगाली पुनरुत्थानवाद और नव जागरण के केन्द्र थे और कलकत्ता से बनारस तक छाए थे। ये अंग्रेजी एलिट-वर्ग की कॉर्बन कॉपी थे, शुरू में इनकी राष्ट्रीयता का अर्थ, समाज-सुधार और हिन्दू महानता की स्थापना ही अधिक था। जाहिर है, न ये किसी सामाजिक परिवर्तन की बात सोच सकते थे—न वर्ण और वर्ग-व्यवस्था बदलने पर जोर दे सकते थे। ये कुछ कुरीतियों को सुधार कर ही अपने समाज को आधुनिक और मानुषिक बना सकते थे। घरों और समाज में ये प्रायः यथास्थितिवादी ही थे। इसी से विद्रोह करके बना था ब्रह्म-समाज और युवा विद्रोहियों की क्रान्तिकारी गतिविधियाँ। बंगाली पुनर्जागरण लगभग सम्पन्न मध्यवर्ग के उन लोगों की बौद्धिक जागृति थी, जो अंग्रेजों की छत्र-छाया में उनके समर्थन से राष्ट्रीय होने का संघर्ष कर रहे थे। उदय प्रकाश ने इन स्थितियों का बेहद खूबसूरत चित्रण किया है अपनी नई कहानी 'वारेन हेस्टिंग्स का सांड' में।

चूँकि कलकत्ता से लेकर इलाहाबाद तक अंग्रेजों की दूसरी रक्षा-पंक्ति के रूप में बंगाली सम्पन्न मध्यवर्गीय बुद्धिजीवी ही छाए थे (वकील, डॉक्टर, प्रोफेसर, प्रशासक)। इसलिए द्वितीय महायुद्ध तक हिन्दी का सारा शिष्ट साहित्य इसी प्रभाव के नीचे पनपता और अपनी स्वतन्त्र अस्मिता के लिए संघर्ष करता रहा। यहाँ एक ही भौगोलिक क्षेत्र के हिन्दू और मुसलमान समाज में मुझे यह अन्तर भी महत्त्वपूर्ण लगता है कि देश की सत्ता मुख्यतः मुसलमानों से छीनी गई थी। इसलिए वे अधिक विक्षुब्ध, पस्त और डिस्टर्ब्ड थे, जबकि हिन्दू मध्यवर्ग शुरू से ही यथास्थितिवादी या राज्य प्रशासन को लेकर उदासीन और अप्रतिरोधी रहा। 'कोउ नृप होहि हमें का हानि' शासक मुसलमान हों या अंग्रेज, हमें तो अच्छी प्रजा बने रहना है—बस, हमारे धर्म, रोजी-रोटी और समाज-व्यवस्था पर आँच न आए। हिन्दी के दो प्रारम्भिक उपन्यास 'आदर्श हिन्दू' और 'परीक्षा गुरु' इस मनोविज्ञान को सबसे सही ढंग से उजागर करते हैं। उस समय का हिन्दी लेखक अपनी अस्मिता आदर्श परम्परागत हिन्दुत्व में ही नहीं खोज रहा था। वह नए प्रशासन में अपनी जगह पाने के लिए भी व्याकुल था। वह 'ब्राह्मण' और 'बनिया' एक साथ था। उधर इसी समय में गुज़िश्ता लखनऊ की यादें हैं—ग़ालिब की पस्ती-भरी डायरियाँ हैं, उमराव जान अदा

की सामाजिक उथल-पुथल है और नए के सामने पुराने को हास्यास्पद साबित करता फ़सानाए आज़ाद है...सब मिलाकर वहाँ इतिहास के दबाव, साहित्य-संस्कृति को ढाल रहे हैं, जबकि हिन्दी मानसिकता इन सबसे उदासीन और लगभग शाश्वत है। कभी-कभी उसकी टकराहट प्रायः अंग्रेजी शासन से है। प्रारम्भिक दौर में तो यह 'टकराहट' भी नहीं, सौदेबाजी अधिक लगती है। यहाँ मुझे एक और बात पर भी आश्चर्य होता है कि शताब्दी का पहला दशक इंशाअल्ला खाँ, लल्लू जी लाल, सदल मिश्र, सदासुख लाल के गिलक्राइस्ट इत्यादि की प्रेरणाओं से अनुवादों का युग है—इसके बाद राजा शिवप्रसाद, लक्ष्मण सिंह, ठाकुर जगमोहन सिंह की एकाध रचनाओं को छोड़कर हिन्दी-साहित्य इतना चुप क्यों है ? क्या भारतेन्दु से पहले पचास साल तक हमारे यहाँ सिर्फ ब्रजभाषा की तुकबंदियाँ ही होती रहीं—नया कुछ लिखा ही नहीं गया ? सन् 1880 के आसपास अचानक उभर आनेवाली साहित्यिक-बौद्धिक हलचलों का कोई सिलसिला इससे पहले क्यों नहीं है ? या कहीं ऐसा तो नहीं था, जिसे दबा दिया गया और बाद में खोजा ही नहीं गया ? भयानक उथल-पुथल के अस्सी साल कम नहीं होते। हाशियों पर फेंक दिए गए सबाल्टर्न इतिहास ने ज़रूर इसे दर्ज किया है।

और न कम होते हैं 1850 से लेकर 1950 के सौ साल। 'संयोग से ऐसा नहीं हुआ' कहकर हम पल्ला नहीं झाड़ सकते। मेरा सवाल यही था और अभी भी है कि मार्क्सवाद से पहले हिन्दी का सारा मुख्यधारा वाला साहित्य इतना पिलपिला, प्रतिरोधहीन और हवाई क्यों है। मुझे मालूम है कि स्वयं भारतेन्दु, बालकृष्ण भट्ट और प्रताप नारायण मिश्र से लेकर बाद के प्रभा, चाँद, प्रताप, विप्लव में विद्रोह, असन्तोष और सामाजिक क्रान्तिवाले लेख भरे पड़े हैं। मगर वह पत्रकारिता है, मुख्य साहित्य नहीं। उधर लोक-साहित्य जनता के गुस्से को निरन्तर जो वाणी दे रहा है, वह मुख्य साहित्य में कहीं नहीं है। सरस्वती, सुधा, माधुरी, विशाल भारत यानी सरकार द्वारा पोषित संस्थानों द्वारा परोसा जानेवाला साहित्य या विश्वविद्यालयों के माध्यम से पीढ़ियों को संस्कार देनेवाला साहित्य—कुछ अपवादों को छोड़कर मूलतः निर्जीव और यथास्थितिवादी है—और आगे बढ़कर कहूँ, तो वर्ण-व्यवस्था का समर्थक है। ले-देकर बालकृष्ण शर्मा नवीन ही इस समय थोड़ी-बहुत छायावादी क्रान्ति करते नजर आते हैं। भांग और अफीम के प्रमाद में पड़े इस डायनासौर की नींद में सबसे ज्यादा खलल डालते हैं मार्क्सवादी विचारक यानी 'ब्राह्मण कुल में अछूत' निराला; उर्दू परम्परा से आए प्रेमचन्द, यशपाल, राहुल सांकृत्यायन, शिवदान सिंह चौहान, भगवत शरण उपाध्याय, रांगेय राघव इत्यादि। आश्चर्य नहीं होना चाहिए कि (मनोहर श्याम जोशी के शब्दों में) सत्यम् शिवं सुन्दरम् भकोसता, पिलपिला विश्वविद्यालयों द्वारा अनुमोदित साहित्य दशकों तक मार्क्सवादी साहित्य को पचा नहीं पाया। वह इसे विदेशी और अभारतीय ही कहता रहा—मानो अपने यहाँ घोटे जाने

वाले समीक्षाशास्त्र, सौन्दर्यशास्त्र और काव्यशास्त्र ठेठ भारत की ही उपज हैं–उनका यूरोप के साहित्य शास्त्र से कोई लेना-देना नहीं है, जबकि सचाई यह है कि प्राचीन, काव्यशास्त्र, रस-सिद्धान्त सिर्फ एक एपेंडिक्स (परिशिष्ट) की तरह शास्त्रीय (एकेडेमिक) विमर्श का आधार जरूर बने और उससे प्राचीन विशेषकर संस्कृति-साहित्य की व्याख्याएँ भी हुईं–मगर जो साहित्य हिन्दी क्षेत्र में बन रहा था, उसकी कुंजी तो यूरोपीय समीक्षा ही थी।

वस्तुतः साहित्य की मुख्य और शिष्टधारा को नियन्त्रित निर्धारित करते रहे विश्वविद्यालयों में बैठे वे आचार्य, जो तिलक-चोटी-जनेऊ की गुरुता से स्वयं आतंकित थे–तब साहित्य बनारस-इलाहाबाद-लखनऊ-आगरा तक सीमित था। छायावाद इन्हीं के खिलाफ विद्रोह का साहित्य है, जो संस्थाओं से बाहर रहकर परवान चढ़ा। उस समय का शायद ही कोई रचनाकार हो, जो विश्वविद्यालय के बाहर न हो। कालान्तर में यह साहित्य भी विश्वविद्यालय ने हथिया लिया–सिर्फ निराला और उग्र कभी पालतू नहीं बनाए जा सके। मुझे यह भी चकित करता है कि सारा छायावाद जिस आचार्य-व्यवस्था को चुनौती देकर विद्रोही तेवर दिखा रहा था–आज उन्हीं आचार्यों की मूर्तियाँ फिर जोर-शोर से स्थापित की जा रही हैं। इसके पीछे 'छायावादी विचलन' को ध्वस्त करने की साज़िश ही दिखाई देती है। इस आचार्यगढ़ में हजारी प्रसाद द्विवेदी ही एकमात्र अपवाद हैं। शायद इसलिए कि वे उन सड़े हुए संस्थानों से नहीं, ठेठ फुटपाथ से उठकर आए थे। वे तुलसी के नहीं, कबीर के शिष्य थे।

मैं फिर कहना चाहता हूँ कि शायद इसी ब्राह्मणवादी आतंक के चलते हिन्दी में वह खुलापन कभी नहीं आया, जो उसी समाज की दूसरी भाषा उर्दू में दिखाई देता है। वहाँ सूफी या कट्टर इस्लामी प्रभाववाली गम्भीर आध्यात्मिक कविताएँ हैं, तो घनघोर शारीरिक इश्क की आशिक माशूकीवाली रचनाएँ भी भरी पड़ी हैं। वे लोग खुलकर हँसते हैं और चिरकीं जैसे शायर फूहड़ तुकबंदियाँ भी करते हैं। वहाँ खुदा और शेख पर पत्थर फेंकनेवाले ही नहीं, खुले खजाने समलैंगिकता के समर्थक फ़िराक़ भी सम्मान पाते हैं। (आपको शायद याद होगा कि कहानियों में समलैंगिकता के ज़िक्र पर बनारसी दास चतुर्वेदी ने उग्र को कितना लताड़ा था और चॉकलेट का केस गांधीजी तक ले जाया गया था) इस्मत और मंटो उसी खुली परम्परा से आए हैं। विचित्र बात है कि इस्लाम चाहे जितना कट्टर, कठमुल्ला और फिरकापरस्त धर्म कहा जाता हो–साहित्य उतना ही खुला-मुक्त और उद्दंड या विद्रोही है, उधर हिन्दू-धर्म का तथाकथित खुलापन निहायत निर्जीव, रूढ़िवादी और डरपोक साहित्य का ही उत्पादन करता है। परिपाटी से अलग न यहाँ कुछ करने का रिवाज है, न सोचने का। जो थोड़ा-बहुत नया सोचने की कोशिश करते हैं, उनकी नियति वही है, जो इन पंक्तियों के लेखक की है।

इस पृष्ठभूमि के साथ मैं इसे बिल्कुल संयोग नहीं मानता कि सौ वर्षों के हिन्दी साहित्य में न कोई दलित है, न स्त्री, न मुसलमान। शायद इस समाज के किसी क्षेत्र में नहीं है। हाँ, दलित के नाम पर हीरा डोम, स्त्री के नाम पर महादेवी और मुसलमान जहूरबख्श। हिन्दी में इन वर्गों पर लिखा बहुत गया है–यह सही है–मगर वे खुद कहाँ हैं ? रिप्रेजेंटेशन (प्रतिनिधित्व) करनेवाले किस हद तक हमारे होते हैं–यह हम सब जानते हैं। एक सवाल यह भी उछाला जाता है कि इन्हें रोका किसने था–आते और लिखते ? जिस समाज में दलितों को स्कूल फटकने न दिया जाता हो, (देखें, जगजीवन राम और अम्बेडकर के आत्मकथन)। लड़कियों को रामायण और चिट्ठी पढ़ने लायक बनते ही घर बैठा लिया जाता हो, मुसलमान की छूत से धर्म भ्रष्ट हो जाता हो–वहाँ अचानक साहित्य के दिग्गजों में आ बैठने के निमन्त्रण देने की उदारता दिखाना कितना भद्दा मज़ाक है।

संयोग यह भी नहीं है कि हिन्दी के इस साहित्य में देश में उथल-पुथल मचाने वाली किसी भी बड़ी घटना/दुर्घटना का नोटिस नहीं लिया गया–चाहे 1857 का गदर हो या 1947 का देश-विभाजन। बीच में न जाने कितने किसान आन्दोलन हुए। चम्पारण, जलियांवाला या 1942 के विद्रोह हुए, लोक-साहित्य और पत्र-पत्रिकाओं में इन सबको खुलकर समेटा गया–मगर शिष्ट साहित्य इन सारी भौतिक भवबाधाओं से ऊपर ही रहा। 'रंगभूमि' के सूरदास और विनय (गांधी-नेहरू की प्रतिछायाएँ) 'दादा कॉमरेड' (चन्द्रशेखर आजाद) को छोड़ दें, तो लगेगा मानो सामाजिक, राजनैतिक या सांस्कृतिक क्षेत्र में कोई भी ऐसा बड़ा व्यक्तित्व नहीं हुआ, जो साहित्य को छूता। कुछ लोगों की आधी-अधूरी जीवनियाँ राहुल और रामवृक्ष बेनीपुरी ने ज़रूर लिखीं। गांधीजी की हत्या पर विलाप करती कविताओं का 'सूत की माला' (पंत, बच्चन, नरेन्द्र शर्मा) संकलन ही मेरे देखने में आया, लेकिन सदी की सबसे बड़ी ट्रेजेडी, भारत-विभाजन पर पंजाब से आए हिन्दी, उर्दू, पंजाबी के ही लेखकों ने लिखा–आचार्य-क्षेत्र बिल्कुल अछूता रहा। माना कि राष्ट्र के इतिहास में सौ साल कुछ नहीं होते–मगर ये विशेष सौ साल तो देश का (और विश्व का भी) सारा इतिहास बदलनेवाले रहे हैं–जैसे इधर के पचास सालों में देश वह बन गया, जो हज़ार सालों में नहीं बना। आज तो हर घटना दर्जनों माध्यमों से दर्ज होती है–फिर भी 1984 के सिख-संहार पर कहीं कोई साहित्यिक प्रतिक्रिया है ? मुझे लगता है कि साहित्य ही नहीं, जीवन के दूसरे क्षेत्रों–राजनैतिक-सामाजिक-प्रशासनिक क्षेत्रों में स्थिति बेहतर नहीं है। हो सकता है, मैं ग़लत हूँ, मगर इसके पीछे सनातन में साँस लेती सवर्ण हिन्दू मानसिकता की जड़ता ही जिम्मेदार है।

विद्रोह और प्रतिरोध की स्वस्थ परम्परा न होने का ही परिणाम है कि हमने दो-चार को छोड़कर अखिल भारतीय स्तर का न कोई चिन्तक पैदा किया, न विचारक। आर्य-समाज के बाद आज तक कोई बड़ा सामाजिक आन्दोलन नहीं

हुआ—बिहार और अवध में किसान आन्दोलन हुए, मगर शिष्ट साहित्य में उनकी गूँज सिर्फ़ प्रेमचन्द की कृतियों में है। उधर मार्क्सवाद सिर्फ राजनीति और अर्थव्यवस्था तक ही रहा। वहाँ भी परिवार से छूटे हुए लोग हैं—खुद परिवार-व्यवस्था को बदलनेवाले नहीं। मुसलमानी, अंग्रेज़ संस्कृति रही हो या गांधी-मार्क्स के आन्दोलन—हमने भरसक परिवार को उन बाहरी दुष्प्रभावों से बचा कर रखा। सारे सुधार घर के बाहर ही होते रहे। क्या कारण है कि शंकर गुहा नियोगी, बाबा आमटे, मेधा पाटकर से लेकर मदर टेरेसा तक हिन्दी-क्षेत्र से बाहर के ही लोग हैं। न हमारे यहाँ रजवाड़े हैं, न कोसांबी, न काणे है, न अम्बेडकर। 'गोरा' जैसी गहन सांस्कृतिक डिबेट का तो कोई सवाल ही नहीं है। (अपवाद 'चित्रलेखा') और तो और, व्यक्तिगत पागलपन से प्रेरित भंडारकर जैसे शोध-संस्थान भी नहीं हैं। नागरी प्रचारिणी और सम्मेलन की असलियत हम जानते हैं। हिन्दी-प्रदेश के बड़े निजी पुस्तकालय मुसलमान नवाबों के बनाए हुए हैं। जिस क्षेत्र में न सामाजिक आन्दोलन हों, न व्यक्ति, न संस्थान हों, न मंच, उसकी वैचारिक दरिद्रता पर बात करना क्या सचमुच बहुत बड़ा गुनाह है ? या क्या यह अपने-आप में संकट नहीं है कि इस दरिद्रता पर बात ही न की जाए ?

हिन्दी-साहित्य के प्रभाव और प्रतिक्रियाहीन होने का कारण दलित-स्त्रियों, अल्पसंख्यकों के लिए प्रवेश-निषेध तो है ही; दूसरा कारण अलग-अलग पेशों से लोगों का रचनाकर्म से न जुड़ना भी है। 1950 से पहले साहित्य सिर्फ प्राध्यापकों और पत्रकारों की ही बपौती बना रहा। भगवती चरण वर्मा, वृंदावन लाल वर्मा या प्रताप नारायण श्रीवास्तव की वकीली पृष्ठभूमि के अलावा शायद ही किसी दूसरे पेशे के लोग शीर्षस्थ साहित्यकार रहे हों। यही संस्कार है कि 1950 के बाद जब डॉक्टर, इंजीनियर, वैज्ञानिक, व्यापारी, अफसर साहित्य में आने लगे, तो पुराने पुरोधाओं के लिए उन्हें पचाना मुश्किल हो गया। छायावाद के युग में भी नया सोच अंग्रेज़ी की पृष्ठभूमि से आया था।

इस अवधि में साहित्य की किसी पुस्तक ने जनता या समाज में कोई आन्दोलन किया हो, या हलचल मचाई हो, इसका मुझे ध्यान नहीं है। इसका कारण मैं हिन्दी के मानक रूप का छिन्न-मूल होना मानता हूँ। वह अंग्रेजी की तरह मध्यवर्गीय कुलीनता की अर्जित भाषा है। बंगला, मराठी, कन्नड़ इत्यादि का साहित्य उन भाषाओं में रचा जाता है, जो वहाँ के लोग जीते और बोलते हैं। इसलिए वह वहाँ के जन-जन को आन्दोलित करता है, हमारा साहित्य सिर्फ प्राध्यापकों, पत्रकारों या सहयोगी साहित्यकारों के बीच ही बौद्धिक क्रान्ति करता रहा है। बोलियों और लोकभाषाओं से एक चौकन्नी दूरी बनाए रखना हिन्दी साहित्य की वही सवर्ण-शुद्धतावादी गाँठ रही है—जिसका परिणाम साहित्य की गुणवत्ता को भुगतना पड़ा है।

और अब मैं इस बीमारी के मूल बिन्दू पर आता हूँ : ज्ञान-प्राप्ति के सिर्फ

दो ही रास्ते हमारे पास हैं : जो कुछ पुराने लिख-पढ़ गए हैं, उसे श्रद्धापूर्वक आत्मसात करना और दूसरा है उस सबसे अलग आगे जाकर अनजाने क्षेत्रों में प्रवेश करना। श्रद्धा, ज्ञान की सबसे बड़ी शत्रु है और हमारे यहाँ के तथाकथित विद्वान् इसी श्रद्धा के मारे गुरु-शिष्य परम्परा से चिपके सिर्फ़ पुराने को ही रटते, घोख़ते और उन्हीं पर व्याख्या-टिप्पणियाँ देते रहे हैं। कुछ भी मौलिक लिखने या सोचने की यहाँ ज़रूरत ही नहीं समझी गई। विषय कोई भी हो—"हमारे यहाँ कहा गया है" की छलाँगें आगे और अलग सोचने की इजाजत ही नहीं देती। ज्ञान के क्षेत्र में यही यथास्थितिवाद है। प्रसंग या अनुभव कोई भी हो, हर बूढ़े के पास उसका कोई-न-कोई समानान्तर मौजूद है। शायद बूढ़े होने का एकमात्र लक्षण भी यही है कि हर बात आप के जीवन में पहले ही हो चुकी है। अनजाने क्षेत्रों और अपरिचित क्षितिजों का अनुसंधान खतरनाक भी है और वेध्य भी। आदमी का व्यक्तित्व जिन तीन तत्त्वों से बनता है—वे हैं ईश्वर, स्त्री और समाज। ईश्वर हमें प्रकृति के माध्यम से आध्यात्मिक जटिलताओं, धर्म और दर्शन में ले जाता है; स्त्री सेक्स और परिवार से जोड़ती है—समाज हमें राजनीति, अर्थ, उद्योग का हिस्सा बनाता है। जब-जब आदमी ने इन तीनों सम्बन्धों या सही कहें तो सन्दर्भों को समझने, स्वीकृत-अस्वीकृत करने, पुनर्परिभाषित करने की कोशिश की है, तब-तब नया और क्रान्तिकारी दिया है। दुर्भाग्य से इन तीनों ही के प्रति हमारा दृष्टिकोण मूलतः अपरिवर्तनवादी, प्रश्नहीन समर्पण और परम्पराविद्ध रहा है। ईश्वर, स्त्री और समाज के बँधे-बँधाए, जड़ यथास्थितिवादी और 'शाश्वत' मूल्यों पर जिसने भी नया सोचा या पुराने को अस्वीकृत किया है, उसने विद्रोही होने का अभिशाप और समाज को बदलने का श्रेय लिया है। यह संयोग नहीं है कि धर्म के विरुद्ध सलमान रुश्दी, नैतिक मान्यताओं को ध्वस्त करनेवाले डी.एच. लारेंस और ऑरवेल से लेकर सोलजेनित्सिन ही आज के सबसे बड़े क्रान्तिकारी लेखक हैं। और इन्हीं तीनों मुद्दों पर हिन्दी-क्षेत्र के रचनाकार और विचारक डरपोक, कायर और घरघुस्सू हैं। बेहतर समाज और श्रेष्ठतर मनुष्य होने का स्वप्न ही हमें मजबूर करता है कि यथास्थिति के चंगुल से छूटकर भविष्य की ओर देखें। स्वप्नहीन स्मृति सिर्फ समाधि-लेख होने के लिए अभिशप्त है। हिन्दी के तथाकथित विद्वानों ने साहित्य के नाम पर यही समाधि-लेख लिखे हैं— प्राचीन और विगत पर मुग्ध होकर।

मार्क्सवाद ने पहली बार इसी ईश्वर, परिवार (स्त्री) और समाज के अर्थशास्त्र पर वैज्ञानिक ढंग से पुनर्विचार किया, इसलिए उसे 'अभारतीय' कह कर खदेड़ने की कोशिशें हुईं। लेकिन मार्क्सवाद सत्ता के अर्थशास्त्र, ऐतिहासिक भौतिकवाद की व्याख्याओं में ही अधिक उलझा रहा—धर्म (ईश्वर) और परिवार (स्त्री) पर विचार उतना नहीं हुआ। अपने समाज की वर्णाश्रयी व्यवस्था को सिर्फ़ वर्ग-संघर्ष से समझना सम्भव नहीं था। मध्यवर्गीय युवक ही इन मोर्चों को घर से बाहर सँभाले

रहे—परिवारों की बनावट और व्यवस्था वही पुरानी सामंती बनी रही। आज भी समाज-परिवर्तन के उनके 'संघर्ष' घरों से बाहर ही हैं। हमें यह नहीं भूलना चाहिए कि परिवार ही परिवर्तन के सबसे बड़े प्रतिरोधक गढ़ होते हैं।

यह सब मैं न किसी उत्साही शेखी में बोल रहा हूँ न आत्माधिक्कार के राष्ट्रीय सन्निपात में—मैं तो सिर्फ स्थिति के बेबाक ढंग से सामने रखकर आत्ममुग्ध लोगों को सोचने के लिए उकसाना चाहता हूँ। हो सकता है आपके अध्ययन और निष्कर्ष दूसरे हों। अपनी धारणाएँ बदलने पर सबसे अधिक खुशी मुझे ही होगी।

एक मध्यवर्गीय 'स्वप्न' का मर्सिया

ऐसा नहीं है कि ये मुद्दे मैंने मुम्बई में युवा कथाकार अखिलेश के कहानी-संग्रह 'शापग्रस्त' को 'इन्दु शर्मा-स्मृति सम्मान' देने के अवसर पर 10 अप्रैल को ही उठाए थे। इससे पहले लखनऊ के 'कथाक्रम' में नामवरजी के वक्तव्य और उनके 'जलडमरूमध्य' कहानी-पाठ के सन्दर्भ में भी तात्कालिक प्रतिक्रिया के रूप में कुछ सोचने की कोशिश की थी। 'हंस' के इन्हीं पन्नों पर टुकड़े-टुकड़ों में कहता भी रहा हूँ। लगातार अपने-आपसे पूछता हूँ कि सचमुच, मुझे क्या हो गया है, मैं किसी भी कहानी को 'शुद्ध कहानी' की तरह क्यों नहीं पढ़ पाता, क्यों मेरी दृष्टि कहानी की खूबसूरत भाषा, रूप-बंध, कथन में आए बिम्बों या दूसरी तरकीबों तक ही सीमित नहीं रह पाती ? क्यों उसमें दुनियाभर की इधर-उधर की बातें देखता हूँ ? आख़िर होश सम्भालने के बाद या पहले भी हजारों देशी-विदेशी कहानियों को 'शुद्ध रचना' की तरह पढ़ने के संस्कार और अभ्यास मेरे भी औरों जैसे ही रहे हैं। अब क्या हो गया है कि 'वॉरेन हेस्टिंग्स का सांड' की बेहद संवेदनशील भाषा, शब्दों का रचनात्मक चुनाव, इतिहास को कथा में पिरो देने का खतरनाक कौशल, रति-प्रसंगों की सांस्कृतिक अनुगूँजें, ऋतुओं के संगीत, जयदेव से लेकर विद्यापति तक की उपस्थिति, यथार्थ और फैंटेसी का जादुई उपयोग, पूरी कहानी को दो चित्रों के अद्भुत विखंडन से निचोड़ लेनेवाली तीसरी आँख, मार्खेज़ बोर्खेज़, कुंडेरा जैसों को घोंट-पचाकर निकाले गए इत्र की गन्ध यानी कहानी से चमत्कृत होने के बावजूद कुछ दुष्ट सवाल पीछा नहीं छोड़ते—कि भारतीय कृषि-समाज में गाय की पारिवारिक उपस्थिति, लाड़ और श्रद्धा की वंश-परम्परा में ही सांड को क्यों चुना गया ? सिपाही-विद्रोह में उसी गाय की चर्बी को बारूद बनानेवाली दूर की कौड़ी लाने के बहाने क्या कहना चाहते हैं उदय प्रकाश ? जिस तरह उन्होंने पुराने संग्रहालय की पेंटिंग का विखंडन करते हुए एक विलक्षण कहानी निकाल ली है, क्या उसी तरह उनकी इस कहानी का विखंडन हमें कुछ असुविधाजनक सवालों के सामने नहीं ला

छोड़ता ? यहाँ उदय का 'गौ-माता प्रेम' क्या घर-घर में पूजित और आज की राजनीति में नारे की तरह त्रिशूलित वह भगवा-दर्शन ही तो नहीं है, जो गाय के अतिशयोक्तिपूर्ण अध्यात्म और परम्परागत अन्धविश्वास में बताता है कि धरती जब नरक में धँस जाएगी, तो गौ-माता ही अपने एक सींग पर उठाकर उसकी रक्षा करेगी। कहानी में भी बिफरा हुआ उन्मत्त और दुर्दांत भारतीय सांड (उसी गाय का वंशज) 'हेस्टिंग्स' नाम के नरकासुर का वध करता है।

सवाल यह भी है कि गाय या सांड ही क्यों, कुत्ता भी तो भारतीय कृषि-परिवार का उतना ही अविभाज्य अंग है, वह खुद उत्पादन न करता हो, मगर उत्पादन का एकमात्र रक्षक और मनुष्य का सबसे वफ़ादार साथी सिर्फ कुत्ता ही है, सांस्कृतिक परम्परा में वह गाय से उन्नीस नहीं है—धर्मराज युधिष्ठिर के साथ गाय या सांड नहीं, कुत्ता ही अंतिम सीमा तक साथ रहा था—विश्वामित्र ने चांडाल के यहाँ उसी का मांस खाया, और दत्तात्रेय ने उसे ही अपना गुरु बनाया। और तो और कुत्ते के मुँह को तीरों से भरने के अपराध में एकलव्य को अपना अँगूठा देना पड़ा और वही था जो कुत्ते का वेश धरकर राम के दरबार में शम्बूक की शिकायत लेकर पहुँचा—उसका डोबरमैन या ग्रेहाउंड अवतार भी हेस्टिंग्स को उसी तरह मार सकता था। मानव इतिहास का सबसे पुराना यह हमसफर अगणित संकर योनियों को पार करता हुआ आज बदले हुए घरों में भी वामन-भाव से पारिवारिक संस्कृति की सबसे प्रिय और जीवन्त उपस्थिति है—उधर गाय सिर्फ पॉलिथिन की थैलियों में छपी अनुपस्थिति बनकर रह गई है। बात सिर्फ गौ-प्रेम तक रहती, तब भी ग़नीमत थी, वह जुड़ती है खुद वॉरेन हेस्टिंग्स से। वॉरेन हेस्टिंग्स तभी तक मानवीय, संवेदनशील, कवि, भावुक, उदात्त, आध्यात्मिक यानी लगभग देव-शिशु की गरिमा में जीता है, जब तक वह भारतीय काव्य, संगीत, शृंगार और दर्शन में लीन, चोखी के साथ राधा-कृष्ण की लीलाएँ कर रहा है और सारे परिवेश को बाँसुरीमय बना रहा है। इन सबसे हटकर जैसे ही वह औद्योगिक सभ्यता के शिकंजे में आता है कि राक्षस, लुटेरा, घूसखोर और नृशंस बनने लगता है। तब क्या कहानी का कथ्य (सन्देश) यही है कि भारतीय (यहाँ हिन्दू) संस्कृति मनुष्य को संवेदनशील, श्रेष्ठतर मनुष्य ही नहीं बनाती, वह हिंस्र होकर औपनिवेशिक साम्राज्यवाद को ध्वस्त कर सकने की क्षमता भी रखती है ? और क्या सचमुच आज नवीनतम संहारक टेक्नॉलॉजी से लैस साम्राज्यवाद के उपनिवेशी आक्रमणों या दूर-नियन्त्रित (रिमोट-कंट्रोल परिचालित) वैचारिक, औद्योगिक, आर्थिक और इलेक्ट्रॉनिक 'मिसाइलों' का सामना, कृषि-केन्द्रित पिछड़ी सामन्ती संस्कृति से किया जा सकता है ? मैं जानता हूँ, उदय मेरे प्रिय और हिन्दी के अत्यन्त सशक्त सम्भावनाशील कथाकार हैं, वे बेहद सेंसिटिव भी हैं और उन्हें मेरे इन कुतर्कों या कहानी के कुत्सित (वल्गराइज़्ड) पाठ-विखंडन से मर्मांतक तकलीफ होगी, क्योंकि किसी भी तरह की आलोचना उन्हें बुरी

तरह अपसेट (विचलित) कर देती है। फिर भी कहे बिना रहा नहीं जा रहा : उन्होंने एडवर्ड सईद के ओरिएंटलिज्म को इस हद तक आत्मसात् कर लिया है कि वे सईद की यह स्थापना भी स्वीकार कर लेते हैं कि नवीनतम टेक्नॉलॉजी के बल पर मचाया गया सारा साम्राज्यवादी उत्पात या पूरे विश्व को उपनिवेश बनाने का सर्वभक्षी उन्माद मूलतः क्रिश्चियन है और इसका सामना सिर्फ इस्लामिक फंडामेंटलिज्म यानी मध्यकालीन कबीलावाद से किया जा सकता है। इराक़-अमेरिका युद्ध में हमने सामरिक-धरातल पर इस फंडामेंटल शक्ति को मिनटों में ध्वस्त होते नहीं देखा ? उदय ने भारतीय सन्दर्भों में इसका अनुवाद निर्मल वर्मा की तरह किया, हिन्दू, फंडामेंटलिज्म'''क्रिश्चियन आधुनिकता और इस्लामी पुराणपंथ दोनों ही इस हिन्दुत्व के दुश्मन हैं। शायद किसी और कहानी के ये सब अर्थ नहीं निकलते, मगर मैं जानता हूँ कि उदय भयंकर अध्ययनशील कथाकार हैं और नवीनतम साहित्य या विचार का यह आत्मसातीकरण उनकी रचना के हर शब्द से बोलता है।

यहाँ एक बहुत जायज़ सवाल यह भी उठाया जा सकता है कि कहानी को इस तरह पढ़ना क्या रचना के रूप में उसकी हत्या करना नहीं है ? इस तरह तो कहानी पढ़ना और लिखना—दोनों असम्भव हो जाएँगे। गायत्री चक्रवर्ती स्पीवाक और सईद ने अपने ऐसे विखंडनवादी पाठ से क्या महाश्वेता देवी और जेन ऑस्टिन के साथ न्याय किया है ? या खुद मैंने बीस-बाईस साल पहले, बिना उत्तर-आधुनिकता या विखंडनवाद (डिकंस्ट्रक्शन) का नाम सुने, 'चन्द्रकांता संतति' में जब देशी-विदेशी सत्ता-संघर्ष की उपस्थितियों को पकड़ने की कोशिश की थी, तो सिर्फ मनोरंजन और किस्सागोई के लिए लिखे गए इस उपन्यास के साथ न्याय किया था ? व्यवस्थित रूप से विखंडन-पाठ की यह पद्धति भले ही उत्तर-आधुनिकता के युग में आई हो, मगर इस तरह के अध्ययन तो बहुत पहले से किए जाते रहे हैं। क्या आज 'रिपवान विंकल' या गुलीवर-कथाओं को, उपनिवेशी विस्तारवाद से हटाकर शुद्ध मनोरंजन की बाल-कथाओं के रूप में पढ़ सकना सम्भव रह गया है ? खुद वर्जीनिया वुल्फ ने 'सिर्फ अपने लिए एक जगह' (रूम ऑफ वन्स ओन) में स्त्री-उपन्यासकारों के बहाने नारी की स्थिति, नियति और प्रतिरोध के विविध सूत्र नहीं खोजे हैं ? सिमॉन द बोउवा' भी तो यही करती रही। मन तो यहाँ तक कहने को करता है कि उदय प्रकाश ने 'वॉरेन हेस्टिंग्स' के बहाने शायद 'और अन्त में प्रार्थना' का प्रायश्चित्त किया है कि भारतीय संस्कृतिवाद सिर्फ निष्क्रिय रूप से मरना ही नहीं, विद्रोह करना भी जानता है (यह दूसरी बात है कि निर्मल वर्मा की तरह देसी अत्याचारियों से नहीं, सुविधाजन विदेशी दुश्मनों से)।

'वॉरेन हेस्टिंग्स' कहीं अवचेतन में एक इच्छा-स्वप्न (विशफुल थिंकिंग) भी है; काश ऐसा हो जाता। कोई चमत्कारी देवता आता और दुश्मनों को झटके से मारकर हमें बचा लेता। इस अर्थ में वह सत्य के अन्तिम विजय की धार्मिक कहानी

है और उदय के पिछले कथा-प्रयोगों का अगला विस्तार है। 'टेपचू' से लेकर 'राम सजीवन की प्रेमकथा', 'तिरिछ', 'पॉल गोमरा का स्कूटर', 'और अन्त में प्रार्थना' के मुख्य पात्र उपभोक्तावाद की ज़हरीली गैस में असहाय मरते हैं—लगभग एक विक्षिप्ति में, ये सरल, निरीह और इनोसेंट लोग हैं—मानवीय मूल्यों के प्रतीक। इस तरह मरनेवाले वे पहले व्यक्ति नहीं हैं। मानवीय मूल्यों, आदर्शों की विफलता (या अनुपयोगिता) भविष्य के समता-समानता और मानवीय गरिमा पर आधारित समाज के स्वप्न का टूटना जीते हुए सैकड़ों नायकों का मरना हमारे कथा-साहित्य में दर्ज है। कहीं यह नायक नाग बोडस के 'मैनीफेस्टो' में वामपंथी विचारधारा की विफलता का दर्द झेल रहा है, तो कहीं 'मैला आँचल' और 'राग दरबारी' में विक्षिप्त गांधीवाद की मृत्यु का दर्शक है। जो मूल्यों, आदर्शों, विचारधाराओं और बेहतर समाज के सपनों से जुड़े हैं या इस सबसे अलग सिर्फ सहज और सरल मानव हैं—वे सब दयनीय हास्यास्पद, विक्षिप्त होने के अन्त झेलते हैं। उन्हें व्यवस्था नाम की दुर्दान्त, रहस्यमय और लगभग ईश्वर की तरह सर्वव्यापी राक्षसी ने मारा है। इन मूल्यों का मरना ही उस मध्यवर्ग का मरना है जिसके ऊपर-नीचे के स्तरों से हम सब आए हैं। यह वर्ग या तो फालतू हो गया है या अप्रासंगिक और शीघ्र ही इतिहास होने जा रहा है। बीसवीं शताब्दी ने इस वर्ग के उदय और अस्त—दोनों को देखा है। उन्नीसवीं शताब्दी के अन्त ने इस वर्ग को एक ऊर्जावान स्वरूप दिया था, सामाजिक सरोकारों, स्वतन्त्रता और शोषण दमन के संघर्ष की खराद पर उसके स्वप्न और मूल्य ढले थे। इस शताब्दी का अन्त इन्हें झाड़-बुहारकर कूड़ाघर में डाल देगा। आज पीछे मुड़कर देखने पर लगता है कि कहीं वह बुर्जुआ-मध्यवर्ग का बौद्धिक विक्षोभ और विद्रोह ही तो नहीं था, जो उस वर्ग की समाप्ति के साथ ही छितराकर बिखर गया ?

शायद औद्योगिक उपनिवेशवाद को इसकी जरूरत थी। आज के बहुराष्ट्रीय टेक्नॉलॉजिकल साम्राज्यवाद के लिए ये फालतू अवरोधक हैं। इसलिए उन्हें निर्वासित, निष्कासित और समाप्त कर दिया जाएगा। तीसरी दुनिया, विशेषकर भारत में यह अभियान जारी है, ताकि सारा कूड़ा-कर्कट साफ करके नई उपभोक्ता वस्तुओं की स्वीकृति के लिए ज़मीन हमवार की जा सके। यानी विषमताहीन, गरीबी-भुखमरी के खिलाफ समाज और मानवीय गरिमा के लिए जीने-मरने का स्वप्न देखनेवालों की जगह एक ऐसा मध्य-वर्ग तैयार किया जा सके, जो नई-नई गाड़ियों, मोटर साइकिलों और स्कूटरों से गूँज रहा हो, पेप्सी-मैकडॉनल और अंकल-चिप्स चबा रहा हो, जिसके घर टी.वी., सेलूलर फोनों, म्यूजिक सिस्टमों, वाशिंग मशीनों और एयर कंडीशनरों से जगमगा रहे हों और जो उधारी, शेयर, लाटरी, ब्लेकमनी रीयल-स्टेट या राजनीति से मालामाल हो जाने के उन्माद में ए.के.-47 की मशीनगनों से अपना रास्ता बनाना जानता हो···और सबसे बड़ी बात कि इसके मन में मूल्य,

नैतिकता, मानवीय संवेदनाओं, देश की गरीबी और समाज के लिए कुछ करने जैसी फ़िज़ूलियात के विषाक्त कीटाणु बिल्कुल न हों···राष्ट्रीय संस्कृति और बौद्धिकता के नाम पर अगर कुछ हो तो हजार-दो हजार पुरानी हवाई, ऊलजलूल पुराण-कथाएँ, देवी-देवताओं के चमत्कार और चकाचौंध करनेवाला भव्य-संसार···और वह सब इतना दूर और अनरीयल (झूठा) हो कि इस नए नायक के लिए कहीं बाधा न बने ···घर-घर में घुसे दूरदर्शन के बीसियों चैनल रात-दिन इसी 'मध्य-वर्ग' का निर्माण कर रहे हैं···पूर्व समाजवादी व्यवस्थाओं को यह हवाई हमले पहले ही ध्वस्त करने की सफलता देख चुके हैं।

और यही मध्य-वर्ग है अखिलेश की कहानियों का—विशेषकर 'शापग्रस्त' संग्रह की कहानियों का। संजीव और उदय प्रकाश की दुनिया से बिल्कुल उलट ···'पैरों तले की दूब' का नायक अपने सिद्धान्तों को व्यर्थ होते देखता है तो 'अन्त में प्रार्थना' का डॉक्टर सिद्धान्तों से चिपककर मर जाता है। इन सबके मन में 'हम कहाँ और क्यों गलत थे ?' की कचोट है, या 'क्या हमें सिर्फ इसीलिए मर जाना चाहिए कि हम कुछ आदर्शों और मूल्यों से प्रतिबद्ध थे ?' के कहे-अनकहे दंश थे। 'नई कहानियाँ' के जमाने के बूढ़े, सामन्ती समाज के न्याय और मानव-मूल्यों के साथ मरते थे, वे प्रायः नई स्थितियों में अप्रासंगिक होते हुए लोग थे और 'हाय, कहाँ गए वे लोग' का भाव जगाते थे। ये नए उदार पूँजीवाद के बुलडोज़र के सामने खड़े निहत्थे लोग हैं—और आदर्श और विचारधाराओं के हथियारों को भोंथरा पाते हैं। उदारीकरण की अर्थ-नीतियों से पैदा सांस्कृतिक ग्लोबलाइज़ेशन के बहाने अमेरिकी एकछत्रता के शिकार—या सिर्फ खरीदार के रूप में बदलते बाजार के सामने लाचार···एक समय तो इन 'महान' बूढ़ों की कहानियों से हिन्दी साहित्य ऊपर से नीचे तक लद गया था।

अखिलेश की कहानियों में नई स्थितियों में पैर जमाते और स्वयं उस मूल्यहीन स्थिति का हिस्सा बनते युवा हैं। 'छुट्टी' कहानी में ये आदर्शवादी और प्रतिबद्ध चाहे न हों, लेकिन डिग्रियाँ लेकर नौकरी तलाशते सरल और निश्छल थे और उनकी यह हताश तलाश करुणा और सहानुभूति जगाती थी। 'शापग्रस्त' में वे बाक़ायदा लम्पट, लुम्पिन और निष्करुण है। पुरानी भाषा में 'अमानवीय' भी कह सकते हैं। नैतिकता, मूल्य और आदर्श जैसा कोई शब्द इनके कोश में नहीं है। इनका एकमात्र मूल्य है तिकड़म और एकमात्र लक्ष्य है सफलता। इसलिए राजनीति इनकी सबसे हरी-भरी चरागाह है। वहाँ आक्रामक सत्ता भी है और पैसा भी। सामाजिक नैतिकता और राज्य के कानून जैसी कोई सीमा इन्हें नहीं बाँधती; माँ-बाप, बेटा, पत्नी, प्रेमिका इस्तेमाल करके फेंक दिए जानेवाले सम्बन्ध हैं। अच्छे से अच्छे शब्दों का इस्तेमाल भी वे उसी बईमानी से करते हैं। जो कानून, संविधान इन्हें नौकरी या सुरक्षा नहीं दे सकता, उसे लेकर क्या वे चाटेंगे ? उन्हें तोड़ना अपराध नहीं, इनका अधिकार

है। ये 'स्कम ऑफ द सोसायटी' (समाज की फफूंद) नहीं—भारतीय 'आज' की मुख्य धारा हैं। बेकारी और लम्बी बेरोजगारी भुगतकर अब इन्हें जैसे भी हो, सब कुछ हथियाना है। सब कुछ ऊपरवाले ही खाते-चबाते रहें, इन्हें सिर्फ इस्तेमाल करते रहें, यह अब नहीं चलेगा।

गाँव, कस्बों, शहरी निम्न मध्यवर्ग और निचले वर्ग में टिड्डियों की तरह छा जानेवाले ये युवा कौन हैं ? अचानक बीस-पच्चीस सालों में ये कहाँ से आ गए ? यह कैसी पीढ़ी है जिसे लेकर हम इक्कीसवीं सदी की यात्रा करेंगे ? सच है, अमरकांत की 'हत्यारे' जैसी कहानियों में ये कहीं-कहीं दिखाई दे जाते थे। फिर ज्ञानरंजन, दूधनाथ सिंह, रमेश बक्षी, रवीन्द्र कालिया की कहानियों में पुराने पारिवारिक मूल्यों, सम्बन्धों और सन्दर्भों को ठोकर मारते, अपनी जिन्दगी के संत्रास, सेक्स-कुंठाओं, विकृतियों और आत्महंता अकेलेपन में खो जाते थे। पुरानी दुनिया में रहना इन्हें गवारा नहीं था और नई कोई जगह नहीं थी। इन्हीं में से कुछ ने नक्सली विचारधारा के सहारे रातों-रात दुनिया बदल देने के दुस्साहसों में अपने को झोंक दिया और प्रशासन के द्वारा खरीदे या मार डाले गए। वे देश के सबसे मेधावी युवा थे। जिनके माँ-बाप साधन-सम्पन्न थे, वे जत्थे बना-बनाकर यूरोप अमेरिका कूच कर गए। मध्यवर्ग की वह पीढ़ी बीस सालों में ही राष्ट्रीय-अन्तर्राष्ट्रीय व्यवस्था द्वारा सोख ली गई। अब आई है अखिलेश जैसों की यह नई पीढ़ी—कलफ़ लगे लम्बे-लम्बे खादी के कुर्ते पहने, कसी हुई जीन्स के नीचे 'हीरो हौंडा' दबाए—पिस्तौलें और मशीनगनें लिए…सिर्फ शक्ति की भाषा बोलते और शक्ति की भाषा समझते हुए—हिंस्र और आक्रामक—सीधे टी.वी. के पर्दों से धड़-धड़ करते बाहर आते हुए …अ-कहानीवालों के लिए सहयात्री औरत खाने-चबाने और फिर घृणा से फेंक देने की चीज थी, इनके लिए सिर्फ बलात्कार, हत्या या उद्योग और राजनीति में इस्तेमाल की जानेवाली खूबसूरत जोंक…नई कहानी युग में औरत घुटती, मरती, शहीद होती थी। मृणाल पांडे की कहानियों में चुलबुली, नटखट और दबंग हुई—मणिका मोहिनी, ममता कालिया, सुधा अरोड़ा में 'अनैतिक', फिर क्षमा शर्मा, जया जादवानी, लवलीन तक आते-आते बिंदास, बेझिझक और बोल्ड हो गई—पिल्स और कंडोम ने उसे सारी वर्जनाओं से मुक्त कर दिया—कहीं वह किरण बेदी बनी, तो कहीं ऐश्वर्यरॉय, कहीं अंजलि कपूर तो कहीं पूजा भट्ट…उसे भी सत्ता में हिस्सा चाहिए था और उसके पास हथियार के रूप में सिर्फ उसकी देह थी। चूँकि देह उसकी थी, इसलिए वह उसका इस्तेमाल करने के लिए 'स्वतन्त्र' थी—वह फिल्मों में, राजनीति में, उद्योग में, सौन्दर्य प्रतियोगिताओं में देह की कीमत वसूल रही थी—वह पुरुष के खेल में अपनी राज़ी से शामिल हो गई थी—और उनके नियमों के हिसाब से खेल रही थी।

कहाँ से आ गई यह पीढ़ी ? हम चाहें तो इन्हें धिक्कार सकते हैं, भारतीय संस्कृति का रोना रोते हुए इन्हें नरक में भेजने का प्रस्ताव रख सकते हैं और 'हाय,

हम कहाँ आ गए' के विधवा-विलाप में छाती-माथा कूट सकते हैं या रेणु की कहानी 'अगिनखोर' की तरह अपनी ही इस अवैध सन्तान से धुआँधार गालियाँ खाकर भगवान बुद्ध की तरह शहीद भाव से चुप बैठे रह सकते हैं···मगर ईमानदारी से अगर विश्लेषण करें, तो क्या यह सारी नई पीढ़ी हमारी ही अवैध सन्तान नहीं है ? क्या इसे जन्म देने की ज़िम्मेदारी हमारी ही नहीं है ? क्या यह हमारा ही वह विस्तार नहीं है, जिसे देखकर अब हमारे हाथ-पाँव फूल गए हैं? यह वह पीढ़ी है जिसने हमें सार्वजनिक भाषणों, वक्तव्यों में बघारे जानेवाले संस्कृति, धर्म, देश-भक्ति के शब्दों में नहीं, अपने असली और नंगे रूपों में देखा है।

जी हाँ, इस पीढ़ी को लाने की सारी जिम्मेदारी हमारी ही है। याद कीजिए, हम सारे मध्यवर्गी युवाओं ने अपने-अपने घरों और परिवारों से विद्रोह किए थे, क्योंकि उस सामंती, संयुक्त-परिवार के ढाँचे में हमारी अपनी कोई पहचान नहीं थी। वहाँ हमारी आकांक्षाओं, कुछ कर दिखाने के सपनों को समझनेवाला कोई नहीं था। सिर्फ घुटन और अभाव थे। बाप डिक्टेटर था। माँ बेजुबान। बहनें अनपढ़-दब्बू, चाची और भाभियाँ बाल-विधवाएँ। रिश्तेदारियाँ 'ऊपरी आमदनी' या पारिवारिक पैतृक हैसियतों से तय होती थीं। उधर देशी-विदेशी साहित्य और विचारों में डूबे हम, बाहर निकलकर अपने पंख आज़माना चाहते थे। मगर दबाव थे कि किसी अनपढ़ या बेजुबान शिक्षिता से शादी करें और नौकरी या व्यापार के धंधों में जुटकर माँ-बाप और दस-पाँच भाई-बहनों की जिम्मेदारी में हाथ बँटाएँ। यानी हमारे बाप-दादाओं ने अपने भाइयों, चाचाओं, दूसरे रिश्तेदारों या चाची-भाभियों के हिस्से मारकर जो जायदादें खड़ी की थीं, या घूस और बेईमानियों से जो कुछ कमाया था, हमें वे उस सबका वारिस बनाना चाहते थे, वे घनघोर रूढ़िवादी, जातिग्रस्त और धर्मान्ध थे, हर परिवर्तन के कट्टर विरोधी थे और लड़कियों को पढ़ाने-लिखाने के सख्त विरोधी थे। अपने से नीचेवालों को कुचलने में भयानक अत्याचारी और सरकारी अमले के सामने घिघियानेवाले खुशामदी, डरपोक और दंद-फंदी। राष्ट्र प्रेम और देश-भक्ति को लेकर दुचित्ते थोड़ा-बहुत सामाजिक कार्य करते भी थे, तो घर के बाहर। घर के अन्दर औरतें चूल्हों के पास जिन्दगी बितातीं तपेदिक, पुरुषों की मार में चुपचाप जीती और मरती थीं। मक्खी-मच्छरों की तरह मार दी या जला दी जाती थीं या आत्महत्या कर लेती थीं। और 'बन्द गली के उन आखिरी मकानों' में हमारा दम घुटता था। हम बाहर अकेले या दोस्तों में ज्यादा अपनापन महसूस करते थे—वहीं था हमारा 'सारा आकाश' चूँकि न हम उस सबको बदल सकते थे, न उसका हिस्सा हो सकते थे। इसलिए घरों से बाहर भागे—राजनीति में, गाँधीवादी, मार्क्सवादी या सुधारवादी सामाजिक आंदोलनों में। हम आदर्शवादी युवा थे और देश या भविष्य से बँधे थे—इन सबको लेकर हमारा एक सपना था। हमने मजदूरियाँ कीं, ट्यूशन पढ़ाए, दूसरों के नाम से लिखा—अखबारों, स्कूलों, कॉलिजों, आश्रमों

और दूसरी संस्थाओं में नौकरियाँ कीं। हम एक ओर उपनिवेशी साम्राज्यवाद से लड़ रहे थे, तो दूसरी ओर घरेलू सामंतवाद से—उन पूजा-पाठी, आदर्श और नैतिकता भौंकनेवाले दोगले लोगों से हमें बेहद-बेहद घृणा थी। वे हिन्दू-जड़ता और पुरातनता के आगे कुछ देखना ही नहीं चाहते थे। ऊँच-नीच, मालिक-दास, छूत-अछूत, जाति-वर्ण की 'मर्यादाओं' में बँधे, बल्कि उनका संरक्षण करनेवाले यथास्थितिवादी और कूप-मंडूक, गो-ब्राह्मण पालक। हो सकता है, वे सचमुच उन सामंती मूल्यों में विश्वास रखते हों। इसलिए डबल-स्टैंडर्ड (दुहरे मूल्यों) वाले लोग थे। उधर हमारे आदर्श नायक थे—महात्मा गांधी, जवाहर लाल नेहरू, चन्द्रशेखर, भगत सिंह, विवेकानंद, सुभाष चन्द्र बोस, लेनिन या समाज, राजनीति के चमकते-चमत्कारी नेता…

और तब आ गई स्वतंत्रता। अपना शासन और प्रशासन। हड़बड़ी में हमारे नेताओं ने उसी राज्य-व्यवस्था को ज्यों का त्यों ले लिया, जो अंग्रेज छोड़ गए थे। प्रणालियाँ और प्रशासन वही था, सिर्फ 'जॉन' की जगह 'जगन्नाथ' आ बैठे थे। हम यह भूल गए थे कि अंग्रेजों ने सारी व्यवस्था अपनी रक्षा और देश को लूटते रह सकने की सुविधा के लिए तैयार की थी—जरूरी था कि हम उस ढाँचे को समाज और जनता के साथ जोड़ते; जो दरवाजे शासकों की तरफ जाते थे उन्हें पलटकर जन सामान्य की ओर मोड़ते। लोगों को प्रशिक्षित करते कि अब कामचोरी और सरकार को लूटना 'राष्ट्रीय कार्य' नहीं है। लेकिन सारी पुलिस, न्यायपालिका, ब्यूरोक्रेसी और विधायिका हमारे नए आकाओं की सेवा में समर्पित हो गई। लुभावने और मनमोहक नारों के झाँसे में समाज-कल्याण से लेकर व्यवस्था-परिवर्तन की सारी ज़िम्मेदारी सरकार पर छोड़ दी गई और पहले के स्वयं चुने गए इस बोझ से मुक्त हो गए कि हमें भी कुछ करना है। भ्रष्टाचार और दुरुपयोग सत्ता के अनिवार्य और अंतर्भुक्त तत्त्व हैं। स्वाभाविक ही था कि जो जितना सत्तावान था, वह उतना ही भ्रष्ट और निरंकुश होता गया। उधर हम जिनके खिलाफ विद्रोह करके 'बाहर' आए थे, पहले अवसर मिलते ही खुद उसी रूप में ढलने लगे, क्योंकि सारी उपनिवेशी व्यवस्था और सामंती परिवार, समाज रचना वही थी, बल्कि हमें तो अब और ज्यादा निश्चिंत छूट थी, क्योंकि ऊपर-नीचे सब 'अपने ही लोग' थे। हमने आस्था से नहीं, सहूलियत से दुहरे मूल्य अपनाए शुरू में अपराध-बोध के साथ, फिर अभ्यास और अधिकार के साथ। सारे सरकारी, गैर-सकारी सुविधाओं साधन-स्रोतों पर हमारा ही कब्ज़ा था। इन पचास सालों में हमने ऐसा अद्भुत लूट-तंत्र बना लिया कि जो जहाँ है, वहीं दोनों हाथों से उलीच रहा है। विधायिका, न्यायपालिका, ब्यूरोक्रेसी, संचार-माध्यम कौन-सा ऐसा संस्थान, संस्था या उपक्रम है जिसे हमने बेदाग छोड़ा हो? कोर्ट-कचहरियाँ, अफसर-पुलिस, शिक्षा-शोध, कोई तो ऐसा क्षेत्र हो, जहाँ हमने लाखों करोड़ों के घूस-घपले न किए हों, भाई-भतीजे, जाति-धर्म के लोग न घुसा दिए हों, या विरोधियों को प्रताड़ित-लताड़ित न किया हो? 'अंतिम व्यक्ति के कल्याण'

के नाम पर जिस लोकतंत्र को हमने स्वीकार किया, उसे सिर्फ जाति और धर्म का खूनी खेल बना दिया। आज छोटे से लेकर बड़े स्तरों पर चुनाव नहीं, गृह-युद्ध होते हैं। राज्य-समाज का कोई तो कोना बचा होता, जहाँ हम घूस, लूट-खसोट का खुला खेल न खेल रहे हों। संस्कृति, साहित्य और कला की दुनिया में हमने कितने अयोग्यों को नहीं उछाला, उन्हें नियुक्तियाँ, पुरस्कार नहीं दिए? न जाने कितने प्रतिभावानों के अभिशाप आज भी हमारी आत्मा में दफ़न हैं। हर भ्रष्टाचार को हमारा संरक्षण है, हर घोटाले में हमारा हिस्सा है और हर अपराध में हम शामिल हैं। जहाँ भी हम हैं, वहीं घोषित-अघोषित लुटेरे, डाकू, चोर और बेईमान हैं। सत्ता के वर्चस्व के लिए हम हर अपराध, हत्याकांड, दंगा और दुर्घटना करा सकते हैं–नॉन इश्यूज (व्यर्थ के टुच्चे मुद्दों) को इश्यूज बना सकते हैं–धर्म और जाति के नाम पर पूरे देश में आग लगा सकते हैं। सत्ता के इस खूनी खेल में हमने जिन दो चीजों को खुलेआम बलात्कार किया है, वह है भाषा और औरत। इन्हें हमने कहीं का नहीं रखा। हम हर पल जानते रहे कि जो हम कहते हैं, व्यवहार और आचरण में कभी नहीं करते, हर झूठ के समय हमेशा अपने आपको छलते हैं कि दूसरा इस सच्चाई को नहीं जानता। अब तो हमें यह अहसास होना भी बन्द हो गया है कि हमारी भाषा और भाषणों पर कोई विश्वास नहीं करता–वह सिर्फ दूसरों की आँखों में झोंकनेवाली धूल होती है। फिर भी हम चाहते रहे कि नई पीढ़ी चरित्रवान हो, हमारे लिए शिष्ट हो, सम्मान रखे या सुसंस्कृत हो। संवेदनशील, बूढ़ी वेश्या या दलाल की तरह हमारी दिली इच्छा है कि हमारी संतान उस नरक को न भोगे! कैसी भोली (नायेव) आकांक्षा है!

1955 के आस-पास श्रीलाल शुक्ल ने एक कहानी लिखी थी 'शहीद'। दो आदर्शवादी देशप्रेमी और उत्साही युवा दोस्तों में से एक आंदोलन के दौरान गोली खाकर शहीद हो जाता है और दूसरा क्लर्की को समर्पित। शहीद दोनों होते हैं, लेकिन अपने भोले विश्वास में श्रीलाल ने शायद सोचा भी नहीं था कि इस शहीद का यह पहला समझौता नहीं था, सिलसिले की शुरुआत थी। जिस व्यवस्था के खिलाफ वह लड़ा था, उससे हर स्तर पर समझौता ही नहीं करता गया, स्वयं उस व्यवस्था का हिस्सा बन गया और जी-जान से उसे बनाए रखने, निचोड़ने में जुट गया। पढ़ा-लिखा था, इसलिए हर पतन के कारण तलाश करता हुआ उसे जस्टीफाई करने लगा। उसने भ्रष्टाचार पहले पत्नी-बच्चों के नाम पर किए, फिर अपने बुरे-बूढ़े दिनों के नाम पर, फिर स्वयं शक्ति के चस्के की 'मजबूरी' में। हाँ, भाषा आज भी उसकी वही पुरानी और शहीदाना है। लिखनेवाले ने कहाँ सोचा था कि आज वही क्लर्क आगे जाकर देश का सबसे बड़ा घूसखोर, घोटालेबाज, नृशंस, अफसर, अन्यायी जज बन जाएगा। योग्य और प्रतिभाशाली लोगों को धकेलकर अपने भाई, भतीजे, बेटे-बेटी और जाति भाइयों से हर विभाग को लाद देगा। लाखों करोड़ों की

कमाई से डोनेशन या कैपिटेशन फ़ीसों के बल पर अपने बेटे-बेटियों को अच्छे से अच्छे कॉन्वेंटों, कॉलेजों में, फिर विदेश भेजेगा। आज इस मध्यवर्ग में कोई है ऐसा, जिसका एक पाँव विदेश में न हो? यह विदेशी बैंकों में पैसा जमा करने या देशी साधनों से महँगी शिक्षा देने के बाद बच्चों को बेशर्त विदेशों में अंधाधुंध कमाने के लिए भेजने से अलग कहाँ है? यही तो वह 'शहीद' है, जो उनकी शादियों में लाखों के दहेज लेगा। पाँच-पाँच हजार लोगों की पाँच सितारा दावतें करेगा। नामी-बेनामी कोठी-बंगले, फ्लैट बनवाएगा, फार्म हाउसों में इन्द्र के दरबार लगाएगा, अपराधियों, साम्प्रदायिकों, स्मगलरों और देशद्रोहियों से साँठ-गाँठ करेगा—तिलक छापे लगाकर वैष्णो देवी और हरिद्वार जाएगा, यहाँ हवन यज्ञ और सत्यनारायण की कथाएँ कराएगा, खुद चार-चार घंटे पूजा करेगा। स्मगल-दलाल ढोंगी स्वामियों के चरणों में लोटेगा। वर्ण-व्यवस्थावादी राजनैतिक पार्टियों का कार्यकर्ता बनेगा और लोकतंत्र की हिमायत या जाति-पाँत से ऊपर उठने के भाषण पिलाएगा, फँसने पर पुलिस और जजों को खरीदेगा, राजनेताओं के पाँव पकड़ेगा और निर्दोष बनकर लकदक घूमेगा। बहू बनाकर लाई गई दूसरे की बेटी को फूँक डालेगा और जब अपने बेटे का अपहरण हो जाएगा, तो सारी प्रशासन-व्यवस्था में लंकादहन मचा देगा। सारी नई पीढ़ी को, अपने योग्य-प्रतिभाशाली मारुति छाप मैरिट याफ्ता लाड़लों और बेकार बेरोजगार लंपटों-गुंडों में बाँट देगा, खुद देश के सारे संसाधनों पर एकछत्र कब्जा करके देशी-विदेशी बैंकों के हवाले समेटेगा। उन्हें शिक्षा और सुविधाओं से वंचित रखेगा, फिर उनसे बूथ लुटवाएगा, अपहरण, हत्याएँ और दंगे कराएगा। उन्हें तरह-तरह के नशों या अंडरवर्ल्ड में धकेल देगा। झूठे एनकाउंटरों में मरवा डालेगा। समाज के पतन पर रात-दिन अपने आप को और दूसरों को धिक्कारेगा। हर दूसरे को अपने से ज्यादा भ्रष्ट सिद्ध करके खुद ही संतोष निचोड़ेगा और ज्यादा सावधान जोश से खेत कुतरने में जुट जाएगा। व्यक्तिगत महत्त्वाकांक्षा, राजनीति प्रेरित सी.बी.आई. या जुडिशियल ऐक्टिविज्म (समाज, राजनीति को सुधारने के जोश) में जब कोई अफसर या जज अपने जैसे घोटालेबाज़ को दबोच लेगा तो सैडिस्ट सन्तोष से भगवान को धन्यवाद देगा, मगर यह भी अच्छी तरह जानता होगा कि कुछ दिनों मीडिया की सनसनी के बीच दस-बीस लाख/करोड़ इधर से उधर होंगे और सारी फ़ाइलें फिर धूल खाने के लिए ठंडे बस्ते में डाल दी जाएँगी। मरते दम तक खुद कुर्सी से चिपका रहेगा क्योंकि जानता है कि कुर्सी के बाद सिर्फ मृत्यु निर्वासन अपराध-बोध है।

यही पीढ़ी तो तैयार की है हमने और वे ही चेहरे झाँक रहे हैं अखिलेश, लाल्टू, विजयप्रताप जैसों की कहानियों में—बेकार, बेरोजगार, तिकड़मी और हिंस्र, दूसरी ओर है इंदिरा, संजय और राजीव गाँधी की परिवारवादी, एयरकंडीशनरों, कारों और

हवाई जहाजों में तैरती अंग्रेजी भाषी, सत्ता वर्चस्व संभालती दुलरुआ पीढ़ी···और इसे मंडल और दलित आंदोलनों की आग से बचाना है, क्योंकि वह हमारी इसी सत्ता के एकाधिकार में हिस्सा माँगते हैं।

मगर नहीं, परिदृश्य सिर्फ इतना ही नहीं है। यह वह शहरी या शहरोन्मुख मध्यवर्ग है, जो अपने व्यक्तित्व की लड़ाई लड़ रहा है। यह कुछ बन जाने या न बन पाने की लड़ाई है। जिनके माँ-बापों ने जोड़-तोड़, उठा-पटक से उन्हें शुरू से ऐसे साधन दिए हैं कि देश-विदेश की सबसे ऊँची जगहें उन्हीं के पास सुरक्षित हैं, वही योग्य, सक्षम और मेधावी हैं, क्योंकि बचपन से उन्हें सब कुछ मिला है—फन या मज़े के लिए वे गाड़ियाँ चुराने से लेकर बैंक-डकैती, बलात्कार, हत्या या हेरोइन-स्मैकी करते हैं और फिर बचा लिए जाते हैं। जो यह सब नहीं बन पाते, वे तिकड़म, चोरी, डकैती, अपहरण, राजनैतिक टट्टूगिरी में कुछ बन जाने के लिए दूसरों की सुपारियाँ उठाते रहे हैं। वे देश और राष्ट्रीय कोष—दोनों के लिए भयानक बोझ हैं। इनका मुख्य सहारा राजनीति के माध्यम से या तो सरकारी खजाने हैं या ब्लैकमनी, हवाला, शेयर दलाल और लाटरियाँ। दोनों ही ऐसी आत्महंता गिरफ्त में फँसे हैं कि मुक्त होकर साँस ले सकने की कोई गुंजाइश नहीं दिखती। वहाँ हर पहली चीज का अन्त हो गया है, क्योंकि वे सत्ता से चिपके स्वयं 'अन्त' के कगार पर हैं।

लेकिन समय और हिन्दी कहानी के यही अन्तिम सत्य नहीं हैं। वास्तविक संघर्ष, व्यक्तित्व की इन विकृतियों में नहीं, अस्तित्व के लिए किए जानेवाले संघर्षों के बीच लिखी जा रही कहानियों में है, अस्सी प्रतिशत गाँवों और कस्बों में। श्रमिकों, शोषितों, दलितों और औरतों के बीच—जहाँ घर के घर जला दिए जाते हैं, औरतें बलात्कृत होती और नंगी घुमाई जाती हैं, सती और डायन बनाकर उनकी हत्या कर दी जाती है। बच्चे आहार और शिक्षा से वंचित हैं। यहीं शायद हिन्दी-कहानी बची रह जाएगी वरना शहरों की नई पीढ़ी तो इस भाषा से भी परिचित नहीं है। वह विज्ञान, टेक्नॉलॉजी, कॉमर्स, कम्प्यूटर, बिजनेस मैनेजमेंट में अपना भविष्य बना रही है। कला, साहित्य, भाषा वहाँ लगभग अनपढ़ों की मजबूरी है। मगर आज भी बहुत कुछ बचा तो वहीं है। जो बचा है या जो बचाएगा—बात उस पर भी होनी चाहिए ···क्योंकि स्वतंत्रता के वाद का सच सिर्फ घूस-घोटाले, कोर्ट-कचहरियों की सनसनियाँ, बड़ों की मार-काट, कमेटी-कमीशन, माइकेल जैक्सन, यान्नी और सौन्दर्य प्रतियोगिताएँ ही नहीं हैं—वह सब भी है जिसे मीडिया अनदेखा करता है, जिसे सुनना हम मध्यवर्गीय 'ऊबे हुए सुखी' गवारा नहीं कर पाते और जिसकी हमारे सुसंस्कृत सौन्दर्यबोध या साहित्य-संस्कृति के स्वायत्त 'जनतंत्र' में कोई जगह नहीं है, क्योंकि वहाँ सिर्फ अमूर्तन है। और क्योंकि सच सिर्फ वही नहीं होता जो सत्ताएँ हमें परोसती हैं—राजा-नवाब अपने फरमाबरदारों से जो कुछ लिखाते रहे हैं, वही इतिहास नहीं है, न नए-पुराने दरबारों में रचा-सराहा, अलंकृत किया जानेवाला

'रीतिकाल' ही सम्पूर्ण साहित्य है। हत्याएँ सिर्फ इन्दिरा गाँधी, राजीव गाँधी की ही नहीं होतीं—उमेश डोभाल, शंकर गुहा नियोगी, सफदर हाशमी और चन्द्रशेखर सिंह की भी होती हैं। यहाँ तक कि रूप कँवर की भी। इतिहास और पुरातात्विक संग्रहालय में नहीं, सामने के सारे परिदृश्य पर छाई हुई 'गुएर्निका' जैसी इस तस्वीर का विखंडन सचमुच बहुत अप्रासंगिक या 'अतिरिक्त' पाठ है?

परीक्षण और प्रतिश्लेषण

प्रसाद के उपन्यासों में पलायन और संयोग

(विशेष संदर्भ : कंकाल)

'कंकाल' मुख्यतः पिता नाम की संस्था के अस्वीकार, सामंतवादी व्यवस्था, धार्मिक रूढ़ियों, और संस्कारों में छटपटाते लोगों की कहानी है। उधर तितली सामंतवादी भूमि संबंधों, संयुक्त-परिवार और माँ से छूटने की कशमकश…*

प्रेमचन्द का आदर्श, यथार्थ के धक्कों और समझ के साथ टूटता, ढलता और बदलता है। प्रसाद का यथार्थ उनके लगभग पूर्व-निर्धारित, सुनिश्चित आदर्श के बोझ के नीचे बिखर जाता है। बहते पानी जैसे इस यथार्थ को वे बार-बार समेटते हैं, अपने हिसाब से बनाई नालियों में बाँधते हैं और असफल झुँझलाहट में सब कुछ अस्त-व्यस्त कर देते हैं। 'कंकाल' में न तो प्रसाद के सामने यह साफ है कि उन्हें कहना क्या है, और न यह कि उसे कहा कैसे जाए। सिर्फ कदम-ताल करते लोग हैं और उनमें से जिसका, जिधर मुँह आता है, चल देता है और कहीं कुछ ऐसे वाक्य या टिप्पणियाँ बोल देता है, ताकि उन्हें उद्धृत करके हम उनकी दार्शनिक पृष्ठभूमि पर सांस्कृतिक कवायद कर सकें…मैं बिल्कुल नहीं कहता कि प्रसाद का अपना एक दृष्टिकोण, या संस्कृति-बोध नहीं है, मगर उस सबको वे कविताओं की अमूर्तताओं या वर्तमान के गुरुत्वाकर्षण से मुक्त ऐतिहासिक घटनाओं की स्वैच्छिक व्याख्याओं में जैसे प्रभावशाली ढंग से व्यक्त कर पाए हैं। समकालीन यथार्थ पर लिखे अपने उपन्यासों में नहीं। विशेष रूप से 'कंकाल' में तो बिल्कुल नहीं। 'तितली' अपेक्षाकृत अधिक सुगठित और सन्तुलित उपन्यास है। उसमें उन्होंने भूमि-संबंधों और मानवीय

---

* बड़ी मालकिन श्याम दुलारी सोचती हैं, जिस माता-पिता के पास स्नेह नहीं होता वही पुत्र के लिए धन का प्रलोभन आवश्यक समझते हैं…जब तक माता-पिता को भी पुत्र के विरुद्ध अपने लिए व्यक्तिगत सम्पत्ति की रक्षा करना होगी—" तितली

रिश्तों को अधिक साफ तौर पर समझने की कोशिश की है। शैला और इन्द्रदेव या मधुवन और तितली के भावनात्मक संबंधों के घात-प्रतिघात के बीच सम्पत्ति, जमींदारी, भूमि, धर्म और पारिवारिक तनावों की गहरी पकड़ मुझे 'अन्ना कैरेनिना' की याद दिलाती है। उधर 'कंकाल' बच्चों की बुद्धि-परीक्षा का वह 'जिगसौ' खिलौना है जहाँ आड़े-टेढ़े कटे टुकड़ों को जोड़कर एक पूरा चित्र बनाने की कोशिश है, मगर हर बार कोई न कोई टुकड़ा गलत लग जाता है और आकृति कट जाती है। इस विकृति को सामाजिक विद्रूपता या विसंगतियों का प्रतिबिम्ब या इसे 'कंकाल' नाम देना प्रसाद की असफलता को गौरवान्वित करना है।

याद है, एक बार किसी समीक्षक ने (शायद वीरेन्द्रनारायण ने) प्रसाद के नाटकों की संरचना पर पारसी नाटकों का प्रभाव सिद्ध किया था। मुझे लगता है 'कंकाल' में चन्द्रकान्ता जैसे उपन्यासों की किस्सागोई हावी है। इस किस्सागोई का एकमात्र लक्षण घटनाओं का तर्कातीत होना है। अन्तर सिर्फ इतना है कि देवकीनन्दन खत्री के पात्रों के व्यवहार उनकी सामाजिक—हैसियत या स्थिति से निर्धारित थे—यहाँ मानसिक बनावट से। बल्कि शिक्षा, सामाजिक जागरूकता और आसपास घटित होनेवाले राजनैतिक उभारों के उत्साह में प्रसाद के पात्र ऐसे साहसिक कदम उठा लेते हैं कि उनका निर्वाह नहीं कर पाते। विशेष रूप से 'कंकाल' के पात्र कभी भी, कुछ भी कर सकते हैं, उठकर कहीं भी चल पड़ सकते हैं। बहुत महत्त्वपूर्ण निर्णायक घड़ी में अपने पात्रों से पलायन करा देना प्रसाद को बहुत प्रिय है। हो सकता है, इसके पीछे मनु (कामायनी) राम, कृष्ण, बुद्ध, नल, भर्तृहरि, दुष्यन्त जैसे पलायन-प्रिय नायकों की स्मृतियाँ रही हों—या माया-मोह की भव-बाधाओं को तोड़कर व्यक्तिगत मोक्ष की आकांक्षा रखनेवाले भारतीय संस्कार रहे हों। 'तितली' में पात्र कम हैं और प्रायः अपने कार्यक्षेत्र में लम्बे समय तक हमारे सामने बने रहते हैं, इसलिए उनकी मानसिकताओं को अधिक गहराई से समझा जा सकता है। उधर 'कंकाल' तेजगति से चलनेवाली पात्र-बहुल फिल्म की तरह हर पल करवट बदलता है। उसके पुरुष पात्रों का, सारे घटनाक्रम के दौरान जो चित्र या चरित्र उभरता है वह बेहद ढुल-मुल, कायर और कभी भी कुछ भी कर देनेवाले (अनप्रैडिक्टेबिल) व्यक्तियों का है। अजीब बेचैनी से लेखक अपने पात्रों को उलटता-पलटता रहता है। निरंजन, मंगल, विजय तीनों ही सद्‌भावनाओं से प्रेरित होकर किशोरी, तारा, घंटी से जुड़ते हैं फिर जैसे घबरा कर भाग खड़े होते हैं। प्रेम, आदर्श, या मानवीय करुणा की उदात्त भूमियों पर बहुत देर टिके रहना उनके लिए असंभव है। यह बोझ और दायित्व प्रसाद ने अपनी नारियों को दिया है, इसलिए वे तरह-तरह की यातनाएँ और कष्ट बर्दाश्त करती हैं और छटपटाती हैं। त्याग और तपस्या की इन मूर्तियों के मुँह से प्रसाद ने कहीं-कहीं ऐसी सामाजिक सच्चाइयों को उजागर कराया है जो घोर

उत्पीड़न और यातना से उगती हैं।* अपनी स्थिति के प्रति जागरूक होती स्त्री के प्रारम्भिक बोल 'कंकाल' के नारी पात्रों में देखे जा सकते हैं और उनकी यही चेतना प्रसाद के नारी पात्रों को तेजस्विता देती है जिसकी अगली कड़ी 'ध्रुवस्वामिनी' में अधिकारों के आग्रह के रूप में प्रकट हुई है—पुरुष-वर्चस्व को चुनौती देने के रूप में।

स्त्री-पुरुष के आपसी संबंधों में प्रसाद का पुराना छायावादी द्वन्द्व स्पष्ट है। लगता है, विवाह-संस्था के वे बहुत अधिक समर्थक नहीं हैं। दोनों उपन्यासों में, 'तितली' के मुकुन्दलाल नन्दरानी प्रसंग को छोड़कर, उन्होंने एक भी सुखी-दम्पति का चित्र नहीं दिया है। हाँ, विवाह पूर्व प्रेम-प्रसंगों की या लोक-विरुद्ध संबंधों की भरमार है। और ये सिर्फ भावनात्मक धरातल तक ही सीमित छायावादी संबंध नहीं है। 'कंकाल' के विवाहेतर, या विवाह-पूर्व संबंधों को देखकर आलोचकों ने प्रसाद को सामाजिक-विकृतियों का उपन्यासकार कहा है। हो सकता है अपनी बात कहने के लिए प्रसाद ने इन संबंधों या इनके परिणामों को औपन्यासिक-डिवाइस की तरह भी इस्तेमाल किया हो, इसलिए इसके पीछे सिर्फ महाभारत के नाजायज़ नायकों की स्मृतियाँ-भर नहीं हैं। शायद इस प्रकार के प्रयोगों से प्रसाद किसी ज्यादा सही संबंध की तलाश कर रहे थे। झूठा, समाज-विरुद्ध या अनैतिक होने के बावजूद मुझे किशोरी और निरंजन का संबंध ही सबसे अधिक डायनैमिक, विकासशील संबंध लगता है। इसके आडम्बर, विडम्बना और ढोंग को प्रसाद ने अनेक पहलुओं से प्रायः सम्पूर्णता में दिखाया है। बचपन के लहनासिंहवाले मधुर-प्रेम से लेकर दोनों के साथ रहने या अपने ही बेटे विजय की फटकार सुनकर निरंजन के परिताप और प्रायश्चित्त तक...हालाँकि विजय स्वयं यमुना और घंटी के साथ कुछ वैसे ही संबंध रखने को अभिशप्त है। नारी और पुरुष के बीच की यह विवाह-हीन मैत्री अपने सर्वश्रेष्ठ रूप में सिर्फ दो जगह दिखाई देती है—मंगल और गाला के बीच 'कंकाल' में, या फिर शैला और इन्द्रदेव के बीच 'तितली' में—मगर फिर गाला लगभग विधर्मिणी है तो शैला अंग्रेज...और दोनों के ही संस्कार हिन्दू-समाज से मुक्त हैं। विदेशी या विधर्मी नारियों का हिन्दू-धर्म और दर्शन की महानता पर मुग्ध होकर भारतीय नायक के निकट आना प्रसाद का पुराना पूर्वग्रह है और यहाँ उन्होंने नारी-पुरुष के आदर्श संबंध का अनुसंधान किया है। सैल्युक्स की बेटी कार्नेलिया की बात फिलहाल छोड़

---

* घंटी कहती है—"पुरुष उन्हें उतनी ही शिक्षा और ज्ञान देना चाहता है, जितना उनके स्वार्थ में बाधक न हो।" आगे मंगलदेव का विचार है, "सीता-निर्वासन एक इतिहास विश्रुत महान् सामाजिक अत्याचार है। और ऐसे अत्याचार अपनी दुर्बल संगिनी स्त्रियों पर प्रत्येक जाति के पुरुषों ने किया है। रामायण भी राक्षस-वध का इतिहास नहीं है, किंतु नारी-निर्यातन का सजीव इतिहास लिखकर वाल्मीकि ने स्त्रियों के अधिकार की घोषणा की है।"—कंकाल

"स्त्रियों को उनकी आर्थिक पराधीनता के कारण जबहम स्नेह करने के लिए बाध्य करते हैं तब उनके मन में विद्रोह की सृष्टि भी स्वाभाविक है।" तितली-335

दें तो गाला, मुस्लिम माँ और गूजर डकैत की ऐसी स्वतंत्र पुत्री है जो हिन्दू विधि-निषेधों से नितान्त बेखबर है, उधर शैला इंग्लैंड में लगभग कॉलगर्ल रहकर आई हुई युवती है। तत्कालीन राष्ट्रीयता से प्रेरित सांस्कृतिक आत्म-मुग्धता के साथ-साथ एक मुक्त नारी की प्रतिमा निश्चय ही प्रसाद को बार-बार आकर्षित करती है। और यह नारी उन्हें अपने समाज में नहीं, कहीं दूर श्रद्धा, देवसेना, ध्रुवस्वामिनी और कार्नेलिया के रूप में दिखाई देती है या मुगल और अंग्रेज-ईसाई के रूप में···क्योंकि उन्हीं के शब्दों में "स्वतंत्रता और हिन्दू धर्म दोनों विरुद्धवाची हैं···"

स्वतंत्र-नारी के मुक्त-प्रेम की यह तलाश, प्रसाद के दोनों उपन्यासों में अनेक समीकरणों में देखी जा सकती है, चाहे वह श्री चंद की पत्नी किशोरी और निरंजन का अवैध प्रेम-प्रसंग हो या विधवा राजो और सुखदेव का, (अनवरी और शामलाल को मैं जानबूझकर छोड़ रहा हूँ) लेकिन ये सारे समाज-विरुद्ध संबंध, व्यक्ति-पतन या नैतिक विघटन में परिणत होते हैं क्योंकि प्रायः स्वार्थ-प्रेरित हैं। विदेशिनियों या विधर्मिणियों को लेकर प्रसाद की ट्रेजेडी लगभग तुलसीदास जैसी है। उन्हें कृष्ण का लीलाधारी, गोपीवल्लभ रूप प्रिय और पसंद तो बहुत है, लेकिन मस्तक वे तभी नवाएँगे जब कृष्ण हाथों में धनुष-बाण ले लें। तितली, घंटी, गाला, शैला अपने उन्मुक्त और खुले व्यवहार में आकर्षक तो बहुत हैं, मगर उन्हें हिन्दू-धर्म के मोहक कर्मकांड और दार्शनिक गरिमा के सम्मोहन में आना जरूर होगा—और अन्तर्विरोध यह कि प्रसाद के सारे पुरुष-पात्रों की लड़ाई इसी हिन्दू जकड़न और विकृत व्यवस्था से छूट-भागने, एग्नॉस्टिक प्रश्नाकुलता और वापस पकड़ लिए जाने की लड़ाई है···

और यहीं है प्रसाद के कथा-विकास का मूल-सूत्र। यानी पलायन और संयोग से वे अपनी कथा का ताना-बाना बुनते हैं। उनके पात्र चाहे बनारस-मथुरा में हों या वृन्दावन, कलकत्ता, उनकी दुनिया बहुत छोटी है। वे कभी भी और कहीं भी भाग सकते हैं,—विवाह और बच्चों की जिम्मेदारियों से बचकर लेकिन फिर 'संयोग' से पहचान और पकड़ लिए जाते हैं। स्त्रियाँ आत्म-हत्या करने जाती हैं और नदी में छलाँग लगाने से ठीक पहले या तो रोक ली जाती हैं या डूबने से बचा ली जाती हैं। जैसाकि मैंने कहा, संयोग से 'अचानक पहचान' लिए जाने की यह रूढ़ि बहुत पुरानी है। देवकी नंदन खत्री से लेकर हजारी प्रसाद द्विवेदी तक ने इसका निस्संकोच इस्तेमाल किया है। संयोग के अलावा पुराने कथाकारों का दूसरा प्रिय शगल रहा है, मृत्यु। यानी असुविधाजनक, अनावश्यक या अनियंत्रित पात्रों को अचानक मारकर छुट्टी पा लेना। हिन्दी फिल्मों में आज भी संयोग से बरसों पहले और हजारों मील पर बिछुड़े पात्रों का मिल जाना या घटना-दुर्घटना में किसी को मार कर जान छुड़ा लेना बहुत आम है···विवाह के बिन्दु तक आती हुई विधवा, पतिता, सौत व्यक्तिगत स्तर पर चाहे जितनी अच्छी और सच्चरित्र हों, मगर बड़े घर की सम्पन्न,

सम्मानित पत्नी के मुकाबले उसे मरना ही होगा, या तो वह आत्महत्या करेगी या दुर्घटना की शिकार होगी, और कुछ नहीं तो खलनायक की गोली के सामने पड़कर प्रेमी या उसकी सही नायिका को बचाने के लिए आत्म बलिदान करेगी। यही वह जगह है जहाँ कथाकार अपने या दूसरों के कारण पथ-भ्रष्ट पात्र को सामाजिक स्वीकृति या प्रतिष्ठा नहीं दे पाता। प्रेमचन्द तक इस कमजोरी के शिकार हैं। 'कंकाल' के अन्त में विजय की गुमनाम मृत्यु को छोड़ दें तो प्रसाद ने प्रायः मृत्यु का सहारा नहीं लिया है। (सिर्फ 'तितली' में अन्त में तहसीलदार, दरोगा और सुखदेव को बिगड़े हाथी से मरवा दिया है "जैसा करोगे, वैसा भरोगे" के विश्वास के तहत) हाँ, पलायन और संयोग का भरपूर इस्तेमाल है। तारा, घंटी, मंगल या उधर शैला इत्यादि के असली माँ-बाप को अजीब अविश्वसनीय, अतार्किक और लगभग बचकाने ढंग से खोजकर निकाला गया है पुराने तावीज के पहचाने जाने का सहारा लेकर भी···

कथा को नाटकीय मोड़ देने के लिए हजारों सालों से मृत्यु, पलायन और संयोग को सबसे आसान, आजमूदा और अभ्यस्त नुस्खे के रूप में स्वीकार किया जाता रहा है। समाज, परिवार, पराजय या बदनामी से बचने के ये सबसे सुविधाजनक रास्ते हैं। भगोड़ा पात्र संन्यास दारिद्र्य या गुमनामी (दूसरों शब्दों में अज्ञातवास) में शरण खोजता है, कभी-कभी तो वेश बदलकर घटनास्थल के आस-पास ही बना रहता है, बेटी-बेटों या पति-पत्नी के घर में ही नौकर-माली इत्यादि के रूप में सही मौके की प्रतीक्षा करता है। प्रसाद में भी यह सब कुछ है। मगर शीघ्र ही 'तितली' में इन रूढ़ियों की गिरफ्त से छूटने की कोशिश ही प्रसाद को महत्त्वपूर्ण नयापन देती है।

'कंकाल' से 'तितली' तक की कथा-यात्रा सिर्फ कहानी के अधिक तार्किक, विश्वसनीय, स्वीकार्य और सार्थक प्रसंगों के विवेक की ही यात्रा नहीं है, बल्कि प्रसाद के कुछ और गहरे संस्कारों से उबरने की भी यात्रा है। प्रसाद आस्तिक, धार्मिक और दार्शनिक विद्वान् हैं, प्राचीन गौरव और भारतीय ऊर्जा, अस्मिता के लिए प्रतिबद्ध···बड़े-बड़े दुर्दांत और विद्रोही विदेशियों, विधर्मियों को लाकर भारतीय महानता के चरणों में डाल देने के उत्साह से अभिमंडित। वे जानते हैं कि पलायन का धार्मिक-दार्शनिक आधार क्या है। नास्तिक या आस्तिक अस्तित्ववादियों की तरह 'एब्सर्डिटी' से जूझने की बजाय भारतीय मानस, सांसारिक-निस्सारता, या मायामोह के बंधनों को तोड़कर वैराग्य की तरफ भागता है—अपनी व्यक्तिगत मोक्ष के लिए ···औरत-बच्चे जाएँ भाड़ में की वितृष्णा के साथ···दूसरी तरफ संयोग खोए हुए की प्राप्ति का चमत्कार है, यानी मानव-जीवन में दैवी हस्तक्षेप है। पुरानी कथाओं में देवी-देवता, प्रेत-जिन या ऐसे ही आदिभौतिक प्रतिनिधि जिंदगी और कहानियों को निर्णायक मोड़ देते थे, संकट से निकलने या उनमें फँसने के रास्ते बताते थे। वे

या तो नायक के सामने खुद प्रकट हो जाते थे या देववाणी और आकाशवाणी द्वारा या स्वप्न में आकर आदेश देते थे। कालांतर में उन्हीं के अवशेष के रूप में रह गए कथा-संयोग...यानी जिन्दगी को प्रभावित, निर्धारित करनेवाला वह दैवी तत्त्व (फिनॉमिना) जिस पर न हमारा कोई वश है, न जिसकी कोई तार्किक व्याख्या है—वह तो सिर्फ घटित हो जाता है, हर कहीं हरेक की जिन्दगी में। इसलिए कोई आश्चर्य नहीं है कि आस्तिक प्रसाद को ये चमत्कार न अजीब लगते हों, न अविश्वसनीय...बल्कि परम-ब्रह्म की तरह अपनी सृष्टि के वे स्वयं स्रष्टा और नियामक हैं—यह आस्था ही उन्हें शायद पात्रों को कठपुतली की तरह संचालित करने की प्रेरणा देती है। स्रष्टा स्वतंत्र, स्वच्छन्द और तटस्थ है—रचनाकार का इससे बड़ा संतोष और क्या होगा ?

मगर प्रसाद दायित्वहीन स्वतंत्र नहीं हैं। समय और सामाजिकता के दबाव उन्हें पुरानी अवधारणाओं, विश्वासों को फिर से जाँचने की दिशा में प्रेरित करते हैं। यानी वे वहाँ भी लगभग स्वतंत्र व्यक्ति के आत्म-विश्वास से स्थापित मान्यताओं का पुनःपरीक्षण करते हैं। अपने अनेक पात्रों के माध्यम से वे धार्मिक-सामाजिक रूढ़ियों, संस्थाबद्ध विश्वासों के खिलाफ बार-बार विद्रोह ही नहीं करते। गोस्वामी कृष्णशरण या बाबा रामनाथ जैसों से उस सबका समर्थन भी कराते हैं। 'तितली' में शैला का यह प्रश्न क्या प्रसाद की अपनी शंका नहीं हो सकती कि "मैं तो ऐसा समझती हूँ कि आपके वेदान्त में जो जगत् को मिथ्या और भ्रम मान लेने का सिद्धांत है, वही यहाँ के मनुष्यों को उदासीन बनाता है। संसार को असत् समझनेवाला मनुष्य कैसे किसी काम को विश्वासपूर्वक कर सकता है?" भागे और खोए हुओं को संयोगों के माध्यम से बार-बार पकड़कर वापस समाज में स्थापित करने के पीछे कहीं जबर्दस्त सामाजिक-सरोकार ही काम कर रहा है।...यानी भगोड़ों का पुनर्वास रिहैबिलिटेशन...

और यहाँ प्रसाद की सोच का एक और पहलू उभरता है। मुझे नहीं पता कि प्रसाद क्रिश्चियन-धर्म-दर्शन से कितने परिचित या प्रभावित थे, लेकिन दोनों उपन्यासों में क्रिश्चियन-पात्रों की उपस्थिति, विचार-विमर्श इस ओर ध्यान तो आकर्षित करते ही हैं। दलितों-अछूतों के प्रति प्रेम, सेवा और करुणा की भावना से प्रेरित क्रिश्चियनिटी 'रंगभूमि' में प्रेमचन्द को भी प्रभावित करती है। प्रेमचन्द और प्रसाद में यह आकस्मिक नहीं है। हाँ (जहाँ उन्होंने क्रिश्चियनिटी को पश्चिमी-दृष्टि के साथ कन्फ्यूज किया है वहाँ तिरस्कृत भी किया है) 'कंकाल' में बाथम जैसे लम्पट, व्यवसायी और धूर्त हैं तो बूढ़े फादर, शैला, वाट्सन या शैला के माता-पिता भी हैं। हो सकता है बुद्ध की करुणा और 'बहुजन हिताय' की मंगल कामना के साथ-साथ ईसा का आत्मोत्सर्ग और दलित-बन्धुत्व या सबके पाप स्वयं अपने ऊपर ले-लेने की महानता भी उन्हें खींचती रही हो। और ध्यान अनायास ही प्रसाद के

पात्रों में समय-समय उभरनेवाले गिल्ट (अपराध-बोध) की ओर जाता है। यहाँ विजय के दो वक्तव्य उद्धृत करना जरूरी है, "मैं बहुत जल्द ईसाई होनेवाला हूँ। उस समाज में इसका व्यवहार नहीं है। मुझे यह दंभपूर्ण धर्म, बोझ के समान दबाए है, अपनी आत्मा के विरुद्ध रहने के लिए मैं बाध्य किया जा रहा हूँ।" और आगे, "...मैं यह भी अनुभव करता हूँ कि मैं कुछ विरुद्ध आचरण कर रहा हूँ। इस विरुद्धता का खटका लगा रहता है। मन उत्साहपूर्वक कर्तव्य नहीं करता। यह सब मेरे हिन्दू रहने के कारण है। स्वतंत्रता और हिन्दू धर्म दोनों विरुद्धवाची शब्द हैं..."

हिन्दू धर्म की जड़ता और आडम्बरी नैतिकता में घुटते इन पात्रों को ही केन्द्र बनाकर लिखा गया है 'कंकाल'। रूमानी विद्रोही भावावेग में अक्सर व्यक्तिगत स्तर पर इस जड़ता और आडम्बर के खिलाफ विद्रोह करता है। अनैतिक और निषिद्ध में अपनी स्वतंत्रता खोजता है और प्रायः पाप से अपराध में या अपराध से पाप-बोध में स्थानान्तरित हो जाता है—यानी स्मृतियों, शास्त्र और कानून के पंजों से बाहर एक स्वतंत्र और स्वच्छन्द जिन्दगी—मगर जल्दी ही इस स्वतंत्रता का बोझ उसकी नसों के लिए बहुत भारी पड़ने लगता है। कहीं कुछ गलत करने का बोध उसे ईश्वर की शरण में धकेलता है या फिर हत्या, आत्महत्या की ओर—'अपराध और दण्ड' में अन्त की ओर सोन्या रैस्किलकोव से कहती है, "जियोगे कैसे? प्रायश्चित्त नहीं करोगे और जियोगे?" और प्रसाद इस अपराध-बोध से उत्पन्न, प्रायश्चित्त का विधान सामाजिक सम्बद्धता में करते हैं।

'कंकाल' में चूँकि विजय अपने को किसी सामाजिक कॉज (आदर्श) के साथ नहीं जोड़ पाया है और इधर से उधर भटकता रहता है, कभी ईसाइयत में तो कभी बदन गूजर की निर्बन्ध दुनिया में, इसलिए उसी बनारस में लावारिस मरता है जहाँ उसका जन्म हुआ था। उसकी लाश पर आँसू बहानेवाली या तो यमुना है या भालू नाम का कुत्ता...क्या यहाँ प्रसाद के अंतर्मन में महाभारत का कोई मिथ गूँज रहा था? नाज़ायज सन्तानों की सारी महायात्रा से गुजर कर युधिष्ठिर हिम-समाधि ले लेते हैं और उनके इस अंत का एक मात्र गवाह रह जाता है—कुत्ता। बहरहाल विजय में जारज-पुत्र होने की भटकन तो है। मगर न कर्ण जैसी यातना है न अन्तर्द्वन्द्व; न वैसा गुस्सा...वह अपने उच्छृंखल व्यवहार पर टिप्पणी सुनकर असली बाप निरंजन को घर से चले जाने की बात जरूर कहता है, मगर उसमें वह आक्रोश कभी नहीं उभरता जो चौथे और नाज़ायज कार्माजोव भाई में खौलता रहता है। अपने जन्म का रहस्य जान लेने पर 'गोरा' जैसा अनेक स्तरीय मानसिक, आध्यात्मिक प्रलय का भी उसके भीतर दर्शन नहीं होता—प्रसाद ने इस चरित्र की संभावनाओं पर कुछ और ध्यान दिया होता तो वह अपने समय का अद्वितीय चरित्र होता—तब शायद लावारिस मृत्यु के जरिए उपन्यास को त्रासदी का रूप देने की जरूरत न पड़ती।

उसका पूरा जीवन युग की बड़ी त्रासदी होता—ज्याँ जेने की तरह...

उधर बार-बार अपने गिल्ट से प्रेरित सामाजिक समस्याओं से जुड़नेवाला, विजय का साथी मंगल, अपने जन्म-स्रोत यानी असली माँ का पता लगने पर एक नयी शक्ति और नया जीवन प्राप्त करता है। संतान वह भी अवैध ही है। मगर उसका खोया हुआ यंत्र उसे वर्धनों की ऐतिहासिक परम्पराओं से जा जोड़ता है और वही उसकी ऊर्जा का स्रोत है। वह सरला से कहता है, "माँ जी, यह मेरा ही यंत्र है। मैं इसे बराबर बाल्यकाल में पहना करता था। जब यह खो गया तभी से दुख पा रहा हूँ।" सही है कि खोए हुए यंत्र, ताबीज, हार या कंठी जैसी चीजों द्वारा 'अपनी पहचान' को फिर से प्राप्त कर लेने के प्रसंग पुरानी कथाओं में भरे पड़े हैं, और प्रसाद यहाँ निश्चय ही गौरवपूर्ण भारतीय कथा-परम्परा के अर्थ में इसे इस्तेमाल कर रहे हैं। मगर साथ ही हल्की-सी शंका यहाँ यह भी होती है कि 'ईश कृपा से वंचित हो जाने' (फॉलिंग फ्रॉम द ग्रेस) के क्रिश्चियन विश्वास की हल्की-सी अनुगूँज तो नहीं है, जहाँ 'पाप' करने के अपराध में आदम स्वर्ग से निकाल दिया जाता है, अपनी 'आत्मा' खो देता है और पापों की स्वीकृति या प्रायश्चित्त ही 'आत्मोपलब्धि' में सहायक हो पाते हैं—मगर यह सचमुच दूर की कौड़ी है—शायद प्रसाद का यथार्थ इतनी स्वच्छन्दता की इजाजत नहीं देता।

बहरहाल, इस विश्लेषण के बाद यह नतीजा निकालना शायद गलत नहीं है कि 'कंकाल' में पिता की सत्ता, पहचान और वर्चस्व को तोड़ने के पीछे प्रसाद सामंतवाद, रक्त की शुद्धता या नस्ल गौरव के मिथ को तोड़ रहे थे और इसी की व्याप्ति आगे जाकर धार्मिक संस्कारों या नैतिक मर्यादाओं की परंपरागत शुचिता को तोड़ने में हुई। पिता एक सत्ता, एक विश्वास और आथॉरिटी है जो आगे जाकर स्टेट और व्यवस्था, फिर ईश्वर या ईश्वरीय नियमों में रूपान्तरित होती है। काफ्का पर लिखते हुए मैंने इस प्रक्रिया पर विस्तार से विचार किया है, इसलिए 'कंकाल' में पिता, सामाजिक व्यवस्था और धर्मादेशों की बार-बार शल्यक्रिया बहुत आकस्मिक नहीं लगनी चाहिए।

इसी तरह 'तितली' माँ की सामंतवादी छवि से मुक्त होने के प्रयास की कहानी है। मगर माँ जननी है। उससे छूटा नहीं जा सकता, सिर्फ उसके साथ संबंध और समीकरण बदले जा सकते हैं। जननी, धरती भी है। यही कारण है कि 'तितली' माँ और धरती दोनों के संबंधों पर पुनर्विचार करती है। प्रसाद के लिए भले ही रहा हो, मगर मैं इसे भी संयोग नहीं मानता कि इन्द्रदेव का माँ के व्यवहार से नाराज होकर बनारस जाकर वकालत करने लगना और मधुवन-तितली की जमीन की बेदखली की घटनाएँ समानान्तर घट रही हैं।

हो सकता है, जो कुछ मैं कह रहा हूँ वह सब मेरे दिमाग की ही उपज हों—मगर जब किसी रचना में कुछ बातें 'मोटिफ' की तरह बार-बार इस्तेमाल की जा

रही हों तो गहराई से उनके अध्ययन की जरूरत है। अन्ना कैरेनिना, मैडमबोवारी, डा. जिवागो इस तरह के मोटिफों की खोज और विश्लेषण द्वारा उपन्यासों और उपन्यासकार दोनों को समझने की गहरी अन्तर्दृष्टि प्रदान करनेवाली समीक्षाओं से हम अपरिचित नहीं हैं।

[25 सितम्बर 1988]

नदी के द्वीप : एक पुनर्यात्रा

दस-बीस या अधिक वर्षों के अन्तराल से किसी भी पुरानी या प्रिय पुस्तक को पढ़ना सिर्फ उसके भीतर की सामग्री को दुहराना भर नहीं होता, न जाने कितनी पुरानी निजी और बाहरी बातों, स्मृतियों, आसंगों और प्रसंगों से दुबारा गुज़रना भी होता है। किन मानसिक और परिवेशगत स्थितियों में आपने वह पढ़ी थी, स्थान-स्थान पर तब आपके भीतर उसने क्या कुछ जगाया था। उस समय कौन लोग, वार्तालाप या रचना का कौन-सा हिस्सा था, जिनके साथ आपने तादात्म्य किया था और तब क्या कुछ आपसे छूट गया था, या क्या जोड़ लिया था जो पुस्तक में आज कहीं है ही नहीं। आश्चर्य भी होता है कि जिन हिस्सों ने तब आपको आन्दोलित, उद्वेलित, या उद्विग्न कर दिया था, वे आज ऐसे निर्विशेष या सामान्य क्यों लग रहे हैं? हर ऐसी कृति के बहाने आपका खुद अपने अतीत-वर्तमान के साथ यही वार्तालाप संवाद या विवाद होना शुरू हो जाता है। अपनी व्यक्तिगत डायरी की तरह अतीत-वर्तमान की इस द्वन्द्वात्मकता से 'नदी के द्वीप' को पढ़ते हुए मुझे भी गुज़रना पड़ा। चाहें तो इसे कह लें कि उम्र के साथ आदमी ही नहीं, किताब भी बढ़ती है। बूढ़ी या जवान होती है। वस्तुतः किताब एक ऐसी प्रेमिका, ऐतिहासिक स्मारक या प्राकृतिक दृश्य है जिससे आप हमेशा मिलने को उत्सुक रहते हैं साथ ही डरते भी रहते हैं कि आज उससे मिल कर पता नहीं कौन से सपने, मिथ या धारणाएँ टूटें-बनें जिन्हें आप अपनी स्मृति और कल्पना से अभी तक नए-नए रूप देते रहे हैं।

सबसे पहली बात तो यही लगी कि 'नदी के द्वीप' को मैंने न तब 51-52 में उपन्यास के रूप में पढ़ा था, न आज पढ़ पाया। तब प्रगतिशील लेखक संघ का जोर था : कृष्नचन्दर हिन्दी में छाए थे और 'नया साहित्य'; 'हंस' या 'सरगम' का डंका बजता था। शीतयुद्ध का जोर था। मारल रिआर्मामिन्ट में घुसे जैनेन्द्र और कल्चरल फ्रीडम से जुड़े अज्ञेय को कलावादी, व्यक्तिवादी और 'अमेरिकन दलाल' के खिताब से विभूषित किया जाता था। 'नदी के द्वीप' के संदर्भ में यहाँ तक लोगों

ने मान लिया था कि उपन्यास के खलनायक चन्द्रमाधव को क्रमशः कम्युनिस्ट बनाने के पीछे भी 'अज्ञेय' की यही कुंठित मनोवृत्ति काम करती है···यही नहीं, उन्होंने 'कृष्नचन्दर' के नाम का अनुवाद ही चन्द्री-माधव के रूप में कर डाला है। अनुमान लगाए गए कि दोनों के पात्रों का मुख्य क्रीड़ास्थल काश्मीर है···, कि वे कौन से स्थल और व्यक्ति रहे हैं जहाँ दोनों के बीच 'टकराव' की स्थितियाँ आई होंगी। सभी समीक्षकों ने मुक्तकुंठ से 'अज्ञेय' को प्रगतिशील गालियाँ दी थीं। शिवदान सिंह चौहान को प्रच्छन्न व्यक्तिवादिता का लांछन इसलिए सहना पड़ा कि उनकी गालियों में वैसा उत्साह नहीं था। उधर 'कलावादी' खेमे में ऐसा कोई बचा ही नहीं था कि बोलता। या तो 'अज्ञेय' की इस उपलब्धि से मुग्ध-उच्छ्वसित लोग थे या ऐसे लग्गू-भग्गू किस्म के छुटभैये थे जो बोलना सीख रहे थे। इधर बड़बोले भी थे और बड़े भी। श्रीपत राय के बाद शायद डॉ. देवराज ने ही उस समय सब से सन्तुलित समीक्षा लिखी थी, क्योंकि वे खुद 'अजय की डायरी' लिखने के मौसम में थे। आरोप यह भी था कि अजय और इला की कहानी में वे भुवन और रेखा के व्यक्तित्वों से मुक्त नहीं हो पाए हैं—हालाँकि बौद्धिक और दार्शनिक दृष्टि से वे 'अज्ञेय' के समकक्ष ही थे। भाषा भी उनकी उतनी 'सायास' नहीं थी। एक खेमे में उपन्यास के विदेशी स्रोत भी तलाश करने के प्रयास किए जा रहे थे, जैसे शेखर के जमाने में रोम्याँ-रोलाँ के 'ज्यां-क्रिस्तोप' का नाम लिया जाता था, उसी तरह यहाँ जिस पुस्तक का नाम लिया जा रहा था वह थी चार्ल्स मार्गन की 'फाउंटेन'। व्यक्तिगत रूप से डॉ. नामवर सिंह की तरह मुझे भी उपन्यास बहुत प्रिय लगा था। सर्वगुण सम्पन्न, धीरोदात्त नायक, बौद्धिक तेजस्विता से आलोकित, सुरुचि सम्पन्न, काव्य संगीत-प्राण-रेखा और गौरा, समाज और अर्थशास्त्रीय दबावों घी 'टुच्चताओं' और 'तुच्छताओं' से उठा हुआ उन्मुक्त जीवन, नैनीताल और काश्मीर की खूबसूरत पहाड़ियों, जंगलों, बर्फों में, झीलों और घाटियों के किनारों पर स्वतंत्र युवक-युवती दोनों एक-दूसरे के लिए समर्पण और उत्सर्ग की मूर्तियाँ, चाँदनी, साँझ और बादलों भरा वातावरण—21-22 साल के युवक का इससे बड़ा सपना और हो भी क्या सकता था, कि एक प्रेमी और दो-दो संभ्रान्त सुसंस्कृत, समर्पित प्रेमिकाएँ—ईर्ष्या, द्वेष से ऊपर? तय हो गया कि 16 से लेकर 19 की उम्र के युवक-युवतियाँ 'गुनाहों के देवता' पढ़ेंगे और 20 से 24 तक के 'नदी के द्वीप'। उम्र लायक अपेक्षित बौद्धिकता भी इसमें काफी थी। चूमने-चाटने या गर्भपात जैसे प्रसंगों के बावजूद जो कुछ इसमें नहीं था, वह 'घेरे का बाहर' में मिल जाएगा। आखिर, उस समय के सारे आदर्शवाद के बावजूद युवक को थोड़ा 'शरीर' भी तो चाहिए था।···केवल उद्धरणों या देशी-विदेशी कविताओं से तो शरीर का काम नहीं चलता।

बहरहाल, उपन्यास मुझे इस बार दूसरी तरह अच्छा लगा। मैं मानता हूँ कि अज्ञेय का अधिकांश रचनात्मक लेखन, बेहद सघन गुम्फित, निजी और स्वानुभूत

है। इसलिए बहुत अस्वाभाविक नहीं है कि 'नदी के द्वीप' में भी अज्ञेय की जीवनी तलाश की जाए या आज जितने परिचित प्रसंग हैं उनके समर्थन में व्यक्तियों, सम्बन्धों और स्थितियों को पहचानने का प्रयास हो। पढ़ते हुए मैं ऐसा नहीं करता, यह कहना झूठ है। कम से कम 'अज्ञेय' और भुवन के साम्य बिन्दु तो दिमाग में चलते ही रहते हैं : वही तोल-तोल कर बोलना, वही निणार्यक स्थितियों में चुप हो जाना और वही महीन योजना-बद्धता⋯स्थितियों को अपने अनुकूल ले आने तक का धैर्य, लेकिन उन्हें हाथ से न निकल जाने देने का भीतरी चौकन्नापन⋯ : अपने 'स्तर' से नीचे न आने के गर्वीले संतोष की महर्षि मुद्रा⋯किरीट-कुण्डल की प्रभामयी अनासक्त अदा⋯आज अज्ञेयजी का यह व्यक्तित्व, आतंकमयी श्रद्धा जगाता है। उन दिनों शैतानी और औद्धत्य उकसाता था। उपन्यास में सबसे पहले जिस बात की ओर ध्यान जाता है वह है अज्ञेय का बहुपठित, बहुश्रुत होना—बिना प्रदर्शन के अपने समय की साहित्य-प्रवृत्तियों के साथ होने का आत्म-विश्वास, आधुनिक मुहावरा और शब्दों का बेहद चौकस, सावधान-चयन। उपन्यास निश्चय ही 48-50 के आस-पास लिखा गया होगा। उस दृष्टि से हिन्दी को आधुनिक भाषा, संवेदना और तेवर देने का एकमात्र श्रेय 'अज्ञेय' को ही दिया जा सकता है।

पहले अंग्रेजी में सोचना और हिन्दी में कहने की तनावभरी प्रयासशीलता, 'नदी के द्वीप' में शेखर के मुकाबले अधिक है और अक्सर अनुवाद का भ्रम देने लगती है। फिर भी शब्दों के चुनाव या अभिव्यक्तियों की तराश अद्‌भुत है। लगता है, भाषा को अज्ञेय ने बार-बार माँजा और तराशा है। उस समय भी इतनी समर्थ, सार्थक और सांकेतिक भाषा लिखी जा सकती थी, यह देखकर आश्चर्य और स्पर्धा होती है। साहित्यिक भाषा—जब इसका जो भी अर्थ माना जाता हो—की दृष्टि से 'प्रसाद' के बाद निश्चय ही अज्ञेय दूसरे हैं—पाठ्यक्रमों से लेकर व्यक्तिगत पत्रों और रचनाओं में उद्धरण दिए जाने और स्मरण किए जाने लायक। यह दूसरी बात है कि इस भाषा के 'रसास्वाद' के लिए जैसी बौद्धिक जागरूकता और सन्नद्धता चाहिए उसे बहुत देर तक बनाए रखना संभव नहीं होता—आप पच्चीस-पचास पन्नों के बाद कुछ वैसी ही 'थकान' महसूस करते हैं—जैसे किसी बहुत ही पुर-तकल्लुफ, औपचारिक सम्पन्न ड्राइंगरूम की 'सावधान और निर्दोष' गोष्ठी के बाद बाहर खुली हवा में साँस लेते समय महसूस होती है। यह ड्राइंगरूमी आभिजात्य बातचीत से लेकर कपड़े-लत्तों सभी में आपको छोटा महसूस कराके ही अपना बड़प्पन सिद्ध कर पाता है। फिर भी प्रशंसा और एक 'ऑ' (विस्मय भय) का भाव तो जगाता ही है।

और यह उपन्यास की ही नहीं, स्वयं भुवन की भी टेकनीक है। वह सब कुछ करने के बावजूद अपने से सम्बन्धित हर व्यक्ति को छोटा सिद्ध करके ही 'बड़ा' होने की अन्दरूनी तृप्ति खोजता है। चन्द्रमाधव अपरम्परावादी है। अपने 'छोटे' होने के बावजूद भुवन के बड़प्पन के प्रति कृतज्ञ नहीं हैं। इसलिए उसे 'टुच्चा' या घटिया

सिद्ध करना जरूरी है। एक बार किसी को घटिया सिद्ध करने के बाद यह कह सकना आसान है, "पर चन्द्र कैसा रहे। अगर आज से हम मान लें कि हम दोनों अजनबी हैं···हम दो दुनियाओं में रहते हैं जिनमें सम्पर्क के कोई साधन नहीं हैं···यानी हमारा, तुम्हारा कोई संबंध नहीं है···" भुवन का संबंध रह सकता है गौरा से, जो सिर्फ और सिर्फ श्रद्धा देती है। भुवन अगर उसे देख भी ले तो कृतज्ञता और आभार से चरणों में बिछ जाती है। या रेखा से जो, सारी बौद्धिक और शारीरिक तृप्तियाँ देने के बाद चुपचाप अपने को समेट कर अलग कर लेती है। यही नहीं, भुवन की कल्याण-कामना और सुख के लिए बार-बार आग्रह और प्रयास करती है कि गौरा ही भुवन को सुख सन्तोष दे पाएगी, कि उसे लेकर भुवन किसी भी अपराध-बोध से मुक्त रह सके। इसके लिए वह लगभग अपने को मारने की हद तक जाकर भुवन को सिस्टम से बिल्कुल निकाल देती है। गर्भपात इसकी प्रतीकात्मक परिणति है। गर्भपात की यातना के समय भुवन की ठंडी अनासक्ति, दहशत पैदा करती है जो 'फेयर वैल टु आर्म्स' के ऐसे ही दृश्य में नहीं होती।

सारी असहमतियों के बीच अज्ञेय की एक उपलब्धि को रेखांकित न करना बेईमानी होगी। नारी-पुरुष के समान-स्तरीय सम्बन्ध (बिना विवाह इत्यादि की सामाजिक बंदिशों में पड़े) की तलाश हिन्दी और भारतीय उपन्यास का गहरा सरोकार रही है। इस दिशा में जैनेन्द्र, यशपाल, इलाचन्द्र जोशी ने अनेक प्रयोग किए थे। मगर शायद अज्ञेय ही पहले व्यक्ति हैं जिन्होंने इस अनुसंधान को सार्थक स्वरूप देने की कोशिश की है। 'बूँद और समुद्र' में अमृतलाल नागर ने भी महीपाल और डॉ. शीला स्विंग के सम्बन्धों में समान स्तरीय मैत्री की खोज की थी। मगर अज्ञेय इस सम्बन्ध को प्रभावित निर्धारित करनेवाले बाहरी-तत्त्वों को जिस सूक्ष्मता और बारीकी से पकड़ते हैं, उनका समकालीन कोई उपन्यासकार नहीं पकड़ पाया है।

रेखा और भुवन दोनों ही शिक्षित-सुसंस्कृत और बौद्धिक रूप से वयस्क व्यक्ति हैं—आर्थिक रूप से आत्मनिर्भर—अपने निर्णय स्वयं लेने में समर्थ—उनके आपसी सम्बन्धों में कहीं कोई हिसाब-किताब नहीं है, कोई मजबूरी या बाहरी दबाव नहीं हैं। न एक के दूसरे पर निर्भर होने की बाध्यता, न भविष्य में एक हो जाने या पति-पत्नी बन जाने की प्रतिश्रुति···सामाजिक मान्यताओं या लिहाज़ या लोकोपवाद जैसे बाहरी तत्त्व भी कहीं हस्तक्षेप नहीं करते। इस दृष्टि से पहाड़ की ऊँचाइयों पर तुलियन-लेक या नौकुछियाताल का चुनाव भी बेहद प्रतीकात्मक कौशल से किया गया है। पुरुष के हर संरक्षण और औरत के हर 'अबलात्व' से ऊपर रेखा और भुवन जैसे भी हैं वैसे ही सहज स्वाभाविक रूप से एक-दूसरे को पाना चाहते हैं···रेखा का गर्भ धारण ऐसे सम्बन्धों में एक बाहरी ज़िम्मेदारी का बोझ डाल सकता था कम से कम पुरुष में तो अपराध-बोध पैदा कर ही सकता था लेकिन रेखा उससे भी भुवन को मुक्त कर देती है। अपने गर्भ के साथ भुवन के बोझ को भी सहजता

से निकाल देती है। जिन क्षणों या समय के जिन द्वीपों में वे साथ हैं, वहीं चरम आनन्द और उल्लास के शिखर हैं—वे जैसे भी हैं, उसी रूप में आदिम नारी-पुरुष की उन्मुक्त निश्चिन्तता में एक-दूसरे को पाते हैं।

नारी-पुरुष सम्बन्ध के यह विलक्षण और आदर्श रूप अब तक के समाजों और सभ्यताओं का चिरकाम्य स्वप्न रहा है—एक निःस्वार्थ, निश्छल, निर्भ्रान्त और आत्म-निर्भर मैत्री··· (कामरेडरी नहीं—क्योंकि वहाँ सैद्धान्तिक, वैचारिक आदर्श, सामाजिक ज़िम्मेदारियों में हिस्सेदारी सम्बन्ध को 'प्रदूषित' कर देती हैं।)

यहाँ यह भी याद रखने की ज़रूरत है कि जिन दिनों 'नदी के द्वीप' लिखा गया था तब तक सार्त्र और सिमॉन-द-बोउवा की, घर-विवाह-अर्थ से मुक्त मैत्री, बुद्धिजीवियों के बीच वैसा क्रेज़ नहीं बन पाई थी—जैसी बाद में हुई···हिन्दी में उस समय इस मैत्री की अवधारणा निश्चय ही बहुत मौलिक थी···('नदी के द्वीप' में दी गई बहसें या समय के प्रवाह में 'द्वीपत्व' की परिकल्पना स्वयं अस्तित्ववाद से अनुप्रेरित हैं, इसलिए सार्त्र-बोउवा की मैत्री निश्चय ही मन में रही होगी)

नारी-पुरुष के बीच इस निरपेक्ष आदर्श मैत्री के, एक बोर्ज़ुवा बुद्धिजीवी के स्वप्न को मूर्त रूप देने का प्रयोग 'नदी के द्वीप' को एक ऐतिहासिक महत्त्व देता है···प्रश्न उठाया जा सकता है कि जब गर्भ धारण जैसे अवान्तर दबाव से मुक्त होकर सम्बन्ध की पवित्र-निरपेक्षता बनाई रखी जा सकती है तो प्यार को प्यार देने के लिए चन्द्रमाधव की ईर्ष्या की रूढ़ि का उपयोग भी क्यों किया गया है ?

'नदी के द्वीप' रोमानी एकान्तों का ऐसा खूबसूरत अलबम है जहाँ प्रेमी-प्रेमिकाओं के अलावा, कुली-बैरों की ही दुनिया है। बाकी बे-चेहरा भीड़ है, लखनऊ, दिल्ली या रेलवे प्लेटफार्मों की। मगर उस सबका महत्त्व नौकुछिया या तुल्यिन के पेड़-पौधों, पहाड़, बर्फ से अधिक कुछ नहीं है। इसलिए चन्द्रमाधव के अलावा उपन्यास के सारे पात्र परम सभ्य, शिष्ट, सॉफिस्टिकेटेड, रिफाइण्ड, कन्सीडरेट इत्यादि हैं : वे बौद्धिक बातें करते हैं और संवेदना के गहरे दबावों में रवीन्द्र, ब्राउनिंग, लॉरेन्स या बाइबिल के स्मरणीय उद्धरण बोलते हैं—यानी बौद्धिक रूप से 'होने' और 'बनने' के अस्तित्ववादी मुहावरों या रोमेंटिक कवियों के ताने बाने से 'नदी के द्वीप' की चढ़ाई बनाई गई है। 'वरण की स्वतन्त्रता' तो उपन्यास की थीम है ही···'द्वीप' के रूपक को हर व्यक्ति, हर स्थिति और हर क्षण पर सटीक बैठाया जा सकता है।

न जाने क्यों, मुझे लगा कि सारी बौद्धिक और वकीली (या वैज्ञानिक) सावधानी के बावजूद 'द्वीप' का रूपक ओढ़ा हुआ ही अधिक है और हर पात्र उसके बोझ के नीचे घुट रहा है। तीनों प्रमुख पात्र, भुवन, रेखा और गौरा—द्वीप होने की गरिमा और संतोष खोजने की बातें चाहें जितनी करें, अपने 'द्वीप' होने के अपराध-बोध से पीड़ित हैं, इसीलिए सही होने के तर्क और कारण तलाश करते हैं,

काव्यात्मक शब्दों और बिम्बों में इस स्थिति (नियति ?) को महिमान्वित करते हैं। जब कभी एक-दूसरे की तरफ उन्मुख होते हैं, या संवादाभिमुख होते हैं तो कृतज्ञ होते हैं कि दूसरे ने 'अपने द्वीपत्व' के बावजूद हमारी ओर हाथ बढ़ाया, या हमारे 'द्वीपत्व' को तोड़कर हमें मुक्त करने की चेष्टा की। अगर भुवन सचमुच भीतर तक 'द्वीप' होने की 'स्वायत्तता' को स्वीकार करता है तो दूसरे के 'द्वीपत्व' की स्वायत्तता को नष्ट करके अपने में विलीन करने के शब्द-छल का शिकार क्यों है ? (अस्तित्ववादी मुहावरा है एक आत्मा दूसरे को खा जाने की ताक में लगी होती है) कहीं ऐसा तो नहीं है कि भुवन की इसी, दूसरे को खा जानेवाली, योजना को सूँघकर, रेखा, इतने निकट आ चुकने के बावजूद चुपचाप खिसक गई ? या उसे लगा कि भुवन के 'द्वीपत्व' की महीन भूख, जैसा निर्विरोध और बेशर्त समर्पण या विलयन चाहती है, वह सिर्फ गौरा ही दे सकती है क्योंकि भुवन ने उसे बचपन से ही इस रूप में 'तैयार' किया है ?

क्या यह सिर्फ संयोग है कि जापान द्वारा भारत के दक्षिण-पूर्वी द्वीपों को अपने साम्राज्य में 'शामिल' किए जाने की 'योजना' और ठीक उसी पूर्वांचल में बैठे मेजर भुवन द्वारा गौरा को अपने 'व्यक्तित्व के विस्तार' के रूप में स्वीकार करने की 'योजना'–समानान्तर चलती और साथ ही सफल होती है ? और क्या इस 'संयोग' के आधार पर नतीजा निकालना बहुत दूर की कौड़ी लाना होगा कि 'द्वीप' होने की सारी घोषित स्वतंत्रता और 'स्वायत्तता' के बावजूद लेखक व्यक्तिगत धरातल पर इतिहास द्वारा निर्धारित लीकों पर ही चलने के लिए अभिशप्त था ?–या जिन्हें वह सिर्फ अपनी निजी योजना मान रहा था–वह तत्कालीन ऐतिहासिक प्रवृत्तियों की बड़ी योजना का व्यक्तिगत प्रतिफलन ही था–यानी एक साम्राज्यवादी जहनियत का निहायत निजी धरातल पर आत्म-स्वीकार ? अपने 'द्वीप' के अलावा बाकी सब को 'उपनिवेशी द्वीपों' में बदलने की विस्तार कामना ?

बहरहाल, 'नदी के द्वीप' को पढ़ना आज भी एक उत्तेजक और सार्थक अनुभव तो है ही··· कितने उपन्यास हैं जो अपने को दुबारा पढ़े जाने लायक बनाए रख पाते हैं ?

['हंस', जुलाई 1987]

इस्मत चुग़ताई के दो लघु-उपन्यास : दिल की दुनिया (The Heart Breaks Free), जिद्दी (The wild one)

'काली' महिलाओं की आवाज़ को मंच देनेवाली अंग्रेज़ी प्रकाशन संस्था है। उसने इस्मत जैसी दबंग भारतीय कथाकार की ये दो निहायत रोमांटिक कहानियाँ क्यों ली हैं, समझना मुश्किल है। मुझे लगता है आज की स्थिति में रोमांटिक या भावुक होना, यथार्थ से पलायन है। इस्मत के समय में जरूर विद्रोह था क्योंकि तब वह यथार्थ को अस्वीकार (Rejection) था। जिन्दगी की वास्तविक जद्दोजहद को छोड़कर या घबराकर जब आप स्वप्नों की दुनिया में छलाँग लगाते हैं तो एक निहायत सेंटीमेंटल कहानी का जन्म होता है—काश, ऐसा हो जाता। हमेशा यह (इच्छास्वप्न) विशफुल थिंकिंग सुखद और सपनों की तरह रंगीन ही नहीं होती, विकृति और कुंठाओं से भरी भी होती—काश, हम मर जाते, काश इस समाज को आग लग जाती। जिन्दगी की हर पराजय के बाद सपनों में उसका बदला लेना या भरपाई कर लेना मूलतः किशोर भावुकता का लक्षण है। अमृता प्रीतम आज तक इस मानसिक दुनिया से बाहर नहीं आ पाईं—उनकी कोई कहानी ऐसी नहीं है जो चौदह-सोलह वर्ष की लड़की की मानसिकता को तोड़ती हो। अवरुद्ध विकास या अरेस्टेड ग्रोथ का वह क्लासिक उदाहरण है। अस्वाभाविक नहीं है कि रोमांटिक हवाई सपनों ने आज अमृता के यहाँ आध्यात्म और रहस्यानुभूतियों का 'आधार' ले लिया है। महादेवी वर्मा, कृष्णा सोबती, महाश्वेता देवी, कुर्रतुल-एन-हैदर और मन्नू भंडारी के बाद अमृता प्रीतम को पढ़ना लगभग एनिड ब्लाइटन को पढ़ना है—जो कभी-कभी भारी कॉरोली होने की कोशिश करती हो...रहस्यानुभूति की ऊँचाइयों का भ्रम देती हुई।

'बन्धनों में बँध बनी मैं बन्धनों की स्वामिनी सी' लगभग सत्तर साल पहले की महिला रचनाकार के सामने मुक्ति का कोई रास्ता नहीं था, वह कैद को ही अपनी नियति मानने की मजबूरी को वाणी देती थी—यही उसका सबसे बड़ा प्रतिरोध

था। चार सौ साल पहले की मीरा की तरह भक्ति और भगवान के माध्यम से ही वह स्वतंत्र होने की घोषणा करती थी–समाज-सम्बन्धों और समय-सन्दर्भों से ऊपर उठना, आध्यात्म की दुनिया में खो जाना ही उसका विद्रोह था। इस्मत शायद पहली भारतीय कथाकार है जिसकी कथा-नारियाँ न आत्महत्याएँ करती हैं, न आध्यात्म में जाती हैं, न स्थितियों को स्वीकार करके आँसू बहाती हैं। वे अपनी देह और मन की बात को साहस से कहती हैं और समाज के पुरुष-निर्धारित फैसलों में लगभग शहीद की तरह उभरती हैं। उनसे पहले महादेवी वर्मा ने 'शृंखला की कड़ियाँ' में नारी की जिन स्थितियों का बौद्धिक विश्लेषण किया है, इस्मत ने उन्हीं अनुभवों को कहानियों के रूप में अभिव्यक्ति दी है–शायद एक-दूसरे से अनजान होकर। उन्होंने बीसवीं सदी के प्रारम्भ की रुकैया सखावत हुसैन या आज की महिलावादी लेखिकाओं की तरह अपनी अलग समानान्तर दुनिया बनाने का सपना नहीं देखा बल्कि पुरुष वर्चस्व के भीतर रहकर ही अपनी पहचान के मुहावरे को साहस और भयानक जोखिम के साथ उठाया है। आज इस्मत होती तो उनका लेखन उन्हें निश्चय ही तसलीमा नसरीन के साथ खड़ा कर देता।

मूलतः इस्मत रोमैंटिक विद्रोही है, जो पुरुष वर्चस्ववादी समाज की वर्जनाओं के दबावों को सहज संवेदना और ऐन्द्रिक-बोध के स्तर पर महसूस करती और तोड़ती है। इसी बात को दिलीप कौर टिवाणा ने अपनी आत्मकथा के शुरू में बेहद खूबसूरत ढंग से कहा था : "इतिहास कागज पर आने से पहले कुछ लोगों के शरीरों पर लिखा जाता है"–शरीरों और जिन्दगियों में लिखे जानेवाले नारी दमन के इसी इतिहास की कथाकार हैं इस्मत चुग़ताई–"जो शरीफ और भले घर की औरतों को न महसूस करना चाहिए न देखना या कहना चाहिए"–वही सब बेबाकी से कह डालना ही उन्हें अपने समय का सबसे आपत्तिजऩक कथाकार बनाता है। वे 'लिहाफ' के भीतर घटित होते हुए को देखती और कहती ही नहीं हैं, पुरुष की दुनिया को चुनौती देती ताँगेवाली बनकर भी खड़ी होती हैं। औरत वेश्या बनकर शरीर बेचे, या घर बैठी-बैठी कुछ करती रहे यह तो पुरुष को बर्दाश्त है, मगर उसकी दुनिया में घुसपैठ करके ताँगा हाँके, और आत्मनिर्भर हो, यह आदमी कैसे सहेगा ? उनकी अधिकांश कहानियाँ उन स्थितियों और अनुभवों की आत्मस्वीकृतियाँ हैं जिन्हें भले घर की मध्यवर्गीय महिलाएँ जबान पर लाने का साहस नहीं करतीं। इसलिए इस्मत 'खतरनाक' लेखिका हैं।

इस दृष्टि से मुझे सारे भारतीय कथा-साहित्य में दूसरी महत्त्वपूर्ण लेखिका कृष्णा सोबती ही लगती हैं जिनका इस्मत के साथ तुलनात्मक अध्ययन किया जाना चाहिए। 'डार से बिछुड़ी' से लेकर 'जिन्दगीनामा' तक उनका कथा-विकास नारी-चेतना की टेढ़ी-मेढ़ी पगडंडियों का इतिहास है ('टेढ़ी लकीर' इस्मत की आत्मकथात्मक कहानी का नाम भी है)। 'डार से बिछुड़ी' में वह खरीदी-बेची, लूटी-

भगाई जानेवाली चीज है, जो अपने हर 'मालिक' को सुखी रखने की कोशिश करती है, उनके सुख-दुख को अपना मान कर जिन्दगी सार्थक करती है और कुत्ते या गाय की तरह वफादार है। (चेखव की डार्लिंग ?) 'बादलों के घेरे' या 'तिन पहाड़' में वह प्यार और रोमांस में घुलती-समर्पित होती प्रेमिका है, तो 'मित्रो मरजानी' में शरीर की भाषा समझती, समझाती दबंग मित्रो हैं जो घर-परिवार की किसी मर्यादा से नहीं बँधी। 'सूरजमुखी अँधेरे के' में वह व्यक्ति से व्यक्तित्व बनती ऐसी नारी है जो भारतीय समाज के सबसे विस्फोटक क्षेत्र यानी सेक्स में अपने चुनाव और प्रयोग करती है। आगे जिन्दगीनामा में वह व्यापक और विराट जिन्दगी का पर्याय बनकर भूगोल और इतिहास की सरहदों से जूझती है। निश्चय ही इस्मत की नारी चेतना का विकास भी इन्हीं 'टेढ़ी लकीरों' से हुआ है मगर वे कृष्णाजी के तीस साल पहले से लिखनेवाली लेखिका हैं। इस्मत मुस्लिम बोर्जुआ वर्ग से निकली हैं। कृष्णाजी विभाजन के तूफानों से गुजरनेवाले जुझारू पंजाबी माहौल का हिस्सा रही हैं। इस्मत और कृष्णाजी का अगला बौद्धिक विकास कुर्रतुल-एन-हैदर में देखा जा सकता है।

इस संक्षिप्त पृष्ठभूमि के साथ 'काली' का यह चुनाव इस्मत के लेखन के साथ बिल्कुल भी न्याय नहीं करता। दूसरी लम्बी कहानी 'जिद्दी' (The Wild one) तो शुद्ध फिल्म के लिए लिखी गई है और दुनियाभर की अविश्वसनीय नाटकीयताओं से भरी है। आँधी, तूफान, मौत, संयोग, घटना-दुर्घटना सभी कुछ तो इसमें हैं और अंत में है नायक-नायिका की एक साथ मृत्यु। पूरी कहानी में अन्त ही ऐसा स्थान है जहाँ इस्मत की आग दिखाई देती है, यानी आशा उस सारे माहौल में आग लगा देती है जो दो प्रेमी-प्रेमिका को मिलने नहीं देता और अंततः बेहद सुख संतोष के साथ पूरन को लेकर जल मरती है। यहाँ इस्मत के दिमाग में सती होने का दृश्य जरूर रहा होगा।

दूसरी लम्बी कहानी 'दिल की दुनिया' (हार्ट ब्रेक्स फ्री) इस्मत की अपनी परिचित दुनिया है, निम्न मध्यवर्गीय मुस्लिम परिवार की बन्द और घुटी जिन्दगी– चाची, ताई, फूफी, दादी के आपसी संवाद, विवाद और मरती जीती जिन्दगियाँ। अति परिचय से उगी हुई बदगुमानियाँ, हसद और सेक्स कुंठाएँ...शादी-ब्याह, उत्सव और गमी इनमें सबसे प्रमुख है और कुदसिया का चरित्र वस्तुतः सारी पृष्ठभूमि के साथ ...यह कुदसिया की ही कहानी है। पति इंगलैंड से मेम ले आया है और युवा कुदसिया हिस्टीरिया के दौरों के बीच पिता के परिवार में अपनी जिन्दगी काट रही है। समानान्तर जिन्दगी है इसी परिवार की पठानी बुआ की–ऐसी ही स्थिति में जो पागल हो गई है और अपनी कोठरी या पेड़ के नीचे, मस्जिद की सीढ़ियों पर कहीं भी पड़ी रहती है और पाँच सौ साल पहले के किसी पीर ग़ाज़ी मियाँ से इश्क करती है। यही बालेमियाँ हमेशा उसके साथ रहते हैं, लड़ते हैं और प्यार करते हैं। बुआ हमेशा उनके गीत गाती है–कभी लोक गीत तो कभी मीरा के भजन। बहुत बदनामी

के बाद घरवाले बुआ को घर ले आते हैं और बुआ का एक हकीम से इलाज कराते हैं। हकीमजी के पास हर मर्ज की दवा जमालगोटा है और बुआ को वह पिला दिया जाता है। भयंकर पेट सफाई के बाद बुआ ठंडी हो जाती है और एक दिन बाहर सड़क पर मर जाती है। बुआ की मृत्यु कुदसिया को झटके से रूपान्तरित कर देती है—यही तो उसका भविष्य है और एक दिन वह अंकल साबिर के साथ चुपचाप भाग जाती है। घरवाले उसके कुएँ में कूदने की बात फैला देते हैं।

कहने की जरूरत नहीं है कि इस कहानी में इस्मत अपने असली विद्रोही रूप ही नहीं, एक दक्ष कथाकार के असली फार्म में भी हैं। बेहद आत्मीय, घरेलू वातावरण, ज़नाने मुहावरों से लहलहाती जबान, मुस्लिम संस्कृति के सार्थक सन्दर्भ—सभी कुछ कहानी को एक महत्त्वपूर्ण कलाकृति बना देते हैं। मुझे लगता है कि कथाकार इस्मत के इस हिस्से का अनुवाद किया ही नहीं जा सकता और इसके बिना उस माहौल की रचना भी असम्भव है जो कहानी को विलक्षण प्रामाणिकता देती है।

दरअसल, उर्दू-हिन्दी के इतने घरेलू कथाकार को अंग्रेजी अनुवाद में पढ़ना मेरे लिए खासा झुंझला देनेवाला अनुभव रहा है। शायद यह दिक्कत निर्मल वर्मा को लेकर न आए। सच कहूँ तो अंग्रेजी के पीछे मैं उर्दू-हिन्दी के परिचित मुहावरों और शब्दों को ही 'पढ़ता' रहा—एक तरह अनुवाद को अस्वीकार करते हुए। चीनी या काँच के अनेक टुकड़ों में टूटे हुए बर्तन को जैसे आप वापस टुकड़े-टुकड़े जोड़ने की कोशिश करें—और सही जगह सही टुकड़ा जोड़कर जैसी उपलब्धि का भाव महसूस करें—ठीक यही अनुभव मेरा भी रहा है। अच्छा तो इस अंग्रेजी शब्द का मूल यह है। एक तरफ़ तो यह कथा से छिटककर दूरी और तनाव में बने रहना है, दूसरी तरफ अनुवाद के माध्यम से मूल-पाठ को अपने भीतर पुनर्सृजित या पुनराविष्कृत करना है।

पता नहीं, हिन्दी-उर्दू से अपरिचित पाठक अनुवाद के रूप में इसे कैसा पाएँगे···

झीनी-मैली चादर के पार

लेखक दो तरह के होते हैं : एक, जिन्हें हम 'पैशन' या आवेगों के लेखक कहते हैं : जैसे—बालजाक, दोस्तोएव्स्की, काफ्का, हेमिंग्वे···मंटो ये लेखक हमें बेचेन करते हैं, उद्विग्न और प्रश्नाकुल बनाते हैं, कौंचते और सवाल उठाते हैं। आप इन्हें पढ़कर मानसिक रूप से उद्वेलित होते हैं। बौद्धिक रूप से जाग्रत और उत्तेजित होते हैं। ये यथास्थितियों को तोड़ते हैं, और उसमें दरारें पैदा करते हैं—ताकि हम भविष्य को देख सकें—या कम से कम जो जैसा है, उसमें घुटन महसूस कर सकें।

दूसरी तरह के लेखक 'कम्पेशन' के लेखक हैं। वे संवेगों से अधिक संवेदना और वेदना के लेखक हैं, करुणा और क्षमा के लेखक हैं; तुर्गनेव, टॉल्स्टॉय, चेखव, ह्यूगो, किसी हद तक रवीन्द्रनाथ उसी तरह के लेखक हैं। मैं बेदी को भी इन्हीं में मानता हूँ। ये लेखक मानवीय नियति के साक्षात्कार के लिए महान् हैं···

लेकिन मुमताज, शीरीं या औरों के इस कथन से मैं सहमत नहीं हूँ कि बेदी 'उर्दू के चेखव' हैं। इस तुलना में थोड़ी जल्दबाजी है। बेदी के पात्रों की बेचारगी और अपने में ही कुढ़ने (ब्रुडिंग) की वृत्ति से ऐसा भ्रम होता है कि बेदी चेखव से ज्यादा प्रभावित है। शायद बात भी ठीक है। मगर चेखव मूलतः तकलीफ, यातना और वेदना या सफरिंग का लेखक है। उसके पात्र अपनी दयनीयता और लाचारगी में ही हमारी सहानुभूति और संवेदना जगा पाते हैं। मेरे हिसाब से बेदी करुणा और अतिक्रमण का लेखक है। यानी, कम्पेशन और ट्रांसेंडेंस का। यहाँ वह टॉल्स्टॉय के ज्यादा निकट है। टॉल्स्टॉय की तरह उसके पात्र भी यातना पार करके निर्वेद तक पहुँचते हैं। संवेदनहीन होने और निर्वेद की स्थिति तक पहुँचने में अन्तर है। 'ईवान् इलिच की मौत' भय, मोह और यातना के पार जाने की, उनसे ऊपर उठने की कहानी है, ठीक बेदी की 'सिर्फ एक सिगरेट' की तरह। यातना की अन्तिम सीमा छू कर लौट आनेवाले नायक के जिस अतिक्रमण को बेदी ने रेलवे के टर्मिनस के प्रतीक से कहा था, वही कोशिश आगे जाकर और बारीक स्तरों पर प्रतिफलित हुई

है 'अपने दुख मुझे दे दो' से होती हुई।

हर बड़े लेखक ने यातना (सफरिंग) के स्वरूप और सीमा को समझने के लिए नारी का माध्यम चुना है। टॉल्स्टॉय ने अन्ना को, फलाबेयर ने मैडम बोआरी की नियति को अपनी मानवीय करुणा में पाया है। हरेक के पास नारी की एक 'मिथ' है, जो अपनी सफरिंग और लेखकीय करुणा में मानवीय गरिमा की झलकियाँ दिखाती हैं। बेदी के पास यह नारी है, कल्याणी, लाजवन्ती, रानो··· 'एक चादर मैली-सी' की रानो अपनी सादगी या सामान्यता में इतनी अविशेष है जैसी टॉल्स्टॉय के फादर सर्गियस में नायक की बचपन की परिचिता, बेवकूफ औरत—जो सुजाता की तरह बुद्ध की महानता को आत्मसात कर लेती है। अपने 'होने' से ही योगी और साधक को निरअहंकारी बना देती है···माँ की तरह सारा मत्सर सोखकर···

रानो आँसू, खून और यातना की वह ठेठ पंजाबी धरती है जो अपनी भौतिक और भौगोलिक सीमाओं के साथ ही उठकर वैष्णव देवी की ऊँचाई पार कर लेती है। 'कबीर' ने चादर को ऐसे जतन से ओढ़ा था कि जो काम ऋषि-मुनि नहीं कर पाए वह उन्होंने कर दिखाया। यानी ज्यों की त्यों, बिना मैली किए उसे रख दिया। रानो की चादर तो बहुत मैली है, लेकिन वह उस मैली चादर के साथ ही वैष्णव देवी की गरिमा जी लेती है। अजीब बात है कि बेचारी रानो को तो न वैष्णो देवी से कोई स्पर्द्धा है, और न इस तुलना का कोई अहसास। वह तो अपने बेहद साधारण औरत होने की नियति में ही कैद है और सिर्फ एक ताँगेवाले की सामान्य पत्नी है।

शरीर से लेकर एक सामाजिक रीति-रिवाज तक, गरीबी से लेकर औरत के पैर की जूती होने तक, मैली चादर के जितने भी अर्थ हो सकते हैं, बेदी को सबका ध्यान है। उपन्यास के शीर्षक में और सन्दर्भों के क्रम से ये सारे अर्थ ध्वनित होते हैं। मुझे तो लगता है कि पन्तजी का शब्द 'मैला आँचल'* भी रेणु के यहाँ इतने अर्थ नहीं खोलता जितने 'चादर' खोलती है। पता नहीं, यह नाम रखते समय बेदी को रेणु के उपन्यास का ध्यान आया था या नहीं। मगर संयोग ही है कि वह आँचल और चांदर दोनों ही धरती के लिए इस्तेमाल किए गए हैं; ठेठ उस जिन्दगी को सामने लाते हैं जिसे 'आंचलिक' कहा गया है। रानो और पंजाब इस तरह एक-दूसरे में गुँथे हैं कि उन्हें अलग किया ही नहीं जा सकता।

अभी मैंने कहा, 'चादर मैली सी' एक ऐसी स्तब्ध और अवसन्न करनेवाली सादगी से खुलती हुई कहानी है जैसे ध्यान में किसी ऋषि को सत्य का साक्षात्कार

---

* रेणु ने अपने उपन्यास में पीछे पन्तजी की यही पंक्तियाँ दी हैं :

"खेतों में फैला है श्यामल,
धूल भरा मैला सा आँचल···"

हो और वह तुरीयावस्था में ऋचाएँ बोलने लगे। इस कहानी की परिकल्पना से लेकर परिणति में मुझे बेदी सचमुच ब्रह्म के निकट पहुँचा हुआ स्रष्टा लगता है जो किन्हीं आसमानों और शून्य में निराकार समाया अपनी दृष्टि के स्वप्न को साकार होते हुए देखता है। जैसे करोड़ों साल पहले, धूप, हवा, पानी, आँधी, तूफानों में धरती कुछ मरोड़ें लेती है और कोटला में बसी रानो का आकार उजागर होने लगता है। रानो प्रकृति है, औरत है, सृष्टि उसी से चलती है। रानो बेपढ़ी-लिखी मूर्ख और अपनी नियति से बेखबर औरत है जो अपने पति तिलोके से पिटती है, और अपने बेटे जैसे देवर मंगल की पत्नी बनती है, और 'बड़ी' या दूसरे बच्चों में ही अपनी जिन्दगी की सार्थकता तलाश करती है। कोटला के पास ही ऊँचाइयों पर बना है, माता वैष्णों का मंदिर। दुनिया-भर के यात्री नाचते-गाते दर्शनों और दुआओं के लिए आते हैं, कोटला में पड़ाव डालते हैं और आगे चले जाते हैं। कहीं भी संकेत नहीं है कि रानो को भी देवी दर्शनों की इच्छा होती है। वह तो दुनियादारी, मोह-रोग में फँसी ऐसी औरत है जिसे यह भी नहीं मालूम कि जो कुछ है उसके अलावा भी कुछ हो सकता है। वह अपने शरीर में कैद ऐसी औरत है जो हमेशा असुरक्षा, डर, सामाजिक मर्यादाओं में ही जीती-मरती है। वह तो सिर्फ 'अपनी फटी हुई मैली पुरानी चादर' के रिश्ते को समझती है। हाँ, अपने होने के किन्हीं धूप-छाँही क्षणों में जरूर उसे एक अनाम-सा आभास होता है कि वह किसी महाशक्ति का माध्यम है। उस क्षण वह सारे सामाजिक बन्धनों, रीति-रिवाजों, रिश्तों और लिहाजों से ऊपर होती है—भैरव को मारकर उसकी छाती पर पाँव रखे खड़ी आद्या-शक्ति दुर्गा या काली की तरह···तिलोके की लाश घर में पड़ी है और वह भीतर से सुन्न है···मगर तभी न जाने, क्यों उसका मन अपने सब कपड़े पहनने को हो आया··· मानो कोई उत्सव हो···जैसे उसके भीतर वह किशोरी जोगिन समा गई हो, जिसके साथ तिलोके, मेहरबानदास औरों ने बलात्कार किया था···उसके भीतर कोई था जो उस जोगिन के भाई के साथ एकाकार हो गया था ···जिसने तिलोके के गले में दाँत गड़ाकर सारा खून पी लिया था···

मुझे नहीं मालूम बेदी की कितनी आस्था शाक्तमत में थी। लेकिन 'औरत' बेदी के लिए हमेशा की कोई बहुत ऊँची, बहुत शक्तिशाली और नाश और निर्माण की शक्तियों का केन्द्र रही है—अपने आप से अनजान, पुरुष के हाथों पिटती कुटती, दुत्कारी और लताड़ी जाती, खरीदी-बेची जाती हुई चीज···बेचारी, असहाय और भेड़ियों के बीच असुरक्षित। ठीक इन्हीं रास्तों से बेदी ने रानो की कहानी लिखी है और जगह-जगह भ्रम होता है जैसे वही पर्वत की पुत्री पार्वती की कहानी लिख रहे हैं। मंगल से 'शादी' का दृश्य तो बिल्कुल शिवजी की बारात का दृश्य है। रानो जब-जब अपनी मूल प्रकृति के साथ है, सृष्टि के चक्र को चलाने में अपना सहयोग दे रही है, सामाजिक मर्यादाओं और संबंधों से ऊपर सिर्फ प्रकृति है, तब-तब मन्दिर की घंटियाँ, मस्जिदों की अजानें गूँजती हैं, पास के वैष्णों देवी के पहाड़ की परछाइयाँ

जागती हैं। और यही रानो जब 'मंगल' का बीज धारण करती है तो एक साधारण माँ से उठकर जगज्जननी बन जाती है। बेदी के उपन्यास का अन्त एक ऐसे विराट् महारास में किया है जहाँ सारी सृष्टि नाच रही है, अणु-परमाणु नाच रहे हैं, गा रहे हैं—यह एक ऐसा अनवरत चलनेवाला आनन्दोत्सव है जिसमें दोस्त-दुश्मन, बाप-बेटी, नाते-रिश्तेदार, सब झलकियाँ दिखाकर फिर उसी महारास का हिस्सा हो जाते हैं। समय का एक ऐसा अनादि-अनन्त प्रवाह जिसमें सारे इतिहास लहर की तरह बहते चले जा रहे हैं—टिकी है सिर्फ रानो वैष्णों देवी और आदि शक्ति की ऊँचाइयों पर खड़ी··· "जैसे मन्दिर यहाँ चला आया है···" रानो रो रही है अपनी बेटी को कैसे उस जवान को दे दे जिसने तिलोके—उसके पति का खून किया था। वह एक क्षण ठिठकती है।

"उस क्षण परिक्रमा के लिए आई हुई सारी भीड़ थम चुकी थी, और रुकी हुई उसाँसों में एक महान् निर्णय की प्रतीक्षा कर रही थी। मालूम होता था रानो 'हाँ' कहेगी तो दुनियाएँ बस जाएँगी और 'न' कहेगी तो प्रलय आ जाएगा—महाप्रलय जिसमें क्या जड़ और क्या चेतन, क्या पशु और क्या पक्षी, क्या धरती और क्या आकाश—सब 'नष्ट' हो जाएँगे···"

एक साधारण औरत को बेदी जिस सहज, निर्व्याज और अकृत्रिम ढंग से इन ऊँचाइयों पर लाया है वह सिर्फ टॉल्स्टॉय कर सकता था—फादर सर्गियस और पुनर्जन्म (रेजटैक्शन) जैसी कहानी में···और इसके लिए सारी सादगी के बावजूद बेदी ने इतनी अर्थगर्भित भाषा का सहारा लिया है कि कहीं भारतीय दर्शन की गहरी सूक्तियाँ झाँकती हैं तो कहीं पंजाब के लोकगीतों, मुहावरों और बोलचाल के ठेठ प्रयोग···कहीं हीर की पंक्तियाँ, तो कहीं मिर्जा-साहिबा की। बेदी की भाषा दूसरे उर्दू लेखकों की तरह कहीं भी इकहरी नहीं है। डॉ. गोपीचन्द नारंग ने ठीक ही लिखा है कि इतनी गहरी भाषा बाद के लेखकों में सिर्फ इन्तजार हुसैन के पास है जिसने साहित्य और जीवन की न जाने कितनी परम्पराओं को आत्मसात किया है···।

रानो कमजोर औरत है : हुजूरसिंह और जिन्दा जब उसकी बेटी 'बड़ी' का साढ़े पाँच सौ में सौदा कर देते हैं तो सोचती है कि वह उसे लेकर कहीं भाग जाएगी। शहर जाकर रहेगी। बेचना ही है तो एक बार ही साढ़े पाँच सौ में क्यों, हर रोज क्यों न बेचे उसे···या जब बड़ी की शादी की बात सोचती है तो उसके मन में आता है वह एक रात 'मेहरबानदास' के पास जाकर क्यों न इतने पैसे ले आए कि खुलकर बेटी की शादी कर सके···और यही औरत पति के मर जाने पर सबसे पहले जाकर उसका 'छाँटा' तोड़ती है। सुबह बाजार जाते हुए तिलोके ने धमकी दी थी कि शाम को लौटकर उसके शरीर पर वह छाँटा खोडेगा···जैसे इस 'छाँटे' के साथ ही उसने पति के सारे आतंक और अत्याचार को तोड़ दिया है···जिस शराब के लिए वह तिलोके से पिटती है, उसे ही मंगल को बाँधने के लिए कैसे इस्तेमाल करती है, उपन्यास

का वह हिस्सा सिर्फ पढ़ने से ताल्लुक रखता है।

अद्‌भुत टेकनीक है बेदी के पास उपन्यास के हर पात्र को, हर चीज को एक दूसरे में बदल देने की···अचानक आप पाते हैं कि अरे, डब्बू सिर्फ कुत्ता ही नहीं, किसी पात्र का विस्तार है। एक स्थिति का प्रतीक है। मंगल को रानो ने देवर की तरह नहीं, बेटे की तरह छाती का दूध पिलाकर पाला है और गाँववाले मारपीट कर उसी की चादर डाल देते हैं रानो के साथ। माँ किस तरह पत्नी बनती है। औरत किस प्राकृतिक कौशल से मर्द को घेरती है। इस मुश्किल थीम को सिर्फ बेदी जैसा सिद्ध ही लिख सकता था। यहाँ सदियों से सताई गई नारी की बेचारगी, असुरक्षा, साथ ही कला, आत्मविश्वास और चतुराई को लेखक ने बेहद ही नाजुक और बारीक रेखाओं में पकड़ा है। लेखन का सारा कौशल इस्तेमाल करते हुए··· सलामती के अल्हड़ यौवन की कल्पनाओं में उत्तेजित मंगल जिस तरह रानो द्वारा घेरा जाकर अपने लिए इस्तेमाल होता है उसे देखकर कोई भी लेखक ईर्ष्या कर सकता है। माँ जैसी भाभी को पत्नी मानने के अन्तर्द्वन्द्व में डूबा हुआ मंगल बैठा है और बाहर कुत्ते लड़ रहे हैं : यह टेकनीक तो 'चादर' में हर कदम पर मिलती है। इस दृष्टि से सबसे कम बोलनेवाला अन्धा हुजूरसिंह और कुत्ता डब्बू सबसे सार्थक पात्र है। बिम्बों और तांकेतिकता में बेदी बेजोड़ हैं···

इसलिए मुझे यह आरोप बहुत बेबुनियाद लगता है कि बेदी ने मूल कहानी जॉर्ज सेंड के उपन्यास 'कंट्रीज वेफ' से ली है या प्रेमचंद के 'अलग्योझा' से···उन्नीसवीं शताब्दी की फ्रेंच लेखिका जॉर्ज सेंड की नायिका, लावारिस बच्चे को लाकर माँ की तरह पालती है और बाद में प्रेमिका या पत्नी की तरह उसके साथ रहने लगती है। 'अलग्योझा' में भी बेटे जैसा पाला गया देवर बड़े भाई की मौत के बाद भाभी पर 'चादर' डाल देता है—सामाजिक दवाबों में लाचार होकर···यहाँ पहली बात तो यह है कि चादर डालना पंजाब का ऐसा ठेठ रिवाज है जिसके लिए बेदी को न जॉर्ज सेंड के पास जाने की जरूरत है, न प्रेमचन्द के। दूसरे, बेदी ने इस कहानी को जिस तरह डूबकर लिखा है वह बेदी के सिवा किसी और की हो ही नहीं सकती थी···इन अर्थ-ध्वनियों के साथ और इसके लिए उन कहानियों पर हाथ माँजकर सिद्धि प्राप्त करने की जरूरत थी जो बेदी ने पहले लिखी थी :

'एक चादर मैली सी' मुझे हमेशा 'ओल्डमैन एण्ड द सी' की याद दिलाती है। अगर 'ओल्डमैन' इतिहास के समुन्द्रों को पार करके आज तक आए आदमी की संघर्ष यात्रा की प्रतीक कथा है—तो 'चादर' औरत के 'आदिशक्ति' में रूपान्तरण की कहानी है—नारी की शक्ति और यातना की महागाथा है। 'ओल्डमैन' और 'चादर' अपने स्वरूप में चाहे जितने छोटे उपन्यास हों, अपने कथ्य और परिकल्पना (विजन) में बहुत-बहुत बड़े उपन्यास है। इन रचनाओं के पीछे परिश्रम चाहे जितने बरसों का, चाहे जितना रहा हो—अपनी सादगी, भाषा की सरलता और गहराई में इन्हें

एक बिवलिक (बाइबिल जैसी) गरिमा और उदात्तता प्राप्त हुई है। लगता है जैसे उपन्यास लिखे नहीं गए। किसी ऋषि की भीतरी आँखों के सामने घटित या उद्घाटित हुए हैं। किसी ऋचा, आयत या साम की तरह खुले हैं और स्वयं इनसे होकर गुजरना एक पूजा अनुष्ठान जैसा अपने आपको उजास से धो लेना है।...

सृष्टि के अनादि और अनन्त रहस्यों और हमारे बीच एक मैली सी चादर है। झीनी बीनी—और वह रानो है...

[हंस, अप्रैल 1987]

हमारे अखाड़े में 'वे'

प्रिय गिरिराज,

तुम्हारा उपन्यास 'परिशिष्ट' पढ़ लिया है। गिनती में कौन-सा उपन्यास है छठा या सातवाँ, लगता है, हमारी पीढ़ी में शैलेश मटियानी और अपनी पीढ़ी में तुम ही सक्रिय बने हुए हो—एक आर्थिक दवाबों में और दूसरा आर्थिक निश्चिंतता में। यह विषयों के चुनावों से भी जाहिर है। तुम्हारे कथा विषय बौद्धिक ज्यादा हैं। शैलेश के ज्वलंत और साहसिक। यार, अभी तो 'तीसरी सता' पढ़ा था और फिर यह बड़ा उपन्यास…धन्य हो तुम…

वैसे एक बात पर कभी विचार करो। हिन्दी में दो के बाद तीसरा उपन्यास लिखनेवाले लेखक को लोग शंका से क्यों देखने लगते हैं? सुनते हैं समरेश बसु ने तो अपने और 'कालकूट' नाम से सौ से ऊपर उपन्यास लिखे हैं। दुनिया के किसी उपन्यासकार ने पन्द्रह-बीस, से कम नहीं लिखे। इधर हम सोचते हैं कि दो-तीन से अधिक उपन्यास लिखे और लेखक व्यावसायिक हुआ। यह कौन-सी ग्रंथि है?

अब आओ 'परिशिष्ट' पर। बहुत दिनों बाद बधाई देने को मन करता है। लेकिन साथ ही 'अगर-मगर' इतने उछल रहे हैं कि अपने को रोके हुए हूँ। बहरहाल, तुम इतनी तन्मयता से लिख रहे हो, यही मेरे लिए परम ईर्ष्या का कारण है। तुम्हारी इस लगन (बेशर्मी?), मेहनत (अभ्यास?) के लिए जरूर दिल खोलकर, बेशर्त बधाई दूँगा।

उपन्यास का शीर्षक अपने आप में बिल्कुल कैची (पकड़नेवाला) नहीं है। बल्कि किसी हद तक सरकारी और एकेडेमिक लगता है। हाँ, सार्थक हद से ज्यादा है। इस शब्द का इससे अच्छा पर्याय और क्या होता। मुझे नहीं मालूम; लेकिन किताबी होने के बावजूद यह जितने धरातलों पर उपन्यास की कथा को प्रतिध्वनित करता है वह शायद दूसरा कोई शीर्षक नहीं कर पाता। समाज के एक पूरे वर्ग को हमने मूल पाठ से काटकर 'परिशिष्ट' ही तो बना डाला है। हाँ, क्या यह जरूरी है कि 'परिशिष्ट' नाम के कारण ही बाद में बाकायदा एक 'परिशिष्ट' भी लगा ही दिया

जाए? जो बात तुमने इस 'संलग्नक' के माध्यम से की है, वह पूरे उपन्यास में उजागर है। अगर मैंने यह उपन्यास लिखा होता तो इन पन्नों को अलग से नत्थी करने की बजाय मैं इस उपन्यास को जाँच-कमीशन की प्रक्रिया के रूप में देता, जहाँ अनुकूल, रामउजागर, नीलम्मा या बावनदास के बयान होते। हो सकता है, इस रूप में यह तुम्हारे 'यथा-प्रस्तावित' के निकट चला जाता। मगर इन बयानों के माध्यम से मैं जाँच-कमीशन की हिपोक्रेसी, न्यस्त स्वार्थ और आडंबर को ज्यादा प्रभावी ढंग से खोलकर रख पाता।

बहरहाल, पहली बार मुझे ऐसा लगा कि जैसे अच्छी तरह रियाज करके संगीतज्ञ उन सारी संभावनाओं के साथ मंच पर आया है जो एक यादगार शाम का आश्वासन देती है। इस उपन्यास को तुमने बहुत सधव और लगाव के साथ लिखा है—काफी डूबकर। तुम्हारी रचनाओं के संदर्भ में, मुझे 'लोग' के बाद लगा कि यहाँ तुमने पात्रों के माध्यम से स्थिति और चीजों को देखने की कोशिश की है, और व्यर्थ ही छत या दीवारों को ऊँचा-नीचा करके पाठक को चकमा नहीं दिया है। शाश्वत वाक्य या सूक्तियाँ देने का मर्ज तुम्हारे यहाँ लाइलाज है, इसके बिना शायद तुम लिख भी नहीं सकते। पता नहीं, कहाँ से यह 'कोटेबिल कोट्स' देने की बीमारी तुम्हें लग गई है। जिन सूक्तियों को तुम अंतिम और शाश्वत सत्य के रूप में प्रस्तुत करते हो, वे या तो अधिकांश तात्कालिक स्थितियों के सीमित बौद्धिक निचोड़ होते हैं या इतने चालू (कॉमन लैस) कि उनका कोई अर्थ नहीं है। खुशी की बात है कि इस उपन्यास में बोझ इसीलिए कम है कि अधिकतर तुम्हें पात्रों के साथ बँधे रहना पड़ा है। हाँ इसका नुकसान यह हुआ है कि सभी पात्रों के मानसिक बौद्धिक और भाषिक स्तर एक हैं, और हरेक उतने ही गहरे पत्र या वक्तव्य देते हैं जितने दूसरे। उपन्यास में सबसे महत्त्वपूर्ण बात तुम्हारा अपना पात्रों के साथ लगाव या सरोकार है। इसे मैं टोटल आइडेंटीफिकेशन तो नहीं कहूँगा। हाँ कन्सर्न कहना ज्यादा पसन्द करूँगा। जगह-जगह अनुकूल के माध्यम से दिए गए कुछ ऑबजर्वेशंस तो अद्‌भुत हैं और बड़े-बड़े लेखकों की याद दिलाते हैं।

मुझे उपन्यास का सबसे अच्छा हिस्सा संस्थान में अनुकूल के प्रारम्भिक दिनों वाला लगा। शुरू में एम. पी. (चौधरी साहब) काफी लम्बा खींच लेते हैं और तुम यह मानकर चलते हो कि अनुकूल और बावनदास के माध्यम से पाठक को एक नई दुनिया से परिचित करवा रहे हो, जबकि अपने अस्पृश्य स्तर को छोड़कर एम. पी. बननेवाले चौधरी साहब के ढोंग या उनकी पत्नी की मुखर और उद्धत उदासीनता के सिवा उस हिस्से में कहना तुम्हें कुछ नहीं है। आखिर बावनदास ने एक फैक्ट्री में 30-32 साल नौकरी की है और उनके लिए यह अधिकांश चीजें उतनी नई नहीं होनी चाहिए जितना तुम बता रहे हो। अनुकूल ने भी हायर सेकेन्डरी या उससे अधिक शिक्षा ली है वह क्या ऐसे द्वीप में रह रहा है जहाँ हर चीज उसे इतनी चमत्कृत

करती है? इस पूरे दौरान जो बात तुम स्थापित करना चाहते हो उसके लिए बड़े साइज के पूरे 10 पेज मुझे जरूरत से ज्यादा लगते हैं। पता नहीं यह दिल्ली-दर्शन तुम किसे करा रहे हो ? हालाँकि चौधरी साहब और उनका परिवेश और उससे भी अधिक चौधराइन का व्यवहार, बहुत ही प्रामाणिक या कन्विंसिंग बन पड़े हैं। राजनीति के लोगों पर तुम्हारी पकड़ पुरानी है—'लोग' के जमाने की।

अनुकूल के संस्थान में पहुँचते ही ऐसा लगता है जैसे पाठक तुम्हारे अपने उस क्षेत्र में आ गया है जिसपर तुम्हें पूरा अधिकार है। यह हिस्सा सर्वश्रेष्ठ है और नीलम्मा के गाँव जाने से पहले तक अपनी उसी ऊँचाई से चलता है। नीलम्मा को गाँव ले जाकर तुम फिर अपने उपन्यासकार का कमाल दिखाने लगते हो और यह भूल जाते हो कि वह खुद एक गाँव या कस्बे से आई है। इस सबसे गुजरते हुए क्या उसके मन में एक भी क्षण के लिए अपने और यहाँ के जीवन का तुलनात्मक रूप नहीं उभरा, बच्चों से लेकर वहाँ के रहन-सहन तक? क्यों उसके मन में यह बात नहीं आई कि जो जीवन दक्षिण का है उससे यह कहाँ अलग, अच्छा या बुरा है? इसके व्यक्तित्व में रामउजागर के प्रति अटूट श्रद्धा और "तुम्हें मैं दिशा स्तंभ मानकर आई थी" की आरती के सिवा दूसरी कोई भावना या भाषा नहीं है। मुझे वह पात्र सबसे अधिक बनावटी और अविश्वसनीय लगा। एक उसी निश्चित फार्मूले के हिसाब से तुमने उससे परिचय करवाया है। उसका विरोध और दृढ़ता दिखाई है और फिर उसे तटस्थ कर दिया है। वह तुम्हारा मानसिक विलास है (रोमेंटिसिज्म के लिए दूसरा शब्द क्या है?)

अब आओ, अनुकूल और रामउजागर पर। उन दोनों की सामाजिक समानता के बावजूद जो अलगाव तुमने दिखाया है वही इस उपन्यास की शक्ति है। रामउजागर जैसे विद्रोही पात्र निश्चय ही 'कैटेलैटिक एजेंट' होते हैं और वे यथास्थिति में सक्रिय तत्त्वों को छाँटकर उनका ध्रुवीकरण कर देते हैं। दूसरे उनसे बल लेते हैं···विशेष रूप से वे जो दलित कमजोर या दबे हुए हैं। मगर उन्हें कुचलनेवाली शक्तियाँ भी उतनी ही तत्पर हो जाती हैं। मोहन की लाश उतारनेवाली घटना में रामउजागर का जो कायाकल्प तुमने दिखाया है वह तार्किक रूप से सही है, मगर रामउजागर जैसे दबंग व्यक्ति के तर्क से पाठक को निराश करता है। औपन्यासिक सत्य तो यह होना चाहिए कि डिप्रेशन और स्थगित हो जाने के दौरे से निकलने के बाद रामउजागर अपनी, मोहन द्वारा निर्धारित नियति से विद्रोह करता यानी वह संस्थान में बम-वम रख सकता था। आग लगा सकता था। उसका इस प्रकार पागल होकर असहाय डूबते चले जाना ही विचित्र लगता है—उस समय और भी जब वह अनुसूचित होने के बावजूद बाकायदा कम्पटीशन के अधिकार से आया है और अभिजात विद्यार्थियों को भाषा और बुद्धि के धरातल पर जवाब दे सकता है। इसके इस निष्क्रिय पागल होने से ज्यादा बड़ा औपन्यासिक सच, हिंसक पागल हो जाना, कथा को अधिक

शक्तिशाली और विश्वसनीय बना सकता था। हो सकता है सचमुच ऐसा न हुआ हो। मगर शायद तुम यह कहना चाहते हो कि ये एस. सी. (शिड्यूल कास्ट) वाले चाहे जिस रास्ते से आएँ, उनकी नियति यही है कि इस तरह ही खन्नाओं के हाथों मरेंगे और निहायत पक्षपात-पूर्ण 'संलग्नक' लगाकर दफन कर दिए जाएँगे। उनमें से कुछ अनुकूल जैसे शालीन विद्यार्थी हो सकते हैं कुछ रामउजागर जैसे दबंग–नियति मगर उन सबकी एक ही है। हो सकता है कि जिस संस्थान की तुम बात करते हो, वहाँ सारी स्थिति वही दिखाई देती हो और कहीं भी आशा की कोई किरण नजर न आती हो। मगर यह उस सामाजिक शक्ति का नकार है जो उन लोगों को ऐसे संस्थानों के दरवाजे तक तो उठाकर लाई ही है। वैसे तुम्हारी यह बात (जो तुम उपन्यास के माध्यम से कहते हो) सही है कि हमारे अखाड़ों में आकर वे हमारे बनाए खेल के नियमों में फँसते हैं और मार खाते हैं।

क्या तुम खुद मानते हो कि ऐसी जगहें उन लोगों के लिए नहीं हैं कि यह इसी तरह दुहरे व्यवहारों के दवाबों में और तनावों में दम घोंटकर विकल्पहीन आत्म-हत्याएँ ही करेंगे? अगर उन्हें बचाना है तो वे अपने टाट पट्टी नुमा संस्थानों में जाकर ऐसी तैसी करे। संस्थान की पूरी तस्वीर इतनी भयावह और आतंक-प्रद है कि रास्ता सचमुच नहीं दिखाई देता और इस माध्यम से वहाँ के पूरे चरित्र और सामाजिक टेरर का स्तब्धकारी घिनौना काफ्काई रूप ही सामने आता है। मगर ऐसी जगहों पर आत्महत्या तो दूसरे लड़के भी करते हैं। उनके दबाव क्या इसी तरह के होते हैं? तुम शायद खुद आतंक से इतने ज्यादा आक्रांत हो गए हो कि सारी स्थिति का कोई हल तुम्हें नजर नहीं आ रहा। हो सकता है बात सच हो, मगर फिर 'सारी व्यवस्था बदलनी चाहिए' का भविष्यवादी या नियतिवादी हल देकर ही इस स्थिति को जैसे का तैसा स्वीकार कर लिया जाए? आखिरकर जगजीवन बाबू, अम्बेडकर या दूसरे लोग कैसे आए हैं?

यहाँ मैं इस तरह के कुछ दूसरे उपन्यासों का जिक्र करना चाहूँगा। रमणलाल बसंतलाल देसाई के बहुत पुराने उपन्यास 'कोकिला' को तुम यह कहकर एक तरफ कर सकते हो कि वह सब गाँधीवादी आदर्श था। और "ये लोग भी बेचारे मनुष्य हैं" की सद्भावना उभारने से आगे नहीं जाता। बाद में बहुत दिनों तक 'मैला आँचल' के बावनदास या 'रागदरबारी' के लंगड़ को छोड़कर यह पात्र कथा-साहित्य से प्रायः अनुपस्थित रहा। अमृतलाल नागर के 'नाच्यो बहुत गोपाल' में यद्यपि यही अछूत (नारी) उपन्यास की नायिका है। मगर वह मूलतः सवर्ण है इसलिए वहाँ लोक कथाओं वाली चालाकी है, मानों कोई राजकुमारी, 'दैवदुर्विपाक' से दासियों और बाँदियों का जीवन जीने को मजबूर है मगर वहाँ भी–अपने आचार-व्यवहार से यही सिद्ध करती है कि वह बाकी सब में से ही नहीं है, कि वह उन सबसे ऊँची है। हाँ, 'धरती धन अपना' में जगदीशचन्द्र ने जरूर अपने अधिकारों के प्रति सचेत कालीचरण को

दबंग ढंग से चित्रित किया है और कह सकते हैं कि वह तुम्हारा पढ़-लिख कर गाँव पहुँचा रामउजागर है जिसे बड़ी जातिवाले अशिक्षित-दंभी गाँववालों के बीच, सम्मानपूर्वक रहने के संघर्ष को भोगना है। तुम्हारे 'यथा प्रस्तावित' का अनुसूचित नायक तो मानो अनुकूल का बाप ही है जो वर्ण व्यवस्था के नीचे कुचल दिया गया है।

क्या तुम्हें नहीं लगता कि 'अछूत' होने की परम्परा तो बहुत दूर तक जाती है? तीसरी दुनिया के हम लोग विकसित दुनियाओं में बहुत अछूत हैं और बड़े से बड़े खन्नाओं को अमेरिका, इंग्लैंड में ब्लैक और निगर होने की यातना भुगतनी पड़ती है। अमेरिका के 'दिमाग' की चालीस प्रतिशत आपूर्ति करनेवाले भारतीय, वहाँ के समाज में वैसे ही अछूत हैं। तब हम कैसे वहाँ अपनी स्थिति बनाएँ? इस महत्त्वपूर्ण सवाल को तुमने बड़े स्तर पर देखने की कोशिश क्यों नहीं की?

या दूसरे शब्दों में कहूँ तो तुम्हारा यथार्थ यहाँ तो चौकस है, लेकिन न अपनी और व्याप्तियों में जाता है, न अपने आपको अतिक्रमित करता है, वह उसी संस्थान की तथ्यात्मकता से बँधा रहता है। मुझे तो उस थीम में मेटाफिजिकल धरातल से लेकर, राजनैतिक, सामाजिक और व्यक्तिगत अनेक स्तरों पर हम सबमें 'अछूत' या 'आउटसाइडर' होने की अर्थवत्ता तलाश करने की संभावनाएँ नजर आती हैं। काश, तुमने इसे थोड़ा पकने दिया होता और जल्दबाजी में जो हुआ है, या होता रहा है, सिर्फ उसका ही 'प्रामाणिक दस्तावेज' बनाने का आग्रह न रखा होता तो यह उपन्यास महान् होता । अब तो यह एस. सी. वर्ग पर हिन्दी के पहले (चाहो तो महत्त्वपूर्ण कहकर संतोष कर लो) उपन्यासों में एक होकर रह गया है। हाँ, इसकी प्रशंसाओं में प्राप्त होनेवाले सर्टिफिकेटों की अतिशयोक्तियों और स्तुतियों से फूलकर मेरी समझ पर तरस खाने का तुम्हें पूरा अधिकार है।

भाषा इस उपन्यास में ज्यादा पठनीय और विषय वस्तु के निकट है, उसके मिजाज से एक सुर अभी भी नहीं है। फिर भी, तुम्हारे साहस पर बधाई तो देनी ही चाहिए।

अन्त में क्या यह भी कहूँ कि ये 'हम लोगों' की ओर से 'उन' पर लिखी रचनाएँ हैं। मराठी 'दलित साहित्य' की तरह उन लोगों की ओर से रचनाएँ हिन्दी में क्यों नहीं आ रहीं? वैसे 'दलितवाली' का संघर्ष भी अपनी अलग अस्मिता तलाश करने की बजाय, हममें हमारी तरह बनकर शामिल हो जाने का ही है। सदियों की दलदल से निकलकर अलैक्स हैले के 'रूट्स' के नायक कुप्टा-किप्टे जैसा आत्मविश्वास खुरच लेने की स्थिति वहाँ अभी नहीं आई है।

और ?

सस्नेह
राजेन्द्र यादव

एक गाँव का समाधि-लेख : 'डूब'

मार्खेज के उपन्यास 'एकाकी जीवन के सौ साल' (हंड्रेड ईयर्स ऑफ सोलिच्यूड) से प्रेरित होकर भीष्म साहनी ने 'मय्या दास की माड़ी' और मृणाल पांडेय ने 'पटरंगपुर पुराण' लिखे। एक का केन्द्र है पश्चिमी पंजाब का एक गाँव तो दूसरे का कुमायूँनी अंचल। अगर यह भूल जाएँ कि ये दोनों उपन्यास उस दौर में लिखे गए जब 'एकाकी जीवन' की धूम थी और मार्खेज को नोबेल पुरस्कार मिल चुका था तो मैं कहूँगा कि दोनों को पढ़ना अपने देश के यानी समाज के बेहद आत्मीय और अन्तरंग अनुभवों से गुजरना है। इनके प्रमुख पात्रों की सौ सालों की लम्बी जिन्दगी में व्यक्ति और समाज के द्वंद्वात्मक परिवर्तन सहज ढंग से घटित होते हैं। इकाई को केन्द्र में रखकर वे एक सदी के पारिवारिक इतिहास हैं—एक जगह पुरुष है और दूसरी जगह स्त्री।

वीरेन्द्र जैन का उपन्यास 'डूब' इस अर्थ में इतिहास और समाज के बदलावों को 'देखना' नहीं है बल्कि एक सौ पाँच साल के माते के माध्यम से इतिहास के साथ मुठभेड़ है—समय की नदी पर बना ऐसा बाँध है, जहाँ पानी रुक गया है और बाँध की दीवारों में दरारें बन गई हैं। इमरत सिंह माते एक व्यक्ति या परिवार नहीं है बुंदेलखण्ड का एक बनता और बिगड़ता हुआ गाँव है, जिसे औद्योगिक विकास की चपेट में 'डूब' जाना है। बेतवा के किनारे बसा तीन तरफ पहाड़ियों से घिरा और शेष समाज से कटा लड़ैई गाँव। आधुनिक विकास के लिए बिजली अनिवार्य है इसलिए बाँध तो बनेंगे ही—यानी कुछ जंगलों, गाँवों और समाजों की बलि तो होनी ही है। लड़ैई यानी इमरत सिंह माते उन्हीं गाँवों में से एक है।

'डूब' पढ़ते हुए मुझे वह प्रसिद्ध लोककथा याद आती रही जहाँ तीन तरफ पहाड़ियों से घिरे गाँव के मुहाने पर एक राक्षस डेरा डाले बैठा है और रोज एक आदमी का भोजन माँगता है—यह गाँववालों का अपना सिरदर्द है कि वे अपने बीच के परिवारों में से रोज एक व्यक्ति चुन लें—वर्ना राक्षस सारे गाँव को खा जाएगा। 'डूब' में इस कहानी का कोई हवाला नहीं है मगर हर व्यक्ति, परिवार, गाँव, समाज

के स्तर पर यही कहानी घटित हो रही है। समाप्त होने के आतंक के नीचे टूटते हुए समाज की कहानी है डूब। डूबते जहाज से छलाँगें लगाते चूहों की तरह लोग गाँव छोड़कर भाग रहे हैं मगर वहाँ दूसरा राक्षस यानी सरकारी तंत्र बैठा है, जमीनें और मुआवजे हड़पने के लिए। आश्चर्य या उपन्यासकार का कौशल है कि इस आतंक, संत्रास या खौफ को अस्तित्ववादी मुहावरों में गढ़ा कहीं नहीं गया है। हाँ, अनकहे हुए भी वह वहाँ है और हर परिवार इस नियति के बोझ के नीचे संघर्ष कर रहा है– लगभग पशु के धरातल पर जीवित रहने के लिए लड़ रहा है। माते इस लड़ाई का शिकार भी है और योद्धा भी। मगर केन्द्र में होते हुए भी माते औपन्यासिक परम्परा के अनुसार नायक नहीं—सिर्फ प्रमुख पात्र है। उसका संघर्ष 'रंगभूमि' के सूरदास की तरह संगठित मोर्चे का रूप भी नहीं लेता। हालाँकि 'सूरदास' की लड़ाई भी औद्योगिक विकास के इसी अमानवीय खलनायक के खिलाफ है। इसलिए माते उस अर्थ में शहीद भी नहीं होता। हाँ, अपराजित जुझारू संकल्प के रूप में जरूर उभरता है।

लड़ैई गाँव के छोटे से इतिहास के साथ हैं वहाँ के विभिन्न वर्ग और परिवार—साहूकार और पुजारी, किसान और ठाकुर। आगे-पीछे दूर तक देखता माते—एक छायादार वृक्ष की तरह हरेक दुखी-प्रताड़ित को अपनी शरण में लेता भारतीय किसान। स्वार्थों, महत्त्वाकांक्षाओं और शोषण चक्र की अवैधताओं-क्रूरताओं के बीच गोराबाई और माते मानवीय गरिमा के अद्‌भुत-स्मरणीय चरित्र हैं। गोराबाई और अट्टू साब के प्रेम-प्रसंग में लोककथाओं जैसी स्वप्न-संभवता है। कहने की जरूरत नहीं है कि डूब एम. एस. श्रीनिवासन के 'यादों से रचा गाँव' की तरह समाजशास्त्रीय अध्ययन तो नहीं है मगर सब मिलाकर इतना जीवंत और जैनुइन है कि समाजशास्त्रीय विद्यार्थियों के लिए महत्त्वपूर्ण अध्ययन हो सकता है। यह भी असंभव है कि इस तरह के आंचलिक उपन्यासों की बात करते हुए 'रेणु' के 'मैला आंचल' और मैत्रेयी पुष्पा के 'इदन्नमम' की याद न आए, मगर 'डूब' इस अर्थ में उनसे अलग भी है कि यहाँ आंचलिकता संवादों और बोली बानी में नहीं, पूरे जीवन वितान में व्याप्त है—लगभग 'गोदान' की याद दिलाती हुई। यह उपन्यास का 'मौसम' है।

'डूब' मेरे लिए विकास और विस्थापन की समस्या पर गहराई से विचार करने का एक बेहद डिस्टर्बिंग प्रस्थान-बिन्दु है। 'डूब' वीरेन्द्र जैन की ऐसी उपलब्धि या शत्रु भी है जो उसके हर पिछले और बाद के लिखे को बौना बना देता है। लगता है हम सब 'ओल्ड मैन एण्ड द सी' (हैमिंग्वे) के वे मछुआरे हैं जो जिन्दगी भर छोटी-मोटी मछलियाँ पकड़ते रहते हैं, मगर किसी दिन एक बड़ी शार्क मछली हमारी अगली-पिछली जिन्दगी को बदल देती है—तब खुद आश्चर्य होता है कि क्या यह सचमुच हम ही थे—जो इस मछली से जूझ पाए...

आज की मुख्य धारा से अलग-थलग 'बैक वॉटर्स' यानी लड़ैई गाँव के स्तर-स्तर

खोलता 'डूब' साहित्यिक अर्थों में 'बड़ा' उपन्यास नहीं है मगर यह उस समाज का समाधि लेख जरूर है जिसे पढ़कर अगली सदी का इतिहास लिखा जाएगा। एक सबाल्टर्न इतिहास, जिसे आजादी के बाद पैदा होनेवाली पीढ़ी के एक अत्यंत संभावनाशील लेखक ने लिखा है। इस दृष्टि से 'डूब' स्वतन्त्र भारत के महत्त्वपूर्ण उपन्यासों में से एक है।

[30 नवंबर 1996]

गुलामी का आनन्द और स्वतन्त्रता के खतरे
('ओ' की कहानी)

'ओ की कहानी' किसी पॉलां रीगे (Pauline Reage) का लिखा फ्रेंच उपन्यास है। प्रकाशकीय और दूसरी सूचनाओं के अनुसार यह नाम असली नहीं है। या तो किसी और बड़े लेखक-लेखिका ने लिखा है या फिर किसी बाजारू लेखक ने। बहरहाल शुरू की सारी भूमिकाएँ यही आग्रह करती हैं कि यह किसी लेखिका का ही दूसरा नाम है।

दस-पंद्रह वर्षों से सुना था इस उपन्यास ने फ्रांस में तहलका मचा दिया था। 'ओ' को नारी शरीर का प्रतीक मना गया है, कहा गया है कि सैक्स-हिंसा की जो धारा मार्क्विस द साद ने स्थापित की थी, उसकी यहाँ पुनःप्रतिष्ठा की गई है। इतनी बात जरूर है कि उपन्यास अपने ढंग से झकझोर देनेवाली रचना है, और बेहद सावधान सजगता के साथ लिखा गया है—स्त्री के दृष्टिकोण से।

द साद की रचनाएँ ऐसे निरंकुश, स्वच्छंद पुरुषों की दमित और व्यक्त आकांक्षाओं और क्रियाओं की कहानियाँ हैं जो सब संपन्न हैं और सैक्स या हिंसा में किसी प्रकार के नैतिक संस्कार से मुक्त हैं। सुनसान जंगलों में अकेली हवेलियाँ, गढ़ियाँ, अँधेरे कमरे, बन्द डरावने तहखाने, यातनाएँ देने के नए-नए तरीके, मुक्त और विकृत संभोग के हर संभव समीकरण, कोड़ों, छुरी, तलवारों से लेकर दागने-फाड़ने के सारे उपकरण, औजार, हथकड़ियाँ, बेड़ियाँ, गुलाम और हत्यारे-रोती चीखती औरतें, नीग्रो किशोरियों की छातियों और गड़रिये लड़कों के नितम्बों के कवाबों का स्वाद बखानते हुए नर मांसभक्षी और अपने मनोरंजन के लिए सभी कुछ बेझिझक करते निरंकुश नायक। सब मिलाकर यातना, हिंसा और सैक्स इन्हीं तीन तत्त्वों से द साद ने उपन्यास लिखे हैं। इसलिए वहाँ खून, वीर्य और विष्ठा की 'नदियाँ' बहती हैं। एक तरह हमारे रौरव और कुंभीपाक की सक्रिय प्रयोगशालाओं से उसकी रचनाओं की दुनिया भरी पड़ी है। शायद यही कारण है कि दो-ढाई सदी तक उसके उपन्यास

'अस्पृश्य', अश्लील और अपठनीय माने जाते रहे। वह तो इधर सिमॉन द बोउवा जैसी लेखिका ने 'फिर क्या हम साद को जला दें?' जैसा लम्बा लेख लिखकर उसकी रचनाओं की नए सिरे से व्याख्या करने की कोशिश की है।

बोउवा कहती है कि गलत या सही साद इसी 'दर्शन' में विश्वास करता था और ऐसा जीवन जीने के कारण ही सोलह वर्ष जेल और पागलखाने में रहा। यह उसका अपना विश्वास और चुनाव था। इसी के माध्यम से वह फ्रांस की तत्कालीन न्याय प्रणाली और नैतिक रूढ़िवादिता को चुनौती देता रहा। ''इसी अडिग और अविचल ईमानदारी के लिए हमें साद को महान् नैतिक बोध संपन्न लेखक मानना पड़ेगा–यों न वह धधकता हुआ कलाकार है, न बहुत युक्तिसंगत दार्शनिक–''

बहरहाल, फ्रांसीसी क्रांति की उस व्यापक हिंसा और हत्याओं की मानसिकता को ही साद व्यक्तिगत स्तर पर सशक्त ढंग से अपने उपन्यासों में दुहराता है। क्रान्ति की हिंसा का समर्थक 'मॉरॉ' और व्यक्तिगत विकृत क्रूरताओं का पुरोधा या शैतानी मसीहा 'साद' दोनों एक ही युग में रहे हैं और दोनों को जेल में दिन काटने पड़े हैं। इन दोनों के काल्पनिक मिलन और संवाद को आधार बनाकर लिखा गया पीटर वैज का नाटक 'साद मॉरॉ' (Sade-Marat) पिछले दिनों अमेरिका में व्यापक चर्चा का विषय रहा है। खुद 'साद' की इसी नाटकीय दुनिया को मूर्तिमान करनेवाले 'मार्क्विस द साद' नाम के साहसिक मंच-प्रदर्शन ने अमरीकन पत्र-पत्रिकाओं में हंगामा मचा दिया था।

इसलिए, हममें से जो सिर्फ यह समझते थे कि 'साद' अंग्रेजी भाषा को 'सैडिज्म' शब्द देकर ही दफा हो गया, वे बहुत बड़े भ्रम में हैं। उसकी परम्परा योरप और अमेरिका के साहित्य और जीवन में किसी न किसी रूप में चलती रही है। यानी साद बार-बार विचार और लेखन की दुनिया में अवतार लेता है। इस बार आया है 'ओ' की कहानी बनकर।

ओ की कहानी अश्लील नहीं, आतंकप्रद है क्योंकि इसके पीछे पुरुष सत्ता की साजिश है। यों तत्त्व सारे वही 'साद' वाले हैं। इस कहानी से पहले छपी और अपनी 'अश्लीलता के कारण चर्चित फैंटेसी' 'आँख की कहानी' 'स्टोरी ऑफ आई' (लेखक George Bataille) के परिशिष्ट में अश्लील लेखन की विशेषज्ञ सूजन सौंटेग ने अश्लीलता 'फूहड़' या गँवारू शब्दों और संभोग क्रियाओं को बार-बार दोहराने में मानी है–या फिर विज्ञान कथाओं की तरह कल्पना के अतिमानवीय विस्तार में (जैसे बुरी तरह कोड़े और हंटरों से लहू-लुहान औरतों का अगले दिन फिर तरोताजा हो जाना, या पुरुषों का दानवीय अतिशयोक्तिपूर्ण पौरुष)। हैनरी मिलर जैसों में यह सिर्फ शब्दों और क्रियाओं के विवरणों तक ही सीमित हैं, हाँ खून, वीर्य और विष्ठा-प्रेम जरूर साद जैसा ही है। ओ की कहानी में यह दोनों ही नहीं है, शरीर के विभिन्न अंगों के नाम भी साद जैसे अहंकारी खुलेपन से नहीं, काफी शिष्ट और सभ्य ढंग

से दिए गए हैं। जहाँ तक अप्राकृतिक संभोग दृश्यों या विकृत यौन-कृत्यों का सवाल है, उस बारे में कॉलिन विल्सन बहुत पहले ही लिख चुका है कि जब से संभोग को हमने संतानोत्पत्ति से हटाकर आनन्द का स्रोत बनाया, अप्राकृतिक दृष्टिकोण का सूत्रपात तभी से हो गया था। जब आनन्द ही लक्ष्य हो तो अप्राकृतिक और विकृत कुछ नहीं होता—न उसकी कोई सीमा होती है। यही वात्स्यायन भी कहते हैं।

बोउवा का मानना है, "जो व्यक्ति दूसरों की यातना के लिए हृदयहीन हो सकता है वह खुद अपनी तकलीफ के लिए पहले ही संवेदन-हीन हो चुका होता है" इसलिए वहाँ हमें उत्तेजन नहीं, संवेदन-शून्यता ही देखनी चाहिए। 'ओ' की कहानी इसी ठंडेपन और संवेदनशून्यता की कहानी है, बेहद क्रूरता से गुलामी की मिथ को चरम तक ले जाने की वकालत है। इसलिए दहशत जगाती है।

रेने, ओ को बहुत प्यार करता है। इसलिए उसे रोस्सी नामक अड्डे पर छोड़ आता है। यह सुनसान जगह परम रहस्यमयी किस्म की बड़ी हवेली है, जहाँ 'ओ' की आँखों पर पट्टी बाँधकर ले जाया जाता है। यहाँ चार-पाँच स्वच्छन्द किस्म के रईस (लिबर्टीन) हैं, नौकर-नौकरानियाँ हैं—यातना के तरह-तरह के औजार और उपकरण हैं। जहाँ सुबह-शाम नियम से ओ के सारे कपड़े उतारकर हन्टरों और कोड़ों से बाकायदा धुनाई होती है, अप्राकृतिक संभोग या शरीर के साथ तरह-तरह नोच-खसोट होती है। उसे पहले बता दिया जाता है कि उसके चीखने-चिल्लाने या दया की गुहारों का कोई असर नहीं होगा। कभी गले कलाइयों, पाँवों में चमड़े के पट्टे बाँधकर दीवार से लटकाकर पीटा जाता है, तो कभी स्टूल पर लिटाकर। वह सबकी साझी सम्पत्ति है। बीच-बीच में रेने भी आता है और 'मैं तुम्हें बहुत प्यार करता हूँ' या 'मैं तुम्हें बहुत प्यार करती हूँ' के वाक्यों, चुम्बन-आलिंगनों के बाद उन्हीं स्वच्छन्द लोगों को सौंपकर चला जाता है, कभी-कभी शायद उन्हीं के बीच बना भी रहता है, मानो 'ओ' के प्यार की परीक्षा ले रहा हो। हाँ, जब उस पर हन्टर बरसाए जाते हैं तो ये लोग चेहरे पर नकाबें पहन लेते हैं। इस तरह पन्द्रह दिनों में उसके भीतर के सारे प्रतिरोध और अलग-अलग व्यक्तियों की पहचान समाप्त कर दी जाती है। उसे स्पष्ट शब्दों में बता दिया जाता है, "तुम्हारे शरीर का कोई भी भाग तुम्हारा अपना नहीं है। उस पर हमारा और सिर्फ हमारा अधिकार है, हम उसका जैसा चाहें उपयोग करें, और तुम प्रतिरोध नहीं करोगी। तुम हमेशा होंठ खुले और टाँगें चौड़ी रखोगी, अन्दर कोई कपड़ा नहीं पहनोगी। तुम्हें जो अँगूठी पहनाई जा रही है उसका अर्थ है कि जो भी हमारे क्लब का सदस्य तुम्हें मिलेगा तुम उसकी हर वासना पूरी करोगी, आँख से आँख मिलाकर नहीं देखोगी।" आज्ञा पालन न करने पर दैनिक सजा के अतिरिक्त सजा मिलेगी।

यातनाओं की इस दीक्षा के बाद रेने उसे अपने यहाँ ले आता है। बार-बार

दिखाया यही गया है कि ओ, रेने को बहुत प्यार करती है और उसकी खुशी के लिए ये सारी यातनाएँ बर्दाश्त कर रही है, इसके बाद रेने उसे ले जाता है अपने एक रिश्तेदार सर स्टीफेंस के पास। 'आज से तुम इनकी हो, ये तुम्हारा जो चाहें उपयोग करें।' फिर शुरू होता है वही अप्राकृतिक संभोगों, कोड़ों और हन्टरों का सिलसिला—चमड़े के पट्टे, चीखों और कराहों को रोकने के लिए मुँह में ठूँसे जानेवाले गट्टे, लटकानेवाली जंजीरें। रोस्सी में ओ को 'पालतू' बनाने, बताए गए नियमों का उल्लंघन करने या प्रतिरोध का शब्द मुँह से निकालने के लिए धुनाई होती थी, यहाँ सिर्फ मनोरंजन और उत्तेजना के लिए होती है। बीच में जैकलीन प्रसंग भी है। जैकलीन मॉडेल है, खूबसूरत और लैस्बियन—उसे ओ बेहद प्यार करती है। सर स्टीफेंस की माँग है कि जैकलीन को रेने के प्यार में डालकर रोस्सी पहुँचाया जाए ताकि उसे भी पालतू बनाया जा सके। ओ का काम है कि जैकलीन को पढ़ाकर रोस्सी जाने को तैयार करे। हाँ, सर स्टीफेंस शुरू में ही ओ को बता देता है कि 'अगर तुम चाहो तो यहाँ से जा सकती हो, मगर यहाँ रहोगी तो मैं तुम्हारा चाहे जैसा उपयोग करूँगा।' ओ यहीं रहना पसन्द करती है। रेने सिर्फ ओ को स्टीफेंस के यहाँ लाने-ले जाने का काम करता है। स्टीफेंस का आदेश है कि "तुम रेने को नहीं, मुझे प्यार करोगी"—रेने के प्यार की मारी ओ में यह इच्छा भी नहीं है कि विरोध कर सके। अब वह पूरी तरह सर स्टीफेंस की चीज है, रोस्सी वाले लोग भी आते हैं—इन दोनों के सामने ही ओ का उपभोग करते हैं। फिर स्टीफेंस तय करता है कि 'ओ' मेरी है उसका बाकायदा मेरा ठप्पा लगना चाहिए। वह उसे अन्ना मेरी के यहाँ छोड़ आता है।

अन्ना मेरी का भी उसी तरह का ताम-झाम है। दीवारों और सलाखों से घिरे बड़े बाग में हवेली, दुहरी खिड़कियों और कॉर्क मढ़े कमरे ताकि चीख पुकारें बाहर न जाएँ। सुबह शाम कोड़ों और हन्टरों से पिटाई, विभिन्न मुद्राओं में बाँधनेवाली टिखटियाँ—मदद के लिए दो लड़कियाँ, नौकर-चाकर—यहाँ दो-चार दिन पिटाई के बाद एक दिन उसके दोनों नितम्बों पर सर स्टीफेंस और उसके अपने नाम के पहले अक्षर ठीक वैसे ही गरम ठप्पों से दाग दिए जाते हैं जैसे घोड़ों या बैलों के। फिर सर स्टीफेंस की उपस्थिति में ओ की योनि में दो छल्ले इस तरह नाथ दिए जाते हैं कि बिना छेनी-हथौड़े के उन्हें निकाल पाना मुश्किल है। इन कड़ियों से दो तमगे (पैंडुलम) लटके हैं और उन पर भी सर स्टीफेंस और ओ के नामों के पहले अक्षर खुदे हैं। अब ओ बाकायदा स्टीफेंस की गुलाम या पालतू पशु है—उसे आदेश दिया जाता है कि इन निशानों को तुम छिपाने की कोशिश नहीं करोगी, सारी दुनिया जान ले कि तुम सर स्टीफेंस की निजी सम्पत्ति हो···

अन्ना मेरी के यहाँ से लौटकर कुछ दिनों बाद (जैकलीन कहीं चली गई है) रोस्सी का कमांडर आता है और ओ को एक रात्रि-पार्टी में ले जाया जाता है। ओ

के सिर से लेकर कन्धों तक उल्लू की शक्ल का मुखौटा पहना दिया जाता है, सारा शरीर नंगा है, हाथ पीछे बँधे हैं, और एक लम्बी साँकल उसकी जाँघों के बीच लटकी कड़ियों से बँधी है। इस जंजीर को पकड़ कर आगे-आगे चल रही है जैकलीन की छोटी बहन नताली, सर स्टीफेंस के साथ। नताली ओ के 'सौभाग्य' से ईर्ष्या करती है और इसी 'सुख' को अपनाना चाहती है। लेकिन इस समय सिर्फ गवाह और सहायिका की तरह हर यंत्रणा की दर्शक के रूप में हमेशा ओ के साथ है। उसे बाद में रोस्सी भेजा जाएगा।

खुले आँगन में पार्टी चल रही है। पत्थर की एक बेंच पर ओ बैठी है, उल्लू का चेहरा ओढ़े हुए मानो, वह मूर्ति है। नीचे जंजीरें पकड़े बैठी है नताली। नाचते-गाते जोड़े आते हैं, उसे देखते हैं, जाँघों के बीच लटकते बिल्लों को पढ़ते हैं और फिर अपने में व्यस्त हो जाते हैं। ओ से सीधे कोई कुछ नहीं बोलता। सुबह दिन निकलने तक यही सिलसिला चलता है। एक बहुत खूबसूरत अमेरिकन लड़की ओ के पास बैठकर उसके अंग-प्रत्यंग की जाँच करती है। छातियाँ दबाती है, जंजीरों को कैसे पिरोया गया है, यह देखती है और जब उसका साथी कहता है कि यही सब कुछ वह उसके साथ भी करना चाहता है तो लड़की को कोई धक्का नहीं लगता। सुबह ओ की जंजीरें खोल दी जाती हैं, मुखौटा उतार दिया जाता है, आँगन के बीच बड़े पीढ़े पर लिटाकर सर स्टीफेंस और उसके साथी बारी-बारी से अपने मनचाहे ढंग से उसे प्राप्त करते हैं।

कायदे से यह उपन्यास यहीं समाप्त हो जाता है। बाद में इसका एक और अन्त दिया गया है कि सर स्टीफेंस ओ को वापस रोस्सी छोड़ने आता है। स्टीफेंस को जाते देखकर ओ कहती है कि उसका साथ छोड़ने से तो वह मर जाना ज्यादा पसन्द करेगी, इस पर स्टीफेंस सहमति जता देता है...

साद की कहानियाँ निरंकुश लोगों के कोण से लिखी गई हैं, ओ की कहानी ओ की ओर से है। स्त्री का शरीर धारण करने के अपराध में एक जीती-जागती औरत कैसे धीरे-धीरे मांस के बेजान लौंदे में अपनी इच्छा या सहमति से बदल दी जाती है—यह उसी प्रक्रिया की खौफनाक कहानी है। ओ को हर पल विश्वास यही है कि यह सब वह रेने के प्यार के लिए, उसकी खुशियों के लिए कर रही है। प्यार के लिए पाई जानेवाली इन निरन्तर यंत्रणाओं, शारीरिक दुरुपयोगों और क्रमशः अपने आपको 'छोड़ते' चले जाने में समीक्षक ज्याँ पॉल्हन (Jean Paulhan) एक आध्यात्मिकता देखता है। यह संश्लिष्टता उपन्यास में भी है कि कभी ओ अपना शरीर इन निरंकुशों के हवाले छोड़कर निरन्तर ऊपर उठती हुई लगती है तो कभी बेजुबान पशु और लोथ बनती हुई। उल्लूवाला मुखौटा पश्चिमी विश्वास के अनुसार ओ के अनासक्त और 'बोधिसत्व' हो जाने का संकेत भी देता है और उसके सिर्फ बेचेहरा पशु में बदल दिए जाने का भी। कहने की जरूरत नहीं है कि ओ के साथ

ठीक वही प्रक्रिया इस्तेमाल की जाती है जो वेश्या बनाने के लिए इस्तेमाल होती है यानी शारीरिक यातनाओं से उसके भीतरी प्रतिरोध को तोड़ना और निरन्तर अनेक लोगों द्वारा बलात्कार द्वारा व्यक्तियों की अलग-अलग पहचान और अपनी इच्छा को समाप्त कर देना—अन्त तक ओ के पास न अपने प्रेमी को चुनने की चेतना है और न शरीर के होने की। यहाँ तक कि जीवन के चुनाव का बोध भी समाप्त हो गया है।

मुझे 'ओ' की कहानी भारतीय लड़कियों और औरतों की इस आकांक्षा का विस्तार लगती है जो अक्सर कहती हैं कि जीवन साथी के रूप में उन्हें ऐसा मर्द चाहिए जो उन पर शासन कर सके, उन्हें डॉमिनेट कर सके, जो अपनी इच्छा के अनुसार उन्हें चलाए—यानी जो उन्हें गुलाम बना ले। ओ के भीतर की गुलामी की यह आकांक्षा ही उसे क्रमशः कठपुतली बनाने की प्रक्रिया में डाल देती है। जब मैं अपने व्यक्तित्व को विसर्जित करके खुद को दूसरे के हाथों में सौंपता हूँ तो यह उसकी इच्छा है कि किस सीमा तक वह मेरा क्या करे। नाथे जाने के बाद जब सर स्टीफेंस ओ को एक होटल के अकेले कमरे में ले जाता है तो ट्रे में बाकायदा करीने से रखे कोड़े, हन्टर, चाबुक सामने पेश करके उससे पूछा जाता है कि ओ किसका 'स्वाद' लेना पसन्द करेगी और वह इशारे से बताती है। ज्याँ पॉल्हन ने (लोगों को शक है कि उपन्यास इसी ने छद्म नाम से लिखा है, क्योंकि पॉल्हन के उपन्यास 'इमेज' की भूमिका लिखने के सिवा पॉलां रेगे को न किसी ने कहीं देखा—न उसका लिखा कुछ पढ़ा) भूमिका का नाम दिया है 'गुलामी का आनन्द'। इसमें 'ओ की कहानी' की तेजस्वी वकालत की गई है।

यह सच है कि इस कथा के पात्र, जब कोड़े मारते हैं, गुदा या मुख-मैथुन करते हैं (प्रायः स्वाभाविक मैथुन नहीं करते) तो साद के पात्रों की तरह उसमें आनन्द नहीं लेते—सिर्फ एक कर्तव्य-भावना की तरह तटस्थता से सारा काम सर अंजाम देते हैं। जैसे कोई डाक्टर ऑप्रेशन कर रहा हो या कोई अघोरी तांत्रिक अनुष्ठान किया जा रहा हो।

उधर गुलामी और यातनाओं में सुख और आन्तरिक तृप्ति पानेवाली ओ की आकांक्षा है कि "हिम्मत हो तो मुझे इसी पिंजरे में कैद रखो, चाहो तो कभी-कभी थोड़ा दाना-पानी दे दो—जो कुछ मुझे बीमारी या मौत के करीब ले जाता है, वही मुझे ज्यादा वफादार बनाता है। जब तुम मुझे यातनाएँ देते हो—तभी मैं अपने को अधिक सुरक्षित और संरक्षित महसूस करती हूँ। अगर तुम्हें ईश्वर की तरह अपना कर्तव्य-पालन नहीं करना था तो मेरा ईश्वर बनने के लिए तैयार होने की भी कोई जरूरत नहीं थी..."

यहीं वह माँग करती है, "जब भी मेरे पास आओ तो तुम्हारे हाथ में चाबुक होना चाहिए—मेरी कल्पना, मेरे ये उल्टे-सीधे सपने ही मुझे तुमसे दूर ले जाते हैं,

तुम्हारे प्रति बेवफा बनाते हैं। मुझे कुचल डालो, इन सपनों से मेरी जान छुड़ाओ, मुझे मुक्ति दो—मेरे साथ जो भी तुम से बन पड़े करो, ताकि तुम्हारे प्रति बेवफा होने की मानसिक फुरसत ही मुझे न मिल पाए…''

ओ की यह माँग, उस भारतीय भक्त और साधक की माँग है जो अपने शरीर को सिर्फ इसलिए यातनाएँ देता है कि स्वप्न में ईश्वर के अलावा कुछ न सोच सके—''ऐसी जु हों जानता कि जैहे तू विसय के संग, ऐ रे मन मेरे हाथ-पाय तेरे तौरतो…'' भारतीय पत्नी की इसी गुलामी को तो नीतिकारों ने महिमान्वित किया है, ''सपनेहु आन पुरुस मन नाही…'' भारतीय नारी जब उच्छ्वसित होकर कहती है कि ''तुम्हारे बिना भी मैं कैसे जिन्दा रही, अपने इस अपराध को कभी माफ नहीं कर पाऊँगी''—तो वह ऐसी ही यंत्रणाओंवाले प्रायश्चित्त की माँग करती है। आज भी हजारों भारतीय सती-साध्वी पत्नियाँ पतियों द्वारा बाकायदा की जानेवाली पिटाई को उसका अधिकार या प्यार मान कर खुश रहती हैं।

ओ इन यातनाओं के माध्यम से अपने इसी 'स्व' के विसर्जन का 'आनन्द' भोगती है। कहने की जरूरत नहीं है कि नारी-मुक्ति के जवाब में ही शायद ओ की कहानी लिखी गई है—स्वतंत्र व्यक्तित्व और खुद अपने जीवन का चुनाव करने वाली औरतों के मुँह पर तमाचे की तरह…

मैं समझ नहीं पा रहा हूँ कि पुरुष के सत्तांध अहंकार की पुनःस्थापना के रूप में ओ की कहानी को लिया जाए या इस रूप में कि हजारों सालों की गुलामी ने औरत को सचमुच इस हद तक कुचल डाला है कि स्वतंत्र हो जाने के हर अवसर को वह ठुकरा देती है और अन्त में मुक्ति की अपेक्षा मृत्यु का वरण करती है।

ओ की इस स्थिति की वकालत के लिए ज्याँ पॉल्हन एक कहानी से अपनी भूमिका शुरू करता है : 1838 में बार्वाडोज द्वीप में एक बार दो सौ हब्शी मर्द-औरत गुलामों ने विद्रोह किया। ये लोग अभी-अभी एक अध्यादेश के तहत स्वतंत्र हुए थे। उनकी माँग थी कि उन्हें फिर से गुलाम बना लिया जाए। मालिक ने उनकी यह माँग अस्वीकार कर दी तो गुलामों ने उसे बाल-बच्चों सहित कत्ल कर डाला। उसी शाम उन्होंने अपने दड़बों, कोठरियों, पंचायत घरों और पुराने 'गुलामी के रीति-रिवाजों' को फिर से चालू कर दिया—यह गुलामी के खून में बस जाने का उदाहरण है जिसे कामू ने अपनी 'अतिथि' नाम की कहानी में और भी शक्तिशाली ढंग से लिखा है। यातनाओं से बचने के लिए किसी तरह छूट कर भागा हुआ गुलाम एक घर में रात बिताता है। सुबह मेजबान उसे आगे भाग जाने की राह बता देता है, ''आगे सड़क दो हिस्सों में फटती है। एक रास्ता तुम्हें मुक्ति की दिशा में ले जाएगा, दूसरा वहीं जहाँ से आए हो''—और गुलाम वापस लौटने का रास्ता चुनता है, क्योंकि मुक्ति को उसने नियति मानकर नहीं, सिर्फ अतिथि की मानसिकता से चुना था। मुक्ति का मार्ग अनजाना है, खतरनाक है और बेहद ऊबड़-खाबड़ है। इसलिए गुलाम

अपने परिचित रास्ते में ही अपने सुरक्षा और सुख खोजता है। वस्तुतः यह चुनाव नहीं, हजारों बरसों का एक अभ्यास (कैंडीशनिंग) है, जो नस-नस (सिस्टम) में समा गया है, रग-रेशे में घुल गया है—जिसे ओ कहती है 'गुलामी का आनन्द'। और ओ के 'सुख' की बात करते हुए ज्याँ पॉल्हन झुँझलाकर कहता है "मैं जानता हूँ यहाँ कोई न कोई उल्लू का 'पट्ठा' आत्म-पीड़न 'आनन्द' का नाम लेने जा रहा है। वस्तुतः यह 'ओ' के अस्तित्व की माँग है, आत्मा की जरूरत है।"

मानो बोउवा के शब्दों में ओ कहना चाहती है : "शिकार चाहे विद्रोह करे या कन्धे डाल दे, इस विरोध और समर्पण के बीच झूलते इस व्यक्ति से यंत्रणा देनेवाले की सिर्फ और सिर्फ एक ही माँग होती है कि मेरी खुशी, मेरी मनमानी ही तुम्हारी नियति है। इस स्थिति का बेशर्त स्वीकार ही उसे अपने यंत्रणादाता के साथ घनिष्ठ रूप से जोड़े रखता है। वे सचमुच आपस में एक आदर्श 'जोड़ा' बन जाते हैं।"

कभी-कभी मैं सोचता हूँ कि फ्रांस—या कहना चाहिए मानव-स्वभाव, अजीब 'अन्तर्विरोधों' की चीज है, जहाँ कभी आत्महंता दासता की चरम कथा के रूप में 'ओ' की कहानी हमें झकझोरती है तो कभी 'पैपियों' जैसी आत्मकथा दुनिया हिला देती है। हैनरी शैरियर को लगता है कि वह हत्या के झूठे मुकदमे में फँसा दिया गया है और घोषणा करता है कि दुनिया की कोई जेल उसे बाँधकर नहीं रख पाएगी। तेरह साल में नौ बार वह दुनिया की भयंकरतम जेलें तोड़ कर भागता है, बड़े-बड़े नाविकों और दुस्साहियों को स्तब्ध कर देनेवाली समुद्री यात्राएँ करता है, हर बार पकड़े जाने पर उसका संकल्प और भी दृढ़ हो जाता है, "दुनिया की कोई ताकत मेरी स्वतंत्रता नहीं छीन सकती, मुझे गुलाम नहीं बना सकती।"

सचमुच लोमहर्षक और रोमांचकारी कहानी है 'पैपियों' की—ओ से एकदम विपरीत और विलोम। शैरियर को अपनी वकालत के लिए किसी ज्याँ पॉल्हन की जरूरत नहीं है। और स्वतंत्रता की इसी चेतना का बूँद-बूँद करके मरते चले जाना 'ओ की कहानी' को भयावह और 'अश्लील' बनाता है, यौन विकृतियों और यंत्रणाओं के विवरण नहीं।

['काँटे की बात', हंस, जून 1987]

'टाइम्स ऑफ इंडिया' की एक रिपोर्ट

Women chained as sex slaves

THREE young, Partially nude and starving women, apparently held for months as sex slaves, were found chained to a sewer pipe in a house where, the police said, they also discovered human remains, reports Reuter from Philadelphia.

अभिनिवेशी और उपनिवेशी महानताएँ

एमर्जेंसी के पहले (1974) के आस-पास जिन दो फिल्म-निर्देशकों की फिल्में मेरी समझ में नहीं आती थीं, वे थे मणि कौल और कुमार शाहनी। डेढ़ घंटे की फिल्मों का सहन करना मुश्किल लगता था—वे फिल्में थीं मोहन राकेश की कहानी 'उसकी रोटी' और निर्मल वर्मा की 'माया दर्पण'। कहते हैं, बेहद ही कलात्मक और उत्कृष्ट फिल्में थीं और बुद्धिजीवियों के बीच आतंक पैदा करती थीं। हो सकता है, इसका कारण यह हो कि मुझे विश्व-सिनेमा क़े दिग्गज जीनियसों को देखने का न मौक़ा मिला था, न रुचि विकसित हो पाई थी। पक्के संगीत की तरह सिर्फ यही हीनभाव रहता था कि कोई बहुत ऊँची चीज़ है। 'न्यू वेव' आन्दोलन के गोदारनुमा कुछ आचार्य थे, जिन्हें समझे बिना उन फिल्मों को समझना अपनी ही मूढ़ता थी, मगर इन दोनों फिल्मों को झेलते समय मन में झुँझलाहट होती रहती कि 'कुछ तो हो। कहीं कुछ होता क्यों नहीं ?' (याद है फिल्म 'शतरंज के खिलाड़ी' का वह दृश्य, जहाँ नवाबों को शतरंज की बारीकियों में डूबे और अंग्रेजी फौजों को चले आते देखकर बच्चा कहता है, 'कोई कुछ करता क्यों नहीं है ?') शायद इस 'नासमझी' का कारण यह हो कि हिन्दुस्तान-पाकिस्तान के बीच युद्ध होकर चुका था, बँगला देश बन गया था, नक्सलवाद के नाम पर बंगाल में एक निहायत ही ओजस्वी पीढ़ी का संहार हो रहा था, इन्दिरा गाँधी बुलडोज़र की तरह जीतकर आई थीं और एमर्जेन्सी लगने वाली थी। उत्तेजना, सनसनी और नस-तोड़ घटनात्मकता के बीच ये बेहद ही उदास, धीमी, अवसाद-विषादभरी फिल्में कहीं भीतर भी 'जुड़' नहीं रही थीं—इनकी गतिहीनता लगभग नाक़ाबिले बर्दाश्त और, एनेक्रॉनिज़्म (इतिहास-विरुद्ध) थी, मोहन राकेश की कहानी 'उसकी रोटी' एक ट्रक ड्राइवर की कहानी है और उसमें हत्या, सेक्स, बलात्कार, आत्महत्या, शराब, जुआ सभी कुछ है और उस सबको नियति की तरह स्वीकार करती पत्नी है, जो जैनेन्द्र की 'पत्नी' की याद दिलाती है। रोटी लेकर पति की प्रतीक्षा में पेड़ के नीचे खड़ी रहती है, क्योंकि खुद उसकी रोटी इसी समर्पण-सेवा और

सहनशीलता से चलती है। यह औरत की मजबूरी, गुलामी, प्रतिरोधहीनता और बोरडम की कहानी थी। मणि कौल ने इसी गतिहीनता को पकड़ा था। फिल्म का एक-एक फ्रेम अमृता शेरगिल के चित्रों की याद दिलाता था और घंटों स्क्रीन पर रहता था। सारे लोग एक ही उतार-चढ़ाव हीन रोते-से लहजे में बेजान भाव से संवाद बोलते, मानो अटक-अटक कर किताब से पढ़ रहे हों। टुकड़ों में फिल्म शायद समसुच बेहद कलात्मक थी।

मैंने तब भी यह सवाल उठाया था कि ज़िन्दगी की 'बोरियत' क्या अनिवार्यतः कला की बोरियत भी होती है ? पीड़ा के गीतों को क्या स्वयं भी 'पीड़ित' ही होना और करना चाहिए ? यह पीड़ा का सम्प्रेषण है या पीड़ा में स्वयं लिप्त होकर स्वाद लेना ? ठहरे हुए अनुभव को उसके सामाजिक या व्यक्तिगत स्रोतों से काटकर जब हम एक स्वायत्त कृति के रूप में पेश करते हैं, तो पीड़ा का संक्रमण कर रहे होते हैं या उसकी बनावट-बुनावट और स्वरूप को आत्मसात करने के तनाव में जी रहे होते हैं ? ज़ीवित शरीर पर बने 'घाव' को एक स्वायत्त या स्वयं सम्पूर्ण इकाई की तरह देखना, उसकी बनावट, रंग-रेशों पर दार्शनिक भाव से 'मुग्ध' होना या शरीर के अन्य अवयवों से काटकर उसे 'कलाकृति' की तरह निहारना, हो सकता है, सौन्दर्यशास्त्र की कोई बहुत ही गहरी बारीक़ी हो या 'दृश्य' और उसके अनुभव की भयावहता को आपस में जोड़ने की जिम्मेदारी (अनिवार्यता भी कह सकते हैं) दर्शकों पर डाल देने के पीछे कला की कोई सूक्ष्म तरकीब (डिवाइस) हो, मगर मुझे वह कला की संवेदनहीनता ही लगती है। इन सबके बावजूद मुझे मणि कौल की 'दुविधा' और 'सतह से उठता आदमी' फिल्में 'हॉन्ट' करती हैं—जब-तब उनके दृश्य चेतन-अवचेतन में गूँजते हैं। शायद इसका कारण यह भी है कि दोनों की पृष्ठभूमि में कहीं जीवित और जीवन्त स्रोत हैं—दुविधा में राजस्थान की विजयदान देथा द्वारा पुनःप्रस्तुत लोककथा और 'सतह से उठता आदमी' में स्वयं मुक्तिबोध का जीवन और साहित्य···दोनों शायद उतनी 'गतिहीन' भी नहीं हैं—न जड़ों से तोड़ दिए गए पपड़ाए 'घावों' का क्लिनिकल अध्ययन।

पता नहीं क्यों, विनोद कुमार शुक्ल के नए उपन्यास 'खिलेगा तो देखेंगे' को धैर्यपूर्वक पढ़ते हुए मुझे पच्चीस वर्ष पहले के मणि कौल और कुमार शाहनी ही याद आते रहे। शुक्र है कि उस कलात्मकता को साहित्य में आने में पच्चीस-तीस वर्ष लगे—वह भी उसी समय, जब देश घटनाओं, दुर्घटनाओं, स्त्रियों, दलितों, स्कैमों-घोटालों, घूसों, पुरस्कारों से बजबजा और गजगजा रहा हो···बाकी सबको अनपढ़, मूर्ख, पिछड़ा हुआ कहने और विश्व-चिन्तन के ठीक बीचों-बीच बैठे, नए-नए उत्तर-आधुनिकिये सुधीश पचौरी की तरह मैं भले ही इस उपन्यास को यूरेका-यूरेका भाव से न ले पाऊँ, मगर यह कहने में मुझे भी कोई संकोच नहीं है कि 'खितोदे' अब तक के लिखे सारे हिन्दी उपन्यासों से 'अलग और लगभग विलक्षण' है—उसकी

एक-एक पंक्ति, लम्बी कविता की चौकन्नी संवेदनशीलता से लिखी गई है और हर 'दृश्य' को एक दक्ष पेन्टर या मणि-शाहनी की फ्रेम-दर-फ्रेम कलात्मक बारीकी से बुना गया है। विक्रम सेठ ने अपना उपन्यास 'गोल्डन-गेट' अंग्रेजी की पुरानी छन्दोबद्ध कविता में लिखा है। दुनियाभर के अंग्रेजी विद्वानों का कहना है कि सहज भाषा पर सेठ का अधिकार लगभग स्तब्धकारी है—नए-पुराने दिग्गज खिलाड़ियों के बीच इस तरह तीसरी दुनिया के एक लेखक का यह कमाल उसे विश्व-चैंपियन बना देता है। हो सकता है, यह मेरी ही कमज़ोरी हो कि मुझे 'गेट' कथ्य से अधिक भाषा का कमाल ही अधिक लगता है—सारे भारतीय अंग्रेजी लेखन की तरह। वहाँ छन्द और कथ्य के बीच दूरी है, क्रूर कथ्य, भाषा और कविता को झेल नहीं पाता। अगर गद्य में 'काव्योपन्यास' जैसी कोई चीज होती हो, तो मुझे कहने में कोई संकोच नहीं है कि 'खितोदे' वैसी ही कृति है, जहाँ भाषा और कथ्य की 'गेट' वाली दूरी और तनाव नहीं है। दीन-दुनिया से कटे एक गरीब मास्टर की गतिहीन जिन्दगी, उसकी आशाओं, आकांक्षाओं, दुहरावों, बोरडमों, झूठों, डरों और आशंकाओं का अद्भुत आख्यान है 'खितोदे' और उसे ठीक मणि कौल वाली ठंडी असहनीय एकरसता से लिखा गया है। इस 'नियति' से मुक्त होने का हर प्रयास वहाँ दयनीय और करुण होने लगता है। मैं यहाँ अपने जैसी नीच और कुत्सित, लगभग वाम-सोचवालों की तरह यह घिसा-पिटा सवाल नहीं उठाऊँगा कि जब सारा देश, या कहें, सारी सामाजिक बनावट, राजनैतिक यथास्थितियाँ आधारभूत रूप से बदल रही हैं, सारी व्यवस्था एक मूलगामी परिवर्तन से गुजर रही हैं और हम इक्कीसवीं सदी में अभूतपूर्व होकर प्रवेश कर रहे हैं, तो 'खितोदे' हमें कला या सोच की कौन-सी नई दृष्टि देता है ? (शुद्ध कला-आस्वदिए पूछ सकते हैं कि रचना से 'दृष्टि' की अतिरिक्त माँग करना पुराना उपयोगितावादी आग्रह है।) मैं सुधीश पचौरी जैसों से यह जिज्ञासा भी नहीं करूँगा कि जब सारी दुनिया के सारे दिग्गज बुद्धिजीवी दलित और स्त्री-विमर्श को केन्द्र में रखकर हर पुरानी विचारधारा को खारिज कर रहे हों, छोटी-छोटी इकाइयों के उभार का पक्ष लेते हुए 'साम्राज्यवादी यूरोकेन्द्रित आधुनिकता' के सारे कारक-तत्त्वों के परखचे उड़ा रहे हों, तो निम्न मध्यवर्गीय विडम्बना का 'खितोदे' उस उत्तर-आधुनिकता में कहाँ फिट बैठता है ? उनका जवाब मुझे मालूम है : वे कहेंगे, 'खितोदे' उपन्यास टेकनीक, भाषा, घटनात्मकता, व्यक्तित्व, पठनीयता जैसी बद्धमूल पिछड़ी अवधारणाओं को ही नहीं तोड़ता, बल्कि दुख, अभाव, दरिद्रता, एलियनेशन, बेपहचानियत, जड़ता, अवरुद्धता को 'देखने' की अब तक से अलग, समाजकर्मियों की चीत्कारी अतिरंजनाओं को खारिज करने की 'दृष्टि' देता है। वह परिपाटीबद्ध उपन्यास-चेतना से विद्रोह है। इसलिए खांटी उत्तर-आधुनिक है। पंकज बिष्ट के अनुसार, यथार्थ का ऐसा प्रस्तुतीकरण कि उसे सीरियल, फिल्मोंवाले या दूरदर्शन (सब मिलाकर संचार-माध्यम) सात जन्म में वल्गराइज़ करने की बात नहीं सोच सकते—यानी साहित्य की शुद्धता

का ऐसा चक्रव्यूह, जहाँ कोई घुसने की हिम्मत नहीं कर सकता—इसलिए साहित्य की अभेद्यता का पक्षधर और कुत्साकरण के खिलाफ विद्रोह का प्रतीक है। हिन्दी के वर्तमान परिदृश्य को ध्यान में रखकर कहूँ, तो इतना ही काफी है कि सिर्फ अपनी स्वायत्त और जनतांत्रिक (?) काव्य-चेतना के चलते नितांत अपठनीय 'खितोदे', अशोक वाजपेयी की 'भक्तमाल' द्वारा पुरस्कृत होने के लिए अभिशप्त है। अभी तक तो मुझे यही लगता है, आगे हो सकता है 'पूर्वग्रह', 'समास', 'साक्षात्कार' आदि पत्रिकाओं में, 'कवियों ने ही सर्वश्रेष्ठ गद्य लिखा है' की शास्त्रीयता लेकर आनेवाले अशोक जी, मदन सोनी, उदयन वाजपेयी, ध्रुव शुक्ल के लेखों से इस देशी तिलस्म की मल्टी-नेशनल चाबी मिले···वे कहेंगे, इधर गद्य-कविता ही नवीनतम विधा है; असद ज़ैदी, विष्णु खरे, देवी प्रसाद मिश्र इत्यादि जो गद्य-कविता लिख रहे हैं; 'खितोदे' उसी का कथा-विस्तार है (छायावादियों की मधुर-मधुर वायवीयताओं से ऊबकर विद्रोहस्वरूप गद्य-गीतों में और आज की बौद्धिक कविता के बरअक्स इन गद्य-कविताओं में कोई संवेदनात्मक समानता है ?) और तो और, स्नॉब, कुलीन हिन्दी-कविता की दुरूहता, हवाईपन और अनुभवों के रहस्यवाद से घबराकर उर्दू की चालू ग़ज़लों का झंडा उठाते ज्ञानप्रकाश विवेक जब 'खितोदे' पर 'पल-प्रतिपल' में पुलपुलायमान हो उठते हैं, तो दोनों हाथ उठा देने को मन करता है—हाँ, आई. टी. आई. कवियों और ललित कार्तिकेय की चुप्पी टूटने का इन्तजार है।

बहरहाल, मुझे यह मानने में कोई आपत्ति नहीं है कि 'खितोदे' अब तक की सारी औपन्यासिक धारणाओं और अवधारणाओं से अलग, दुख, दरिद्रता की उदास कर देने (डिप्रेसिंग) वाली लम्बी कविता है, जो कविता होने को भी तोड़ती है : न कहीं बड़बोलापन, न अतिरंजना, न विशेषण, न प्रतीक, न रूपक, न उत्प्रेक्षा—मगर गुरु जी के हर प्रयास, हर छटपटाहट को दयनीय कारुणिकता में बदलती हुई—हर दृश्य को अनेक स्तरीय परिणतियों तक पहुँचाती हुई, एक ऐसी असहायता, जहाँ 'सहायता' शब्द बाहरी हस्तक्षेप की तरह जबरन प्रयास लगे···द्वीप जैसे गाँव में रहते हुए कुछ बेचेहरा लोग और उनकी वही जीने-मरने की नियति। झूठ गढ़ने और फिर उन्हीं में कुछ समय निकाल देने के मरणोन्मुख क्षण, हर स्थिति इतनी सहज और निर्विशेष कि सहन की नसें तड़कने लगें। एक अनकही मृत्यु जीता हुआ उपन्यास का हर पात्र एक-दूसरे से जुड़ा 'चिपका' अनपहचाने दलदलों में डूबता हुआ···हर कर्म और हर प्रयास की हास्यास्पद निरर्थकता को जानता, मगर फिर भी उसमें लिप्तता का नाटक करता हुआ···अभिनयों को यथार्थ की ट्रेजेडी में बदलते हुए देखता और झूठ को जीवन का पर्याय बनाता। 'खितोदे' में न बहुत पात्र हैं, न घटनाएँ—तय करना मुश्किल है कि वे घटनाएँ हैं भी या सिर्फ उनका भ्रम है। रीयल और अनरीयल, स्वप्न और वास्तविकता इतने घुल-मिल गए हैं कि काल (अतीत-वर्तमान-भविष्य) के विभाजन घुल गए हैं—'खितोदे' एक क्रूर यथार्थ में स्थित ऐसा उपन्यास है, जो

लगभग कालातीत होने का भ्रम देता है। उपन्यास में लगभग 10-12 पात्र हैं, मगर रामजियावन दुकानदार के सिवाय न किसी का कोई नाम है, न अपनी पहचान—वे सिर्फ अपने पेशों या सम्बन्धों से ही सामने आते हैं। जैसे पत्नी, मुन्ना, मुन्नी, कोटवार, ग्राम-सेवक, दरोगा, सिपाही—छोटी-छोटी अनायास होनेवाली घटनाएँ हैं, जो अक्सर घटना न होने का भ्रम देती हैं। काई भरे सड़ते तालाब के पानी में उठने वाले वर्तुलों की तरह। सब मिलाकर उपन्यास एक अजीब निःशब्द, दहशत, असुरक्षा और असहायता का भाव छोड़ता है। पाठक को कैंसर के लाइलाज मरीज के मरने का दर्शक बनाता हुआ। मनुष्य को इस तरह बेपहचान, बेनाम बनाते हुए विकल्पहीन स्थितियों में बदलते जाना—या होना ही 'खितोदे' को एक भयावह उपन्यास बनाता है—जहाँ प्रतिरोध, प्रयास या कर्म मात्र अपरिचित, अनजाने और अजनबी शब्द लगें...

'खिलेगा तो देखेंगे' अगर मनुष्य के मनुष्य न रह पाने की ऐसी करुण ट्रेजेडी है, जो बेहद गहरी मानवीय संवेदना और उससे भी अधिक ठंडी भाषा में लिखी गई है, तो अमानवीयता की सनसनीखेज दास्तान है मनोहर श्याम जोशी का 'हमज़ाद', जहाँ हर मर्यादा, हर नैतिकता या हर मानवीय सम्बन्ध ध्वस्त कर दिया गया है—यह भी बकौल सुधीश पचौरी, एक उत्तर-आधुनिक स्थिति है, जहाँ सिर्फ जिन्दगी की आपाधापी है—यहाँ न कोई बेटी है, न बहन, न पोती, न नातिन। औरत मादा है और मर्द पशु। सब अपने-अपने अस्तित्व के लिए एक-दूसरे को इस्तेमाल कर रहे हैं या मारकर उनकी लाशों पर पाँव रखकर आगे बढ़ रहे हैं। कहानी जयदेव और विलायती राम के बीच एक-दूसरे को इस्तेमाल करने के पैंतरों से बुनी गई है—एक पीढ़ी पहले और दो पीढ़ी बाद तक चलती है। टोपनदास, अश्लील साहित्य का ऐसा शाश्वत युवा है, जो एक पीढ़ी पहले और दो पीढ़ियों बाद की युवतियों को भोगने लायक बना रहता है। दिखाई देनेवाली हर औरत को रंडी में तब्दील करके माल की तरह बेच देता है और होमो-लैस्बियन, कनीलिंग्स, फ़ैलाशियो जैसी कोई भी हरकत (अंग्रेजी शब्दों के लिए माफ कीजिए—हिन्दी में सचमुच, ये शब्द बीभत्स और अश्लील हो जाते हैं) वर्जित नहीं हैं। दोनों पात्रों के बीच सेक्स और पैसे को लेकर ही सारे दन्द-फन्द हैं और अन्ततः बात यहाँ आकर टूटती है कि दोनों हमजाद या एक-दूसरे के ऑल्टर इगो (विकल्प-व्यक्तित्व) हैं। डॉक्टर जैकल और हाइडवाली थीम मनोहर श्याम जोशी का पुराना ऑब्सेशन (रोग ?) है, जो 'कुरु-कुरु स्वाहा' से लेकर 'हरिया हरकुलिस' से होता हुआ 'हमजाद' तक आता है। 'हमजाद' आदमी के पशु और पिशाच हो जाने की, मनुष्य के भीतर के हर पवित्र और संरक्षणीय मिथ को कुचलने-तिरस्कृत करने की 'उबकाइया' (नॉशियेटिंग) कहानी है और इसे जोशी ने अपने पुराने सिनिसिज्म के साथ रस ले-लेकर लिखा है। कहने की जरूरत नहीं है कि इसे भी सुधीश पचौरी परम उत्तर-आधुनिक होने का सर्टिफिकेट दे चुके हैं, क्योंकि यहाँ हर नैतिकता, मर्यादा, सम्बन्ध या मानवीयता के झूठ को कूड़ेदान में डाल दिया

गया है और-मनुष्य अपने आदिम पशु-रूप में सामने है।

आश्चर्य मुझे इस बात पर है कि उत्तर-आधुनिक होने के इस सर्टिफिकेट से बेचारे कृष्ण बलदेव वैद को क्यों अचानक वंचित कर दिया गया ? अपने 'नर-नारी' उपन्यास में उन्होंने कम 'उत्तरीयता' नहीं दिखाई, बल्कि मैं कहूँगा कि 'नर-नारी' इन दोनों उपन्यासों से अधिक प्रयोगशील उपन्यास है। 'नर-नारी' में माँ से चिपका हुआ मध्यवर्गीय पुरुष है, जो अपनी इस कुंठा (मदर-फिक्सेशन) से मुक्त नहीं हो पाता और आदर्श 'मेल शॉवेनिस्टिक पिग' (पुरुषवादी सूअर) बना रहता है। बदलती हुई औरत और न बदलनेवाले 'कुंठित पुरुष' के सम्बन्धों के आपसी सेक्स द्वन्द्व का प्रमाणिक दस्तावेज है 'नर-नारी' जो औरत की हर 'हरकत' 'हरमज़दगी' या हरजाईपने से भागकर माँ की गोद (?) में शरण लेता है—औरत से उसका सम्बन्ध सिर्फ सन्देह करने और उसे पीड़ित करने की तिकड़मों पर आधारित है···उसके हिसाब से बाहर नौकरी करनेवाली, आत्मनिर्भर या व्यक्तित्ववान औरतें वुमन-लिब के चक्कर में रंडियाँ बन रही हैं, आज वे खुलकर आ रही हैं, वरना औरत का यह कुत्तीपना (बिचिंग) बाँझ माँजी (नायक की मौसी) से चलता आ रहा है। पुरुष की नपुंसकता के खिलाफ़ पहला गुपचुप सेक्स-विद्रोह बाँझ-माँजी ने शुरू किया था, उन्होंने दोनों हाथों से 'सुख' बटोरा, जिसे उनके आशीर्वाद से सीमा (पत्नी) और रसीला (बहन) खुल्लम-खुल्ला कर रही हैं—ये सब देखकर आतंकित 'सूअर' और अधिक माँ की खोह में सुरक्षा खोज रहा है। नई स्थितियों में मुक्त होती औरत और औरत की सारी परम्परावादी 'भारतीय छवि' को छाती से चिपकाए 'सूअर' की इस कहानी को कृष्ण बलदेव वैद ने आत्मस्वीकृतियों के रूप में लिखा है। निश्चय ही पुरुष के आत्मालाप मुझे सबसे अधिक विश्वसनीय, मनोरंजक और सार्थक लगे—भले ही क्षमा शर्मा को इन्हें पढ़कर उबकाई आती हो—मूलतः उपन्यास स्त्रियों के विरुद्ध नहीं, परम्परागत पुरुष मानसिकता की बखिया उधेड़ता है—यानी उसकी पैथॉलॉजिकल स्टडी है। और मजे ले-लेकर लिखा गया है। यहाँ यह रेखांकित करना भी जरूरी है कि ये तीनों उपन्यास, विशेषकर 'खितोदे', अब तक के उपन्यास की अवधारणाओं, संस्कारों और अभ्यासों को ही नहीं तोड़ते, भाषा को भी नया रूप देते हैं। 'खितोदे' बेहद सरल, संवेदनशील और किसी भी अतिरंजना या अतिशयोक्ति से मुक्त भाषा में लिखा गया है और अनकहे को कह सकने में लगभग अविश्वसनीय सामर्थ्य का निर्व्याज (अनप्रिटेंशस) प्रयास है। ध्यान रहे, यह जैनेन्द्र की सरल, लेकिन दर्शन बोझिल भाषा नहीं, एक कवि की अन्वेषी सरलता की भाषा है। 'खितोदे' इस मान्यता को भी तोड़ता है कि उपन्यास को पठनीय, रोचक या पकड़नेवाला भी होना चाहिए। सारी कलात्मकता के बावजूद जिस तरह देर तक मणि कौल की फिल्मों में बैठना सम्भव नहीं है, उसी तरह सवा दो सौ पृष्ठों के इस उपन्यास को पढ़ना एक यातना है—आखिर सिर्फ सीठा या मीठा, आदमी कितनी देर तक खाता रह सकता है ? मनोवैज्ञानिक

कहते हैं कि मानव मस्तिष्क किसी भी 'रस' को आधे घंटे से अधिक बर्दाश्त नहीं कर पाता और रजिस्टर करना बन्द कर देता है। 'खितोदे' ऐसी ही एकरसता की महागाथा है—जहाँ किसी भी धरातल पर कुछ भी घटित नहीं होता। हो सकता है, संगीत-पारंगत एक ही पक्के राग को रात भर सोखते रह सकते हों, 'खितोदे' के बाद मुझे अब 'नौकर की कमीज' खासा पठनीय लगता है, उधर 'हमजाद' खांटी उर्दू में बम्बइया फिल्मों की ताबड़तोड़ गति में लिखा गया है। वहाँ इतना कुछ घटित होता रहता है कि घटना अपने अर्थ और विश्वसनीयता खो देती है—'सब कुछ हो सकता है' का निलम्बित विश्वास, हो चुके को धोता-पोंछता चलता है—सिर्फ यह भाव बना रहता है कि जोशी उर्दू में उतनी ही महारत रखते हैं, जितनी कुमाऊँनी और लखनवी या दिल्लीवी हिन्दी में। 'नर-नारी' आत्मालापों की विराम-चिह्न हीन भाषा को खुद सुनता और सुनाता निर्बंध विवरण-भरा उपन्यास है, जहाँ आप भाषा को कहीं भी तोड़ या रोककर 'सूअर' की नीच मानसिकता के मज़े ले सकते हैं। वह शब्दों से खेलता है और भाषा से खिलवाड़ करता है।

तीनों ही 'विशिष्ट' (उत्तर-आधुनिक) इसलिए हैं कि मनुष्य या व्यक्तित्व के ध्वंस की कहानी कहते हैं—चाहे 'खितोदे' के फ्रीज किए गए स्लो-मोशनी चित्र हों या 'हमजाद' की धकापेल घटनात्मकता या फिर 'नर-नारी' की चेतना-प्रवाही विवरणप्रियता, मनुष्य इनमें कहीं नहीं है। सिर्फ नाम है या कहीं वह भी नहीं है। ये हाशियों पर फेंके गए वे गुमनाम लोग भी नहीं हैं, जिन्हें शिष्ट साहित्य में कभी प्रवेश नहीं मिला—ये केन्द्र में स्थित ऐसे लोग हैं, जो सिर्फ मर गए हैं—या 'हैं भी या नहीं' की पहेली जी रहे हैं—कम-से-कम इन लेखकों का विश्वास तो यही है। इन्हें पढ़ते हुए हमेशा यह नॉस्टेल्जिया बना रहता है कि काश, कहीं तो कोई स्थिति या व्यक्ति ऐसा होता, जहाँ हम अपनी तस्वीर भी देख या आइडेंटिफाई कर पाते। ये 'हम' नहीं, हमारे होने/हो जाने की आशंकाओं या शंकाओं से बने जोग हैं—हल्के सवाल जरूर उठता है कि क्या सचमुच हम 'खितोदे' की तरह सिर्फ निष्क्रिय स्थितियाँ हैं, 'हमजाद' की तरह घटनाएँ हैं या 'नर-नारी' की तरह मानसिकताएँ है ? या कहीं हम सचमुच ऐसे ही तो नहीं हो गए हैं ?

मैं जानता हूँ कि आज के साहित्य में पहचाने जानेवाले मनुष्य, व्यक्ति या व्यक्तित्व की बात करना दकियानूसी होना है। किस मनुष्य, व्यक्ति/व्यक्तित्व की बात कर रहे हैं आप ? कहीं आपके भीतर नायक या हीरो नाम के प्राणी की पुरानीं कुलबुलाहट तो नहीं होने लगी है, जिसे शब्दों के छद्म में वापस लाना चाहते हैं ? जी नहीं, वह नायक, जो रावणों के सिर काटता था; मारीचों, बालियों और शम्बूक जैसे असुरों के वध करता था, अहल्या को चरण-स्पर्श से जगाता और सीता को आग में जलाकर घर से बाहर फेंक देता था या अठारह अक्षौहिणी सेनाओं को देखते-देखते ध्वस्त कर डालता था, वे सारे नायक तो आधुनिकतम तकनीकी उपलब्धियों

की बख्शीश के बावजूद डी. सी. एम. टोयोटा के रामरथ पर सवार नरेन्द्र कोहली के उपन्यासी पिरामिडों में पहुँचा दिए गए हैं, टॉल्स्टॉय, ह्यूगो, दोस्तोएव्स्की के परम मानवतावादी नायक, बरास्ता साइबेरिया अरविन्दाश्रम में आत्मा की मुक्ति तलाश कर रहे हैं—या गाँधीजी के अहिंसा-त्याग के आरोग्यधाम से निकले हीरो दृष्टिहीन सूरदास की तरह, भीड़ धक्का-मुक्की भरे चौराहों पर मूर्ति बने कौवों-कबूतरों को शरण दे रहे हैं—और बम-पिस्तौलों से अंग्रेजी राज्य को ध्वस्त करनेवाले दादा कॉमरेड, माओ की लाल किताब से व्यवस्था बदलकर शोषितों, वंचितों, उत्पीड़ितों को मुक्ति दिलाने वाले अब उसी व्यवस्था के स्थायीकरण के पुर्जे बन गए हैं। नए भारत के नेहरूवादी स्वप्नदर्शी जितेन मिश्र, पता नहीं किस परती-परिकथा में बिला गए। उपन्यास में 'मनुष्य की तलाश' के बहाने मैं कहीं उन्हीं नायकों के ध्वंसावशेष तो नहीं खोज रहा ? मुझे इस बात को मानने में कोई गुरेज नहीं है कि नायक का जन्म तभी होता है, जब एक व्यवस्था में उपलब्ध सर्वश्रेष्ठ मूल्यों को आत्मसात करके विशिष्ट मनुष्य उनके लिए लड़ता और पुनःस्थापित करता है या स्थापित व्यवस्था के खिलाफ एक 'आदर्श' के लिए शहीद हो जाता है—यह आदर्श अतीत में भी हो सकता है और भविष्य में भी। अतीत के आदर्श को वर्तमान में स्थापित करने की ज़िद इस 'नायक' को डॉन क्विक्ज़ोट की हास्यास्पदता में ला पटकती है, और भविष्य के आदर्श की असम्भवता उसे हैमलेट और मिश्किन की गति प्रदान करती है—वह अजनबी, सन्त, सनकी, पागल कुछ भी हो सकता है। मगर नायक कोई भी हो—उनके साथ एक शब्द जुड़ा है 'संघर्ष'—और संघर्ष आता है किन्हीं मूल्यों के बनने, बनाने, टूटने और छोड़ने के दौरान। मूल्य चूँकि अतीत और भविष्य के हिस्से होते हैं, इसलिए स्मृति और स्वप्न के कारक-तत्त्व हैं। जहाँ न स्मृति हो, न भविष्य, वहाँ मनुष्य स्वयं स्थगित होकर या घुलकर स्थितियाँ और विवरण बनकर रह जाता है। वहाँ मनुष्य नहीं, मनुष्य के होने की सूचनाएँ होती हैं—चाहे वह 'खितोदे' की अवसादभरी कविता हो, 'हमज़ाद' की घटनात्मकता हो या 'नर-नारी' का 'मानस मैथुन'··· (छठे दशक की प्रसिद्ध पुस्तिका 'लिटरेचर ऑफ द ग्रेवयार्ड'—'कब्रिस्तानी-साहित्य' की याद आ रही है क्या ?)

मगर नहीं, क्या मनुष्य सचमुच अपने होने को इस आसानी से छोड़ पाता है ? न सही स्मृति और स्वप्न, आदर्श या विचारधारा—मगर विवेक, संकल्प या सुरक्षा की तड़प तो आदमी में शायद कभी समाप्त नहीं होती। मंजूर एहतेशाम के उपन्यास 'दास्ताने लापता' में इसी खोए हुए आदमी की तलाश है—और नाग बोडस के बेहद महत्त्वपूर्ण, लेकिन अनदेखे उपन्यास 'दस्तावेज़' में इसी आदमी के कॉमा में फिसलते जाने की यातना है। ये सारे उपन्यास उन लोगों की कहानियाँ हैं, जो अपनी-अपनी सामाजिक स्थितियों, अवस्थितियों के बावजूद कभी केन्द्र में थे, मगर अब उत्तर-आधुनिक स्थितियों ने उन्हें अप्रासंगिकता की गुमनामियों में डाल दिया है। वे अपने भीतर घुटते-कुढ़ते मरणासन्न लोग हैं, जो अगले-पिछले मन्दिरों-मस्जिदों के

ध्वंस को भी याद नहीं करना चाहते। ये सारी मध्यवर्गीय पुरुष-केन्द्रित कहानियाँ हैं। लगभग स्त्रियों के प्रति उदासीन, हिंस्र या क्षुब्ध। चाहे मुर्गी की तरह आसन्न संकटों से बच्चों को बचाते गुरुजी हों, वुमैन लिब को मुँह भर-भर गालियाँ देता सूअर हो या रंडी बनाने का कारखाना चलाता टोपनदास हो, औरतों की हृदयहीनता का मारा मंजूर का नायक हो या नाग बोडस का कुटा-पिटा कॉमा में डूबता, पत्नी-बच्चों की दुनियादारी से टूटा हुआ कॉमरेड हो···

क्या हमारा मध्यवर्ग सचमुच इसी डेड एंड (अन्धी गली) पर आ गया है ? अब इस वर्ग के पास क्या कोई भी ऊर्जा, संकल्प, यहाँ तक कि जीने की इच्छा भी नहीं बची ? इस आत्महत्या के लिए विकल्प क्या उनके पास सिर्फ घूस, घोटाले, दलाली या आपराधिक हत्या-बलात्कार ही बचे हैं ? वही सब इन्हें इन गड्ढों से निकालेंगे ? सही है कि उन्होंने लूटे हुए देसी धन से अपने बच्चों को विदेशों में भेजकर अपना भविष्य सुरक्षित कर लिया है, मगर इन 'मरे हुए' माँ-बापों के अनाथालय में पलते वीरेन्द्र जैन के उपन्यास 'पंचनामा' के पंचम कहाँ जाएँगे ? शायद उनके पास भी दो ही रास्ते हैं : या तो भारतीय संस्कृति के जयश्री रामनामी फ़ासीवाद के छापामार हनुमान बन जाएँ या टी. वी. सिनेमाई ढुशुंग-ढुशुंग में रातों-रात ऊपर पहुँच जाने वाले खूनी खेलों में शामिल हो जाएँ। हो सकता है, इन दोनों पारियों में अदल-बदल कर 'कुछ तो करने' का सन्तोष खोजें···मुझे नहीं मालूम कि फिल्मों के 'आरकाइव्ज' में मणि कौल और कुमार शाहनी की उन फिल्मों को कहाँ रखा जाता है या अन्तर्राष्ट्रीय फिल्मी सौन्दर्यशास्त्र में उनकी हैसियत क्या है, मगर यह सही है कि उन्होंने हिन्दी-दर्शकों को इस तरह फिल्मों से विरक्त कर दिया कि या तो वे एकदम फिल्म न देखने का ही निर्णय ले बैठे या फिर ढुशुंग-ढुशुंग छाप फिल्मों की दर्शक-संख्या बढ़ाते रहें। आप कह सकते हैं कि मैं आदर्श पाठक या दीक्षित दर्शक (इनीशियेटेड) नहीं हूँ—मगर कुछ जान तो हो, जो आबिद सुरती के 'मुसलमान' (गुजराती), आनन्द यादव के 'नटरंग' (मराठी) खेत-खलिहानों से उठे हुए पंजाबी उपन्यासों के जिन्दा और दबंग आदमी-औरत, विशेषकर गुरदयाल सिंह का नवीनतम 'परसा' और अरुण साधु के 'त्रिशंकु' (मराठी) के उपन्यासों में जिन्दगी की सीधी समस्याएँ देखकर मिलती है और अब मैं खुद मारियो पूज़ो के नए उपन्यास 'लास्ट डॉन' को पाने की कोशिश कर रहा हूँ। यह जानकर सचमुच मुझे बहुत सन्तोष होता है कि सत्यजित रे का आदर्श फिल्म निर्माता हिचकॉक था और 'शोले' उन्होंने अठारह बार देखी थी। हो सकता है, उनके क्षेत्र में भी सुधीश पचौरीनुमा बौद्धिक-बुली हों, जो सत्यजित रे की कुत्सित रुचि और पतित पसन्द के लिए धिक्कारते रहते हों, या इस बात की चिन्ता न करते हों कि क्यों हिन्दी का पाठक वर्ग तीसरे दर्जे के अपठनीय बँगला अनुवादों पर टूट रहा है।

मगर यहाँ एक नई स्थिति की तरफ ध्यान जरूर खींचने की जरूरत है। पिछले

तीस वर्षों के सारे यूरोपीय और अमेरिकन बुद्धिजीवी, बौद्धिक स्तर पर आधुनिकता की पश्चिम-केन्द्रित सौन्दर्यशास्त्रीय अवधारणाओं की शल्य-क्रिया कर रहे हैं, उन्हें लगभग खारिज करते हुए दलित और स्त्री-विमर्श पर केन्द्रित हो गए हैं। कविता प्रायः वहाँ नहीं है—कम-से-कम उस विमर्श के केन्द्र में तो नहीं ही है—यों हो सकता है कि वहाँ भी ऐसे भारत-भवन हों, जहाँ कविता की टैक्सीडर्मी (भुसभराई ?) के सौन्दर्यशास्त्र पर विश्वस्तरीय गम्भीर बहसें हो रही हों, मगर निश्चय ही आज के चिन्तन और विमर्श में या तो कथा-साहित्य है या फिल्में हैं। वह साहित्य की समाज-निरपेक्ष सम्प्रभुता और कविता की स्वायत्तता को एक सिरे से अस्वीकार करता है—इसे पिछड़े हुए आधुनिकतावादी कुलीनों की आत्मरक्षा का शास्त्र बताता है, यही नहीं, वह साहित्य का ऐसा नया समाज-शास्त्र विकसित कर रहा है, जहाँ अश्वेत, लैटिन अमेरिकी, अल्पसंख्यक और स्त्रियाँ केन्द्र में हैं। यह संयोग नहीं है कि कॉमन वेल्थी दुनिया में एशियाई चिन्तन और अफ्रीकी-भारतीय कथाकार ही छाए हैं। न हो दो सौ साल की अभ्यास-लब्ध सौन्दर्यशास्त्र की बौद्धिक बारीकियाँ या कलात्मक अनुभवों की स्वायत्त लोकोत्तर दुनिया—मगर वहाँ उत्तर उपनिवेशवाद से मुठभेड़ और संघर्ष की तड़प जरूर है। नए-पुराने साम्राज्यवाद के घाव चाटनेवालों के लिए भले ही इतिहास, मनुष्य, विचारधाराएँ मर गई हों, मगर जहाँ नए इतिहास, नई विचारधारा और नए मनुष्य की परिकल्पनाओं की बेचैनी है—वहाँ बुद्धिजीवियों का ध्यान परम्परागत बासी सरोकारों की पड़ताल पर तो जा ही रहा है।

भारतीय समाज की एक स्थिति पर हमें जरूर विचार करना चाहिए। आज की आर्थिक उदारीकृत मल्टीनेशनलों की आक्रामक घुसपैठ और वैश्वीकरण की इस धकमपेल के सबसे बड़े संवाहक हैं टी. वी. चैनल। वे करोड़ों लोगों को जिस तरह बाँधते, आन्दोलित करते और विशेष दिशाओं की ओर हाँकते हैं, उस तरह कोई भी दूसरा माध्यम कर ही नहीं सकता—अशिक्षा के चलते मुद्रित माध्यम तो बिलकुल ही नहीं। वह सब कुछ को सूचनाओं में बदलता और बेचता है। आजकल वहाँ चूँकि ऊँची हैसियतोंवाला माल ही बेचा जा रहा है, इसलिए या तो थोक के भाव से ऊँचे लोगों की आपसी दुनिया की अपराध-कथाएँ हैं या फिर पौराणिक रामकथाएँ। दोनों जगह अवास्तविक, अवैज्ञानिक और अविश्वसनीय स्थितियाँ और खोखले लोग हैं—मूल थीम है मनुष्य का अस्वीकार और चमत्कार…गोलियों-बमों से साफ बच निकलते या पचास-पचास लोगों को एक साथ धराशायी कर डालनेवाले महानायक या दैवी शक्तियों से भक्तों के संकट दूर कर डालनेवाले देव-पुरुष…हर जगह मौक़े पर प्रकट होते भगवान-भगवतियाँ।

इन सामाजिक और पौराणिक भगवानों पर हिन्दी का कोई भी बुद्धिजीवी कभी विचार क्यों नहीं करता ? समाजशास्त्री कर रहे हैं, पूछ रहे हैं कि वह कौन-सी उत्तर-आधुनिक स्थिति है, जहाँ रामानन्द सागर और सुभाष घई छाप लोगों ने सारे

हिन्दी-पाठक लूट लिए हैं ? पुरस्कारों या सरकारी खरीद की धाँधलियों के 'समाचार' न हों, तो शायद किसी हिन्दी पाठक को कभी यह 'सूचना' भी न मिले कि कोई कवि-उपन्यासकार विनोद कुमार शुक्ल भी हैं या कवि-आलोचक अशोक वाजपेयी भी हैं, जो अन्तर्राष्ट्रीय स्तर के रचना-कर्म में बाकी सब कुछ होम किए दे रहे हैं···बहरहाल अपने एकान्त, निश्छल, समर्पण-भाव के लिए दोनों प्रवृत्तियाँ (व्यक्तियों से मेरा आशय नहीं है) ही श्रद्धेय, संरक्षणीय और मानक हैं—इसीलिए मेरी चिन्ता और प्रार्थना भी है कि वे इतने क्लासिक न हो जाएँ कि उन्हें संग्रहालयों की शरण में ही शान्ति मिले, क्योंकि स्मारकीय श्रेष्ठ और महान् को बचाए रखना भी तो आखिर हमारी ही ज़िम्मेदारी है···आमीन···

पुनश्चः यहाँ ऑस्कर वाइल्ड का वह प्रसिद्ध वाक्य दुहराने से अपने को रोक नहीं पा रहा हूँ, जो कहा तो उसने औरतों के लिए है, मगर मैं वहाँ 'पाठक' मान रहा हूँ : ए वुमन मे एडमायर वर्च्यूज़ इन ए मैन, बट सकम्स टु हिज वाइसेज़ (औरत, आदमी के गुणों की पूजा कर सकती है, घुटने सिर्फ उसके 'दुर्गुणों' के सामने ही टेकती है।) साला, मेलशॉविनिस्टक पिग !

[हंस, अक्तूबर 1996]

परंपरा और पुनरावलोकन

सामाजिक कथा-नायकों का विकास[1]

कंकाल

'ज़्याँ वल् ज़्याँ'[2] को जिन हाथों ने गढ़ा है, सचमुच वे बहुत कुशल और महान् कलाकार के हाथ हैं; एक ऐसे समर्थ कलाकार की प्रतिभा उसमें बोलती है जो भारत की अपेक्षा सामाजिक रूप से अधिक विकसित परिस्थितियों में जी रहा था। ह्यूगो की शब्द-बहुलता और अवांतर प्रसंगों के प्रति अनुरक्ति भी उस चरित्र के अदम्य जीवनी शक्ति को छीन नहीं सकी और आखिर 'पूज्य-विशप' को गढ़नेवाली सारी कलात्मक गरिमा पर वह 'महान् अपराधी' स्वयं एकाधिकार कर बैठा। उसकी टक्कर का एक ही दूसरा चरित्र मेरी निगाह में आता है वह है 'भूतनाथ'। वस्तुतः कितने आश्चर्य की बात है कि सामन्तवादी खंडहरों की इस एक-मात्र चाबी को हिन्दी के बड़े-बड़े दिग्गजों ने अत्यन्त उपेक्षा और तुच्छता की दृष्टि से देखा है और मलवे के नीचे कराहते व्यक्ति की तरह यह गदाधरसिंह हर साहित्य के इतिहास-लेखक की ओर याचना-भरी दृष्टियों से देखता रहा है। फिर भी भूतनाथ इतना निरीह नहीं है, भरसक वह सर्वशक्तिमान् है, वह 'अय्यार' है। जिन परिस्थितियों ने 'ज़्याँ वल् ज़्याँ' को अपराधी, नास्तिक और लुटेरा बना दिया है, लगभग वैसी ही परिस्थितियों ने गदाधरसिंह को 'भूतनाथ' अय्यार (अय्यार का अर्थ अरबी में है—बहुत चलने वाला। शायद इसी से 'चलता हुआ' बना है।) जीवन में की गई 'एक भूल' उसे खा गई और यह 'अय्यार' हिन्दी के नवीनतम उपन्यासों में रूप बदल-बदलकर आता रहा।

भूतनाथ साधारण पात्र नहीं है। सामन्तवाद के बड़े-बड़े आदर्श राजा-महाराजाओं, प्रेमी-प्रेमिकाओं और युद्ध-द्वन्द्वों के बीच में (पन्द्रहवें भाग में) जिस पात्र के लिए स्वयं ग्रन्थकार को यह कहना पड़ा हो कि "इस उपन्यास-भर में जैसा भूतनाथ का

1. इस लेख के उपशीर्षकों का उन्हीं नामों के उपन्यासों से कोई सम्बन्ध नहीं है।

2. विक्टर ह्यूगो के 'लामिज़राब' का नायक

अद्भुत रहस्य है, वैसा किसी का नहीं।'' और स्त्रियों के लिए युद्ध करनेवाले पतनशील सामन्तवाद की अट्ठाईस भागों की घटनाओं के घटाटोप से मनु की तरह जो पात्र उभरकर आता है और अन्त में जो स्वयं लेखक को इतना विवश कर देता है कि वह उसकी स्वतन्त्र आत्म-कथा ही लिखे—वह है मध्यवर्ग का प्रतीक भूतनाथ। दुष्ट और महात्माओं के 'सपाट' चरित्रों के बीच यही एक आदमी है जिसे वह बन जाना पड़ा है, जो यह कभी नहीं चाहता था। उस समय का यह पहला पात्र है जिसके अन्दर द्वन्द्व है, कचोट है।

'चन्द्रकान्ता सन्तति' साधारण पाठक के लिए चाहे जो हो, लेकिन उपन्यास के माध्यम से युग का अध्ययन करनेवाले विद्यार्थी के लिए तत्कालीन समाज का ऐसा विशाल, किन्तु जरा तिरछा दर्पण है, तिलस्म है कि जिसकी चाबी मिलते ही सब दरवाज़े अपने-आप खुलते चले जाते हैं। यह तिलस्म न 'तिलस्मे हो शुरुबा' से लिया गया है और न 'दास्ताने अमीर हमजा' से। क्योंकि दोनों के कथानकों की तर्ज में ज़मीन-आसमान का फर्क है। इन दोनों पुस्तकों में ही कथानक एक निहायत ही अनिश्चित गति से आगे बढ़ता है और तिलस्म वहाँ दैवी शक्तियों से परिचालित होता है। अय्यारों की भी अपनी मेधा, सूझ या चातुर्य काम नहीं करते, मुसीबत में पैगम्बर उनकी मदद को आते हैं। 'होशरुबा' का तो उर्दू अनुवाद ही 'चन्द्रकान्ता' के बाद हुआ। 'उमरू अय्यार' चाहे शाहे लन्धौर के जाल में हों या 'जोहराए मिस्री' के; 'हजरत ख्वाजा खिज्र' उसकी मदद को आ जाते हैं। इसके ठीक विपरीत चन्द्रकान्ता के कथानक को आगे-पीछे सूत्रों का ताना-बाना बुनकर दैवी अतिरंजनाओं से बचाते हुए जो तर्क-संगत गढ़ाव दिया गया है, वह पाठक की बुद्धि और उत्सुकता को आदि से अन्त तक जकड़े रहता है। उसमें समाज में आती वैज्ञानिक युग की पूर्व सूचनाओं के आधार पर, ऊपर से असम्भव लगनेवाले इन तिलस्मों को बिलकुल वैज्ञानिक मशीनरी द्वारा ही सम्भावित-संचालित दिखाने का प्रयत्न ही नहीं किया गया, बल्कि बाद के परिशिष्ट में उसको और भी दलीलों से मान्य ठहराने की कोशिश की है। यहाँ तक कि हम (इक्कीसवें भाग) में सिनेमा देखते हैं, बिजली के बाजे सुनते हैं और सबके ऊपर बिजली की तरह चमककर करैंट से अचेत कर डालनेवाले खंजर तो पूरे कथानक में चकाचौंध किए हुए हैं। बड़े-बड़े पहिए, चर्खियाँ, पेच और बटन ये सब उगते पूँजीवाद की छाया नहीं तो क्या हैं? हाँ, भारतीय गौरव उस सबको विदेशी देन कहकर स्वीकार करने को तैयार नहीं था और ''ये चीजें तो हमारे यहाँ भी थीं'' की भावना से ऐतिहासिकता का जामा पहनाकर ही प्रस्तुत करता था। इसका सबसे अच्छा उदाहरण 'आश्चर्य वृत्तान्त' है। यही दम्भ आगे जाकर ऐतिहासिक ऐश्वर्यों से पूर्ण उपन्यास लिखने को प्रेरित करता है। तो उस समय का तिलस्म असल में और कुछ नहीं वैज्ञानिक विकास और आविष्कारों में चमत्कृत वस्तुसत्य की अनिवार्य छाया (क्योंकि तत्कालीन समाज उन सबसे सुनकर ही परिचित हुआ था, जीवन में अनुभव धीरे-धीरे

ही कर रहा था) तथा पतनशील सामन्ती विचार-धारा के मानसिक द्वन्द्व और खिंचाव का प्रतिबिम्ब है। यही कारण है कि जैसे-जैसे सामन्ती समाज छूटता जाता है, तिलस्म शुद्ध वैज्ञानिक विकास बनता जाता है—'स्वर्ण रेखा', 'सुफेद शैतान', 'रक्त मण्डल' और 'लाल पंजा' इसके विकास-चिह्न हैं। यों लेखक के 'अनजाने' में ही एक समाज-सत्य से उद्भूत 'चन्द्रकान्ता सन्तति' के तिलस्म का कल्पनारूपक आगे जाकर दो धाराओं में बँटता दिखाई देता है, एक शुद्ध सामन्तकालीन कथाएँ और दूसरी शुद्ध अय्यारी, तिलस्मी या जासूसी कहानियाँ। समाज सत्य दोनों से लुप्त होता चला जाता है और बाद के इस ढेर में 'भूतनाथ' का कहीं पता नहीं चलता, केवल उसकी लाश लटकती रहती है।[1] यह उसके अज्ञातवास का काल है लेकिन लगभग 'चौदह वर्ष' के बाद अचानक 'सेवा सदन' के प्रारम्भिक पृष्ठों में ही दारोगा कृष्णचन्द्र और उसके परिवार के रूप में प्रकट होकर यह एकदम पूरे साहित्यिक-संसार को चौंका देता है। क्योंकि वह ऐसा वेश भी रख सकता है इसकी किसी को कल्पना भी नहीं थी।

मध्यवर्गीय व्यक्ति या भूतनाथ के विकास पर आने से पहले इसके पूर्वरूप की रेखाएँ भी स्पष्ट कर दी जाएँ।

19 वीं शताब्दी के उत्तरार्ध के हिन्दी-लेखकों की एक चीज़ देखकर वास्तव में आश्चर्य हुए बिना नहीं रहता—वह है समाज के प्रति उनकी ईमानदारी, उसकी समस्याओं का चित्रण और निदान खोजने की अकुलाहट। चाहे वे उपन्यासकार श्रीनिवासदास हों या निबन्धकार प्रतापनारायण मिश्र; नाटककार भारतेन्दु हों या पत्रकार बालमुकुन्द गुप्त, सभी के सामने तत्कालीन समस्याएँ हैं और वे उनको हल करते हैं।

खुले आम 1857 में समाज-व्यवस्था में परिवर्तन के परिणामस्वरूप लोगों के सामने नई-नई समस्याएँ, व्यक्ति और परिस्थितियाँ आ रही थीं, संस्कारबद्ध हृदय द्वारा इन नई परिस्थितियों को स्पष्ट स्वीकार नहीं किया जा सकता था; अतः ऐतिहासिक परम्पराओं से जोड़ या काटकर उन्हें ग्राह्य और अग्राह्य बनाया-बताया जा रहा था। वह निरीक्षण-परीक्षण जहाँ लोगों को अपने वर्तमान रूप के प्रति जागरूक बनाकर राष्ट्रीय चेतना जगा रहा था, वही संस्कृति-साहित्य की परम्पराओं की रक्षा के लिए आर्यसमाजी तथा अन्य सुधारवादी आन्दोलनों के रूप में भी जाग रहा था। पुराने को किस तरह ढाला जाए कि नए के अनुकूल तो वह बने ही—नए की चमक-दमक, शक्ति और सामर्थ्य के सामने भी हेय न ठहरे, यही एक 'भावना' उस समय के लगभग पूरे साहित्य में आई है। देवरानियों-जिठानियों की लड़ाई को समाप्त करके एक आदर्श गृहस्थ की स्थापना (भाग्यवती—श्रद्धाराम फिल्लौरी), नई रोशनी की स्त्रियों की भर्त्सना करके आदर्श नारी के भारतीय रूप की महिमा (स्वतन्त्र रमा और परतन्त्र

1. भूतनाथ उपन्यास का अन्त।

लक्ष्मी–लज्जाराम मेहता)[1] या युवकों के लिए आदर्श चरित्र की अवतारणा (नूतन ब्रह्मचारी–बालकृष्ण भट्ट) अन्यथा फिर ऐतिहासिक ऐश्वर्य में अपनी तत्कालीन वस्तुस्थिति को भूल जाने वाले उपन्यास ही उस समय मिलेंगे। ऐतिहासिक उपन्यासों (या रचनाओं) के तो प्रेमचन्द के काफी बाद तक केवल दो ही दृष्टिकोण दिखाई देते हैं–एक तो प्राचीन गौरव की विशद विरुदावली, दूसरा अपने वर्तमान दुरवस्था के कारण और निदान की खोज। राष्ट्रीयता की परिभाषा और भावना चूँकि तब तक बन नहीं चुकी थी, इसलिए तत्कालीन विदेशी शोषण इत्यादि को प्राचीन विदेशी आक्रमणकारियों के प्रतीकों द्वारा बताया जा रहा था, इसीलिए गुप्त-काल से लेकर मुगल-काल तक इनका 'कैनवास' था।

औपनिवेशिक व्यवस्था आने से जो एक नया वर्ग–मध्य-वर्ग–प्रकाश में आ रहा था, उसकी रूप-रेखाएँ स्पष्ट होती जा रही थीं। इस वर्ग के दो छोर थे–देशी व्यापारी और बाबू लोग। इस वर्ग के दोनों ही प्रतिनिधि हमारे कथा-साहित्य में हैं। नवाबों और राजाओं का स्थान अब समाज में सेठ लोग ले रहे थे और मुसाहिबों तथा हाली मवालियों का छोटे-मोटे क्लर्क या मुंशी लोग।

यह सेठ किस तरह बिगड़ जाते हैं–इस पर तत्कालीन सामाजिक स्थिति का बड़ा ही सुन्दर चित्रण करते हुए तीन प्रमुख उपन्यास हमारे सामने हैं–लज्जाराम मेहता का 'धूर्त्त रसिकलाल', बालकृष्ण भट्ट का 'सौ अजान एक सुजान' और श्रीनिवासदास का 'परीक्षा गुरु'। मुम्बई, लखनऊ और दिल्ली के व्यापारी क्रमशः इनके नायक हैं। रसिकलाल मेहता वेश्या की मदद से सोहनलाल को बिगाड़ता है, लेकिन माधवदास उसका तथा उसकी पत्नी का उद्धार करता है–यह ढाँचा तीनों ही उपन्यासों का कहा जा सकता है। लेकिन सबसे ज़्यादा बोलते पात्र हैं–लाला श्रीनिवासदास के। हिन्दी के इस पहले उपन्यास में कथानक, कथोपकथन, चरित्र-चित्रण, शैली, देश-काल और उद्देश्य आदि सभी के प्रति जो सावधानी और सफलता है उसे देखकर तो सचमुच ऐसा लगता है कि बँगला आदि के अनुवादों ने हिन्दी-उपन्यासों के

---

1. 'आदर्श दम्पति' की भूमिका में मेहताजी ने लिखा है–"यद्यपि उपन्यास आजकल बिल्कुल कल्पित और ऐतिहासिक घटनाओं के आधार पर लिखे जाते हैं और इसलिए इनकी कथा कोई प्रमाणभूत नहीं मानी जाती है, परन्तु मैं मानता हूँ और बड़े-बड़े विद्वान् मानते हैं कि उपन्यास समाज का चित्र है और आज उपन्यास की जो कथा कल्पित मानी जाती है, वही समय पड़ने पर इतिहास बन जाती है। इसलिए उपन्यास ऐसा बनना चाहिए जिससे प्रजा के सच्चे चरित्र का बोध हो–उन्हें पढ़ने से पाठकों के चरित्र सुधरें और वे दुराचार से छूटकर सदाचार में प्रवृत्त हों।"

   ऐसी ही बात बालकृष्ण भट्ट ने 'सौ अजान एक सुजान' के अन्त में लिखी है–"अन्त में हम अपने पढ़नेवालों को सूचित करते हैं कि आप लोगों में यदि कोई अबोध और अजान हो तो हमारे इस उपन्यास को पढ़कर हम आशा करते हैं, सुजान बनें।"

स्वाभाविक अंकुर को कुचल दिया। दोनों सेठों के मुक़ाबिले सेठ मदनलाल अधिक जीता-जागता मनुष्य है और सचमुच हर दृष्टि से 'सेवा सदन' तक इस उपन्यास-धारा की कोई कड़ी नहीं मिलती। ध्यान रखना चाहिए कि उठती हुई महाजनी सभ्यता तब अपने प्रगतिशील दौर में थी—कुछ-कुछ पतन के चिह्न उसमें जरूर दृष्टिगोचर होते जा रहे थे। प्रथम महायुद्ध के रूप में जब अपनी मृत्यु का पहला उद्घोष उसने किया तो उसकी 'भूमिका' बिल्कुल बदल गई और कभी वह 'ज्ञानशंकर' के रूप में, कभी 'जॉन सेवक' के वेश में और कभी 'रायसाहब' की आवाज में अपनी असली सूरतें दिखाने लगा। इन तीनों उपन्यासों में सेठों का बिगड़ना सामाजिक सत्य है और उनका सुधार लेखकों की आदर्शवादी कल्पना का आग्रह। उस युग में भी जब लाला श्रीनिवासदास विदेशों में धन जाने की बात को अपने उपन्यास में वाद-विवाद का रूप देते हैं तो उनकी सत्य की पकड़ की तारीफ़ किए बिना नहीं रहा जाता क्योंकि तब यह वर्ग विदेशी उद्योगों के 'वितरक' या व्यापारी के रूप में ही पनप रहा था, अपने उद्योग स्थापित नहीं हुए थे।

दूसरा वर्ग है शहरी बाबू वर्ग और उसका प्रतिनिधि है—भुवनेश्वर मिश्र का पेशकार झगड़ूलाल (घराऊ घटना)। गृहस्थी की, पड़ोस की घटनाहीन बात और केवल एक परिवार का रोजमर्रा का चित्रण भी उपन्यास का विषय हो सकता है, उसको उस समय शायद कोई सोच भी नहीं पाता था। खास तौर से ऐसे विषय के रूप में जिसका उद्देश्य कोई सामाजिक उपदेश देना नहीं था। लेकिन क्या युवक गृहस्थ की मनोभावनाएँ और क्या वस्तु-चित्रण सभी में 'स्केच-कला' के मूल बीज हमें 'घराऊ घटना' में मिल जाते हैं। बहुत सीधी शैली, बड़ी सादी बात और बहुत रोचक कहानी। 'घराऊ घटना' उस समय की अकेली रचना है जो प्रथम पुरुष में (बाद के दीनानाथ को छोड़कर) लिखी गई है। आज भी झगड़ूलाल के साथ उसकी बीवी की बातचीत, गहनों के लिए पैंतरे या पड़ोसी नौकर की झड़प, उस समाज का सफलतम चित्र दे देते हैं। कौन जाने 'गबन' का प्रेरणा-स्रोत यही हो।

व्यक्ति बन रहे थे—वस्तुसत्य उभर रहा था और सबके ऊपर नए समय के सन्दर्भ में समस्याओं का ऐसा शोर था कि कुछ सुनाई नहीं देता था। व्यक्ति, वस्तुसत्य और समस्याएँ सब अलग-अलग थे और एक ऐसे कलाकार की कलम का माध्यम पाने के लिए ये सब छटपटा रहे थे, जो एक साथ तीनों को मिलाकर युग-सत्य को साहस से रख सके। व्याकुलता थी और समाधान नहीं था—इतनी जल्दी उसका कोई उपचार भी नहीं था, इसलिए अनुवाद स्थानापन्न बने हुए थे।

'चन्द्रकान्ता' के लेखक की सफलता यह थी कि उसने बहुत काफी कूड़ा-करकट छानकर एक ऐसे पात्र को खोज निकाला था जो दो समाज-व्यवस्थाओं की सन्धि से झाँककर प्रयत्नपूर्वक अपना सिर उठा रहा था और आने वाली समस्याओं को अपने में समोकर साक्षात् प्रश्न-चिह्न बना समाज-द्रष्टा उपन्यासकार के सामने जा

खड़ा हुआ था—"बताओ मैं कौन हूँ, इस समाज में क्या मेरा स्थान है और क्या मेरा भविष्य है?"

मध्यवर्ग का प्रतीक भूतनाथ दो प्रवृत्तियों का द्वन्द्व है। वह किन्हीं विशेष परिस्थितियों का शिकार है और किन्हीं विशेष परिस्थितियों के विरुद्ध विद्रोह की आग उसे एक चुस्त-चालाक अय्यार के रूप में चलाये रख रही है। 'विद्रोह' उस युग के यौवन की आवाज थी—और यह विद्रोह व्यक्तिगत हो, यह उसकी सीमा। किन विशेष परिस्थितियों का किस-किस रूप में 'हड्डियों का ढाँचा' यह 'भूतनाथ' शिकार है, इसे चारों ओर से सोचने का उसके नए निर्माताओं को समय नहीं था। उन्होंने उसके केवल विद्रोह के आवेग को पकड़ा और 'रक्त मंडल', 'लाल पंजा' इत्यादि आए।[1]

व्यक्तिगत विद्रोह अपने सक्रिय रूप में जो थोड़ा-बहुत आ पाया है, वह इन्हीं उपन्यासों में मिलता है अन्यथा बाद के क्रान्तिकारियों के नाम पर लाए जानेवाले सारे नायक निष्क्रियताजन्य फ्रस्ट्रेशन ही प्रस्तुत करते हैं।

टेढ़े-मेढ़े रास्ते

दोनों महायुद्धों के बीच का हिन्दी-उपन्यास वास्तव में नायक के लिहाज से व्यक्ति के अंकन और अध्ययन तथा व्यक्तित्व के निर्माण और गठन के ह्रास और विकास की कहानी है। व्यक्तित्व युगानुरूप विकास करता जाता है और 'व्यक्ति' संकुचित होकर समाज से कटता जाता है।

व्यक्ति को महत्त्व देने की भावना, या मानवतावादी दृष्टिकोण राजनीति के क्षेत्र में रूसो और वॉल्टेयर और साहित्य और कला के क्षेत्र में गेटे और ह्यूगो की देन थी। रूसो का यह वाक्य "मनुष्य जब पैदा होता है तो उस पर कोई बन्धन नहीं होता" या वॉल्टेयर की यह उक्ति, "तुम जो कुछ कहते हो मैं उसका डटकर विरोध करता हूँ लेकिन यह मरते दम तक मानूँगा कि तुम्हें अपनी बात कहने का अधिकार है" व्यक्ति की महत्ता की वैतालिका है, और यही भावनाएँ टॉल्स्टॉय, रस्किन या क्रोपाटकिन और अन्य क्रान्तिकारियों द्वारा भारतीय राजनीति में विभिन्न रूपों में आ रही थीं। इसकी दो धाराएँ तत्कालीन समाज में बहुत अधिक स्पष्ट हैं : हर व्यक्ति स्वतन्त्र है वह गुलाम नहीं रह सकता, के व्यक्तिवादी स्वतन्त्रता के प्रयत्नों के रूप में तथा हर व्यक्ति मूलतः मानव है, उसे प्यार करो, उसके अधिकारों को मत छीनो और उसकी आत्मा पर छाए कलुष को उससे अलग करके देखो के क्रिश्चियन-भारतीय दृष्टिकोण के रूप में। इन दोनों ने ही भारतीय समाज-चेतना को आगे विकसित किया (अपना ऐतिहासिक 'रोल' पूरा कर चुकने के बाद व्यक्तिवाद

1. द्रष्टव्य : 'आलाचेना' के उपन्यास अंक में नरोत्तम नागर का लेख।

किस तरह एक अव्यावहारिक और प्र[illegible] ी वस्तु बन जाता है इसके दो मजेदार चरम उदाहरण हमारे ही सामने हैं—जो इन[illegible]ाराओं के प्रतिनिधि हैं—एक पैग़म्बर और एक डिक्टेटर—गाँधी और हिटलर—या [illegible] में बर्नार्ड शॉ। "मैं ही ठीक हूँ" और "मैं ठीक हूँ क्योंकि मेरे पीछे भगवान है या [illegible] आत्मा कहती है" दोनों वाक्यों में व्यक्तिवादी आग्रह एक ही है। यही कारण है [illegible]तिक अस्तित्व की समाप्ति के बाद इनकी देन का अव्यावहारिक भाग एकदम स[illegible] हो गया।)

व्यक्ति-स्वातन्त्र्य और मानव मुक्ति की यह दोनों धार[illegible] भारत के दो सीमान्तों से उठीं—कलकत्ता और पोरबन्दर। एक का शिक्षण और परिव[illegible]-क्षेत्र बर्मा, रंगून, बंगाल आदि रहे—दूसरी का पश्चिमी तटों से लेकर अफ्रीका तक। दूस[illegible] की उपयोगिता समझने के लिए पहली को ही पहले समझ लिया जाए।

औपनिवेशिक व्यवस्था व्यक्ति और समाज के बीच की खाई को हमेशा और चौड़ा करती जाती है और दोनों ही एक-दूसरे को अपरिचित या प्रायः शत्रुता की दृष्टि से देखते हैं। व्यक्ति का ध्वस्त आत्म-विश्वास 'अहं' बनता जाता है और विकासमान समाज की धारा में वह 'द्वीप' की तरह कटकर ठूँठ-सा खड़ा रहता है। सामाजिक और राजनीतिक स्वतन्त्रता की रक्षा या प्राप्ति के प्रयत्न में जब वह लड़ते-लड़ते हार जाता है तो समाज से सहानुभूति चाहता है, सान्त्वना और समर्थन माँगता है; चूँकि अपने पूरे 'युद्ध' के दौरान, उसने समाज की इच्छा जानने की कभी कोशिश नहीं की थी इसलिए इनमें से उसे कुछ नहीं मिलता तो रुद्ध-विक्षोभ सिर्फ दो ही तीन दिशाओं में फूटता है। अपने 'अहं' को ही सर्वोपरि मानता हुआ वह विक्षिप्त की तरह हर वस्तु को निरर्थक[1] समझे और हर व्यवस्था के प्रति आस्था खो बैठे, अनारकिस्ट और निहलिस्ट हो जाए और तरह-तरह से अपनी उपेक्षा का बदला समाज से ले; तथा स्वयं अपने पतन की महानता को घोषित करे, पुरातनवादी हो जाए और प्रकृति या अध्यात्म की ओर भाग खड़ा हो या फिर सीधे ही ग़म ग़लत करने के लिए शराब पिए। क्रान्तिकारियों के व्यक्तिगत विद्रोह के इतिहास में इन सभी परिस्थितियों के उदाहरण हमें उपलब्ध हैं। यह व्यक्ति-विद्रोह समाज-विद्रोह की ओर किस तरह विकसित होता है इसका काफ़ी अच्छा विवेचन है यशपाल का 'सिंहावलोकन'।

---

1. "When a man considers his own 'ego' to be the 'sole reality' then he can find no objective connection, 'rational' in the sense of being determined by definite laws, between his 'ego' on the one hand and the external world on the other. The external world must appear to him as either altogether unreal or as real only in part-in so far, namely, as its existence is based on the only true reality, that is to say on the 'ego'". "If, however, some-one who is not philosophically inclined comes to consider his own 'ego' to be the sole reality, he will certainly not bother to ask himself how this 'ego' created the external world....On the contrary, the world will appear to him a realm of 'meaningless chance".

—'कला और सामाजिक जीवन', प्लेख़नोव

व्यक्ति पराजय की यह प्रतिक्रियाएँ ह दी-काव्य और कहानी के छायावादी विकास में, तथा इन्हीं प्रवृत्तियों से अनुप्रे उपन्यासों में मिलती हैं।

'पराजित व्यक्ति के महि त' शरत्-साहित्य की ओर हिन्दी के उपन्यासकार (जो तत्कालीन युवा-वर्ग का एक प्रतिनिधि था) का झुकाव स्वयं उसकी इसी पराजित मनोवृत्ति का द्योत है। महत्त्व की बात यह नहीं है कि शराब और ज़हर किसने किसलिए सुलभ ए, महत्त्व की बात यह है कि अपनी किन परिस्थितियों में व्यक्ति इनकी ओर न्मुख हुआ ? तीस साल बाद की सामाजिक स्थिति में रहने वाले लोगों को 'दोस एव्स्की' उतनी अन्ध-उत्कटता से क्यों नहीं आकर्षित कर सका ? एकदम सीधा न होते हुए भी काफ़ी अंशों तक सही जवाब यह है कि हिन्दी-भाषी 'प्रबुद्ध व्यक्ति' की मानसिकता ही उस समय उस स्थिति से गुज़र रही थी कि बंगाल ही क्या शरत् यदि तमिलनाडु में होते तो वह उन्हें वहाँ से भी खोज निकालता। हिन्दी-उपन्यासकारों को यह श्रेय ज़रूर है कि उन्होंने शरत् के 'व्यक्तिवादी दर्शन' को ठीक वहीं से पकड़कर चरम पर पहुँचा दिया जहाँ से शरत् ने उसे छोड़ा था—उसने उसे पीछे से नहीं पकड़ा। सतही तौर से देखने पर हिन्दी-उपन्यास के तृतीय और चतुर्थ दशक के ऐसे पात्र शरत् की नकल लगते हैं; लेकिन इलाचन्द्र जोशी की इतनी बात मान लेने में कोई हर्ज नहीं कि वे उनका अगला विकास हैं। वह 'कु' है या 'सु' इसे अभी छोड़ दें।

प्रायः शरत् के सभी पुरुष—प्रमुख—पात्रों का ध्यान आते ही मेरी कल्पना में एक ऐसे ज़िद्दी बच्चे की तस्वीर आ जाती है जिसे उसका प्राप्य नहीं मिला हो और इसलिए रूठ-मचलकर वह चौखट से अपना सिर फोड़-फोड़कर अपने गुस्से का इज़हार करता और दर्शकों की सहानुभूति प्राप्त करता है। उस स्थिति में उसे जो भी दिया जाता है उसे तो तोड़-फोड़ देता है और दिखाता यह है कि देखो मैं ऐसी बहादुरी से अपना सिर फोड़ सकता हूँ। शरत् की कला का सारा कमाल वेदना की इस कुशल विवृत्ति में ही है। 'डुएल' उपन्यास में चेखव के लायस्की को देखकर हम सोचते हैं; देखो कितना अच्छा आदमी है लेकिन कैसी परिस्थितियों में पड़ गया है; बेचारा कुछ कर भी नहीं सकता। तब हमें उसकी कमजोरियों से भी सहानुभूति होती है। व्यक्ति की विवशताओं के साथ वहाँ परिस्थितियाँ भी सामने हैं, लेकिन शरत् के सामने परिस्थितियाँ या सामाजिक स्थिति उतनी महत्त्व नहीं रखतीं। तत्कालीन हिन्दी-उपन्यासकार ने परिस्थितियों को भी शरत् की अपेक्षा अधिक ईमानदारी से रखा है। 'कुण्डली चक्र' (वृन्दावनलाल वर्मा) का अजित, लायस्की की तरह हमारी स्वस्थ सहानुभूति का पात्र है। वहाँ समाज और व्यक्ति का द्वन्द्व है—पराजित व्यक्ति की अपने प्रति ही नहीं समाज के प्रति भी प्रतिक्रिया है।

''तुम नश्वर हो जग नश्वर है बस मैं हूँ केवल एक अमर'' के गायक भगवतीचरण वर्मा के रमेश और बीजगुप्त समाज द्वारा स्वीकृत हर सिद्धान्त को झूठा साबित कर

देते हैं।—पाप-पुण्य के सिद्धान्त को, नैतिकता-अनैतिकता के सिद्धान्त को। शरत् में न तो उतनी तलख़ी है, न शक्ति। उनके पात्र बड़े कमज़ोर और दो विरोधी आलोचकों—डॉ. रामविलास शर्मा तथा श्री इलाचन्द्र जोशी—के शब्दों में निकम्मे, परोपजीवी, नपुंसक और हद दर्जे के आत्मकामी हैं। रमेश ललकार कर कह सकता है कि तुम्हारे समाज की नपी-तुली साफ़-सुथरी नारी सुधा से वेश्या सरोज लाख दर्जे अच्छी है। असली वेश्या सरोज नहीं सुधा है—या तुम्हारे बने-बनाए साधु कुमारगिरि से अय्याश बीजगुप्त अधिक मानव है। इस तरह साहसपूर्वक प्राचीन और नवीन दोनों समाज-मान्यताओं को ठुकरा देने की शक्ति तो भगवतीचरण वर्मा के पात्रों में है लेकिन स्वयं किसी जीवन-दर्शन के अभाव में वे टेढ़े-मेढ़े रास्तों में भटकते हैं। दिशाहीन जोश के परिणाम में इस प्रकार सभी कुछ को झुठला देने का 'दर्शन' प्राकृतिक ही है। इस दिग्भ्रान्ति की स्थिति में उनके शरणस्थल हैं वृद्ध ताल्लुकेदार रमानाथ तिवारी के चरणकमल ! (दुःख है ताल्लुकेदारी कांग्रेस सरकार ने ख़त्म कर दी) और यों उनकी कला, जो एक सशक्त असन्तोष को लेकर चली थी, छाती में छुरा भोंककर अपने जीवन का आख़िरी दाँव लगा बैठी। प्लेख़नोव की यह पंक्तियाँ वर्माजी तथा उन-जैसे अन्य व्यक्तिवादी उपन्यासकारों की कितनी अच्छी तस्वीर देती हैं "The tendency of artists, and of those who have a lively interest in art, towards art for art's sake, arises when they are in hopeless disaccord with the social environment in which they live".

मैंने अभी ऊपर कहा, सचमुच यह आश्चर्य की बात है कि मराठी और बँगला की तरह 'क्रान्तिकारी व्यक्ति' को हम प्रगतिशील ऐतिहासिक भूमिका में नहीं पाते। 'रंगभूमि' के सूरदास के रूप में मानवतावादी व्यक्ति तो अपनी ऐतिहासिक भूमिका और पराजय को स्वीकार करता है[1] लेकिन ये क्रान्तिकारी या अन्य व्यक्ति-विद्रोह के उपासक उपन्यास के नायक तभी बनते हैं जब वे विभिन्न कुण्ठाओं और विकृतियों के शिकार बन चुके होते हैं। हमारे नायकों में उनका प्रगतिशील 'रोल' नहीं है। ''चारों ओर भय और विपद् के वातावरण से आकर्षक बने बायरनिक हीरो, मध्यवर्गीय क्रान्ति के उपासक'' डॉ. सव्यसाची को भी तो शरत् ने तभी पकड़ा है जब कवि शशि को मध्यवर्ग के गीत गाने की वकालत करके भी वे अपने सारे प्रयत्नों के अन्त में सिंगापुर चल खड़े होते हैं। 'गोरा' तब भी अधिक प्रगतिशील है। खैर शरत् ने तो सव्यसाची को वहीं छोड़ दिया, लेकिन उनकी पराजय के अवसाद और विषादयुक्त कुण्ठाओं तथा विद्रोह की शब्दावली को हिन्दी के दो नायकों ने अपनाया—हरिप्रसन्न और शेखर।

इन या ऐसे सभी नायकों को समझने के लिए सबसे अच्छा पात्र है 'नदी के द्वीप' का भुवन। हिन्दी के अधिकांश आलोचकों ने माना है कि 'शेखर' ही 'भुवन'

---

1. मन्मथनाथ गुप्त का लेख, 'नई धारा', जून 1953

है, बस उसके विद्रोह और क्रान्ति के 'नख-रद' टूट गए हैं। रह गया है बाक़ी केवल उसका 'अहं', जिस पर पूरा ढाँचा है। शेखर के वे सिद्धान्त क्या और कैसे हैं इसे थोड़ी देर के लिए स्थगित करके भी कहा जा सकता है कि 'सिद्धान्त-हीन' शेखर ही भुवन है और इसी निष्कर्ष पर पाठक चौंकता है कि शेखर के क्रान्ति और विद्रोह थे क्या, कि उन सबको तिलांजलि देकर उसे एकदम भुवन बन जाना पड़ा ?—क्या वे सचमुच इतने ऊपरी थे। शेखर और भुवन क्यों एक हैं, इसे ज़रा और भी गहराई से समझने की ज़रूरत है।

सुमित्रा और भारती का आदर डॉ. सव्यसाची के प्रति पाठक को श्रद्धावनत कर सकता है, लेकिन रेखा और गोरा का आदर भुवन को पाठक के सामने आदरणीय नहीं बना पाता, क्योंकि डॉ. देवराज के शब्दों में "हमें यह महसूस नहीं होता कि भुवन के विचारों और संकल्पों का स्तर विशेष ऊँचा है। वह एक ख़ास शिक्षित-वर्ग की चिन्ता के धरातल से ऊँचे उठते नहीं दीखता। कहीं भी भुवन के विचारों अथवा संकल्पों में ऐसी शक्ति नहीं है कि विचारवान पाठक को बहा ले जाए।" फिर भी अपने सम्पर्क में आनेवाली स्त्रियों से वह उसी व्यवहार की आकांक्षा रखता है जो 'शेखर' ने रखी थी। वह नारी को शेखर की तरह ही एक ऐसी सान मानता है जिस पर उसका जीवन बराबर चढ़ाया जाकर तेज़ होता रहे। जिस पर मँज-सँवर कर वह कुछ बने कि संसार के सामने खड़ा होने में लज्जित न हो—चाहे उसके बनने में स्वयं उसी के हाथों से वह टूट भी जाए। शरत् की आलोचना करते हुए डॉ. रामविलास शर्मा ने एक जगह लिखा है कि अपनी असामर्थ्य और नपुंसकता छिपाने तथा उत्तरदायित्व से बचने के लिए वह बार-बार राजलक्ष्मी को छोड़-छोड़कर भागता है और कहता यही है कि "राजलक्ष्मी के लिए ही मुझे राजलक्ष्मी को छोड़कर जाना होगा। इसमें अब जरा भी आनाकानी करने से काम नहीं चलेगा" इस पर डॉ. शर्मा का व्यंग्य है कि "यही प्रेम का वह सूक्ष्म विज्ञान है जो पुरुष को नारी के निकट लाता है और फिर नारीत्व को निखारने के लिए उसे दूर ढकेल देता है।" प्रेम के इस 'सूक्ष्म विज्ञान' का भुवन और शेखर दोनों को बड़ा अच्छा अभ्यास है और कुशल लेखक ने भुवन को इस प्रकार के किसी आरोप से बचाने के लिए स्वयं रेखा को ही 'त्यागपत्र' की मृणाल की तरह इतना समर्पणशील और समझदार बना दिया है कि प्रेम का ऐसा अनुभव देकर वह स्वयं हट जाए। इस ट्रम्प चाल को ज्यों-का-त्यों लागू करने का श्रेय 'संन्यासी' के नन्दकिशोर से लेकर धर्मवीर भारती के 'गुनाहों का देवता' के चन्दर और अंचल के 'चढ़ती धूप' के मोहन, 'मरु प्रदीप' के विमल तक को है।

इतनी प्रभावोत्पादक कला, इतना सूक्ष्म मनोवैज्ञानिक पर्यवेक्षण और ऐसी सजी-सुथरी, सँवरी और सार्थक भाषा के बावजूद भुवन पाठक को कहीं भी बहा नहीं पाता—पाठक हमेशा ही 'द्रष्टा' रहता है 'भोक्ता' नहीं, इसका एकमात्र कारण

उसकी इतनी अधिक सार्वभौमिकता है कि वह कहीं का नहीं रहता, आखिर किसी भी देश का आदमी तो उसे अपना समझे ! अपने वर्ग और संस्कारों से कटा एक भूत और भविष्यहीन 'द्वीप'–यह असाधारण (शुक्लजी के अनुसार) शील का व्यक्ति पाठक के लिए दर्शनीय ही बना रह सकता है–संवेदनीय नहीं। इसीलिए उसका कारणहीन 'दर्द' उसका अपना ही है, साधारणीकृत नहीं, अतः लगता है वह दर्द नहीं, शौक अधिक है। चाहे वह कितना ही तीव्र, गहन और चूर-चूर कर देनेवाला क्यों न हो।

यह दर्द और दुःख का सिद्धान्त शेखर, भुवन और उधर जैनेन्द्र के पात्रों या कहा जाए मनोवैज्ञानिक व्यक्तिवादी सभी नायकों–में अजब घपलेबाज़ मनोविज्ञान का जन्मदाता है। 'दोस्तोएव्स्की' के 'पेशेवर आत्मपीड़कों' (प्रोफ़ेशनल सफ़रर्स) का गोर्की ने खूब मज़ाक उड़ाया है। 'पीड़ा ही सत्य है या सत्य दर्शन का एकमात्र माध्यम है'–यह सिद्धान्त भगवान बुद्ध के "सर्वं क्षणिकं क्षणिकं सर्व दुःखं दुखम्" का ही पश्चिमी संस्करण है। भुवन तो 'क्षण' और 'दुःख' दोनों के सिद्धान्त को मानता है। ऐसे नायकों ने यह कभी नहीं सोचा कि भगवान बुद्ध की यह 'प्राप्ति' ऐतिहासिक सीमा थी–मूल थी वह करुणा और व्याकुलता जिसके वशीभूत होकर वे दुःख और कष्ट से संसार को मुक्ति देने के लिए घर से निकल पड़े थे।

शेखर कहता है–"दुःख उसी की आत्मा को शुद्ध करता है जो उसे दूर करने की कोशिश नहीं करता।"

और भुवन बोलता है–"पीड़ा से दृष्टि मिलती है इसलिए आत्मपीड़न ही आत्मदर्शन का माध्यम है।" या "दुःख सबको माँजता है और चाहे स्वयं सबको मुक्ति देना वह न जाने, किन्तु जिनको माँजता है उन्हें यह सीख देता है कि सबको मुक्त रखें।"

एक आश्चर्य और है : पीड़ा से दृष्टि मिलनेवाले नायकों के जीवन में स्त्री ही एक विचित्र–अत्यधिक महत्त्वपूर्ण–पार्ट अदा करती है। चाहे वे 'अज्ञेय' के शेखर और भुवन हों या दर्द में उतरकर सत्य पा जानेवाले धर्मवीर भारती के चन्दर और माणिकमुल्ला; वे हरिप्रसन्न और 'सुखदा' के हरीश हों या 'अंचल' के 'विमल, चाँद भाई' या 'पथ की खोज' के चन्द्रनाथ आदि–प्रेम के परीक्षण की दृष्टि से इन सभी का दृष्टिकोण स्त्री के प्रति प्रयोगवादी, अधिकांश प्लेटोनिक, रहस्यपूर्ण, अस्पष्ट और समग्रतः नॉर्मल नहीं होता–क्योंकि ये सभी उसके द्वारा जिन विचित्र ढंगों से दर्द लेते और 'दर्शन' पाते हैं–वह संसार के एक-मात्र दार्शनिक विवाद का मूल है। यह सभी दमित काम के कुण्ठित और कुंचित प्रतीक हैं और इस सम्बन्ध में जैनेन्द्रजी की आत्मस्वीकृति प्रायः सभी 'मनोवैज्ञानिक' समस्याओं को एक साथ हल कर देती है : "पीड़ा में ही परमात्मा बसता है। मेरे उपन्यास आत्मपीड़न के ही साधन हैं और इसीलिए मैंने इनमें 'काम-वृत्ति' की प्रधानता रखी है, क्योंकि काम की यातनाओं

में ही आत्मपीड़न का तीव्रतम रूप है।"

तो हिन्दी उपन्यासों में पीड़ा से आत्म-शुद्धि या आत्माशुद्ध करनेवाले नायकों की एक काफ़ी लम्बी पलटन है—शुरू-शुरू में भले ही इसका कारण सामाजिक परिस्थितियाँ रही हों, पर बाद के लेखकों के लिए यह एक फ़ैशन हो गया और इस पीड़ा की 'पंचाग्नि' में अपनी आत्मा का उत्थान और विकास करनेवाले ये हठयोगी नायक स्वयं 'काम की यातनाएँ' पाते और इन यातनाओं की स्रोत नारियों को भी यातनाएँ देकर बड़ी सुन्दर शब्दावलियों और आकर्षक वाक्यों से उन्हें सजाते और 'उदात्तीकृत' करते हैं। सबसे मजे की बात तो यह है कि "विद्रोह के लिए विद्रोह करनेवाले" बड़े-बड़े क्रान्तिकारी, बड़े-बड़े आविष्कारक, वैज्ञानिक, रिसर्चस्कॉलर, दार्शनिक, प्रोफ़ेसर और कवि, नाना वेश, स्वभाव और उद्देश्यवाले पात्र इस जगह सब एक हैं।

काम-मनोविज्ञान की शब्दावली में हैवलॉक एलिस् के अनुसार यह आत्मपीड़न (मॉस्केज़्म) और आत्मपीड़न के लिए परपीड़न (सेडिज्म) बड़ी विकृत स्थिति का सूचक है। यहाँ हम अभी तक प्रायः बचाए गए श्री इलाचन्द्र जोशी के नायकों को भी गिने लेते हैं। 'परदे की रानी' का इन्द्रनाथ, 'प्रेत और छाया' का पारसनाथ, 'संन्यासी' का नन्दकिशोर और 'निर्वासित' का महीप इत्यादि सभी नायक विकट आत्महीनता की ग्रन्थि से ग्रस्त हैं और अपने सम्पर्क में आनेवाली नारियों से बदला लिया करते हैं; काल्पनिक भ्रम या भ्रान्तिमूलक बातों की कल्पना करके अपने-आपको कष्ट देते और पाते हैं। लेकिन जोशीजी की कुछ बातें इन्हें शेष सभी 'मनोवैज्ञानिक' उपन्यासकारों के महानायकों से अलग कर देती हैं। पहली बात तो यह है कि जोशीजी अपने पात्रों के प्रति इतने तटस्थ रह सके हैं कि उन्होंने विकृति को विकृति और रोग को रोग कहा है। यह दूसरी बात है कि वे शरत् के या उनके जैसे निकम्मे आत्मकामी, दम्भी नायकों को ही अपनी 'लैब' में उठा लाते हों और चारों ओर से उसके खिड़की-दरवाजे बन्द करके उनकी शल्यक्रिया कर डालते, तथा उनकी रीडिंग पर मनोवैज्ञानिक लेख लिखने बैठ जाते हों। साथ ही उन्होंने अपने नायकों की कमजोरियों और विकृतियों को अन्य उपन्यासकारों की तरह नारियों से पुजवाया नहीं है, चूँकि उनके नायकों की सारी कुण्ठाओं की प्रतिक्रिया का शिकार नारी होती है; अतः ऐसी ही कोई 'तूफ़ानी मर्मांतक मनोविज्ञान की नारी' आकर उनको प्रभावित करती हुई क्रान्ति की मशाल हाथ में लेती है। प्रमुख बात इसमें न तो तूफ़ानी मनोविज्ञान है न वह क्रान्ति की मशाल (क्योंकि इस क्रिया में उनकी नारियों को ओवर-एक्टिंग की आदत है जैसे 'निर्वासित' की शारदा, और 'मुक्तिपथ' की सुनन्दा। दोनों आज के युग में 'जॉन ऑफ़ आर्क' और 'श्रद्धा' का पार्ट अदा करती हैं) सबसे अधिक महत्त्व की बात यह है कि आध्यात्मिक और आदर्श प्रेम के नाम पर उन्होंने नारी के आत्मसम्मान को पुरुष की झूठी-सच्ची सनकों के सामने रिरियाते और पैरों में

पड़ते नहीं दिखाया है। लेकिन जोशीजी में तीन बहुत बड़ी कमजोरियाँ हैं; जिनकी वजह से वे प्रायः सम्यक् रूप से समझे नहीं जाते रहे हैं। उनकी एक कहानी का पागल नायक दुनिया-भर के चीथड़े, कूड़ा-करकट इकट्ठा करके रात को चौराहे पर जलाया करता है और पूँजीपतियों को गालियाँ देकर अपने मन का गुबार निकालता है। गोर्की ने भी समाज के कूड़ा-करकट—अर्थात् आवारे, हत्यारे, आत्मकामी इत्यादि लोगों को दिखाया है लेकिन समाज की गति के नित्य संपर्क में रखकर ही; जब कि जोशीजी उन सबको अपने 'एयरटाइट', 'परीक्षण-कक्ष' में उठा लाते हैं। इस कूड़ा-करकटवादी दृष्टि से उन्होंने अपने आस-पास एक अजब शिवजी की बारात इकट्ठी कर ली है; दूसरे इन नायकों का मूल मनोविज्ञान तो ज़रूर समाज द्वारा निर्मित होता है लेकिन उठा लाने के बाद उसके कारणों की कथा स्वयं जोशीजी गढ़ते हैं, जो प्रायः ज्यामिति के किसी विशेष प्रमेय को सिद्ध कर डालने जैसी बन जाती है। चेखव ने एक बार गोर्की से कहा था कि "मनोविज्ञान का चित्रण बुरा नहीं है; लेकिन दिक्कत तब है जब लेखक अपने मनोविज्ञान को जीवित पात्रों से न लेकर स्वयं गढ़ने लगता है।" जोशीजी तो इस मनोविज्ञान को गढ़ने में प्रायः पृष्ठों की संख्या तक भूल जाते हैं और उनकी दिशा-दशा भी 'कॉडवेल' के शब्दों में 'लेखक और रचना' ही रह जाती है, लेखक रचना और पाठक नहीं। जब लेखक और रचना केवल दो ही बिन्दु हों तो कला के लिए कला की रचना होती है। यहाँ वे अपने शेष सभी मनोवैज्ञानिक उपन्यासकारों के साथ हैं। जोशीजी की तीसरी कमी यह है कि विकृतियों और कुण्ठाओं को उन्होंने अभी बड़े शारीरिक और भौतिक स्तर पर ही खोज का विषय बनाया है, उनकी आध्यात्मिक प्रतिक्रियाओं को वे 'फोकस' नहीं कर पाए। फिर भी प्रसन्नता है कि उपचेतना के स्तर-प्रस्तर तोड़कर विराट् विस्फोट कर डालने और किसी अनोखी गंगा को खोज निकालकर भगीरथ बन जाने का नशा उन पर से अब उतरता जा रहा है और उनके पात्र नार्मल होते जा रहे हैं।

दिक्कत उन आत्मपीड़क और परपीड़क अभिजात नायकों के मनोवैज्ञानिक विश्लेषण में है, जो अपने को सबसे अलग समझकर विभिन्न आध्यात्मिक और दार्शनिक वाक्यों के दुशाले ओढ़-ओढ़कर आते हैं। भुवन और रेखा के लिए डॉ. देवराज लिखते हैं : "उपन्यास में भुवन और रेखा जगह-जगह दूसरे कवियों के उद्धरण प्रयुक्त करते पाए जाते हैं जैसे वे स्वयं अपनी प्रेरणाओं से न जीते हुए विभिन्न कवियों के भाव-स्पन्दन में अपने खोखले जीवन को भरने की सामग्री खोज रहे हों।" यही बात उनके अपने चन्द्रमाधव के लिए भी सच है—वहाँ कविता की जगह दर्शन है।

इन सभी प्रेरणाहीन अद्वैती, हठयोगी, आदर्शप्रेमी क्रान्तिकारी नायकों का मानसिक धरातल आखिर किन सामान्य धातुओं का बना है, ज़रा और गहराई से देखिए।

ये सभी नायक शेष समाज से अलग एक विशेष बौद्धिक धरातल पर पहुँचे हुए व्यक्ति हैं जो जीवन की हर प्रकार की अनुभूतियों को बुद्धि द्वारा ही ग्रहण करते हैं। अन्य इन्द्रियों द्वारा नहीं। लगता ऐसा है कि ये हाड़-मांस के शरीर न होकर केवल बड़े-बड़े सिर-ही-सिर वायु-मण्डल में तैर रहे हों। वे चेतना-मात्र रह गए हैं। जैसा मैंने पहले भी बताया, क्रियात्मक जीवन के साथ उन्हें आप नहीं देखते, उन्हें देखते तब हैं जब वे उस जीवन से तटस्थ, असफल और निराश होकर (चाहे इसे वे स्वयं स्वीकार न करें) 'घर' भाग आए हों। इतना विद्रोही कर्मठ नायक शेखर भी अपने जीवन को जीता नहीं, एक रात में 'देखता' है। चूँकि शरीर और उसका अनिवार्य गुण क्रिया यहाँ नहीं, केवल मात्र चेतना ही है (और वह भी फ्रायडियन काम चेतना) इसलिए शून्य अन्तरिक्ष में जिधर धुन उठ जाती है उधर ही भटक जाते हैं। इस बात से यह भी सिद्ध होता है कि इन सभी नायकों की सिद्धान्तहीनता और लक्ष्यहीनता का कारण भी इनकी अशरीरी चेतना और क्रियाहीनता ही है। इनका विद्रोह दुनिया की हर बात—सिद्धान्त, लक्ष्य, शरीर, क्रिया जीवन हर चीज़ को झुठलाने और निषेध करने में है, इसलिए इन्हें 'नेति-नेति' वाला अद्वैत दर्शन ही शान्ति दे पाता है।

आप उस स्थिति का सहानुभूतिपूर्वक अनुमान लगाइए, जब क्रान्ति आप कर डालना चाहें, लेकिन हाथ में आपके 'टूटी तलवारों की मूठ'[1] ही हो, तब आप 'हैमलेट' की तरह अपनी निष्क्रियता को ही सुन्दर लगनेवाली विभिन्न दार्शनिक सूक्तियों से नहीं भरेंगे तो क्या करेंगे ? जब बात करना चाहें और ज़बान न हो तो एक ही रास्ता आपके पास है कि 'मौन' की महिमा बखानिए।[2] दर्द आपकी छाती को फूँके दे रहा हो और उसके कारणों की आप दूर न कर सकें तो ला-मुहाला आप समझौता करके आखिर कब तक उस दर्द को प्यार नहीं करेंगे ? बस दर्द को सीने से लगाइए और नई दृष्टि प्राप्त कीजिए। इसे झुठलाना ग़लत होगा कि पीड़ा मनुष्य को नई दृष्टि नहीं देती, लेकिन कैसे ? सचमुच पीड़ा, दर्द और दबाव ही मनुष्य की प्रगति और प्रयत्नों के मूल हैं। श्रद्धा कहती है "विषमता की पीड़ा से व्यस्त हो रहा स्पन्दित विश्व महान्" आविष्कार के मूल में अभाव की अनुभूति और आवश्यकता की पीड़ा ही तो है। एक पीड़ा है जो पीड़ा सहनेवालों और उन जैसों को पीड़ा से छुड़ाती है, 'रियलाइज़' कराती है और प्रेरणा देती है कि वे उन कारणों को बदल डालें और दूसरी पीड़ा है जो घुटती है; स्वयं निष्क्रियता से उत्पन्न पराजय का अवसाद होती है और शेष रही-सही कार्य-शक्ति को क्षीण कर डालती है (इसे हैमलेट ने भी स्वीकार किया है) तथा व्यक्ति को तटस्थ दर्शक अर्थात् 'दार्शनिक' बना छोड़ती है। वह

---

1. हम सबके हाथों में 'टूटी तलवारों की मूठ'—धर्मवीर भारती की एक कविता-पंक्ति।
2. अज्ञेयजी की 'हरी घास पर क्षण भर' में 'नई व्यंजना' कविता।

वाग्विलास करता और अपने-जैसे शौकिया दुःख सहनेवालों को सान्त्वना देता है कि 'सहना' ही चरम सुख है। यही साहित्य और कला में 'व्यक्ति-वैचित्र्य' और असाधारण मनोविज्ञान का मूल है।

'अज्ञेय' जी को इस बात का श्रेय ज़रूर है—और कम नहीं है—कि भुवन के रूप में उन्होंने इस तरह के नायकों का एक चरम प्रतिनिधि पात्र प्रस्तुत कर दिया है। जैसा कि अपने 'अहं' को ही निरपेक्ष सत्य माननेवाले व्यक्तियों का वर्गीकरण करते हुए प्लेख़नोव ने आगे बताया है कि "यदि ऐसा व्यक्ति किसी विशाल सामाजिक आन्दोलन से सहानुभूति करने भी लगे तो वह फ़ॉक की तरह यही विश्वास करेगा कि सामाजिक विकास का कोई नियम इसकी सफलता का आश्वासन नहीं दे सकता; और उसका भविष्य या तो 'मानवीय मूर्खताओं' के या उन्हीं की तरह के 'अर्थहीन ऐतिहासिक संयोगों' के हाथ में होगा।" सच बात तो यह है कि जाने या अनजाने—अपने अस्तित्व तक से विद्रोह करनेवाले ये सभी मनोवैज्ञानिक नायक, जीवन में विश्वास ही नहीं करते; क्योंकि जीवन कोई हवाई चीज़ तो है नहीं, व्यवहार में उसका कुछ रूप है—किसी स्थान और देश के अनुरूप उसका कोई आकार है—और देश की सीमाओं से वे बँधे नहीं हैं, इसलिए इस तरह के नायकों में न तो अपनी कोई सांस्कृतिक परम्परा होती है और न राष्ट्रीय चेतना, और अपनी इस कमी को इनमें से कुछ नायक गाँधीवादी अहिंसा के लबादे के नीचे छिपाते हुए ऐसा प्रदर्शन करते हैं जैसे वे विश्व-बन्धुत्व की प्रच्छन्न या प्रकट भावनाओं—या 'कॉस्मोपोलिटनिज़्म' से बुरी तरह पीड़ित हैं। उनकी जो भी बात है वह सार्वभौमिक स्तर पर होती है, अतः ऐसे ही तत्त्वों के वे बने भी होते हैं। उनके लिए काल भी स्वयं निरपेक्ष है, जिस क्षण में वे हैं बस उसी का अस्तित्व है—न तो वह क्षण किसी पहले क्षण का परिणाम है, न किसी अगले क्षण का प्रारम्भ। कार्य-कारण की शृंखला वहाँ नहीं चलती। इस प्रकार सार्वभौमिक, सार्वकालिक नित्य तत्त्वों से बनी सूक्ष्म चेतना के अविच्छिन्न प्रवाह में 'द्वीप' की तरह उभर आई इनकी व्यक्ति-चेतना, यदि किसी क्रिया में विश्वास करे भी तो उस क्रिया को आख़िर कहाँ और क्यों करे ? इसीलिए इनके गुरु शंकर, शॉपेनहॉवर, अरविन्द, प्रूस्त और सार्त्र-जैसे लोग हैं।

बिना माध्यम के क्रिया की तड़पती हुई चेतना किस प्रकार महान् श्रद्धेय और मानवेतर होते हुए भी वहीं—उसी भौतिकता पर कैसे मँडराती और कष्ट पाती है यह तुलसी और केशव के 'प्रेत आख्यान' में बड़े सुन्दर ढंग से आया है। इन्हें मुक्ति देने का तरीका ही यह है कि इन्हें बैठाकर वह 'गाथा' सुनाई जाए, जिसमें एक्शन हो, क्रिया हो—शरीर हो।

तो 'काम-चेतना' को मूल मानने; लेकिन सामाजिक व्यक्तिगत सीमाओं के कारण क्रिया को अस्वीकार कर देनेवाले नायकों के साथ जो कठिनाई रही वह हिन्दी क्या दुनिया के सभी आध्यात्मिक प्रेम के अलमबरदारों की कहानी है। फिर एक

बार कल्पना कीजिए ऐसे नायक की जिसके भीतर मचलती हुई काम-चेतना तो हो, लेकिन अभिव्यक्ति के माध्यम कुंठित हों।

हिन्दी के चतुर आलोचक श्री धर्मवीर भारती ने 'प्रतीक' में विश्व-उपन्यास के नपुंसक नायकों पर एक लेख लिखा था और उसमें उन्होंने लेडी चैटर्लीज़ 'लवर' के कथानक को रूपक बनाकर दुनिया भर के नायकों की सामाजिकता के कारण तो खोजे, लेकिन हिन्दी-उपन्यासों के नायकों की बात करते हुए वे एकदम इस बात की शिकायत करने लगे कि हिन्दी में 'सव्यसाची' जैसे 'धीरोदात्त' नायकों का अवतार क्यों नहीं हो रहा ? उसके कारणों की बात उन्होंने नहीं की तो समुचित नायकों के निदान की बात कहाँ से करते ?

भारत में पारिवारिक संघटन और विशेष रूप से सामन्ती ध्वंसावशेष नारी-पुरुष के अलगाव यानी 'पर्दे' ने तत्कालीन सामाजिक या राजनीतिक परिवर्तन की प्रबल आवश्यकता में विश्वास रखनेवाले युवक की मानसिक बनावट में बड़ी उलझनें और खाइयाँ पैदा की हैं। महाजनी व्यवस्था के परिणामस्वरूप जब पुरुष नौकरी, यात्रा, युद्ध या अन्य समाज-सुधार के कामों से 'बाहर' जाता है तो उसे जितने दिन बाहर रहना है, अकेले रहकर खाने-पीने, रहने-सहने, हर इच्छा को जहाँ तक हो दबाना; कम करना या ज्यों-त्यों (शायद समाज में वेश्या का यही उपयोग हो !) पूरा कर लेना है। क्योंकि सामन्ती-व्यवस्था की शिकार उसकी सहचरी नारी उसके साथ तभी जा सकती है जब परिवार का ढाँचा विकसित होता या टूटता है। बाहर हर 'फ्रंट' पर वह अकेला ही है। 'घर और बाहर' दोनों जगह दो व्यवस्थाएँ, दो दुनिया हैं। वह जागता-चलता-फिरता एक व्यवस्था में है सोता-खाता-पीता दूसरी में। लेकिन यह स्थिति अधिक सह्य नहीं है, इसलिए अनिवार्यतः एक को अपनाने के लिए, या उसमें अपना स्थान बनाने के लिए उसे दूसरी के विरुद्ध लड़ना पड़ता है जिसकी तस्वीरें 'पारिवारिक कलह' के रूप में हमारे सामने हैं। लड़ना उसे बाहर भी पड़ता है, क्योंकि बाहर की व्यवस्था, औपनिवेशिक साम्राज्यवादी व्यवस्था है। और धीरे-धीरे लड़कर, उसने घर की व्यवस्था को जो ढीला किया था, उसमें नई आवश्यकतानुसार 'छूटें' पाई थीं वह लड़ाई वहीं रुक जाती, मन्द पड़ जाती या स्थगित कर दी जाती है और उसका सारा ध्यान बाहर ही केन्द्रित हो जाता है। बाहर अब भी प्रायः वह अकेला ही है। व्यक्ति समाज की इकाई जरूर है, लेकिन उसका क्रम व्यक्ति, परिवार और समाज है। पूरक प्रकृति के व्यक्तियों का सम्बन्ध परिवार बनाता है, जिनसे समाज बनता है। साम्राज्यवादी व्यवस्था से लड़ते हुए—चाहे वह सत्याग्रही हों या क्रान्तिकारी—व्यक्ति की आवश्यकता थी कि उसका परिवार भी पुनर्गठित हो, ताकि वह अकुंठित शक्ति से लड़ सके। लेकिन परिवार अपनी ही जगह रहा और नारी उसके साथ नहीं आई। आई भी तो परिवार के नए आदर्श के रूप में नहीं; 'बहन जी' और 'देवी जी' बनकर एक और—(कुछ रहस्यमय—) व्यक्ति के रूप में। वे लोग

साथ रहते हुए भी अलग-अलग व्यक्ति थे, क्योंकि यह उस युग की विवशता थी और उन्हें पुराने समाज से, 'साथ रहने' की स्वीकृति लेनी थी। संक्षेप में व्यक्ति ने परिवार के पुनर्गठन तथा अपनी आवश्यकताओं को उस समय तक के लिए स्थगित कर दिया जब तक कि बाहर का युद्ध समाप्त न हो जाए। फलतः प्रकृति-विरुद्ध दिशा और कार्य ने शीघ्र ही उसे थका भी दिया और विकृतियाँ आनी शुरू हो गईं।

चाहे 'राजा राधिकारमण' के असहयोग-आन्दोलन के 'नारी और पुरुष' नेता हों, या अन्य सारे 'क्रान्तिकारी', बाहर से हार-थककर जब वह घर आते थे तो इन्हें दूसरा ही नक्शा मिलता था। इस लम्बे दौरान में नारी उनके लिए अपरिचित और 'रहस्य' बन चुकी होती थी, और पुराने 'घर' (परिवार) में (चूँकि असहयोग की धुन में उन्होंने उस घर में अपने लिए कोई 'स्थान' नहीं बनाया था, इसलिए)—केवल कुछ दरवाजे खुले थे—देवर, भाई, या ट्यूटर बनकर आने के दरवाजे। मन से इन सभी पुराने सम्बन्धों के प्रति नास्तिक होते हुए भी ऊपर से इन्हें आस्तिक होने का बाना धारण करना पड़ता था। इसलिए मूलतः यह सम्बन्ध, सम्बन्ध न होकर सम्बोधन-मात्र रह गए थे। सिद्धान्ततः तो यह लोग मानते थे कि नारी, नारी है और पुरुष-पुरुष, सारे पारिवारिक सम्बन्धों के परे यही एक सम्बन्ध है। कठिनाई यह थी कि विदेशों की तरह—(पढ़े-लिखे होने के कारण बौद्धिक रूप से जहाँ यह रहते थे)—स्त्री-मित्र और प्रेयसी बनकर खुले-आम ये सम्बन्ध स्वीकृत नहीं किए जा सकते थे, और न स्वीकृत करा सकने का इन लोगों में साहस और समय था। अतः भाभी शुद्ध परम्परागत रूप में भाभी नहीं थी, गुरु, गुरु नहीं था और बहन, बहन नहीं थी; यहाँ तक कि सूक्ष्म दृष्टि से बुआ भी बुआ नहीं थी।—वे सभी प्रेयसियाँ भी थीं। इस विचित्र स्थिति को न तो यह नायक झुठला सकते थे, न स्वीकार कर सकते थे—अतः 'फ्रस्ट्रेट' कर रहे थे। वे नारी की ओर 'तीव्र काम-चेतना' से भी आकर्षित होते थे और साथ ही उसे बहन इत्यादि की पवित्र गरिमा से भी मंडित रखना चाहते थे। नारी इनके इस विचित्र मनोभाव को न तो हृदयंगम ही कर पाती थी और न उसका प्रतिदान। अतः यह सब उसे मानवी की तरह नहीं एक विचित्र पहेली और आधिभौतिक शक्ति की तरह देखते थे। आवृत्त स्थिति में उसके आस-पास मँडराते थे और जब वह झुँझलाकर अनावृत्त हो जाती थी (और हिन्दी उपन्यासों में कई जगह उसे भौतिक रूप से यह कार्य करना पड़ा) तो आँख बन्द करके भाग खड़े होते थे। ये नायक इसके सिवा कर भी क्या सकते थे कि समाज-मान्यताओं में कोई परिवर्तन न कर सकनेवाली अपनी इस 'नपुंसकता' को आत्मा-आत्मा से प्रेम करने के सुन्दर नामों से अभिव्यक्त करतें और नारी को अपनी महानता के लिए 'कन्विंस' करते रहते ? डॉ. नगेन्द्र जैसे आलोचक उनके साथ थे जो यह बताते थे कि 'प्रेयसीत्व' की शारीरिकता को 'बहनत्व' की 'आध्यात्मिक पवित्रता' में बदलने के लिए कितने

डिग्री पीड़ा की आँच और कितने आत्मिक बल की ज़रूरत होती है।[1]

आत्मा-आत्मा के प्रेम ने सचमुच सारी मुश्किलें आसान कर दीं। व्यक्ति अपनी रोमानी प्राकृतिक भावना को भी पूरा करता चला जाए और किसी सामाजिक व्यवस्था को भी बदलने की जरूरत न हो—इससे अधिक आसानी और क्या होगी ? नारी कहीं रहे, उसका किसी से विवाह हो, पुरुष कहीं रहे उसकी कोई भी पत्नी हो, दोनों अपनी बँधी-बँधाई परिवार-व्यवस्था में (जहाँ वे अपने को बिल्कुल भी बाँध नहीं पाते थे) रहते हुए भी अपने आत्मा-आत्मा के प्रेम को, कहीं-कहीं तो खुल्लमखुल्ला या प्रायः गुप-चुप चालू रख सकते हैं और प्रेम का आदर्श दुनिया के सामने रखते हैं। इस नपुंसकता के सर्वोत्कृष्ट उदाहरण एक ओर सुनीता का पति श्रीकान्त (तथा उसकी अपटूडेट कार्बन कॉपियाँ) है, जो स्वयं हरिप्रसन्न (या लाल इत्यादि) को लाता और अवसर देता है और दूसरी ओर 'गुनाहों का देवता' का चन्दर है (तथा उसकी अगली-पिछली परम्परा के और लोग भी), जो सुधा को पवित्र प्रेम के नाम पर दूसरे से ब्याह देता या मरने के लिए छोड़ देता है (आत्म-पीड़न की चादर में यह वही ट्रम्प-चाल है जिससे शरत् के पात्रों ने अपनी नपुंसकता को छिपाया है)। नरोत्तम नागर[2] और विश्वम्भर मानव[3] जैसे आलाचेक यदि इस 'भाभी-पूजा' और 'बहनबाज़ी' पर झुँझला पड़ते हैं तो इसमें अस्वाभाविक क्या है ? आश्चर्य की बात है इस तरह के एक भी पवित्र निष्क्रिय प्रेम का उदाहरण—मजनूँ को छोड़कर—हमें न तो अपनी लोक-कथाओं में मिलता है और न प्राचीन साहित्य में। क्या सीता के लिए राम का प्रेम कम पवित्र और आत्मिक था, जिसके लिए राम ने पूरे मानव-इतिहास को मोड़ दिया ? सावित्री सत्यवान से कम प्रेम करती थी जिसके लिए वह साकार मृत्यु से जूझ गई थी ? फ़रहाद के लिए शीरीं कम पवित्र थी कि उसने एक रात में पहाड़ खोद डाला ?

इसी आध्यात्मिक प्रेम की 'पवित्रता' की प्रतिक्रिया है कि लारेन्स की तरह पहले 'उग्र', फिर कुशवाहा 'कान्त' के उपन्यास या 'घेरे के बाहर' तथा उर्दू के मण्टो और इस्मत चुग़ताई के 'व्यभिचार और बलात्कार' के साहित्य से हिन्दी-उपन्यास भर रहा है। इसका कारण स्पर्जन ने दिया है, "एक विचित्र किन्तु प्राकृतिक नियम के अनुसार आध्यात्मिकता के अतिरेक के बाद कामुकता का प्रारम्भ होता है।"

असल में किसी भी परिवर्तन से बचने और उत्तरदायित्व से भागने की 'महत्वाकांक्षा' ही इन नपुंसक (कार्य-क्षेत्र में असफल और नारी के सामने 'आध्यात्मिक प्रेमी') महान् नायकों को परिचालित करती है। इन उपन्यासों के लेखकों का बड़ा

1. विचार और अनुभूति : 'शेखर' एक दृष्टि।
2. 'चकल्लस' का 'देवर भाभी अंक'।
3. आलोचना में 'पथ की खोज' का रिव्यू।

सुन्दर विश्लेषण जैक्सन ने निम्न पंक्तियों में किया है :

"Contrariwise, the artist, pulled two ways, may have a deep dislike of his time, but an even deeper fear of revolutionary alternative to things as they are. Such a writer may achieve an illusion of detatched impartiality by scattering his sarcasms over Right and Left at once".– (Old Friends To Keep, Page 13)

यह है इन सूक्ष्म मनोवैज्ञानिक व्यक्ति-नायकों के मानसिक गठन के सामाजिक कारणों का विश्लेषण। अपेक्षाकृत इनमें सबसे अधिक सशक्त नायक शेखर है और सबसे अधिक निकम्मा हरिप्रसन्न तथा उसके अन्य अवतार (वे भगवान् के अवतारों की तरह शीघ्र ही बारह की संख्या पूरी करेंगे !)। लगता ऐसा है कि यह उस युग के 'मूल नायक' के ही दो पक्षों से लिए गए दो 'क्लोज़अप' हैं और मिलकर ही एक पूर्ण चित्र खड़ा करते हैं। फिर भी पुरुष पात्रों की अपेक्षा यह लोग नारी पात्रों का अधिक प्रभावोत्पादक, कहीं-कहीं सफल चित्रण कर पाए हैं; क्योंकि उसे उन्होंने एक साथ पत्नी, प्रेयसी, बहन (इत्यादि) के तीनों आयामों तथा इनके मानसिक घात-प्रतिघातों–द्वन्द्वों के बीच में दिखाने की कोशिश की है। यह पुरुष-लेखकों का दृष्टिकोण है। तत्कालीन परिस्थिति को नारी-दृष्टिकोण से प्रस्तुत करनेवाली कोई प्रथम श्रेणी की महिला उपन्यास-लेखिका का सौभाग्य हिन्दी को है नहीं, फिर भी उषादेवी मित्रा की 'पपीहरा' (पिया) अपना विक्षोभ पुरुषों को कोड़े से पीटकर प्रकट करती है।

पथ की खोज

किसी स्वस्थ जीवन-दर्शन के अभाव में यह भावुक और भाववादी व्यक्तिनायक न तो मनुष्य के व्यक्तित्व की स्वतंत्र और पूर्ण अभिव्यक्ति ही कर पाए[1] और एक्शन को झुठलाने के कारण[2] न कोई जीवन-दर्शन ही ऐसा दे पाए जो मानवता को नई राह दिखाता।[3] इनके स्रष्टा इनकी नपुंसकता को कितनी अच्छी तरह पहचानते थे कि इन सभी ने एक सिरे से अपने को अपने पात्रों के प्रति उत्तरदायी या उनका कर्ता होने की बात को ज़ोरदार ढंग से झुठलाया है। फ्लाबेयर की शब्दावली उधार लेकर जैनेन्द्रजी ने अपने नायकों में सब जगह होने और कहीं न होने की बात कही।[4]

1. In the absence of a world-outlook, of an understanding of life no full and free expression of human personality is possible.–रैल्फ़ फॉक्स
2. You can not show man complete unless you show him in action.–फील्डिंग
3. तुलना कीजिए–"होरी में व्यक्तित्व है और वह उसका व्यक्तित्व भारतीय किसान के व्यक्तित्व का प्रतिनिधि है। शेखर में व्यक्तित्व नहीं है, वह कोरा व्यक्तिवादी है अपना ही प्रतिनिधि है।
4. The author in his work must be like God in the universe, present every where and visible nowhere; art being a second nature the creator of this nature must act by similar methods... इत्यादि–फ्लाबेयर के पत्र से।

बाद में तो हरेक रचना की पांडुलिपियाँ उन्हें कभी किसी रोगिणी के पास या कभी किसी वकील की फाइलों में मिल गईं। इलियट की तरह 'अज्ञेय' जी ने कहा कि "जो कलाकार निर्माण करता है वह अनुभव करनेवाले कलाकार से भिन्न है—जितनी अधिक यह दूरी होगी उतनी ही सफल कला-कृति होगी।" इसी प्रकार श्री इलाचन्द्र जोशी ने अपने और अपने नायकों के साम्य पर शर्त ही लगा दी कि यदि ऐसा हो तो वे अपने को कहानीकार ही मानना छोड़ देंगे। कला और जीवन के इस द्वैत पर इल्या एहरेनबुर्ग ने कहा है "बुर्जुआ समाज में कला और जीवन के बीच में हमेशा ही एक खाई रही है...जब कोई ऐसा अभिजात युवक किसी ग़रीब लड़की से शादी करना चाहता है...या ऐसा ही कोई कार्य करता है तो उसका बाप चिढ़कर कहता है, जीवन उपन्यास नहीं है।"—अर्थात् इन कलाकारों ने उपन्यास को जीवन से बिल्कुल अलग कर दिया है।

इनके जवाब में आते हैं हिन्दी के दूसरी प्रकार के मध्यवर्गीय—लेकिन बौद्धिक ही—नायक जो क्रियाशील भी दिखाई देते हैं, जीवन में सिद्धान्त भी बोलते हैं और व्यक्तिगत समस्याओं को भी सुलझाना चाहते हैं—यह है यथार्थवादी रोमांटिक व्यक्ति : यशपाल के ('दादा कॉमरेड' के) हरीश, ('देशद्रोही' के) डॉ. खन्ना आदि, 'अंचल' के, ('चढ़ती धूप' के) मोहन, ('नई इमारत' के) महमूद और अशात, ('उल्का' के) चाँद, तथा श्रीकृष्णदास के, ('क्रान्ति दूत' के) विनय, मदन तथा ('अग्नि पथ' के) रमेश-प्रेम।

हिन्दी के दो प्रगतिशील आलोचकों—प्रकाशचन्द्र गुप्त और रामविलास शर्मा—को शिकायत यह है कि ये सभी नायक सन्तुलित नहीं हैं और इनके साथ "ज्ञान दूर कुछ क्रिया भिन्न है" वाला मामला है। वे प्रायः "राजनीति में रोमांस खोजने आते हैं।" अपने जीवन के सिद्धान्तों को इन लोगों ने प्रायः साम्यवादी शब्दावली में व्यक्त किया है, लेकिन नारी का—यौन-जीवन का—इनकी दृष्टि से क्या स्थान है, इनमें से कोई भी साफ़ नहीं है। इसलिए 'नैतिकता के मूल्य बदलने' के नाम पर प्रायः ही इन्होंने अश्लीलता के प्रति रुचि दिखाई है—या कहिए समझ की ग़लती, क्रिया में अश्लीलता के रूप में आई है। यह प्रवृत्ति अपने चरम रूप में उर्दू के अधिकांश लेखकों में—मुख्य रूप से कृष्णचन्द्र में—अध्ययन योग्य है। श्री कृष्णदास ने तो 'क्रान्ति दूत' की भूमिका में स्वयं स्वीकार किया है कि "जिस प्रकार मरुस्थल में चलते-चलते पानी पीने की आवश्यकता होती है और पानी पिया ही जाता है, उसी प्रकार अपने क्रियात्मक जीवन में हमें स्त्री की आवश्यकता होती है।" इस दृष्टिकोण में और सिपाहियों को लड़ते समय वेश्याएँ सप्लाई करने के दृष्टिकोण में क्या अन्तर है ? वेश्या और सहचरी नारी होते हुए भी कहीं तो भिन्न हैं ? यह ठीक है कि साम्यवाद, सामन्ती नैतिकता के नियम नहीं मानता—लेकिन कोई नियम ही नहीं मानता, या नारी को जन-सामान्य की सुविधा के रूप में देखता है, यह ग़लत है। उसके अपने

नियम हैं और नियमहीन उच्छृंखलता से उसे गडमड करना उसके विकृत रूप को रखना है। एक गिलास से कई आदमियों द्वारा पानी पीनेवाली यह वही ग़लत समझ है, जिसकी क्लाराज़ैटकिन को लिखे एक पत्र में, लेनिन ने भरपूर भर्त्सना की है। राजनीति और रोमांस दोनों में यह नायक मध्यवर्गीय व्यक्तिवाद लेकर आए हैं और नारी के प्रति इनमें से कुछ का दृष्टिकोण तो इनके भाईबन्द निष्क्रिय व्यक्तिवादियों से बुरी तरह मेल खाता है। चाहे व्यक्तिगत क्रान्ति की भावुक विचार-धारा हो या अहिंसक क्रान्ति की आध्यात्मिक दलीलें—राजनीतिक प्रत्युत्तर तो इन सबका ये नायक काफ़ी अच्छा दे लेते हैं, लेकिन स्वयं राजनीति में प्रायः वही ग़लती करते हैं, जिसे इधर संकीर्णतावादी ग़लतियाँ कहा गया है। इसे उस समय की राजनीतिक समझ कहकर टाला जा सकता है, जिसके लिए वे ही बेचारे अकेले दोषी नहीं हैं—उनके बड़े-बड़े 'आचार्य' भी यही सोचते थे। फिर भी यह प्रश्न तो प्रायः उठता ही है कि क्यों यह लोग अपने-आपको प्रचार और राजनीतिक शब्दावली से इतना अधिक बाँध लेते हैं कि दूसरे दिन वह पुरानी पड़ जाए या उसके लिए इस प्रकार की कोई सफाई देनी पड़े। ऐसी ग़लती तब होती है जब राजनीति और कला में माँ-बेटी का सम्बन्ध जोड़ा जाता है—माँ, बेटी को 'डिक्टेट' करती है। कला और राजनीति दोनों जुड़वाँ बहनें हैं। उनका मूल एक ही है और वह है वह जीवन, जिस पर यह अपने को आधारित करती हैं। मूल विचार-धारा रोग, निदान और उपचार सबमें एकमत एक राय होते हुए भी दोनों की भाषा और मुहावरा अलग हैं और इन्हें सहायता के लिए भले ही—लेकिन बोझ लादने को नहीं—एक-दूसरे की ओर देखते हुए भी अपने उसी आधार को देखना चाहिए जहाँ इनकी जड़ें हैं। जीवन को सही यथार्थवादी दृष्टि से न देखना इन नायकों की मुख्य कमज़ोरी है।

यशपाल पर आरोप का यही कारण है कि उनके उपन्यासों की स्त्रियाँ आवश्यकता से अधिक नायकों को चलाती हैं, श्री कृष्णदास की स्त्रियाँ बिल्कुल ही निर्ज़ीव हैं। 'अंचल' ने तारा, आरती इत्यादि प्रारम्भ के उपन्यासों को छोड़कर—अपनी स्त्रियों का निर्माण समय-असमय नायक के प्रति प्रेम-निवेदन करने को ही किया है। नायक को अन्धे होकर पूजना, प्रेम-निवेदन करना और उस पर अक्षत रोली चढ़ाना, पहले वर्ग के नायकों की विशेषता है, अतः 'अंचल' को भी बाद में हर लिहाज़ से हम उन्हीं नायकों की गिनती बढ़ाते हुए देखते हैं। वे 'उल्का' से लेकर 'मरु-प्रदीप' तक में अपने साथी शेष 'कवि-उपन्यासकारों' के साथ आ गए। रईस की लड़की और गरीब के लड़के द्वारा वर्ग-संघर्ष की खाई को पाटने का घिसा-पिटा मन्त्र लेकर आनेवाले श्री कृष्णदास को तो बहुत पहले ही 'हैण्डू-अप' करके भाग खड़ा होना पड़ा था। जीवन के विभिन्न स्तरों का गहरा अनुभव, मानव-मनोविज्ञान की जानकारी, एक स्वस्थ राजनीतिक दृष्टि और कलात्मक पृष्ठभूमि यशपाल को जरूर सही रास्ता खोज निकालने के लिए प्रेरित और प्रोत्साहित करती रही है—जिस सबकी उनके साथियों

में सख़्त कमी थी। वे सही राह जानने के लिए मनुष्य के इस वर्ग-विभाजित समाज में विभिन्न रूप देखते रहे हैं। इस प्रयोग के दौरान जहाँ उनकी कलात्मक शैली, भाषा की सामर्थ्य की तारीफ़ हुई है वहाँ उनके खन्ना और सोमा इत्यादि को गालियाँ भी बहुत पड़ी हैं। खन्ना 'आज़ाद कथा' के आजाद साहब की तरह भारत से रूस तक की स्त्रियों को 'फ़तह' कर आया, फिर भी उसकी राजनीतिक समझ चन्दा के आस-पास मँडराती रही, उसमें ज़रा भी अन्तर नहीं आया। उधर सोमा, चेख़व की डार्लिंग की तरह नए-नए पुरुषों का आधार खोजती रही, लेकिन स्वयं उसकी आयु और रूप कुछ भी नहीं बदले। गाँव की 'बहू' से लेकर 'पहाड़िन' एक्ट्रेस तक वह निर्लिप्त ही है।

आज के समाज में मध्यवर्गीय प्रेम-रोमांस के विभिन्न स्वरूपों को समझने और सामाजिक गत्यात्मकता में उसके स्थान के निरूपण करने का एक बहुत सराहनीय प्रयत्न 'अश्क' ने अपने 'गर्मराख' के नायकों द्वारा किया है। यद्यपि 'स्पिरिट' और कुछ अंशों तक प्रयत्न सही होते हुए भी वे प्रकृतिवाद से उसके स्वरूप को नहीं बचा पाए हैं और उसकी रक्षार्थ उन्हें हरीश को बना-बनाया उतारना पड़ा है। फिर भी इन सभी की अपेक्षा वे अपने पात्रों के प्रति अधिक तटस्थ सहानुभूति बरत सके हैं और व्यक्तित्वहीन जगमोहन में उन्होंने आज के मध्यवर्गीय युवक के नपुंसक उलझे प्रेम को अच्छी तरह पेश किया है। निश्चय ही 'सितारों के खेल' के पवित्र प्रेम के लिए खिड़की से कूद पड़नेवाले नायक का यह अगला विकास है।

सम्पूर्णतः इस तरह के नायक नारी के लिए मूल में पहले वर्ग के नायकों का ही दृष्टिकोण भले ही रखते हों—और उनकी सेवा-आदर प्राप्त करने के लिए अक्सर बीमार पड़ जाया करते हों, लेकिन वे सही राह खोजने की तड़प से भरे हैं, इससे इन्कार नहीं किया जा सकता। असल में इन उपन्यासकारों की ग़लती यह नहीं है जो डॉ. रामविलास शर्मा समझते हैं कि "वे पूँजीवादी कला और मार्क्सवादी राजनीति को मिलाते हैं।" बल्कि कमज़ोरी उनकी यह है कि पूँजीवादी कला से क्या लेना और मार्क्सवादी राजनीति से उसका कैसे मेल बैठाना है, इसका उचित अनुपात अभी यह लेखक नहीं पा सके हैं। इस सही अनुपात की प्राप्ति को माओत्से तुंग ने समाजवादी लेखक की सफलता ही माना है, क्योंकि शुद्ध कलाकारों[1] को बात तो कुछ कहनी नहीं होती, इसलिए कला को माँजने की काफ़ी फुरसत रहती है—इसलिए बात कहने के लिए इनकी मँजी कला ली जा सकती है।

---

1. "Why we should admire a 'pure artist' more than a 'pure woman' is one of the mysteries of the age. Why not just an artist and a woman ? They are both interesting and they both suffer, but not in order to be beautiful"—फ़ॉक्स

चेख़व, तुर्गनेव, टॉल्स्टॉय और डिकेन्स की सबसे बड़ी विशेषता है, वस्तुस्थिति की उनकी पकड़ और तज्जन्य मानसिक संवेदनाओं का सामाजिक परिपार्श्व में ऐसा अंकन कि आगे आनेवाले किसी भी मत के पाठक को तत्कालीन युग को समझने का उससे सच्चा और अच्छा माध्यम ही न मिले। उसका मतवाद भले ही उन्हें उपन्यासकार के 'निदान' से असहमत होने को विवश करे—उसे उनकी व्यक्तिगत या तत्कालीन सीमाएँ मानकर छोड़ा भी जा सकता है। सामाजिक सम्बन्धों में मानव-हृदय की यही समझ थी जिसने डिकेन्स को हर युग में, हर देश के महान् लेखकों द्वारा पढ़े जाने का समर्थन प्राप्त कराया है और रॉबर्ट लिंड को चेख़व के विषय में यह कहना पड़ा कि मानव-हृदय का इतना बड़ा जानकार इस नक्षत्र पर पैदा नहीं हुआ और लेनिन को यह मानना पड़ा कि यदि तत्कालीन परिस्थितियों में रूसी हृदय को समझना है, तो टॉल्स्टॉय से बड़ा कोई कलाकार नहीं मिल सकता।

कुछ हद तक यह सही है कि तत्कालीन सामाजिक परिस्थितियों से उत्पन्न यौन-कुंठा—जिसके विषय में ऊपर काफ़ी कहा जा चुका है—उस समय के युवकों के एक वर्ग में सत्य थी—और प्रेमचन्द ने उसे प्रायः अपने किसी भी उपन्यास में प्रायः किसी भी रूप में स्थान नहीं दिया है। यह भी कह सकते हैं कि मानव-चेतना की स्वाभाविक प्रवृत्तियाँ किस तरह किन्हीं विशेष परिस्थितियों में प्रतिबाधित और रुद्ध होकर असामान्य मनोविज्ञान की सृष्टि करती हैं। इसका एक भी चित्र हमें प्रेमचन्द में नहीं मिलता, इसलिए कुछ लोगों को उनमें 'मनोवैज्ञानिक गहराई' या चेतना के विभिन्न (विकृत) स्तरों के दर्शन नहीं होते। फिर भी लेनिन ने जो बात टॉल्स्टॉय के सम्बन्ध में लिखी है वही प्रायः प्रेमचन्द के विषय में भी कही जाती है। इसका कारण यह भी है कि प्रेमचन्द ने अपने सभी पात्रों को विकासमान घटना-क्रम में ही देखा है, जिससे उनकी विकृतियाँ और कुंठाएँ प्रायः क्रिया के रूप में ही ढल गई हैं। उन्होंने उन्हें कहानी से अलग हटाकर स्थिर और विश्लिष्ट करके उनकी महीन-से-महीन रुद्धता का मनोवैज्ञानिक पर्यवेक्षण और परीक्षण नहीं किया और न ही हर अनुभूति को बौद्धिक स्तर पर ले जाकर उसका तटस्थ 'दर्शन' करते हुए भाषा और भावों की उलझन और गरिष्ठता में अपने को खोया है। उन्होंने 'अन्तराल' बनाकर अपने पात्रों को और भी अधिक आत्मालोचन और आत्म-ज्ञान की छूट भी नहीं दी और मेरी समझ में यह एक सही दृष्टिकोण था। मनोवैज्ञानिक गम्भीरता, चेतना के स्तर-प्रस्तरों का अनुसन्धान मानव-मन की कुंठा और विकृति को—सफल या असफल—यदि चाहे तो कौन-सा लेखक नहीं चित्रित कर सकता और किस स्वस्थ-से-स्वस्थ मनुष्य में इस तरह की गाँठें नहीं हैं ? पवित्र-से-पवित्र पानी के एक छोटे-से बिन्दु में या दही और वनस्पतियों में कीटाणुओं की कितनी विराट् संख्या

छिपी है इस बात के वैज्ञानिक सत्य से इन्कार करना मूर्खता होगी; लेकिन हर जगह व्यक्ति यही सब देखने बैठ जाएगा तो उसका खाना-पीना, उठना-बैठना सब-कुछ हराम हो जाएगा। प्रेमचन्द के दृष्टिकोण को सही या ग़लत कह देना अलग बात है, लेकिन उसे उनकी कमज़ोरी मानना उचित नहीं है। प्रवृत्तियों और चेतना की किन अनिवार्य वृत्तियों को हम स्वीकार या नज़रन्दाज़ कर सकते हैं, इसे हमें एक सामाजिक प्राणी की दृष्टि से ही सोचना होगा।

प्रेमचन्द की एकमात्र सफलता यह थी कि उनकी कहानी उस बिन्दु से शुरू होती है, जिसे बहुत बाद तक भी लोगों ने—विशेषकर मध्यवर्गीय अभिजात आलोचकों और उपन्यासकारों ने कोई महत्त्व नहीं दिया। वह था व्यक्ति और समाज का मिलन-बिन्दु अर्थात् परिवार। प्रेमचन्द कुछ वर्गों के चित्रण में बहुत अधिक सफल रहे हैं, कुछ के में कम, यह उनके अनुभव की अपनी सीमा थी, लेकिन उनके उपन्यास का कोई भी प्रमुख पात्र कम-से-कम दो ऐसी विशेषताएँ रखता है जो उन्हें सामयिक तथा परवर्ती सभी उपन्यासकारों से अलग कर देती हैं। या तो वह एक पारिवारिक पृष्ठभूमि लेकर आता है या एक से अधिक सामाजिक सम्बन्धों में हम उसे चलते-फिरते देखते हैं—यहाँ तक कि उनका एकमात्र अभिजात या आदर्श प्रेमी विनय भी केवल सोफ़िया के साथ ही मनोवैज्ञानिक घात-प्रतिघातों का 'प्लांचेट' नहीं है—उसके और भी सम्पर्क और सम्बन्ध हैं। इस कला के द्वारा वे अपने नायकों के किसी विशेष व्यक्तित्व पर कई तरह से या व्यक्तित्व के कई पक्षों पर एक साथ सधा और सीधा प्रकाश डालने में समर्थ हो सके हैं—वर्ना रायसाहब ज्ञानशंकर, अमरकान्त इत्यादि को परम्परागत रूप में ढला-ढलाया खलनायक न बनने देकर इतनी अधिक मानवीय तटस्थता से वे उनका चित्रण न कर पाते। मैं खलनायक इसलिए कह रहा हूँ कि आज के उपन्यासकार के लिए—जो किसी भी 'रैडीमेड' चीज़ में विश्वास नहीं करता, सबसे अधिक मुश्किल है खलनायक का निर्माण।[1] आज वह किसे सड़क पर खड़े होकर और किस आधार पर और क्यों कह दे कि तू खलनायक है ? यही वह स्थान है जहाँ हिन्दी के सबसे बड़े कलाविद 'अज्ञेय' तक 'फेल' हो गए हैं और जब उनका चन्द्रमाधव आता है तो ऐसा लगता है कि राजा शिवदत्त (चन्द्रकान्ता सन्तति) चले आ रहे हैं। केवल यही उद्देश्य न होने के कारण प्रेमचन्द अपने अन्तिम दो नायकों को छोड़कर भले ही उस विधि का सफलतापूर्वक उपयोग न कर पाए हों, लेकिन यह अन्तर्दृष्टि उन्होंने जरूर दी कि चाहे कितना ही अतलान्तक गूढ़-गम्भीर मनोविश्लेषणात्मक नायक हो, तब तक न तो उसकी मानसिकता का सफल चित्रण ही हो सकता है और न उसे 'टाइप' ही बनाया जा सकता है जब तक कि उसे कई कोणों, क्रिया-सन्दर्भों और सम्बन्धों के बीच में नहीं देखा जाता। इल्या एहरेन

1. 'पाँचू' के चित्रण में विशेष सफलता न मिलते हुए भी 'मोनाई' (खलनायक) के चित्रण 'महाकाल' में श्री अमृतलाल नागर को जो सफलता मिली है वह इसका अपवाद है।

बुर्ग ने इसे ही नई शब्दावली यों दी है–"19 वीं शताब्दी का उपन्यास मुख्य रूप से या तो व्यक्तियों या उन परिवारों को लेकर चलता है जिनमें लेखक अपने एक या अधिक नायकों के आस-पास चरित्रों को एकत्र कर देता था। आज का सामाजिक जीवन व्यक्ति के घरेलू जीवन का ही हिस्सा अधिक है। आज चाहे मनोवैज्ञानिक हो या अन्य, ऐसे उपन्यास की कल्पना ही नहीं की जा सकती जिसमें नायक या नायकों के सम्पर्क में आनेवाले विभिन्न व्यक्तियों का चित्रण न हो।"[1]

व्यक्ति को कई कोणों और पक्षों से दिखाना प्रायः उपन्यासकार को प्रकृतिवादी यथार्थवाद में उलझा देता है, जैसा कि कुछ अंशों में 'प्रसाद' के 'कंकाल' और 'तितली' में और बाद के रांगेय राघव में हुआ। सचेत उपन्यासकार परिस्थिति और समस्याओं में ही उलझा रह जाता है, न तो वह व्यक्ति बना पाता है और न इस दिशा में कोई आशाजनक प्रयास करता है। वैज्ञानिक दृष्टिकोण होते हुए भी अपरिहार्य घटनाओं और व्यक्तियों को छाँटने के विवेक के अभाव में प्रायः ही उपन्यासकार असन्तुलित होकर अवान्तर प्रसंगों के विस्तार में बहक जाते हैं। कुछ अंशों में 'अश्क' का 'गिरती दीवारें' इसका उदाहरण है।

यह चयन या छाँटने का काम तब बहुत आसान–कहना चाहिए तभी सम्भव होता है जब[2] लेखक अपने नायक के विषय में सभी कुछ जानता हो। इसके बिना न तो वह कहानी को ही चला सकता है और न व्यक्तित्व के खास-खास पक्षों को ही शक्तिशाली ढंग से रख सकता है। विशेष रूप से व्यक्तिवादी नायकों के स्रष्टा मूलतः जानते ही नहीं थे कि उनका कोई विशेष चरित्र किन सामाजिक या अन्य परिस्थितियों या प्रतिक्रियाओं के कारण ही वैसा बन गया है और उस स्थिति में केवल वही कर सकता है, जैसा करते हुए उन्होंने दिखाया है। वे कटे-छटे कलापूर्ण चरित्र के नाम पर जो कुछ देते थे, वही अपने पात्रों के विषय में जानते थे या अपने चरित्रों को केवल इसी रूप में वे समझ भी पाए थे। उनकी पारिवारिक स्थिति, सगे-सम्बन्धी, जीविका का साधन, व्यक्तिगत रुचि आदि किसी भी पात्र की इस प्रकार की समग्र-जानकारी से उपन्यासकार को कोई मतलब नहीं होता था इसलिए ये चरित्र बड़े एकांगी लगते हैं, जैसे अंधेरे में घूम रहे हों। 'गोदान' का होरी इस दृष्टि से भारतीय कथा-साहित्य में बेजोड़ है और बाद के चरित्रों में तो इस तरह का एक ही प्रयत्न ध्यान में आ रहा है जिसे इतने अधिक सम्बन्धों और सम्पर्कों में रखने की कोशिश की गई–वह है विष्णु प्रभाकर की 'ढलती रात' का 'दर्शन-हीन'

---

1. लेखक और उसका शिल्प।
2. "उपन्यास के लेखक को अपने पात्रों की बचपन से लेकर बुढ़ापे तक की जिन्दगी से परिचित रहना चाहिए। चाहे वह इन सबको चित्रित नहीं भी करे, परन्तु अपनी रचना और दृष्टिकोण के अनुसार कुछ परिवर्तन करके उनमें से आवश्यक चीज़ें छाँट अवश्य लेता है।"–इल्या एहरेनबुर्ग

नायक कान्त। 'चेतन' सामाजिक परिस्थितियों के अंकन के लिए केवल एक ऐसा पारदर्शी माध्यम बन गया है कि व्यक्तित्व नहीं बन पाया। उसकी सफलता इस बात में है कि वह जीवन से कटे हुए यौन-कुंठा-ग्रस्त व्यक्तियों को एक सामाजिक पृष्ठभूमि में चित्रित करने का प्रयास है।

अपनी कथा के लिए हम उसका उपयोग या चित्रण किसी भी रूप में और कितना ही करें, नायक को हम तब तक सजीव और सम्पूर्ण नहीं बना सकते जब तक कि उसके व्यक्तित्व के दो पक्षों को हम बहुत अच्छी तरह न समझ लें। राल्फ फॉक्स के अनुसार "हर मनुष्य के दो इतिहास होते हैं। जाति-पात्र (टाइप) के रूप में उस व्यक्ति का सामाजिक इतिहास होता है और एक व्यक्ति के रूप में उसका अपना व्यक्तिगत इतिहास होता है। इन दोनों ही इतिहासों में परस्पर चाहे कितना ही द्वन्द्व और संघर्ष क्यों न दिखाई दे, असल में है यह अविच्छिन्न ही। यह सही है कि व्यक्तिगत इतिहास अन्ततः सामाजिक इतिहास द्वारा ही निर्धारित होता है किन्तु इसका यह मतलब कभी नहीं है और न होना चाहिए कि कला में व्यक्तित्व के ऊपर सामाजिक जातीयता ही हावी हो जाए।" और यह सामाजिक इतिहास आज हमारे समाज में कितनी धाराओं में बँटा है तथा किस तरह विकास, गति और रूप प्राप्त करता हुआ व्यक्तिगत इतिहास या व्यक्तित्व का निर्माण करता है यही उपन्यासकार की अन्तर्दृष्टि की कसौटी है।

होरी और उसके केवल दो उत्तराधिकारी—अमृतलाल नागर का 'सेठ बाँकेमल' और नागार्जुन का 'बलचनमा'—अपने व्यक्तित्व में सामाजिक और सांस्कृतिक परम्पराओं को इस तरह आत्मसात् करके साकार हो उठे हैं और इतने अधिक 'अपने व्यक्तित्व' के लोग बन गए हैं कि जहाँ हम उनमें एक युग अपनी सारी विशेषताओं के साथ देखते हैं, वहाँ वे बहुत ही साधारण लेकिन बेजोड़ आदमी भी हैं। यदि सामन्तवाद की समाप्ति[1] के साथ होरी की कहानी समाप्त होती है तो 'बाँकेमल' और 'बलचनमा' अपने पुराने संस्कारों के साथ नई सभ्यता का ऐसा गंगा-जमुनी समन्वय देते हैं कि दो अद्भुत व्यक्तित्व सामने आते हैं। बाँकेमल तो सचमुच ही अद्वितीय चरित्र है, जो हँसते-हँसते अपने युग की प्रतिक्रियावादी और प्रगतिशील दोनों धाराओं का दिग्दर्शन कराता है। वह पुराने का भक्त है। अपने समय से चिपका है। गाँव में जाता है तो पनिहारिनों से मज़ाक करने में या उनके साथ मजा लूटने में; बगीची में आशिक माशूकी की शायरी करने में या अपने गाहकों की, यहाँ तक कि लाला मूलचन्द की भी जेब काटने से नहीं चूकता। लेकिन एक जगह वह परम क्रान्तिकारी है। मुसलमान बादशाह को हृदय से प्यार करता है। ग़रीबों की शादी

---

1. श्री शिवदान सिंह चौहान ने लिखा है—"होरी के जीवन में अविराम संघर्ष है, लेकिन अकेला होते हुए भी होरी इस संघर्ष में अकेला नहीं है। होरी के गिरने पर समाज का पूरा ढाँचा गिरता दीखता है और उठने पर पूरा समाज उठता नज़र आता है।"—'प्रगतिवाद', 'कथा साहित्य की समस्याएँ'।

के लिए छाती ठोंककर लड़ने को तैयार हो जाता है। सबके ऊपर उसकी अपनी सनकें तो हैं ही। वर्णनात्मक शैली की सजीवता की दृष्टि से भारतीय साहित्य के बाहर भी ऐसी मस्त चरित्र मिलना मुश्किल है।

रतिनाथ और बलचनमा के रूप में ऐसा लगता है कि नागार्जुन ने प्रेमचन्द की विस्मृत कथा-परम्परा और होरी के वंशज—अर्थात् गोबर—को चित्रित किया है। लेकिन सामाजिक और सांस्कृतिक सत्यों को समोकर वह भी इतना सशक्त पात्र नहीं दे सके, जो बाँकेमल है। हालाँकि बाँकेमल अपने-आप में उपन्यास का अधूरा ही पात्र है; जिस तरह होरी का ढीला-ढाला प्रशान्त चरित्र बिना धनिया की तेज़ी और कड़क के नहीं निखर सकता था उसी तरह बाँकेमल तो केवल चौबेजी के चरित्र का पूरक है। वह उनकी कथाओं को ऐसी निष्ठा और लगन से बयान करता है जैसे 'संकोपांज़ा' के मुँह से हम 'डॉन क्विकज़ोट' के या 'खोजी साहब' के मुँह से 'मियाँ आज़ाद' के कारनामे सुन रहे हैं, लेकिन उसने जिस ढंग, जिस लहज़े और जिस लटके में इन सबका वर्णन किया है वह इनकी अपेक्षा अधिक उस समय का पूरा चित्र देने में सक्षम है।

सामन्ती व्यवस्था से व्यक्ति को मुक्ति दिलाने का काम तो मानवतावाद ने बड़ी सफलतापूर्वक किया है लेकिन निरस्त्र और असमर्थ[1] होने के कारण स्वयं पूँजीवाद के सामने उसे हार स्वीकार करनी पड़ी। 'रंगभूमि' का 'सूरदास' पुराने संस्कारों, रूढ़ियों और क्षुद्रताओं में जकड़े लोगों को अपनी व्यक्तिगत सिद्धि और हार्दिक निश्छलता के प्रभाव से एक उद्देश्य के लिए संगठित तो कर सका, लेकिन वह 'अन्धा' था। उस संगठन का किस दिशा में और किस प्रकार उपयोग किया जाए, न वह जानता था न देखता था, इसलिए उभरते पूँजीवाद के थपेड़ों में निर्दयतापूर्वक एक ओर फेंक दिया गया। इस वैज्ञानिक सत्य के साथ प्रेमचन्द ने सूरदास की बातचीत, चाल-ढाल, रहन-सहन, व्यवहार, मान्यताओं और संस्कारों को जो व्यक्तिगत आकार दिया है वह व्यक्तित्व-निर्माण का एक अत्यन्त ही उत्कृष्ट और प्रभावशाली उदाहरण है। पूँजीवाद के मुकाबले में निरीह मानवतावाद को समर्थ करने का एकमात्र श्रेय—या युगानुरूप मानवतावाद को ढालने का एकमात्र श्रेय—मार्क्सवाद को है और इसकी अभिव्यक्ति मार्क्सवादी ग्रन्थों की वाक्यावली उद्धृत करने से नहीं, यहीं की धरती में वैज्ञानिक भौतिकवादी दृष्टि से समाजवादी यथार्थ के चित्रण के रूप में होगी—इस

---

1. टॉल्स्टॉय के अहिंसावाद के सिद्धान्त से पूरी तरह मुक्ति चेखव को 'शाख़ालिन' द्वीपों की यात्रा ने दिलाई, जहाँ उन दिनों अपराधी जाते हैं। उसने वहाँ से 'सुवोरिन' को पत्र लिखा था "यदि अहिंसा के सिद्धान्त में ज़रा भी व्यावहारिकता और हृदय-परिवर्तन की सामर्थ्य होती तो इस स्थान से अधिक उपयुक्त स्थान उसके लिए कोई नहीं था। यहाँ मैंने सैकड़ों मनुष्यों को क्रूर अधिकारियों द्वारा गुलामों की तरह शान्त और निरीह पिटते देखा है और युग बीत गए हैं किसी अधिकारी का हृदय-परिवर्तन नहीं हुआ।"

दिशा की ओर प्रेमचन्द का दूसरा सधा, कलापूर्ण कदम था होरी। हालाँकि 'गोदान' में प्रकट रूप से संघर्ष जैसी कहीं कोई चीज़ नहीं है। होरी एक रूढ़िगत अभिलाषा–गोदान की अभिलाषा–को लेकर जीवन के अन्तिम दम तक अपनी सीमाओं, बुराइयों-भलाइयों के बीच उनसे जूझता, समझौता करता, जीवित रहने के लिए लड़ता चला जाता है और अन्त में अपने इस लड़ने की परम्परा को गोबर अर्थात् सर्वहारा वर्ग को दे जाता है। सच पूछा जाए तो उस परम्परा को उसी दृष्टि और गहराई से यथार्थ पृष्ठभूमि में अभी तक बढ़ाया ही नहीं गया, केवल उस दिशा में कुछ प्रयोग हुए हैं और चूँकि वे प्रयोग हैं इसलिए काफी अपरिपक्व भी हैं।

(नया व्यक्ति अपने जीवित रहने के लिए पुरानी व्यवस्था से संगठित और समर्थ होकर लड़े, इस दिशा में सही–लेकिन जहाँ वह बहुत अपरिपक्व केवल एक प्रयत्न देखने में आया है वह है यशपाल का 'पार्टी कामरेड'। उसमें यशपाल की एकमात्र सफलता यह है कि वे भावरिया को एक व्यक्ति लड़ाकू बनाने में–कुछ लोगों का कहना है बड़े सस्ते ढंग से–सफल हो सके हैं। गीता को देखकर सस्ते रोमांस की जगह किसी और सशक्त प्रवृत्ति द्वारा वे यदि भावरिया के मानवतावाद का 'हृदय-परिवर्तन' दिखाकर समर्थ बना पाते तो शायद ज्यादा अच्छा होता। यों रोमांस चाहे उसका प्रारम्भ कितना ही विकृत क्यों न हो; लेकिन मूल और अन्तिम परिणति में मानवता के तत्त्वों से अलग कोई चीज़ है ऐसा मैं नहीं मानता।)

इन सभी प्रयोगों में 'गिरती दीवारें', 'बीज' और गंगाप्रसाद मिश्र के 'संघर्षों के बीच' से लेकर 'गंगा मैया', 'बहती गंगा' से 'सारा आकाश' तक विकासमान समाज के वैज्ञानिक सत्य और उसकी समस्याओं-परम्पराओं इत्यादि को आज तक की स्थिति में छोटे-बड़े स्तर पर समझने के प्रयत्न ईमानदार तो जरूर हैं; लेकिन इन जैसे अन्य समकालीन सभी लेखकों की एक बहुत बड़ी कमज़ोरी है। वे विकासमान समाज का विश्लेषण, उसके विभिन्न रूपों का निरूपण तथा पिछली गति का चित्रण तो काफी सफल कर सके हैं, मगर आज के बाद उसकी एक भी कड़ी का सही रूप नहीं दिखा पाए और उन्हें प्रेमचन्द के प्रारम्भिक उपन्यासों की तरह 'आदर्श' की या तो एकदम अवतारणा करनी पड़ी है या अधिक तर्कसंगत होने के आग्रह में उन्हें उस कड़ी को वहीं छोड़ देने को विवश होना पड़ा है। दूसरी और बहुत बड़ी कमजोरी इन लोगों की यह रही है कि अभी तक ये लोग किसी ऐसे व्यक्तित्व का निर्माण नहीं कर पाए, जैसे पिछले युग के सूरदास, होरी, बाँकेमल और बलचनमा हैं। व्यक्ति केवल कुंठाओं, विकृतियों और मनोवैज्ञानिक गाँठों का अजायबघर ही नहीं, एक बीतती संस्कृति का गवाह और उगती संस्कृति का परिवाहक भी है। वह संस्कृति और समाज के इतिहास की एक कड़ी है, उसे एक गतिशील संस्कृति के

सजीव, अकृत्रिम प्रतीक के रूप में ऐसी दृष्टि से देखना खुली और स्वस्थ दृष्टि का परिचायक है जिसमें उसका अपना व्यक्तित्व भी उभरे। होरी और बाँकेमल गाँव और शहर की मरणशील सभ्यता के ऐसे अध्ययन हैं जो जीते-जागते व्यक्तित्ववाले आदमी भी हैं और अपनी वस्तुसत्यता की पकड़ के लिए इतिहास के अमर नायक भी। यदि 'रथ के पहिए' (देवेंद्र सत्यार्थी) एक जाति और 'बहती गंगा' (शिवप्रसाद मिश्र) एक नगर की संस्कृति का अध्ययन है तो यशपाल एक 'घटना', 'गिरती दीवारें' (अश्क) एक वर्ग और 'सारा आकाश' (राजेन्द्र यादव) एक घर का, लेकिन व्यक्ति इनमें कोई उभरकर नहीं आता।

मैं मानता हूँ कि यथार्थवादी होते हुए भी यह इन रचनाओं के लेखकों का प्रकृतिवादी रुझान हो सकता है कि न तो वे समाज-विकास की अगली कड़ी दे पाते हैं और न कोई व्यक्तित्व, लेकिन इनके प्रयोगों की ईमानदारी के बारे में सन्देह करना गलत होगा। अगली कड़ी देने के नाम पर इनमें से वह जल्दबाजी बहुत कम लोगों ने की है जो 'सूरज का सातवाँ घोड़ा' के लेखक धर्मवीर भारती कर बैठे हैं। उन्होंने कहीं सुना कि "मार्क्सवाद उपन्यासकार को एक ऐसी दृष्टि से सम्पन्न कर देता है कि वह वर्तमान को भविष्य की दृष्टि से देख सके" बस सारे मार्क्सवाद को समझकर 'सातवें घोड़े के रूप' में बिना कड़ी मिलाए हुए डोरे में बँधा 'भविष्य' उन्होंने रंगमंच पर ला-उतारा। मार्क्सवादी दृष्टि का एक विशेषण—"मुक्तदायी लेकिन ज़रा खतरनाक दृष्टि" भी है, यह उन्होंने नहीं पढ़ा। इस ख़तरे का दूसरा उदाहरण व्यक्तित्व-निर्माण के नाम पर 'गर्म राख' का हरीश है।

फिर व्यक्ति का निर्माण इतनी आसानी से नहीं हो सकता। सूरदास और होरी प्रेमचन्द के कितने लम्बे प्रयोगों की कड़ी के परिणाम हैं, यह देखने पर ही पूरी बात समझ में आ सकती है। 'सेवा सदन' से लेकर 'कर्मभूमि' तक समस्याएँ-ही-समस्याएँ हैं। उन समस्याओं को लेकर आनेवाले कुछ पात्र हैं, जो उन्हें प्रस्तुत करने के ढंग के कारण ही आपस में भिन्न हैं, व्यक्तित्व है ही नहीं। कम-से-कम उस अर्थ में नहीं हैं जिसमें ये पिछले दो नायक हैं। दूसरे, प्रेमचन्द के युग से आज व्यक्तित्व का निर्माण करना ज्यादा कठिन काम इसलिए भी है कि प्रेमचन्द जिस युग में जी रहे थे और जी चुके थे, दोनों व्यवस्थाएँ उनके सामने थीं। 'नए' में वे रहते थे और 'पुराने' को खूब अच्छी तरह जानते थे। आज के उपन्यासकार को इतना ही जानना काफी नहीं है 'एक' अनिवार्यअनागत की छाया भी उसकी छाती पर मँडराती है—यदि वह केवल होरी-जैसे पात्र को चित्रित करके छोड़ देता है तो यह उसका निराशावादी दृष्टिकोण ही माना जाएगा। उससे माँग की जाएगी कि अगले आदमी का चित्र दे जो इस निराशावाद के खिलाफ़ लड़ रहा है। होरी जैसा पात्र भी अंकित न कर पाने का एक बहुत बड़ा कारण यह भी है कि उस 'अगले आदमी' की आवश्यकता खुद

लेखक वैसी उत्कटता से नहीं अनुभव करता। यहाँ तक कि वह इस इच्छा को अलग भी नहीं कर सकता और समझता भी नहीं है, क्योंकि इस 'अगले आदमी' की तस्वीर अभी इतनी धुँधली और अस्पष्ट है कि उसकी रेखाएँ कभी पकड़ में नहीं आतीं और उनके बिना तस्वीर पूरी नहीं होती। फिर भी व्यक्तित्व-निर्माण के माहिर श्री अमृतलाल नागर तथा अन्य लेखकों के 'बूँद और समुद्र' जैसे प्रयोग अभी जारी हैं और देखें कौन है, जो बिहारी की नायिका की तरह नित्य परिवर्तनशील उसकी 'छवि' को 'लिख' पाता है।

['आलोचना', 1954]

दो युद्धों के बीच का उपन्यास : कुछ मध्यवर्गीय नतीजे

रामायण और महाभारत पढ़ कर संसार का सारा ज्ञान-विज्ञान और समाज की सारी अवस्थाएँ उनमें खोज निकालनेवाले शूरवीर शायद ही कभी सोचते हों कि ये सब ग्रन्थ या इस प्रकार की अन्य पौराणिक गाथाएँ इतिहास नहीं, शुद्ध काव्य हैं, और इतिहास या सामाजिक परिस्थितियों का प्रतिफलन काव्य या सम्पूर्णतः साहित्य में एक बिल्कुल ही अलग प्रक्रिया का परिणाम है। कहा जाता है कि काव्य का सत्य वस्तु-सत्य नहीं, भाव-सत्य होता है। अर्थात् एक विशेष परिस्थिति और विशेष सम्बन्ध में हर व्यक्ति अपने को पा कर एक ही बात या भाव अनुभव करे, ऐसा सत्य ही भाव-सत्य कहा जा सकता है। यक्ष का मेघ कभी उसकी पत्नी तक सन्देश ले कर गया था या नहीं—इसे बिल्कुल असत्य मान कर भी प्रिया के विरह में फिर-फिर उसकी ओर भटक जानेवाले मन के उड़ कर उसके पास पहुँच जाने, उससे बातचीत करने के भाव-सत्य को अस्वीकार नहीं किया जा सकता। भाव का जन्म-स्थान व्यक्ति का हृदय है, इसीलिए प्रायः मनीषियों ने ऐसे व्यक्ति को साहित्य में प्रोत्साहन और समर्थन दिया है जो अधिक से अधिक व्यक्तियों के भावों का सत्य दे सके, उनके हृदय से वाणी को मुखरित कर सके। वस्तु-सत्य का उपयोग अक्सर ही भाव-सत्य तक पहुँचाने या उसे जगाने के लिए किया जाता है, इसलिए साहित्य में प्राप्त ऐतिहासिक प्रसंगों की जाँच के लिए रचना प्रक्रिया की जटिलताओं और कैमिस्ट्री को समझने की आवश्यकता है। कम से कम आत्यन्तिक रूप से उस पर विश्वास करना गलत नतीजों पर पहुँचा सकता है।

सामाजिक परिस्थितियों के अनुसार साहित्य के रूप भी बदलते हैं। समाज में मशीनों के आगमन के साथ गद्य का प्रारम्भ होता है और कहानियाँ और उपन्यास आते हैं। किसी विशेष युग में लोग किसी विशेष प्रकार के साहित्य या कला को

ही क्यों पसन्द करते थे, या कलाकार उस प्रकार की ही रचना क्यों करता था इस बात का हम जब सूक्ष्म-विश्लेषण करते हैं तब हमारे सामने तत्कालीन परिस्थितियाँ और उनमें जीवित रहनेवालों के मन की बनावट का चित्र आता है। लोगों की पसन्द-नापसन्द को आगे जा कर व्यापक पैमाने पर अन्धा बताया जा सकता है; लेकिन वह कभी भी आकस्मिक नहीं होती। उसके ठोस कारण होते हैं। हर समाज साहित्य में अपने आप को ही पढ़ता है। कभी अपनी चेष्टाओं पर हँसता है, कभी उदास हो जाता है और कभी अपनी तस्वीर उसे आगे और पीछे बहा ले जाती है।

किसी दुर्घटनावश कुरूप हुआ व्यक्ति अपने आपको देख कर अक्सर ही उन दिनों की बातें सोचा करता है जब वह ऐसा नहीं था, या जब कभी आगे ऐसा नहीं रहेगा। ऑस्कर वाइल्ड की शब्दावली लें तो वह जब अपनी वास्तविकता देख लेता है तब तो कुढ़ता ही है, जब नहीं देख पाता तब भी कुढ़ता है। समाज की यह कुरूप वास्तविकता और कुढ़न उसे कल्पना-जीवी बना डालती है। या तो वह भविष्य के हवाई महलों में जीता है, और उधर अगर कोई सम्भावना न हो तो पीछे की ओर, इतिहास और पुराणों की ओर भागता है।

सिंहावलोकन

लाला श्रीनिवास दास, भुवनेश्वर मिश्र, बालकृष्ण भट्ट और लज्जाराम मेहता के प्रारम्भिक उपन्यासों में हमें जो भी सामाजिक चित्र मिलते हैं उनकी टोन, उनकी उपदेशात्मकता इस बात को बताने का कितना सजीव प्रयत्न है कि 'रानी केतकी की कहानी' और 'राजा भोज का सपना' की कोरी कल्पनाओं से न बहल कर जब समाज ने अपने आपको देखा तो सहसा ही उसके मुँह से निकल पड़ा कि "हम कौन थे, क्या हो गए हैं, और क्या होंगे अभी" (यह वाणी उसे बाद में मिली) और फिर इनके एकदम बाद ही तिलिस्मी ऐयारी या तथाकथित ऐतिहासिकता से भरे उपन्यासों, या जासूसी उपन्यासों की बाढ़ क्या यह बताने के लिए काफ़ी नहीं है कि अपनी तत्कालीन वास्तविकता के बोझ को सह और उठा न पाने की मजबूरी में समाज इधर-उधर पलायन कर रहा है ? इस काल के लेखकों की सारी आदर्शवादिता और उपदेशात्मकता या सुधार-कामना के आलजाल को हटा कर उनके कहानी-उपन्यासों के ढाँचों पर ग़ौर कीजिए। ऐतिहासिक कहे जानेबाले उपन्यास सारे भारतीय-साहित्य में उस समय दो ही तरह के हैं : एक अपने स्वर्ण-युग—प्रायः गुप्त और मौर्यकाल—की अतिशयोक्ति-पूर्ण प्रशस्तियाँ और हूणों और मुगलों को विदेशी बता कर उनके अत्याचारों की कहानियाँ, उस समय की अपनी असमर्थता और फूट पर अश्रुपात और प्रतिरोध करनेवाले वीरों का यश-गान। तिलिस्मी उपन्यासों में रजवाड़ों का आपसी वैमनस्य, तत्कालीन वैज्ञानिक उपलब्धियों को तिलिस्म के रूप में फिट करके उन्हें अत्यन्त प्राचीन काल में खोज निकालने का जौहर और अन्त में सारे झूठ-फ़रेब

मक्कारी-जालसाज़ी के ऊपर सत्यवादी, धीरोदात्त और सज्जन नायकों की विजय। इनमें रोचकता और उपदेश सभी कुछ आ गया। हम किसी से कम नहीं हैं, हजारों साल पहले हम ऐसे-ऐसे वैज्ञानिक करिश्मे कर चुके हैं कि आज के लोग भी चकित हो जाएँ—लीजिए साहब, पराजित 'अहं' भी इसमें सन्तुष्ट हो गया। अब आइए जासूसी उपन्यासों पर। चोरी, लूट, ठगी, बलात्कार, अपहरण और हत्याओं की भयानक तस्वीरें—एक शब्द में तत्कालीन दुरवस्था, दूसरी ओर बौद्धिक और वैज्ञानिक सूझों से उन पर विजय—अर्थात् वर्तमान और उसकी विभीषिका तथा उस सबसे छूटने की विशफुल-थिंकिंग।

पहला महायुद्ध और उसके बाद

प्रथम महायुद्ध से पहले का कथाकार अपने दर्द से व्याकुल ज़रूर था और ऐसा व्याकुल था कि न तो अपने दर्द के कारण को देखना चाहता था न उसके सही रूप को समझना। वह तो उसे भूल जाना चाहता था—कल्पना में ही उस सबको ठीक होते देख लेना चाहता था या अपनी पुरानी चूक पर सिर धुनता था कि क्यों उसने इतनी असावधानी बरती।

प्रेमचन्द के जमाने तक, वह दर्द क्या है, क्यों है और कैसा है, इसे जानने की किसी ने भी लग कर कोशिश की हो, ऐसा नहीं लगता। काले और गोरे रंगों की तरह कुछ लोग बुरी प्रवृत्तिवाले होते हैं और कुछ अच्छी। इन दोनों का आपस में संघर्ष होता है, लेकिन जीत अन्त में अच्छी प्रवृत्तिवालों की ही होती है। अच्छाई और बुराई अपने आप में कोई स्वतन्त्र चीजें नहीं हैं, इनका जन्म भी समाज से ही होता है और उनके अर्थ सामाजिक-परिस्थितियों के अनुसार बदलते रहते हैं—इसे समझने, समझाने का प्रयत्न जब प्रेमचन्द ने किया तो पाया कि इस सारी बुराई की जड़ तो अशिक्षा, जात-पाँत, छुआ-छूत और धार्मिक अन्ध-विश्वास हैं। इनसे मुक्त हुए बिना न तो हम विदेशी चंगुल से छूट सकते हैं और न इस लायक़ हो सकते हैं कि उससे लड़ सकें। यही गाँधी जी कहते थे। दयानन्द, राममोहन राय ने समाज-सुधार के लिए सैद्धान्तिक रूप से जो धरातल तैयार किया था उसे व्यापक रणनीति का रूप गाँधीजी द्वारा मिला। पहले सुधारक यह सब काम विदेशी शासन को बचाकर करना चाहते थे, लेकिन गाँधीजी ने विदेशी शासन को ललकार कर यह सब करने का बीड़ा उठाया।

टॉल्स्टॉय के मानवतावादी विचारों से प्रेरित गाँधीजी का सारा सामाजिक आन्दोलन अछूतों, विधर्मियों, नारियों को समान सामाजिक प्रतिष्ठा दिलाने का प्रयत्न था। 'सोज़ेवतन' की देश-प्रेम से भरी कहानियों से ले कर 'रंगभूमि' तक अगर प्रेमचन्द के कथा-साहित्य को देखें तो हम पाएँगे कि उन्होंने सचमुच बड़ी ईमानदारी से गाँधी जी की कार्य-परिधि में आनेवाले सारे जन-मानस को साकार कर दिया है। चाहें तो

कह सकते हैं कि प्रेमचन्द के सारे कथा-साहित्य की अन्तश्चेतना नारी और किसान को—इसी के बहाने अछूतों को—सामन्ती व्यवस्था से मुक्ति दिलाने की चेष्टा है। 'रंगभूमि' में महाजनी और सामन्ती-सभ्यता के प्रकट संघर्ष के बाद 'गोदान' में वे किसान को एक भूमिहीन मज़दूर की स्थिति तक ले आए हैं। सामन्ती छायाओं के शहरी और ग्रामीण दोनों रूपों को उन्होंने 'शतरंज के खिलाड़ी,' 'पूस की रात' और 'कफ़न' जैसी कहानियों में रक्खा है और इन्हें गोदान का परिशिष्ट या अगला विकास कहा जा सकता है। वे सचमुच किसान को कितने अन्दर तक जानते हैं, यह उनकी 'पंच-परमेश्वर' और 'सवा सेर गेहूँ' इत्यादि कहानियों से स्पष्ट है, लेकिन इस तुलना में उनके शहरी मध्य-वर्ग का चित्रण कमजोर है। मध्य-वर्ग को वे जानते तो इतना हैं कि शायद ही कोई लेखक जानता हो, लेकिन उसको ले कर उनकी निगाह बहुत अधिक साफ़ है, ऐसा नहीं कहा जा सकता।

असल में मध्यवर्ग को समझने के लिए शहरी परिवार को समझना पड़ेगा। अर्थ-संचालिका न हो कर भी उस सारे परिवार को अपने जर्जर कन्धों पर उठाए रखनेवाली नारी ही है। लेकिन नारी वह कहीं भी नहीं है—उसके केवल दो ही रूप सामने हैं; या तो वह पैर की जूती है या वेश्या। अर्थात् जब वह पैर की जूती बनने से इन्कार कर देती है तो समाज उसे वेश्या बनने को मजबूर कर देता है—इस तरह परिवार से तोड़ कर फेंकी गई नारी ही वेश्या है। यहाँ तक तो नारी की स्थिति, या कहिए मध्य-वर्गीय-परिवार को प्रेमचन्द बहुत अच्छी तरह समझते हैं। लेकिन चाहे वह 'सेवासदन' हो, 'निर्मला' हो, या 'ग़बन', उनका आग्रह यही है कि बाल-विवाह, दहेज इत्यादि कुरीतियों, कुसंस्कारों और रूढ़ियों को हटा कर नारी को पैर की जूती नहीं, परिवार की रानी बनने का अवसर दिया जाए, ताकि उसे वेश्या न बनना पड़े। प्रेमचन्द का नारी-सम्बन्धी दृष्टिकोण अपने सम्पूर्ण रूप में उनकी कहानी 'बड़े घर की बेटी' में देखा जा सकता है कि किस तरह एक समझदार लड़की टूटते हुए परिवार को बना कर खुद अपना सम्मान बढ़ा लेती है। वे स्त्री की अधिक शिक्षा या उसके अपने पाँवों पर खड़े होने के बहुत अधिक पक्षपाती हैं, ऐसा नहीं लगता। पुरुषों में घुलने-मिलनेवाली 'गोदान' की मालती को उनका समर्थन प्राप्त नहीं है। बिखरते और टूटते हुए संयुक्त-परिवार को ठीक उन्हीं पुरानी परम्पराओं के अनुरूप पुनर्गठित करने का मोह प्रेमचन्द और शरत् में बिलकुल एक-सा है। 'शंखनाद', 'बड़े घर की बेटी', और 'बिन्दो का लल्ला' की थीम पर शरत् की एकाधिक रचनाएँ इस बात के समर्थन में प्रस्तुत की जा सकती हैं। शिक्षा पाने या नौकरी करने के लिए मानसिक या भौतिक रूप से बाहरी दुनिया में आए युवक के लिए संयुक्त-परिवार में सास-ससुर की सेवा करनेवाली शीलवती बहू या घर की रोटी-कपड़े पर पलनेवाली नौकरानी की अपेक्षा अपने लिए सहधर्मिणी और सह-गामिनी की आवश्यकता अधिक है—इस सत्य को शरत् ने अपनी सारी रूढ़िवादिता के बावजूद प्रेमचन्द की अपेक्षा अधिक

हमदर्दी से सोचा ज़रूर है, लेकिन पुराना पारिवारिक ढाँचा टूट ही जाए, यह उन्हें भी सह्य नहीं है।

अपने सारे विस्तार और विविधता के बावजूद प्रेमचन्द के शहरी मध्यवर्ग का चित्रण मुझे इसलिए अधूरा, एकांगी और प्रायः निर्जीव लगता है कि उसमें हमें एक भी सच्चे उन्मुक्त-हृदय युवक के दर्शन नहीं होते—जो यौवन की आकांक्षाओं से उद्वेलित हो, खुल कर परिश्रम कर सकता हो, प्रेम कर सकता हो, किसी का विरोध और समर्थन कर सकता हो। आश्चर्य की बात है कि 'रंगभूमि' के असफल-मरियल विनय को छोड़ कर (केवल वीरपाल अपवाद है) उन्होंने ऐसे अध्यवसायी युवक का चित्र दिया ही नहीं जो शिक्षित है, नए क्रान्तिकारी विचारों से उन्मथित है, और पुरानी सामाजिक रूढ़ियों और विदेशी शासन दोनों को एक-साथ चकनाचूर कर डालने के जोश में घर-बार छोड़ कर बाहर निकल पड़ा है; या न तो अपने को कुचल सकता है, और न अपने को समझ ही पाता है, फलतः नया कुछ लाने के जोश में पुराना सब कुछ छोड़ चुका हैं*। और तो और नौकरी की तलाश में, या नौकरी पाने को अपना नगर छोड़ कर परदेश में जानेवाला युवक प्रेमचन्द में शायद ही मिले। 'ग़बन' में युवक रमानाथ का कलकत्ते जाना अध्यवसाय न हो कर पलायन है। लेकिन उस समय विचारों की स्वतन्त्रता, देशप्रेम या नौकरी की खातिर परदेश जानेवाला युवक बहु-संख्यक तो था ही, उस समाज की जलती समस्या भी था। गोविन्द वल्लभ पन्त के 'जूनिया', 'मदारी' इत्यादि के नायकों को छोड़ कर उस युवक को चित्रित करने वाला शायद ही कोई उपन्यास मिले। अकेले इस युवक को बाहर इसलिए आना पड़ता था कि नारी घर की चहारदीवारी में क़ैद थी, और उसे साथ लाने का अर्थ था, संयुक्त-परिवार का विघटन—और इसके लिए पुरानी पीढ़ी क़तई तैयार नहीं थी। उधर नई पीढ़ी के युवक ने अपने उद्देश्य-प्राप्ति की आतुरता में पारिवारिक-पुनर्गठन के कार्य को बाद के लिए स्थगित कर दिया था। लेकिन उस सचेत युवक का लक्ष्य साधनों के अभाव में निरन्तर ही टलता जा रहा था। वह परिवार से दूर था और परिवार की आवश्यकता को इसलिए भी झुठलाता था कि वह परिवार की पुरानी रूपरेखा को क़तई अपने अनुकूल नहीं पाता था। हर भूख से अपने को ऊपर बताता हुआ वह आख़िर कब तक अपने से लड़ता ? वह हार गया। लेकिन इस हार को हार कहने के लिए उसका दम्भ कभी भी तैयार नहीं था। इसलिए ऐसे युवकों की अच्छी-खासी टोली हमें भारतीय उपन्यासों में मिल जाएगी, जो अपने-आपको समाज और राज्य की बलि-वेदी पर शहीद होता हुआ घोषित करते हैं। ख़ैर तुर्गनेव के 'बाप-बेटे' के बज़ारोव, रवीन्द्रनाथ के गोरा और शरत् के एकमात्र कर्मठ-नायक सव्यसाची जैसे,

---

* गोबर और मिठुआ, दोनों की समस्याओं को प्रेमचन्द ने एक तो बहुत गहराई से नहीं लिया, दूसरे वे मध्यवर्ग के पात्र नहीं हैं।

पुराना समाज छोड़ कर नया समाज बनाने को आतुर युवक हमें प्रेमचन्द ही क्या बहुत कम उपन्यासकारों के पास मिलेंगे। अफ़सोस, इलाचन्द्र जोशी के 'जहाज़ के पंछी' के जिस नायक को उस समय आना चाहिए था, वह लगभग बीस साल बाद आया।

मोर्चे से घायल, हारे हुए लौटे सिपाही की स्थिति बड़ी ही अजब होती है। वह देखता है कि उसके प्रयत्न की महानता को तो कोई समझता ही नहीं; उल्टे उसके अस्तित्व की आवश्यकता को भी परिवारवाले भुला चुके हैं। उसकी भूतपूर्व प्रेमिका, जिसके साथ न जाने भविष्य के कौन-कौन से सपने देखे थे, अब किसी की पत्नी और बच्चों की माँ बन चुकी है। घर की यह असहानुभूति और बाहर की पराजय उसे असफल विद्रोह की निष्क्रिय झुँझलाहट से भर देते हैं। वह विचित्र कुंठाओं का शिकार हो जाता है। घर को अपने अनुरूप बनाने के लिए वह नारी को अपने साथ लाना चाहता है—जिससे अब वह केवल बहन, भाभी और माँ का ही रिश्ता बनाए रखने को बाध्य है—लेकिन वह देखता है कि उसके रास्ते की सबसे बड़ी बाधा पुरानी नैतिकता और अनैतिकता की मान्यताएँ हैं, इन्हें ही तो सामने ला कर पुरानी-पीढ़ी संयुक्त-परिवार की मर्यादाएँ और व्यक्ति के ऊपर अंकुश सुरक्षित रखती हैं। इधर इतने दिनों के मानसिक हनन और गुलामी के बाद नारी स्वयं इतनी अशक्त हो गई है कि खुद बाहर आने का साहस कर नहीं पाती।

यहाँ एक बात ध्यान देने की है, और यही बात तत्कालीन सामाजिक संक्रान्ति की सूचक है। बीसवीं शताब्दी के दूसरे, तीसरे और चौथे दशक के लगभग सारे उत्तर-भारतीय कथा-साहित्य की एकमात्र हीरोइन नारी ही क्यों है ? इससे भी आगे बढ़ कर कहा तो यहाँ तक जा सकता है कि इन्हीं परिस्थितियों में सारे विश्व-कथा-साहित्य की हीरोइन ही नारी है। आश्चर्य यह है कि यह नारी केवल दो ही प्रकार की है : रूढ़ियों को ही अपना प्रारब्ध मान कर खुशी-खुशी उनके आगे सिर टेक कर मर जानेवाली नारी, या बँधी-बँधाई लीकों को चूर-चूर करती, चिढ़ाती नारी। पहले प्रकार की नारी ने जगह-जगह बँधी लीकों से विद्रोह भी किए हैं; लेकिन आगे कोई रास्ता न पा कर वह प्रायः ही आत्म-समर्पण करने को बाध्य हुई है। उसका मूल स्वर है त्यागपत्र, अर्थात् रेजिग्नेशन—यानी डूबने के लिए निष्क्रिय, निश्चेष्ट, आत्मसमर्पण।

भारतीय तत्कालीन समाज के युवक-युवती को कुंठित और पंगु कर डालने वाली बेड़ियाँ केवल नैतिकता और अनैतिकता की रूढ़ मान्यताएँ और पाप-पुण्य की धारणाएँ हैं और इन्हें वह जैसे लेबोरेटरी में ले जाकर 'चित्रलेखा' जैसे उपन्यासों के माध्यम से समझना चाहता है। इस तथ्य को स्वीकार करके पराजित हीरो और टी. बी. या हिस्टीरिया से घुटती हीरोइन इन्हीं मान्यताओं से अपना बदला चुकाते दीखते हैं। यह पुरानी मान्यताओं को बदलने की आवश्यकता महसूस करके बदलने

की कोशिश नहीं, बल्कि उन्मत्त विक्षोभ में अन्धे हो कर सब कुछ को तोड़-फोड़ डालनेवाली प्रतिक्रिया अधिक है—या फिर है आत्महंता अन्त। इसलिए इसमें पुराने मूल्यों के चंगुल में सिसकते प्राणियों पर ज़ोर अधिक न हो कर उन मूल्यों के संरक्षकों के चेहरों के नक़ाब उतारने का मोह अधिक है। इस जगह उपन्यासकार ने पहले प्रकार की हीरोइन से ही उस सबकी खिल्ली उड़वाई है। सामाजिक-दृष्टि से लांछिता लेकिन सही मानी में नारीत्व की गरिमा से मंडिता नारी पुरानी नैतिकता और उसके समर्थकों की पोल खोलती दिखाई देती है। वह उस सब पुराने के प्रति हिंसालु है जिसने उसे इस स्थिति पर आ पहुँचने को मजबूर कर दिया और इन बन्द अँधेरे कमरों में केवल पुरुष का भोजन बन कर ही अपनी इहलीला समाप्त कर डालने को ला पटका है। इसके साथ ही नए युवक से वह सहानुभूति और न्याय की माँग करती है। मानो वह उस पराजित युवक से रो-रो कर कह रही हो, "देखो, इन पुरानी नैतिकता के हामियों ने मुझे तुम्हारे साथ नहीं आने दिया। हाँ, उन्होंने ही तो कहीं धर्म और पाप-पुण्य की दीवारें खड़ी कीं, कहीं धन की ऊँच-नीच दिखाई। कहीं ख़ानदानी इज्ज़त का हवाला दिया और कहीं माँ-बाप के प्यार की बेड़ियाँ डालीं और जब मैंने तुम्हारे नाम पर, तुम्हारे लिए इस सबको अस्वीकार करना चाहा तो तुम्हारे सक्रिय समर्थन या तुम्हारी उपस्थिति के अभाव में इन धर्म-धुरीणों ने ही मुझे वेश्या बना डाला, ताकि उस रूप में मेरा उपयोग कर सकें जिसमें मुझे अपने घरों में बन्द करके नहीं कर सकते थे। वहाँ मैं इनकी बहन, बेटी जो थी। अब तुम तो मुझे न्याय दो, दया दो। तुम तो मुझे बुरा मत कहो"। टॉल्स्टॉय के 'पुनर्जीवन' की नताशा हो या ज़ोला की नाना, कुप्रिन की वेश्याएँ हों या अनातोले फ्रांस की थाया, शरत् की लांछिताएँ सावित्री, राजलक्ष्मी या चन्द्रमुखी हों, या भगवती बाबू की चित्रलेखा और सरोज, सब कहीं नारी पाप-पुण्य, नैतिकता, अनैतिकता की पुरानी मान्यता को चुनौती देती दिखाई देती है। शरत् की उस समय की भयंकर लोकप्रियता को दो शब्दों में यों कहा जा सकता है कि अपने सामाजिक उपन्यासों में वे साहस और सहानुभूति के साथ, एक मानवीय स्तर और गरिमा दे कर नारी को सामने लाए। उन्होंने अपनी नारी में वह साहस दिखाया कि वह पराजित पुरुष को सान्त्वना और सहानुभूति दे सके। यह एक बहुत बड़ी पहलक़दमी थी।

लेकिन शरत् भयानक परम्परावादी हैं। आज उनकी सारी लोक-प्रियता का रहस्य हमारे सामने स्पष्ट है। हारा हुआ युवक किसी की गोद में सिर रख कर लेटना चाहता था कि वह उसके बालों में उँगलियाँ घुमाती हुई, उसे मीठी-मीठी बातें करके सुला दे और उसे गोद में सोता हुआ देख कर नारी अपने बचे-खुचे अस्तित्व को मातृत्व की सार्थक मान ले। दोनों की पराजय ने शरत् की कला-कुशल कलम से अपने को वाणी दी—यहाँ तक तो ठीक है; लेकिन सम्पूर्णतः उनके कथा-साहित्य का सिंहावलोकन नारी के प्रति उनके जिस दृष्टिकोण को सामने लाता है, वह क्रान्तिकारी

लगते हुए भी घोर-रूढ़िपन्थी है। वह लांछिता को सारी सहानुभूति, दया और कड़क दे कर भी उसे अपनी सीमा से बाहर जाने की आज्ञा नहीं देते। एक निकम्मे, निष्क्रिय और परोपजीवी नायक के चरणों में आत्म-समर्पण करके ही वह अपना जीवन सफल मान लेती है। जबकि शरत् की सारी सहानुभूति पुरानी परिवार व्यवस्था और 'भारतीय कुलवधू' के साथ है, यह उनकी पारिवारिक कहानियों में देखा जा सकता है। यही नहीं, वे उस संयुक्त-परिवार को विघटित भी नहीं होने देना चाहते। छोटी-मोटी कलह ला कर वे एक पारिवारिक कहानी खड़ी करते हैं और फिर कुछ आँसू, सिसकियों से उसे धो कर पूर्ववत कर देते हैं। मजबूरी में अपने उच्च आसन से गिरी हुई 'विराज-बहू' के लिए उस आत्महत्यानुमा मृत्यु के सिवा कोई और रास्ता नहीं है। ज़बान से सारी अनैतिकता और लांछनाओं को निर्मूल और झूठा साबित कर डालने वाली 'शेष-प्रश्न' की कमल भी मूलतः पति के चरणों की दासी, वही पुरानी बहू है। शरत् की रूढ़िप्रियता को हम उनके सबसे बदनाम उपन्यास 'चरित्रहीन' में ही सबसे अधिक अच्छी तरह पा सकते हैं। सावित्री की सारी क्रान्तिकारिता, सारी तेज़ी, सारी साहसिकता सिर्फ इसलिए है कि वह सरोज के हाथों सतीश को सौंप दे। शरत् लांछिता को साहसपूर्वक सामने लाए ज़रूर; लेकिन उसे सामाजिक प्रतिष्ठा दिलाने की कोशिश उन्होंने कभी नहीं की। उसे हमेशा साध्वी बहू के सामने नीचा दिखाया। उधर पुरानी परिवार-व्यवस्था की शिकार बेज़बान बहू या विधवा के हृदय को वाणी उन्होंने ज़रूर दी, लेकिन सिर्फ़ उसे कुचलने के लिए। 'देवदास' की पार्वती और 'पल्ली-समाज' की विधवा रमा उसी परिवार में घुटती-सिसकती लेकिन अन्त में उसी के चरणों में शीश नवाती नारियाँ हैं—यही नहीं, किरणमयी जैसी मेधावी नारी भी सुरबाला के सामने नत ही होती है। नारी को ले कर शरत् के मन में रूढ़ि और विद्रोह का जो द्वन्द्व था उसे किरणमयी के चरित्र में हम बड़े ही स्पष्ट रूप में पाते हैं। वह विद्रोह करती है, दिवाकर को ले कर जाती है, लेकिन विजय अन्त में रूढ़ि-प्रेम की ही होती है।

सच पूछा जाए तो विद्रोह करके वेश्या बनने के अलावा नारी अपने पाँवों पर स्वतन्त्र रूप से कैसे खड़ी हो सकती है, यह शरत् ही क्या बहुत लोगों के सामने स्पष्ट नहीं था। होना कोई रास्ता ज़रूर चाहिए, इसे सभी अनुभव करते थे। इसीलिए पुरानी परिवार-व्यवस्था अर्थात् स्त्री-पुरुष के सम्बन्धों के पुराने ढर्रे में मूकपशु की तरह बाँध दी गई नारी की स्थिति विश्व-कथा-साहित्य का एक दूसरा रोचक विषय है। वह घर में ही बन्द रहे या बाहर आए ? बाहर आए तो कहाँ तक ? अर्थात् पर-पुरुष से उसके सम्बन्ध क्या हों ? वह पहले किसी की बेटी और बाद में बहू बन कर ही सन्तुष्ट रहे, या बेटी होते हुए प्रेमिका और बहू होते हुए भी मित्र बनने की छूट उसे दी जाए ? इन दोनों स्थितियों से उत्पन्न नई परिस्थिति का पुरानी परिवार-व्यवस्था पर क्या असर होगा ? ये सब समस्याएँ दोनों महायुद्धों के बीच के

भारतीय समाज की अत्यन्त शक्तिशाली समस्याएँ रही हैं। एक पति-पत्नी और पत्नी का पुराना प्रेमी या पति को माध्यम बना कर—या स्वतन्त्र रूप से भी—आया हुआ नया मित्र—इस कथानक पर इतने अधिक उपन्यास और कहानियाँ इस बात के प्रमाण हैं कि इस समस्या ने किसी-न-किसी रूप में हर प्रबुद्ध मस्तिष्क को मथा है। टॉल्स्टॉय की 'अन्ना-कैरेनिना,' फ़्लाबेयर की 'मैडम बोवारी,' लारेन्स की 'लेडीचैटर्लीज़ लवर,' मॉम की 'पेण्टेड-वील' से ले कर रवीन्द्रनाथ की 'घर और बाहर,' जैनेन्द्र की 'सुनीता', यशपाल की 'देशद्रोही'—सभी का ढाँचा एक नारी, एक पति और एक प्रेमी को ही ले कर क्यों बना है ?

इस समस्या को केवल दो रूपों में ही सुलझाया जा सकता है कि या तो औरत को फिर से घर में बन्द कर दिया जाए, या फिर इस नई स्थिति को स्वीकार कर लिया जाए। नई स्थिति को स्वीकार करने के लिए कोई भी कथाकार उस समय तैयार नहीं था, इसलिए घूम-फिर कर वह उसके लिए घर की सीमा ही तय करता था। वह उसे घुट-घुट कर मरते, रेल से कट कर, खिड़की से कूद कर आत्म-हत्या करते और पुराने अत्याचारों के आगे विवश आत्म-समर्पण करते देख सकता था—या कहें, ऐसा करने के लिए छोड़ कर भाग खड़ा होता था लेकिन उसे बाहर नहीं ला पाता था, क्योंकि बाहर से उसका नायक स्वयं पराजित, हारा हुआ और असमर्थ, ग़ैर-ईमानदार था। जैसा मैंने कहा : वह हारे हुए सिपाही की तरह लौट कर ही नारी को मानवी के रूप में देख पाता था।

कल्पना कीजिए, बीमार और श्लथ देवदास पार्वती के घर तक आ जाता ? पहली बात तो यह कि वहाँ उसकी उपस्थिति को केवल दो ही रूपों में स्वीकार किया जा सकता था। या तो वह अपने को पार्वती का भाई कहता, या उसके पति का भाई या मित्र बनता। पहली स्थिति में पार्वती उसकी बहन होती और दूसरी में उसकी भाभी। इसके अलावा केवल एक ही स्थिति उस समय और सम्भव थी कि उसे पार्वती के यहाँ जाने की ज़रूरत ही क्या थी ? वह श्रीकान्त की तरह जिस-तिस के साथ भटकता भी रह सकता था। लेकिन यह स्थिति अधिक चलनेवाली और व्यावहारिक नहीं थी। हिन्दी का सारा पिछला अर्थात् प्रेमचन्द के बाद का कथा-साहित्य क्यों बहन और भाभी के आस-पास ही केन्द्रित हो गया है—इसका कारण यहाँ समझा जा सकता है। देवदास की स्थिति को और आगे सोचें। घर जाकर देवदास का व्यवहार पार्वती के प्रति कैसा होता ? उस व्यवहार को हिन्दी के कई कथाकार अपनी रचनाओं में लाते दिखाई देते हैं। 'अज्ञेय' ने शशि और शेखर तथा अपनी कहानी 'रोज़' के चरित्रों में, जैनेन्द्र ने 'कल्याणी,' 'सुनीता' और 'त्याग-पत्र' में, यशपाल ने 'देशद्रोही' में, इलाचन्द्र जोशी ने 'संन्यासी', 'प्रेत छाया,' 'पर्दे की रानी' इत्यादि में इसे लिया है। कहीं पुरुष का स्नेह-भरा सम्बन्ध उसे पति की शंका और अत्याचार सहने को मजबूर करता है, कहीं वह स्वयं नारी के प्रति तरह-तरह के अत्याचार करके उससे

अपना बदला लेता है। इलाचन्द्र जोशी जैसे कुछ कथाकारों ने अतिशय क्रान्तिकारी नारी-चरित्रों की अवतारणा करके पुरुष के उन अत्याचारों या अस्वाभाविक व्यवहारों का बदला चुकाने की कोशिश की है। लेकिन इन हारे हुए क्रान्तिकारियों ने अपने कार्य-क्षेत्र के दौरान तो नारी को साथ लिया ही नहीं, बाद में भी नारी को उस क़ैद से निकालने का साहस नहीं दिखाया, जहाँ छोड़ कर वे अपनी महत्वाकांक्षाएँ पूरी करने, देश आज़ाद करने भाग गए थे। यही नहीं, वे तो अपने को शहीद और विद्रोही घोषित करते हुए नारी से पुजने आए थे : नारी तब तक किसी की माँ बन चुकी थी किसी की पत्नी। इसलिए जब वह उनका उस रूप में स्वागत नहीं कर पाई तो वे उसके बारे में अस्वाभाविक रूप से असन्तुलित हो उठे। कहीं उन्हें वह पहेली दिखाई दी और कहीं देवी, कहीं वह "ओ तू !" थी, और कहीं ऐसी सान, जिसे पुरुष का व्यक्तित्व पैना करके टूट जाना है।

द्वितीय महायुद्ध से पहले के अधिकांश कथा-साहित्य को हम घुटती नारी और कुंठित पुरुष के बीच में ही घुमड़ता हुआ पाते हैं। ये पुरुष अधिकांश ही नेता, क्रान्तिकारी, या बुद्धिजीवी हैं। जब हम किसी समय के समाज की बातें करते हैं तो निश्चय ही हमारा आशय समाज की जीवन्त शक्ति, वहाँ के युवक-युवती वर्ग से ही होता है। और यह कुण्ठा उस समय के मध्यवर्गीय समाज की कुंठा है। यहाँ साहित्य समाज को राह दिखाने का अपना उद्देश्य भले ही भूल गया है, लेकिन उसे प्रतिबिम्बित और प्रतिफलित करने से नहीं चूका।

द्वितीय महायुद्ध और उसके बाद

पिछले सालों (सन् 40 से 50 तक) में भारतीय समाज का ढाँचा कुछ ऐसी तेज़ी से बदला कि अपने-आप में ही उलझा पिछली पीढ़ी का हिन्दी कथाकार उसे चित्रित ही नहीं कर पाया। वह जैसे पिछड़ गया। बयालीस की क्रान्ति, बंगाल का अकाल, युद्ध की देशी-विदेशी प्रतिक्रिया, महँगाई, बेकारी, आज़ाद हिन्द फ़ौज, नाविक-विद्रोह, स्वतन्त्रता की प्राप्ति और हिन्दू-मुस्लिम दंगे—सब कुछ एक के बाद एक इतनी तेज़ी से हुआ कि अपने-आप में ही लीन हिन्दी उपन्यासकार की निगाह ही नहीं टिकी। रांगेय राघव और यशपाल को छोड़ कर इस बीच सारे पिछले कथाकार प्रायः चुप ही दिखाई देते हैं। इस बीच के सारे उपन्यास और कहानियाँ बिखरते-टूटते मध्यवर्गीय मूल्य और मान्यताओं या देश के द्रुत औद्योगीकरण के परिणाम-स्वरूप मज़दूर-वर्ग की जागृति को केन्द्र बना कर लिखे गए हैं। स्वतन्त्रता की खुशी, दंगों के अवसाद और क्लान्ति-क्लेश में डूबी हुई लगती है। उर्दू और पंजाबी से हिन्दी में आनेवाले कथाकारों ने दंगों और पंजाब के वातावरण पर जो रचनाएँ दीं उनमें एक ऐसा नयापन, एक ऐसी ताज़गी, वास्तविकता और दर्द था कि उन्होंने एक साथ सारे हिन्दी पाठकों को अपने साथ ले लिया। बलवन्त सिंह के 'रात, चोर और चाँद' जैसा सबल और

रोचक यथार्थ तो हिन्दी-पाठक के लिए एकदम बेजोड़ चीज़ थी। फिर भी छिट-पुट रूप में अनेक शक्तिशोली रचनाओं के होते हुए भी उस समय की किसी एक ऐसी रचना का नाम लेना बड़ा मुश्किल होगा जिसमें इन वर्षों के समाज को समग्रतः लेने की कोशिश की गई हो। जो भी कुछ है बड़ा उखड़ा-उखड़ा, सतही और असन्तोषजनक है। इन दस वर्षों ने नए कथाकार की दृष्टि को विकसित अवश्य किया। पिछले उपन्यासों में जो एक बासीपन और नवीनता का अभाव आ गया था वह जैसे एकदम समाप्त हो गया। कृष्णचन्द्र, ख्वाजा अहमद अब्बास, रामानन्द सागर, मंटो, अमृता प्रीतम, बलवन्त सिंह, करतार सिंह दुग्गल ने दंगों के भँवरजाल में डूबता-उतराता पंजाब दिया, अमृतलाल नागर और रांगेय राघव ने बंगाल के दुर्भिक्ष पर विचार और आवेशपूर्ण रचनाएँ दीं, विष्णुप्रभाकर ने 'निशिकांत' जैसे उपन्यासों में मध्यवर्गीय क्लर्क-जीवन के चित्र दिए और अश्क ने मध्यवर्गीय शहरी ज़िन्दगी का विराट् चित्र देने की कोशिश की। जन-तान्त्रिक राजनैतिक-गठन और बढ़ती हुई सामाजिक चेतना ने जहाँ एक प्रान्त के व्यक्ति को दूसरे प्रान्त को समझने देखने का अवसर दिया, वहीं जमींदारी प्रथा की समाप्ति या ऐसे ही अन्य सुधारों की चर्चा और उनके परिणामों ने साधारण ग्रामीण जन को सजग बनाया। 'धरती का कोना-कोना जाग उठा' इस काव्योक्ति की व्याख्या यों करें कि प्रायः हर अंचल और सांस्कृतिक-इकाइयोंवाले शहरों के विशेष रूपों को चित्रित और सजीव करनेवाले उपन्यास हिन्दी में आए। अमृतलाल नागर और रुद्र ने आगरा, लखनऊ और बनारस की सामन्ती-संस्कृति और जन-संस्कृति को बड़े रोचक रूपों में रखा। नागार्जुन ने 'बलचनमा,' 'रतिनाथ की चाची,' 'बाबा बटेश्वर नाथ', 'वरुण के बेटे' इत्यादि में बिहार और दरभंगा के आस-पास के गाँवों को वाणी दी, फणीश्वरनाथ रेणु ने 'मैला आँचल' और परती-परिकथा* में पूर्णिया की अहल्या का उद्धार किया। देवेन्द्र सत्यार्थी और उदयशंकर भट्ट ने सन्थालों और बम्बइया मछुओं के जीवन पर उपन्यास लिखे।

इधर मध्यवर्गीय शहरी कथाकारों को भी अपने जीवन और परिवार अर्थात् जीविका और नारी की समस्याओं को नई रोशनी में देखना पड़ा। नारी घर से बाहर आए या न आए—पिछला कथाकार इसी समस्या में उलझा था—वह समस्या नए कथाकार के सामने इन दस सालों में जैसे स्वयं ही हल हो गई। पुराना कथाकार सैद्धान्तिक-स्तर पर तो नारी को पुरुष के साथ कन्धे-से-कन्धा भिड़ा कर चलने का उपदेश देता था, लेकिन उसके व्यावहारिक रूप से उसके संस्कार भड़कते थे—नारी स्वयं झिझकती थी। दोनों के मन में लम्बे अपरिचय से उत्पन्न झिझक और अस्वाभाविक प्रकार की जिज्ञासाएँ थीं। नए कथाकार ने विदेशी उपन्यास-कहानियों में पढ़ कर ही नहीं, बल्कि सचमुच ही नारी को अपने साथ पाया—वह दफ़्तर में, कालेज में,

---

* इस लेख के लिखे जाने के समय 'परती परिकथा' प्रकाशित नहीं हुई थी—सं.

रास्ते में, अस्पतालों और फुटपाथों में, रेलों और खेलों में सभी जगह उसके साथ थी। यों जलूस और मेलों में आन्दोलनों या इन्हीं रूपों में साथ उसका कभी-कभार पहले भी हो जाता था लेकिन वह हमें कुछ अजीब-अजीब लगता था—अब वह हमारे स्वभाव में आ गया था। स्टेनो या टेलीफ़ोन ऑपरेटर से ले कर वह गवर्नर और मिनिस्टर, राजदूत तक थी। पुरानी नैतिक मान्यताओं के चंगुल से छूटे हुए नए युवक-युवती चूँकि अपने आपस के नए सम्बन्धों के रूपों को स्वयं नहीं पहचान पाए हैं इसलिए या तो अपनी उसी पुरानी स्थिति में ही घुटते-छटपटाते और छूटने का प्रयत्न करते हैं या नए सफल-असफल प्रयोग करते हैं। अतः सम्बन्धों में प्रायः एक बड़ी विचित्र अव्यवस्था दिखाई देती है। 'नदी के द्वीप' में रेखा भुवन और गौरा की बौद्धिक और शारीरिक मित्रता, नरेश मेहता के 'डूबते-मस्तूल' की रत्ना, यशपाल के 'मनुष्य के रूप' की सोमा, सत्यकाम विद्यालंकार के 'सोमा' की सोमा इत्यादि नई परिस्थितियों में जीनेवाले नए मन के द्वन्द्व को ही सामने नहीं रखतीं, अधिक व्यापक और विराट् परिप्रेक्ष्य में व्यक्ति-मन की प्रतिक्रियाओं और नारी-पुरुष के बीच नए सन्तुलित सम्बन्ध खोजने की सहानुभूति और स्वानुभूतिपूर्ण व्याकुलता का परिचय भी देती हैं।

[कल्पना, नवम्बर 1957]

उपन्यास के भावी संकट

राजनीति और ज्योतिष में समानता यह है कि दोनों हमारे सामने एक सपना, एक भय रखते हैं। फ़र्क यह है कि ज्योतिष भविष्य और वर्तमान के सम्बन्ध को स्पष्ट नहीं करता, समझने और समझाने से इनकार करता है, इसलिए आस्था का सहारा पकड़ कर रहस्य और चमत्कार परिणामतः अतिमानवीय और मानवेतर शक्तियों, परामनोविज्ञान और ईश्वरीय अन्धविश्वासों के जाल में दिग्भ्रमित और विमूढ़ कर देता है। ज्योतिष अनिवार्यतः व्यक्तिगत हो जाता है। राजनीति सामूहिक सपना है। वह वर्तमान के साथ भविष्य के सम्बन्ध को स्पष्ट करने के लिए अन्य ज्ञान-विज्ञानों और सामाजिक शक्तियों का सहारा लेती है। ज्योतिष वर्तमान से उदासीन है—राजनीति वर्तमान के असन्तोष, कमियों और विकृतियों के सन्दर्भ में ही भविष्य को प्रक्षेपित करती है। ज्योतिष का भविष्य व्यक्ति के 'ऊपर आता' है, राजनीति में हमें अपने 'सपने' तक पहुँचना होता है। यानी राजनैतिक सपना कार्य और कोशिश को जन्म देता है। संसार के सारे विकास के पीछे वर्तमान असन्तुष्ट व्यक्ति या समूह की किसी-न-किसी सपने तक पहुँचने की कोशिश रही है—वर्तमान और भविष्य के सम्बन्ध को समझने की तड़प रही है।

ज्योतिष के लिए वर्तमान ही नहीं, अतीत भी अप्रासंगिक है। ज्यादा-से-ज्यादा वह व्यक्तिगत अतीत की सूचना दे सकता है—चमत्कार और सामान्यीकरण के अन्दाज़ में। राजनीति में तो मुहावरा ही है, 'लोगों की याददाश्त बहुत अस्थायी है' इसलिए वह भी अतीत की बहुत ज्यादा चिन्ता नहीं करती। लेकिन राजनीति, अतीत की मोटी रूपरेखा, यानी इतिहास का इस्तेमाल जरूर करती है। उससे सीखती प्रायः नहीं है। राजनीति हर मानवीय उपलब्धि को अपनी शक्ति के लिए इस्तेमाल की चीज़ बना लेती है। 'तात्कालिक उपयोगिता' ही उसका नारा है, इसलिए सत्य को तोड़ने-मरोड़ने में उसे कोई गुरेज़ नहीं है।

और यहीं आता है साहित्य। साहित्य सपना नहीं देता। जब-जब सपना देता

है तब-तब या तो वह राजनीति द्वारा इस्तेमाल किया जा रहा होता है, या हमें वर्तमान को नकारना सिखा रहा होता है। साहित्य, राजनीति द्वारा इस्तेमाल हो या न हो, या दोनों के आपसी सम्बन्ध क्या हों, यह बहस दूसरी है। मोटे रूप में मैं यह मानकर चलता हूँ कि लेखक में राजनैतिक चेतना और सरोकार अनिवार्य होते हुए भी नित्य बदलती राजनीति, घटना, दुर्घटनाओं के प्रति अपने सम्बन्धों को लेकर अतिरिक्त सतर्क होने की जरूरत है। अपनी प्रकृति में साहित्य सामूहिक या जातीय स्मृति और अनुभव की व्यक्तिगत अभिव्यक्ति है। साहित्य के स्रोत चाहे भविष्य में जाते हों, या अतीत में, वह स्मृति से प्रेरणा लेता हो या सपने से···अपनी मूल प्रकृति में वह वर्तमान है। क्योंकि स्मृति और सपने का मिलन-बिन्दु है व्यक्ति···उसका होना, होने का अहसास। 'होने' को सम्पूर्णता में समझना ही 'बनने' की शुरुआत है। शायद अस्तित्ववादियों ने इसीलिए कहा है कि 'होना' ही 'बनना' है। इस होने के दबावों, अभावों और तनावों में ही बनने की सम्भावनाएँ जन्म लेती हैं। इसीलिए साहित्य अधिकांशतः इस होने, यानी वर्तमान में स्थित मनुष्य को ही अपना केन्द्र बनाता है। मोटे रूप में कह सकते हैं : साहित्य सपना नहीं देता, सपना देख सकने की क्षमता, आकांक्षा और सम्भावना को ज़िन्दा रखता है।

मेरी अपनी धारणा है कि पिछले अनेक दशकों से साहित्य अपनी यह ज़िम्मेदारी सिर्फ कथा-साहित्य के माध्यम से ही निभा रहा है। सामन्तवादी काव्य-संस्कारों से ग्रस्त आचार्यों और उपन्यासों को बच्चों को बिगड़ने या समय नाश करने का तरीका माननेवाले कुंठित आर्य समाजी नैतिकता में डूबे विशेषज्ञों के* बावजूद कहानी-उपन्यास ही साहित्य की केन्द्रीय-विधाएँ रही हैं। हो सकता है अपनी सामाजिक हिस्सेदारी के कारण आगे जाकर नाटक अधिक महत्त्वपूर्ण हो जाए। अनेक देशों और भाषाओं में हैं भी। लेकिन अपने यहाँ यह सामाजिक स्वीकृति सिर्फ उपन्यास कहानी को है। वह और विधाओं की अपेक्षा अधिक सम्पूर्ण अभिव्यक्ति है।

'सामाजिक हिस्सेदारी' और 'सामाजिक स्वीकृति' कुछ लोगों को बहुत चौंकाने वाले शब्द लग सकते हैं, उन्हें विशेषकर जो साहित्य को अनिवार्यतः गैर-सामाजिक या व्यक्तिगत अभिव्यक्ति मानने के आदी हैं और 'संवाद' या 'सम्प्रेषण' जैसे शब्दों को 'अभिव्यक्ति' के साथ बिल्कुल भी नहीं जोड़ना चाहते। यह बहस लम्बी है। उपन्यास प्रकृतितः हिस्सेदारी की क्रिया है, सोशल-एक्शन है। उसमें हम किन्हीं लोगों की कहानी कहते हैं, एक विशेष समय में आपसी सम्बन्धों और व्यक्तित्वों या आन्तरिक संसार को समझना-समझाना चाहते हैं उन्हें बनते-बिगड़ते विकसित होते दिखाते हैं। चुनाव हमारा होता है। चुनाव के कोण और लेखन प्रक्रिया के निहायत व्यक्ति-सापेक्ष होने

---

* 1 फरवरी 1977 के 'टाइम्स ऑफ इंडिया' में सौ साल पहले ठीक इसी दिन इसी आशय पर एक समाचार निकला है।

के बावजूद हमें लोगों की, विशेष समय और सन्दर्भ में रहनेवालों की कहानी कहनी होती है—भले ही हम उनके नाम और रूप का इस्तेमाल करते हुए ही अपनी ही बात कह रहे हों। हमारा 'मैं' भी कागज़ पर आते ही हमसे अलग, या दूसरा पात्र हो जाता है। इसके साथ ही हम यह भी जानते हैं कि लिखे हुए उपन्यास में भी लोग अपने आपको तलाश करेंगे…किसी-न-किसी स्थिति या व्यक्ति या विचार से एकात्म महसूस करेंगे…और कुछ नहीं, तो शब्दहीन संवेदन उन्हें अपना जैसा लगेगा। साधारणीकरण की तकनीकी उलझनों में न भी पड़ें तो यह 'अपना-जैसा' लगना ही किसी दूसरे या दूसरों के साथ समान स्थिति और नियति का सूचक होने लगता है। शायद गॉडमैन ने कहा था, "उपन्यास के रूप में हम समाज को व्यक्तिगत स्तर पर अनुभव करते हैं" (नावेल इज़ द प्राइवेट एक्सपीरियेंस आफ़ सोसाइटी)। यही कारण हो सकता है कि समाजशास्त्री बार-बार उपन्यास की ओर आकृष्ट हुए हैं।

लेकिन हिन्दी-उपन्यास के सन्दर्भ में समाज के स्वरूप को समझना होगा। वह कौन-सा समाज है जिसे उपन्यासकार ने बार-बार फ़ोकस किया है, प्रेरणा और लक्ष्य के रूप में जो उसका केन्द्र रहा है यानी हिन्दी-उपन्यास मुख्य-रूप से किस समाज की उपज है, किस समाज के लिए लिखा जाता रहा है…या किस समाज के चरित्र उसमें अक्सर आते रहे हैं। साधारणतः उसी समाज के साथ उसकी स्थिति और नियति दोनों जुड़ी हैं।

हिन्दी ही क्यों, उपन्यास-मात्र का जन्म मध्यवर्ग और उसकी चेतना के उदय के साथ माना जाता है। मध्यवर्ग की सामाजिक और राजनैतिक चेतना को ही मोटे रूप में पुनर्जागरण का काल भी कहा जाता रहा है। सीधे अपने वर्ग पर आने से पहले उपन्यास राजा-रानियों के गौरव और पराभव की कहानियाँ सुनाता दिखाई देता है। हो सकता है, उस समय के अवचेतन में रहा हो कि ये ही राजा-सामन्त सारी स्थिति को ठीक-ठाक करके देश-समाज का उद्धार कर देंगे लेकिन शताब्दी के अन्त तक हम इस वर्ग को औपन्यासिक रूप में विघटित और हास्यास्पद होते हुए पाते हैं—यानी 'फ़सानाए-आज़ाद' तक। 'डॉन क्विक्जोट' और 'आजाद-कथा' दोनों अपने समय की इसी सच्चाई को कहते हैं। सन् 53-54 में उपन्यासों पर लिखे अपने एक लेख में मैंने 'चन्द्रकान्ता सन्तति' के सन्दर्भ में लिखा था कि राजा-रानियों के आपसी पैंतरों, तिलस्म और ऐयारी के जटिल जंजालों और दाँव-पेंचों के बीच जो चरित्र इस शृंखला में सबसे शक्तिशाली होकर उभरा है, वह है भूतनाथ यानी एक मध्यवर्गीय व्यक्ति। यही नहीं, आगे जाकर तो यह भूतनाथ अपने ऊपर उपन्यासों का एक सिलसिला ही लिखवाता है। इन उपन्यासों के अन्तिम खंडों में तो राजा-रानी ग़ायब ही हो गए हैं और भूतनाथ दूसरे रूप में 'सफेद शैतान' या 'रक्त-मण्डल' बनकर सीधे अंग्रेजी शासन से लोहा लेता है। 'चन्द्रकान्ता' के अन्तिम हिस्सों या 'आश्चर्य-वृत्तान्त' जैसे उपन्यासों में अगर पश्चिम से आनेवाले नए-नए आविष्कारों

को प्राचीन भारत में ही खोज निकालने और अपनी गरिमा पुनःस्थापित करने की मनोवृत्ति है तो इन उपन्यासों में आज भी बराबर की टक्कर लेने की अवचेतन आकांक्षा है। हिन्दी में उपन्यास और भारतीय समाज में मध्यवर्ग, या अपना पुनर्मूल्यांकन करती मध्यवर्गीय चेतना का साथ-साथ उदय, मात्र संयोग नहीं माना जा सकता। यह भी अचानक नहीं है कि भारतीय साहित्य में उपन्यास पुनर्जागरण से जुड़ा है, वह अतीत-गरिमा, प्राचीन मूल्यों की महानता, सामाजिक कुरीतियों या गौरवपूर्ण इतिहास के बहाने विदेशी शासन और आक्रमण के प्रतिरोध को ही अपना कथ्य बना कर चला है। लगभग सौ-सवा सौ वर्ष पहले के प्रारम्भिक हिन्दी-उपन्यास या तो शास्त्रों-स्मृतियों के अनुसार नैतिक मूल्यों के विघटित होने या उनसे तत्कालीन समाज के सम्बन्ध गड़बड़ा जाने की कहानियाँ कहते हैं या निहायत घरेलू, पारिवारिक झगड़ों की...."सौ अजान एक सुजान", 'नूतन ब्रह्मचारी' से लेकर 'घराऊ घटना' तक उनका प्रमुख सरोकार मध्यवर्ग की स्थिति ही है। और तब से आज तक कभी नीचे और कभी ऊपर के झुकावों के बावजूद उपन्यास मध्यवर्ग की ही गाथा प्रमुख रूप से कहता रहा है। प्रायः अभी तक के सभी लेखक, उनके पात्र और पाठक—यानी उपन्यास की तीन कड़ियाँ मूलतः मध्यवर्गीय ही रही हैं। निम्न या दलित और सर्वहारा वर्ग तो अपनी ज़िन्दगी जीने, ऊपरी वर्गों के दबावों और अस्तित्व के संघर्षों में ही इतना उलझा रहा है कि न तो उसके पास शिक्षा है, न लिखने-पढ़ने का मानसिक अवकाश और सुविधाएँ। अभी तक तो उन लोगों की कहानियाँ भी मार्क्स-गाँधी-प्रेरित मध्यवर्गीय चेतना से ही आती रही हैं—इसलिए उनमें भावुक किस्म की दया, सहानुभूति या सारे महान् मानवीय गुणों का इकहरा प्रक्षेपण ही अधिक है। सामाजिक-आर्थिक दबावों, मशीनीकरण की प्रक्रिया और अपने तथा ऊपरवालों के प्रति घुटते-फूटते विक्षोभ ने उनके मनोविज्ञान में कहाँ-कितनी पेचीदगियाँ पैदा कर दी हैं—इसका चित्रण तो वह वर्ग खुद ही आगे जा कर करेगा। अभी तो उनके सपाट शोषण, यातनाओं और इस सबके प्रति आक्रोश-विद्रोह की कहानियाँ, मध्यवर्गीय संस्कारों से ही छनकर आ रही हैं—और ये सब उसी तरह की सपाटबयानी या सीधी-सीधी क्रिया-प्रतिक्रियाओं की कहानियाँ हैं जैसी स्त्रियों के लेखन-क्षेत्र में आने से पहले हम लोग उनके बारे में करते रहे थे।

मध्यवर्ग उत्पादक नहीं, उपभोक्ता वर्ग है। इसलिए उसकी प्रमुख समस्या 'अस्तित्व' की नहीं, 'व्यक्तित्व' की है। वह ग़रीबी से अधिक अभावों का मारा हुआ है। उसकी नियति या तो नीचे से निर्धारित होती है या ऊपर से। भारतीय सामाजिक ढाँचे को देखते हुए उसके अधिकांश सपने ऊपर से आते हैं, इसलिए नीचे से घृणा और ऊपर से हसरत-भरी निगाहों से देखना उसका स्वभाव हो गया है। उसके प्रमुख सरोकार ऊपर-नीचे से अपने सम्बन्धों को समझने के साथ अपने-आप, अपने मूल्यों, सम्बन्धों, स्थिति और बनावट को समझना, उसकी संगतियों को खोजना रहे हैं। यहाँ

भाग-दौड़, आपा-धापी तो बहुत है, एक्शन नहीं है। जब भी कोई एक्शन या घटना होती है तो सारी यथास्थिति या सम्बन्ध गड़बड़ा जाते हैं और वह दुर्घटना या कांड के रूप में जानी जाती है। इस तरह की दो स्थितियों के बीच ऊबता या प्रतीक्षा करता यह वर्ग या तो झूठी, उधार की सनसनियों में अपने को उलझाए रहता है या अपने ही सम्बन्धों-सन्दर्भों की उधेड़-बुन में लगा रहता है। इसलिए शब्दों का इस्तेमाल भी सबसे अधिक यही वर्ग करता है।

दो युद्धों के बीच का उपन्यास मेरी बात अधिक स्पष्ट कर सकेगा। स्वतंत्रता के बाद वाले समय के मुकाबले वह अधिक स्थिरता का काल है। इसी काल में मध्यवर्गीय चेतना और भूमिका अधिक स्पष्ट होती है। स्वतन्त्रता संघर्ष अपने अनेक आयामों में, इस काल की औपन्यासिक थीम है। लड़ाई देशी-विदेशी की ही नहीं, पुराने और नए की भी है, घर और बाहर की भी है, संस्कारों और आधुनिक दृष्टि या दबावों की भी है, भारतीय और पाश्चात्य जीवन दर्शनों की भी है—परिवार और व्यक्ति की है, मशीन और हाथ की है। रहन-सहन से लेकर सोच और सेक्स तक लड़ाई जारी है। नया या आधुनिक अनिवार्यतः विदेशी शासन, दमन-शोषण से जुड़ गया है—इसलिए उसे लेकर शंकाएँ, द्वन्द्व, वर्जना, घृणा सभी-कुछ हैं। बदली परिस्थिति में पुराना चलता नहीं है और नए को बेहिचक स्वीकार करने को मन नहीं मानता। हर नए के साथ अपने खो जाने, अपनी पहचान गुम जाने, लुट जाने, भटक जाने की प्रवृत्तियाँ हैं : लौट-लौटकर पुराने को तोलना, जाँच-परख करना, अपने को विश्वास दिलाना कि थोड़ी फेर-बदल के बाद इसी से आगे काम चल सकेगा। हमारे पुरखे महान् और त्रिकालदर्शी थे, इस अहंकार की खुमारी से जान छुड़ाने को भारतीय मानस किसी भी तरह तैयार नहीं था। लेकिन साथ ही दूसरी प्रवृत्ति भी सक्रिय थी : नए के प्रति स्थिति और आवश्यकता का दबाव, नए का आकर्षण, शासकों के साथ उसके जुड़े होने की आशंका कुछ दूर तक झिझकते हुए आगे जाना या फिर स्नायविक उत्तेजना में उस पर झपटकर अपने को घायल कर लेना। गाँव के बाहर सुबह-सुबह किसी अजूबा मशीन को देखकर क्रिया-प्रतिक्रियाओं का जो नाटक होता है उनकी कल्पना से मेरी बात अधिक स्पष्ट हो सकेगी।

पुराने की गरिमामय मौत या पराजय और नए का वर्जनीय के प्रति आशंकापूर्ण अदम्य आकर्षण—नए में आकर खोते, भटकते, हारते-टूटते या लौटते हुए नवयुवक—यही दो थीम उस समय हमें हिन्दी उपन्यास में दिखाई देती है। चाहे वह 'रंगभूमि' और 'गोदान' हों या 'सुनीता' और 'चित्रलेखा'। सभी के सामने उस समय की समस्याएँ हैं और उपन्यास प्रायः समस्या-प्रधान है। पुराने, स्थिर, सुरक्षित लेकिन अव्यावहारिक और अस्वीकार्य के सामने हर नई स्थिति, हर नया विकल्प अक्सर प्रश्न, चुनौती और समस्या बनकर ही आता है। लेकिन इस नए की आवश्यकता, चुनौती, प्रश्नों और समस्याओं से जूझने के लिए अपने-अपने सुरक्षित स्थलों से बाहर

निकलनेवाले नायक बहुत जल्दी ही पाते हैं कि या तो वे अकेले पड़ गए हैं, भटक गए हैं या हारकर बैठ गए हैं। मृत्यु, पराजय, पलायन, आत्महत्या, फाँसी—दूसरे महायुद्ध के कुछ पहले और सन् '50 तक हिन्दी उपन्यासों के अन्त यही हैं। वस्तुतः ये उपन्यासों के अन्त नहीं, उत्तर-भारतीय मानस के अवरोध-बिन्दु हैं। "हम कहाँ आ गए हैं ?" के स्वर में जैसे वे कभी शेखर की तरह टेढ़े-मेढ़े रास्ते पर सिर धुनते हैं, कभी इलाचन्द्र जोशी की तरह निर्वासित और संन्यासी होने का अभिशाप भुगतते हैं। पुराने को छोड़ देने से अधिक, यह कहीं न पहुँच पाने का दंश है। इस स्थिति को सार्थक रूप में नाम देता है जैनेन्द्र का 'त्यागपत्र' रेज़िग्नेशन—एक प्रयासहीन डूबने की नियति में आत्मतोष, गरिमा की अनुभूति।

शायद यही कारण रहा होगा कि इसके बाद का औपन्यासिक नायक, अपराध-बोध, प्रायश्चित्त या असफलता की अनुभूति अवचेतन में छिपाए मुँह चुराता घूमता है—कर्मक्षेत्र से एकदम असम्पृक्त कश्मीर और नैनीताल की पहाड़ियों में नारी के माध्यम से अपने को 'देवशिशु' होने का विश्वास दिलाता दीखता है, या किन्हीं अनजाने, अपरिचित लोक में बर्फ़ानी मौत से जूझ रहा है। रचनात्मक क्षमता के समाप्त हो जाने की आशंका और अनुभूति का मारा हेमिंग्वे के नायक का किलिमंजारो-शिखर पर बर्फ़ में मरना इस सन्दर्भ में बहुत सांकेतिक लगता है। अज्ञेय के नायकों के पर्स्पेक्टिव का क्रमशः क्षीण पड़ते जाना अकारण नहीं है।

विकास-यात्रा यशपाल के नायकों की भी यही रही है, लेकिन उत्पादक-वर्ग के साथ जुड़ने या सहयात्री होने का मार्क्सवादी दर्शन न तो उन्हें 'नदी के द्वीप' होने देता है, न 'जहाज के पंछी' की तरह भटका कर लौटाता है, न 'सवहिं नचावत राम गुसाईं' की अन्तिम स्थिति को प्राप्त होता है। पलायन, देशद्रोही खन्ना भी करता है, मगर कर्मक्षेत्र में फिर से लौटने के लिए, युद्ध जारी रखने की इच्छा से। हाँ, 'सिंहावलोकन' जैसी रचनाएँ साबित तो यही करती हैं कि उस समय की सेन्सिबिलिटी प्रायः एक ही है : एक यात्रा समाप्त हो गई। राजनीति में भी सबसे अधिक आत्मकथाएँ इसी दशक में आई हैं।

पहले महायुद्ध के बाद से सन् 50-55 तक हिन्दी उपन्यास में आनेवाले नारी-चरित्र भी मुझे कम दिलचस्प नहीं लगते। प्रेमचन्द की नारी परम्परागत सम्बन्धों को निभाती, संस्कारग्रस्त आदर्श नारी है और भरे-पूरे संयुक्त परिवार में एक अच्छी, समझदार, कर्तव्यनिष्ठ बहू-बेटी होने का प्रभाव छोड़ती है। लेकिन तत्कालीन युवक को अपनी जैसी मुक्त—लिबरेटेड—नारी चाहिए जो सिर्फ 'वेश्या' में दिखाई देती है। वह अधिक मानवीय, प्रबुद्ध लगती है, घरेलू नारी तो सिर्फ घर-बाहर, विवाह और प्रेम, त्याग-समर्पण-बलिदान की ही समस्याओं से जूझ रही है। इसलिए उस समय ज्यादा आधारभूत और मूल समस्याएँ वेश्याओं के माध्यम से ही उभारी गई हैं चाहे वह 'चित्रलेखा' हो या चन्द्रा-राजलक्ष्मी। शरत्चन्द्र के तीन मूल पात्र, घरेलू नारी,

वेश्या और संवेदनशील क्रान्तिकारी किस्म का युवक उस सारे सम्बन्ध-क्रम को समझने की कुंजी है। लेकिन नारी को संवेदना और समझ देना और उसमें रिलीफ़ (शरण और मुक्ति) देखना एक बात है और सामाजिक धरातल पर पुनःप्रतिष्ठा देना दूसरी। इसे क्रान्ति या आन्दोलन में भी साथ लिया जा सकता है, और वह समाज और सत्ता दोनों के कानूनों की अवज्ञा के फलस्वरूप एक ही नियति में भागीदार होने की निकटता और सह अनुभूति भी दे सकती है। क्योंकि अपनी-अपनी जगह दोनों ही 'आउट-लॉ' हैं, बाग़ी हैं। इसी प्रक्रिया में इस सत्य का साक्षात्कार होना भी स्वाभाविक है कि वेश्या वस्तुतः लिबरेटेड और मुक्त नहीं, रिजेक्टेड यानी तिरस्कृत और अस्वीकृत नारी है। नारी को सचमुच ही उसके अपने परिवेश में मुक्त करना होगा, सिर्फ बन्द कमरे में 'मक्खीरानी' या जंगल के एकान्त में 'ओ तू' या इलाचन्द्र जोशी के निर्वासित-संन्यासियों की तरह किसी अपरिचित जगह ले जा कर 'आद्याशक्ति' कहने से काम नहीं चलेगा। क्योंकि यह सारी महिमामयी शब्दावली मूलतः दमित-काम की उच्छ्वसित अभिव्यक्तियाँ हैं। इसलिए ये सारी नारियाँ बाहर से फूँकी गई इस उत्तेजना में अधिक समय तक खड़ी नहीं रह पातीं, शीघ्र ही लस्त होकर टूट बिखर जाती है और पति-पत्नी-प्रेमी का त्रिकोण छिन्न हो जाता है। जैनेन्द्रजी के पास इन नारियों की लम्बी सूची है। अज्ञेय ने अपनी शक्तियों को जाँचने-परखने के लिए नारी को निकष या कसौटी की तरह इस्तेमाल करने की बात कही है। वे सैडिस्ट की तरह उसे जाग्रत करके अपनी ही आग में जलने के लिए छोड़ देते हैं। इलाचन्द्र जोशी की नायिकाएँ मुझे हमेशा बंगाल की महादुर्गा की विराट् मूर्ति की याद दिलाती हैं जिसके चरणों में भक्त झुके हैं, मगर जिसे अगले ही दिन जल में विसर्जित कर देना है।

शायद रायकृष्णदास या किसी और की थी, मैंने कभी एक कहानी पढ़ी थी : एक मूर्तिकार सारा समय लगाकर एक भव्य नारी मूर्ति बनाता है और अन्त में पाता है कि जो कुछ उसने बनाया है वह केवल एक मूर्ति है। न वह असल जैसी है, न जीवन्त। झल्लाकर वह हथौड़ी से उसे चूर-चूर कर देता है। बलवन्त सिंह के उपन्यास 'रात, चोर और चाँद' का डाकू नायक भी अपनी प्रेमिका के साथ बलात्कार करके उसे 'मार' देता है। वस्तुतः उस काल का नायक नारी को रूढ़ि, संस्कार, प्राचीनता और अवरोध का प्रतीक मानकर अपने-आपको और उसे मुक्त करना चाहता है, बिना उसकी सीमाओं, वास्तविक बनावट और आवश्यकता को समझे उसे साथ घसीट लाता है और फिर पाता है कि यह तो वह नारी नहीं जिसे उसने अपने आदर्शों और सपनों में बसाया था। इस सिलसिले में मन्नू ने एक अच्छी बात कही थी : अभी कुछ समय पहले तक स्टेज पर औरतें नहीं आती थीं—पुरुष ही उनकी भूमिका करते थे। नकली तो वे हमेशा ही लगते थे, लेकिन ठीक औरतों की तरह व्यवहार करने के प्रयास में वे या तो वल्गर-फूहड़ हो जाते थे या अतिशयोक्तिपूर्ण···पहली

नारी जो स्टेज पर आई वह वेश्या थी। उसका हर व्यवहार पुरुषों की प्रत्यक्ष-अप्रत्यक्ष ज़रूरत के हिसाब से निर्धारित होता था। वह अपने रोल की आन्तरिक अपेक्षाएँ भूलकर या तो पुरुष को छकाने-चिढ़ाने लगती थी या रिझाने-उकसाने। वस्तुतः उस समाज के कथाकार ने नारी को जाना ही नहीं था, या तो पारिवारिक रिश्ते जाने थे या सोते नहाते-खाना बनाते हुए सिर्फ संधों और झिरियों से उसे देखा था—दूर से उसका दबा-ढँका चेहरा और शारीरिक रूपरेखा देख ली हो, वह दूसरी बात है। उसके लिए कमर से ऊपरवाली और कमर से नीचेवाली दो अलग औरतें थीं और एक के प्रति वह भिखारी था तो दूसरी के प्रति बलात्कारी।

पुरुष-कथाकारों की तरह अपनी स्थिति और नियति के प्रति सामाजिक-मानसिक रूप में प्रबुद्ध इधर की कथा लेखिकाओं के आने से पहले हिन्दी-कथा-साहित्य प्रायः हवाई, पियदर्शिनी और प्रदर्शनीय नारियों से भरा रहा है। यह भी कहा जा सकता है कि सजीव व्यक्तित्ववाले नारी-पुरुष सम्बन्धों के वास्तविक तनाव-लगाव और उन्हें निर्धारित करनेवाले दबाव पहली बार सामने आ रहे हैं, इस दिशा में कृष्णा सोबती, उषा प्रियंवदा, मन्नू, ममता, मृदुला, निरूपमा, मालती जोशी के नाम लिए जा सकते हैं। मैं विशेष रूप से 'मित्रो मरजानी', 'आपका बंटी', 'बेघर', 'उसके हिस्से की धूप' और ज्योत्स्ना मिलन के 'अपने साथ' का जिक्र करना चाहूँगा। हालाँकि सचमुच ही किसी प्रथम श्रेणी की रचना की अभी भी प्रतीक्षा है। लगता है, अभी अपनी स्थिति, पुरानी यातनाओं और बन्धनों के लिए ज़िम्मेदार पुरुष के प्रति कड़वाहट से मुक्त होने में शायद नारी-कथाकारों को समय लगे। चाहे मित्रों का पुरुष को मुँह चिढ़ाना हो या कौमार्य-कुंठा के लिए ममता की तल्ख़ी, अपनी और बंटी की जिन्दगी खराब कर देनेवाले पति को कठघरे में खड़ा कर देना हो या 'सूरजमुखी अँधेरे के' में रत्ती द्वारा पुरुष के माध्यम से अपने 'रोग' से मुक्त होने के लिए दिवाकर का उपयोग—या 'उसके हिस्से की धूप' में मनीषा का हर पुरुष-सम्बन्ध या भावनात्मक निर्भरता की अस्वीकृति—लेखिकाओं को नारी के आज के व्यक्तित्व के अनुरूप पुरुष-सीमा से अतिक्रमण तो करना ही होगा। विदेश में भी मुझे इस दिशा में सिर्फ सिमॉन द बोउवा के 'मैंडरीन्स' की ही याद आती है। इस समय तो सारा कथा-क्षेत्र प्रायः नारियों के हाथ में है, इसलिए उनसे प्रत्याशाएँ भी सबसे अधिक हैं।

इसके मुकाबले पुरुष-कथाकारों की रचनाएँ निश्चय ही अधिक जटिल थीमों, बृहत्तर गतिशील सूत्रों को पकड़ने की कोशिश करती दिखाई देती हैं। 'मैला आँचल' के वामनदास की मृत्यु और 'राग दरबारी' के लंगड़ की पराजय से लेकर 'जुगलबन्दी' के कुँवर शिवनारायण की आत्महत्या तक यही लगता है जैसे कथाकार बार-बार बीते हुए 'काले जल' पर फ़ातिहा पढ़कर उससे मुक्त होना चाहता है। मगर उसे हर बार वहाँ कुछ-न-कुछ ऐसा महान् और प्रिय, तकलीफ़देह या रूमानी लगता है कि वह घूम-घूम कर उधर ही लौटता है। हालाँकि इस लौटने में अमृतलाल नागर, भगवतीचरण

वर्मा या नरेश मेहता वाला समय नकार नोस्टेल्जिया नहीं है। आज की दृष्टि ज्यादा तटस्थ और कम पृष्ठगामी है। मैं मानता हूँ कि व्यक्ति, पीढ़ी या संस्कृति में बार-बार लौटना, कथाकार की मजबूरी है—फिर भी अगर यह लौटना बीते हुए को 'आधा गाँव' की तरह आज के सन्दर्भ में प्रासंगिक बनाने की खोज के रूप में या 'आग का दरिया' की निरन्तरता में होता तो शायद ज़्यादा सार्थक उपन्यास आते या फिर कम-से-कम उसी सचाई और बेबाकी से यह होता जैसा अभी-अभी जितेन्द्र भाटिया ने 'समय-सीमान्त' में किया है, जहाँ लगता है जैसे लेखक बूँद-बूँद करके सारे बीते हुए को आपके और अपने सिस्टम से निचोड़ रहा है। जैसा कि मैंने कहा, हर कथाकार अपने आस-पास देखने से पहले अपने व्यक्तिगत अनुभवों को निचोड़कर उनसे मुक्त होता है। 'कटा हुआ आसमान' लिख चुकने के बाद ही 'मुरदाघर' लिखा जा सकता था और 'झरोखे' के बाद ही 'तमस' की रचना हो सकती थी। बिना परिप्रेक्ष्य से जुड़े अनुभव का विस्तार असम्भव है, जिसकी छटपटाहट हिन्दी उपन्यास आज शिद्दत करने लगा है। जगदीश चन्द्र के 'धरती धन न अपना', महीपसिंह के 'यह भी नहीं', नरेन्द्र कोहली के 'आतंक', राकेश के 'अँधेरे बन्द कमरे', गिरीश अस्थाना के 'धूप-छाँही रंग' कमलेश्वर के 'काली आँधी' और योगेश गुप्त के 'उनका फ़ैसला' में ये प्रयास देखे जा सकते हैं। इनमें आज की मध्यवर्गीय ज़िन्दगी के फैलाव, कुंठाओं, सम्बन्धों की जटिलताओं और महत्वाकांक्षाओं को गतिशील शहरी परिवेश में पकड़ने की कोशिश की गई है।

परिवेश और वास्तविकता की जटिलताओं और गतिशीलता के बीच ही आदमी को पकड़ने की कोशिश उपन्यास के परम्परागत रूप को भी तोड़ रही है और फिर वही समस्या सामने आने लगी है जो 'मैला आँचल' और 'परती-परिकथा' के समय उठी थी। क्या 'मुरदाघर', 'अलग-अलग वैतरणी' और 'यह भी नहीं' डौकुमेंटरी-फिल्मों की तरह कैमरे के इस्तेमाल से उपन्यास के आन्तरिक गठन को विशृंखलित नहीं कर रहे ? या मीनाक्षी पुरी के दोनों उपन्यासों, 'बैठक की बिल्ली' और 'जाने पहचाने अजनबी' की तरह सिनेरियो-शिल्प का सहारा तो नहीं लेने लगे हैं।

यहीं इस निबन्ध का मूल मुद्दा सामने आता है। साहित्य में हम जिन्हें 'खतरा' कह कर पुकारते हैं, प्रायः वे ही विधा के भावी रूप को तय करने के संकेत भी होते हैं। हमें या तो उनसे बचना होता है या उनका अधिक सार्थक रूप में इस्तेमाल करना होता है। कभी-कभी ये ख़तरे लगनेवाले संकेत किसी विधा के गतिरोध को तोड़कर उसे गतिशीलता और सार्थकता भी देते हैं। अपने बढ़ते हुए शक्तिशाली और व्यापक प्रभाव के कारण सिनेमा और तात्कालिक जीवन से जुड़ सकने की क्षमता के कारण पत्रकारिता…आज के उपन्यास के लिए मुख्य रूप से दो 'खतरे' सामने हैं। इन दोनों में भी आपस में दृश्य या 'विज़ुअल' के मुकाबले मुद्रित या पाठ्य का निरन्तर हथियार डालते जाना एक दूसरी समस्या है। हमें इस सिलसिले में यह नहीं

भूलना चाहिए कि चेतना-प्रवाही शैली का जन्म भी सिनेमा की एक विशेष टेकनीक से प्रेरणा लेकर हुआ था, जिसमें जेम्स-जायस ने 'यूलिसीज़' जैसा क्लासिक लिखा।

हमारे यहाँ उपन्यास के लिए सबसे पहला खतरा है फिल्म या दृश्य-माध्यम। एकाध अपवाद को छोड़कर प्रायः यह विधा अशिक्षित और मूर्ख लोगों के चंगुल में रही है—कम-से-कम हिन्दी में। नकली, बचकानी, बेतुकी और बेहूदी बकवास या सीधे-सीधे चोरी—यही है इनकी पहुँच। साहित्य से इन्हें कोई सरोकार नहीं रहा। लेकिन यह स्थिति बहुत अर्से तक नहीं रह सकती। कला और टैक्नॉलॉजी के अधिकतम विकास का जैसा सम्पूर्ण समन्वय सिनेमा-टेलीविज़न में है, वैसा शायद किसी भी विधा में नहीं है। इसकी व्यापक अपील और सार्वजनिक प्रभाव को तो दूसरी विधा छू नहीं सकती। भाषा, चरित्र, कथा, कथ्य तथा अन्य आन्तरिक अपेक्षाओं में दोनों ही इतने निकट हैं कि देर-सबेर इन्हें एक-दूसरे के पास आना ही है। इसका स्वस्थ प्रभाव यह होगा कि लेखक पाठक को भी विश्वास में लेगा और उसे अपने रचना-चक्र का अपरिहार्य अंग मानेगा यानी यह मिथ टूटेगी कि अल्प या नितान्त अपठनीयता ही साहित्य और कला की एकमात्र कसौटी है। हिन्दी की इसी कुंठा ने जहाँ इन 'श्रेष्ठ साहित्य-कृतियों' को एक हज़ार के संस्करणों से आगे नहीं बढ़ने दिया वहीं विशाल या बहुसंख्यक पाठक वर्ग को गुलशन नन्दा और रानू की कृपा पर छोड़ दिया है। अगर सही सामग्री मिल सके तो इन करोड़ों पाठकों में से आधे से अधिक लोग इन बाज़ारू लेखकों को छूना भी पसन्द न करें। मैं इस बात को कतई मानने को तैयार नहीं हूँ कि पाठक की बात ध्यान में रखते ही लेखन-स्तर घटिया होने के लिए बाध्य या अभिशप्त है। भयानक से भयानक शासकीय और गैर-शासकीय सेंसरों और सीमाओं में भी लेखकों-कलाकारों ने अपनी बात कही है, तरकीबें और तरीके निकाले हैं। पाठक इतना बड़ा सेन्सर या सीमा नहीं है कि उससे दो चार होते हुए लेखक अपनी बात ही न कह सके। हाँ, सिनेमा से खतरा कथा लेखक को एक दूसरा हो सकता है, जिससे अधिकांश बँगला लेखक ग्रस्त हैं। वे पाठक से सीधे संवाद बनाने की बजाय दूसरी विधा के भावकों, यानी दर्शकों को सम्बोधित करने लगते हैं, और उपन्यास नहीं, फिल्मी स्क्रिप्ट लिखने लगते हैं। वे पाठक की स्वीकृति की बजाय उसकी रुचि के हिसाब से लिखने को अपना लक्ष्य बना लेते हैं।

नए निर्देशकों का ध्यान जब से साहित्य की ओर गया है, अधिकांश हिन्दी लेखक उपन्यासों की फिल्मी सम्भावनाओं का भी ध्यान रखने लगे है। लिखे हुए पर फिल्म बनाना और फिल्म के लिए लिखना दो अलग बातें हैं। संसार के सारे अच्छे उपन्यासों पर फिल्में बनी हैं और हेमिंग्वे, फ़ॉकनर से लेकर नॉर्मन मेलर और स्टाइनबैक सभी ने फिल्मों में लिखा है। मगर इससे उनका अपना लेखन निस्संदेह प्रभावित हुआ है। कृश्नचन्दर, राही मासूम रज़ा या कमलेश्वर ने जिन फिल्मी कहानियों

को उपन्यासों के रूप में चलाया है, वह इस खतरे का सबसे बड़ा उदाहरण है। हिन्दी-फिल्मों का स्तर और स्वरूप क्या है, हम सभी जानते हैं। उसे ध्यान में रखकर लिखी गई कहानियों में जो संयोगों, घटनाओं, दुर्घटनाओं या 'यह भी तो सम्भव है' की जैसी युक्ति का इस्तेमाल किया जाता है वह हमें ज़िन्दगी की उन सच्चाइयों और गहराइयों से दूर ले जाता है जिनकी घोषणाएँ हम रोज़ करते हैं। लोभ और लाभ-जीवी व्यवस्था में जीविका को ही आस्था का भी तर्क मान लेना कलाकार के मरने की सूचना है फिल्म में स्थिति और व्यक्तित्व की अपनी आन्तरिक चुनौतियों से बचकर सतही, अतिनाटकीयता और फार्मूलों में खो जाने की अनिवार्यता से शायद फ़िल्मी दुनिया का कोई ही लेखक बचा हो। मुझे तो सिर्फ राजेन्द्र सिंह बेदी का ही ध्यान आता है।

फिल्म या दृश्य माध्यम से मिलनेवाले धुआँधार यश और पैसे का आकर्षण हिन्दी-उपन्यास को क्या रूप देगा, यह आगे देखना है। यही खतरा 'लाखों की संख्या' में बिकनेवाली पाकेट-बुक्स से भी है। पूर्व-निश्चित पृष्ठ-संख्या, लाखों पाठकों के मानसिक स्तर के अनुरूप विषय, घटनाओं का घटाटोप, चरित्रों का चयन, उनके बीच स्वीकार्य और लोकप्रिय हो सकनेवाली टेकनीक, अधिक-से-अधिक माँग में बने रहने के लिए हर निश्चित अवधि पर उपन्यास, फिल्मी-नायकों की तरह अपने नाम का प्रचार-प्रसार—इन सारी शर्तों के बीच अनुभव और कथ्य की बारीकियाँ, विचार और अनुभूति-जगत् के अन्वेषण तथा नए-नए कलात्मक प्रयोग कहाँ अपनी संगति तलाश करेंगे, यह भी अभी से नहीं कहा जा सकता। मैं समझता हूँ कि ये सारे खतरे व्यवसायीकरण और कमर्शलाइज़ेशन के हैं और गम्भीर कथा-लेखन अपनी मूल-प्रकृति में शायद ही इनसे कभी दिग्भ्रमित हुआ हो। जैसा कि मैंने कहा, इसका एक शुभ प्रभाव ज़रूर पड़ेगा कि ऐलिटिस्ट (कुलीन) किस्म के लेखक या तो और अकेले पड़ते जाएँगे या उन्हें फिर से अपने-आपको परखना होगा। यानी ऐसे उपन्यास भी आएँगे जो साहित्यिक श्रेष्ठता और पाठकीय लोकप्रियता को एक सन्तुलन दे सकें। अभी तो इस सूची में 'चित्रलेखा', 'गुनाहों का देवता', 'सारा आकाश' और 'आपका बंटी' जैसे ही गिने-चुने दो-चार नाम हैं।

बिना हल्का, बाज़ारू या चीप होने का आभास दिए पाठकीय लोकप्रियता का एक और पहलू इधर सामने आ रहा है और समय आ गया है कि उस पर भी विचार कर लिया जाए। हमारी दैनिक ज़िन्दगी को प्रभावित, निर्धारित और आन्दोलित करनेवाली न जाने कितनी ऐसी समस्याएँ हैं जिनसे आज का पाठक परिचित होना चाहता है, जिनके बारे में विस्तार से सूचनाएँ और सामग्री चाहता है, अखबारों की तरह निर्वैयक्तिक रिपोर्टों और आँकड़ों में नहीं, मानवीय सन्दर्भों और मनोवैज्ञानिक घात-प्रतिघातों के बीच। एक तरफ तो वह भावुकता, संयोगों और असम्भव घटनाओं के झूठे और बाज़ारू फार्मूलों से अपनी पठन-रुचि को जोड़ना नहीं चाहता, दूसरी

तरफ व्यक्ति मन के स्तरों की भीतरी महीन बाजीगरी या गतिहीन माइक्रोस्कोपिक अध्ययनों से ऊब चुका है। उसके पास इतना धैर्य और अवकाश भी नहीं है। नया, रोचक और ज्ञानवर्धक उसकी भूख है। और इस भूख के जवाब में अमरीका में एक नए उपन्यास का उदय हुआ है। बँगला में शंकर, चाणक्य सेना, निमाई भट्टाचार्य जैसे लोगों ने भी इस क्षेत्र में कुछ प्रयोग किए हैं : वह है पत्रकारिता और खोज को औपन्यासिक फार्मूलों में लपेटकर पेश करनेवाले उपन्यास—बेस्ट सेलर होने की होड़ में एक-से-एक नए क्षेत्रों और विषयों की तलाश—उनके सनसनीखेज होने के पीछे के लुप्त-सूत्रों को अन्य जानकारियों-सूचनाओं और औपन्यासिक कल्पना से व्यवस्थित कर सकना—तेज़ी से घूमते घटना-चक्र के बीच उत्सुकता, भावुकता, सेक्स-हिंसा को बनाए रखते हुए। समकालीन दुनिया में जो कुछ हो रहा है, उसके पीछे के रहस्यों, घटनाओं या कारणों से आज के पाठक को परिचित कराने और उसे आस-पास के सम्पर्क में रखने के आश्वासन के नाम पर। संविधान में संशोधन, डी-गाल की हत्या के प्रयास, वाटरगेट कांड, सी. आई. ए. की खूँखार अन्दरूनी कार्यवाहियाँ, माफ़िया या ऐसे ही गुप्त संगठनों की गतिविधियाँ हों या नोबेल पुरस्कार, बाइबिल में आए नगरों-नामों की खोज या साहित्य में अश्लीलता या फिल्म कम्पनियों, टेलीविज़न-विज्ञापन या पत्र-पत्रिकाओं के संगठनों की भीतरी दुनिया हो—सभी पर जानकारी और सूचनाएँ देनेवाले उपन्यास अमरीका के बाज़ार में भर रहे हैं। हिन्दी उपन्यासकार भी सोचने लगा है कि आदिवासियों से लेकर पहाड़ी आंचलिकता या फिल्म-कम्पनियों की चकाचौंध और इंग्लैंड-अमरीका में बसे भारतीयों की स्थिति के बाद कौन से ऐसे क्षेत्र, विषय या घटनाओं को उपन्यास का केन्द्र बनाया जा सकता है जो हमारी समकालीन ज़िन्दगी के हिस्से हैं और जिनके बारे में सामान्य पाठक जानना चाहता है। लेकिन इस प्रकार के प्रयासों में विकसित और विकासशील देशों में निश्चय ही फर्क है। दोनों की समस्याएँ और अपेक्षाएँ अलग हैं। वहाँ का लेखक, अन्धाधुन्ध पैसा खर्च करके हर जगह जा सकता है, साधन-सुविधाएँ और सूत्र खरीद या प्राप्त कर सकता है। सुनते हैं इर्विंग वैलेस जैसे लेखकों ने बाकायदा अपना रिसर्च-यूनिट बना रखा है जो किसी भी विषय की सम्पूर्ण सूचनाएँ और जानकारियाँ उपलब्ध कराता है। यहाँ इस प्रकार की सुविधाएँ किसी हद तक बड़े पत्र-पत्रिकाओं में काम करनेवाले पत्रकारों को ही सुलभ हो सकती हैं कि वे कहीं भी जाकर कहीं भी ठहर सकें, विशेष लोगों से मिल सकें या जिन्हें अपने पत्रकार के विशेषाधिकारी होने के नाते जानकारियाँ और फाइलें सुलभ हों। पत्र की हैसियत के अनुसार ऐसी अधिकांश सुविधाएँ सम्बद्ध पार्टियाँ या सरकारें ही दे सकती हैं। इसलिए हिन्दी में यदि ऐसे उपन्यास आए तो मुख्यतः पत्रकारों की ही कलम से आएँगे—या किसी संस्थान का कोई व्यक्ति किसी व्यवसाय से या अवकाश प्राप्त करने पर लिखेगा। साधारण लेखक को यह सब सुलभ हो, ऐसी कोई सम्भावना नहीं है। जिन बाज़ारू

लेखकों को लाखों को रायल्टी मिलती है, वे हिन्दी फ़िल्म निर्माताओं की तरह अनपढ़ और मूर्ख हैं—प्रायः अपनी उपलब्धि से चमत्कृत और सन्तुष्ट। न उनके पास ऐसी कल्पना-शक्ति है न क्षमता। फिर भी उद्योगों, राजनैतिक कार्यपद्धतियों, धार्मिक दुकानदारियों या सामाजिक-राजनैतिक अपराधों या विभिन्न प्रोजेक्टों पर उपन्यास-लेखन के कुछ प्रयास इधर दिखाई देने लगे हैं।

लेकिन जैसा मैंने कहा, बाजार की ज़रूरत, नकल या सिर्फ बाहरी दबाव में लिखना हमेशा रचना को व्यवसायीकृत करता है और लेखक इससे अपने आन्तरिक अनुभव में हिस्सेदारी के लिए की गई अभिव्यक्ति के संघर्ष से कतरा जाता है। ऊपर जिस लेखन की मैंने बात की है उसकी भी वास्तविक कमज़ोरी यही है कि लेखकीय अन्तर्दृष्टि और अन्वेषकीय प्रतिभा या प्रशिक्षण न होने के कारण, इन लेखकों को नई सूचनाओं के अलावा हर चीज में फार्मूलों पर ही निर्भर करना पड़ता है—उनकी खोज विस्तार में होती है, गहराई में नहीं। शायद यही कारण है कि इतने अधिक प्रलोभनों, अर्थ-यश की अनेक सम्भावनाओं के बावजूद हिन्दी के महत्त्वपूर्ण उपन्यासकार इन दिशाओं में जाने की अपेक्षा अनुर्वर होने का लांछन बर्दाश्त कर रहे हैं। इससे मानना तो यही होगा कि उनकी समस्याएँ और उनके अवरोध कहीं और हैं और जब तक वे उन्हें वहीं नहीं सुलझा लेंगे—शायद इसी तरह प्रतीक्षा करते रहेंगे। यह सचाई एक या दो लेखकों की व्यक्तिगत अक्षमता या चुक जाने की नहीं, पूरी उस पीढ़ी की है जो स्वतन्त्रता के तत्काल बाद लेखन में आई थी। कहाँ क्या था जो इन सबमें एक साथ ही गड़बड़ा गया और भगवतीचरण वर्मा—नागर की पीढ़ी ही सक्रिय बनी रही ? यह दूसरी बात है कि उस पुराने वर्ग के सक्रिय लेखकों में से शायद ही किसी का कथा-क्षेत्र या उससे भी अधिक संवेदना सन् '50 से आगे आई हो—या उनके उपन्यासों में आनेवाली दुनिया ने स्वतंत्रता के बाद की मानसिकता को छुआ हो। यशपाल को यहाँ भी मैं अपवाद ही मानूँगा।

बात पुरानी है, मगर नए सिरे से महसूस होती है कि हम लोग अभी शायद वह दृष्टि या दृष्टिकोण विकसित नहीं कर पाए हैं जो व्यक्तिगत अनुभव को बृहत्तर परिप्रेक्ष्य दे सके, हमारे अनुभव को बड़े अनुभवों से जोड़कर उसे ग्राह्य और प्रामाणिक बना सके या उनका अतिक्रमण कर सके। बिना किसी सुनिश्चित दृष्टि के कहानी तो लिखी जा सकती है, शायद 'राग दरबारी' या 'अलग-अलग वैतरणी' की तरह कथा-खंडों को जोड़कर उपन्यास का आभास भी दिया जा सके। मगर एक विशेष समय-सन्दर्भ में अवस्थित आदमी के अस्तित्व या होने को उस गहराई से अन्वेषित और उद्‌घाटित नहीं किया जा सकता कि 'बनने' की सम्भावनाएँ या संकट रेखांकित हो सकें और जो अनुभव की जटिल-संकुलता, प्रामाणिकता के साथ सम्पूर्ण पाठकीय चेतना को झकझोर दे। अपना नितान्त व्यक्तिगत या निजी और स्वानुभूत होना ही प्रामाणिक होना नहीं है—उससे तटस्थ हो कर व्यापक सन्दर्भों में उसे परिभाषित कर

सकना, समय की वैचारिकता के प्रकाश में उसे 'समझ' सकना ही उसकी प्रामाणिकता है। हम देश और काल की उपज हैं, उन्हीं में स्थित हैं। फिर हममें ऐसा क्या निजी और विलक्षण है जो न समझा जा सके, न जिसमें हिस्सेदारी की जा सके ? उसमें निश्चय ही कुछ तत्त्व, हर निजी अनुभव के कुछ पक्ष ऐसे हैं जो औरों तक पहुँच सकें—वे एक विशेष स्थिति और विशेष समय द्वारा ही हम तक या हममें आए भी हैं। इसी सेतु या सूत्र की तलाश को ही अपने अनुभव को बड़े अनुभवों से जोड़ने का नाम दिया जा सकता है।

बिल्कुल भी ज़रूरी नहीं है कि वृहदाकार या बड़े उपन्यासों में ही ऐसा हो। बल्कि बड़े नहीं, छोटे उपन्यासों के माध्यम से ही ऐसा होना उनकी गहनता और संश्लिष्ट नुकीलेपन को अपेक्षाकृत अधिक तीव्र सार्थकता से सम्प्रेषित कर पाता है। इसलिए फिलहाल उपन्यास का भविष्य, क्लासकीय ढंग से पुराने महाभारताकार उपन्यासों से नहीं, छोटे-नुकीले और देखने में इकहरे लगनेवाले उपन्यासों में ही तलाशना होगा।

[मध्य प्रदेश साहित्य परिषद में 1977 में प्रस्तुत और 'आलोचना' अक्तू-दिसं. '78 में प्रकाशित]

उपन्यासों का वर्गीकरण

शेली ने जिस काव्यमयी और रोमांटिक शब्दावली में 'प्रेम' की व्याख्या की है लगभग वही ढंग और चिन्तन-प्रणाली उस समय के प्रायः सभी उन या उनसे प्रेरणा लेने वाले लोगों में, आज भी मिल जाएगी, जिन्होंने कला के विषय में लिखा है। उसे कहते हैं रोमांटिसिज़्म—वहाँ "एकांकी हिन्दी साहित्य के कपोलों पर एक चुम्बन" है। इसके विपरीत आज के पाठक के लिए कला की उत्पत्ति, विकास, प्रयोजन और परिणति के प्रश्न उस तरह के गूढ़ या रहस्यवादी भाषा के स्वप्निल उच्छ्वास बनकर नहीं आते। मनुष्य की रुचि, रसबोध, सामाजिक स्थिति और भावनात्मक द्वन्द्वों से अलग या इनसे निरपेक्ष कला या साहित्य की हम कल्पना भी नहीं कर सकते। मनुष्य मौलिक रूप से या अनिवार्यतः एक सामाजिक प्राणी है, उसकी कला और साहित्य, सामाजिक उत्पत्ति या समाज-सापेक्ष्य होने के लिए बाध्य है, इस मौलिक प्रश्न के हल होने के साथ यह कहने का फैशन अब पुराना पड़ गया है कि "कला किन्हीं दैवी क्षणों में स्फुरित किसी अगोचर, और अलौकिक की अभिव्यक्ति है।" वस्तुतः कला या साहित्य-निर्माण एक सचेत प्रक्रिया है, और यदि हम उसे 'सचेत' कहते हैं तो हम यह भी जानते हैं कि चेतना या चिन्तन की अनुभूति, और उससे भी पहले चिन्तन की भाषा के—क्योंकि बिना भाषा के हम उस अनुभूति के रूप को हृदयंगम ही नहीं कर पाएँगे—पीछे सामाजिक-विकास और दबाव की एक लम्बी कड़ी होती है। भाषा की सबसे छोटी इकाई शब्द, जिन चित्रों या बिम्बों (इमेजों) को देते हैं वह भी व्यक्ति के सामाजिक संस्कारों की लम्बी परम्परा के बिना नहीं प्राप्त हो सकते।

दुनिया के हर साहित्य या संसार की हर कलाकृति के पीछे एक ऐसी चेतना या चिन्तन है जिसकी जड़ें कहीं-न-कहीं उस समाज में गहरी हैं, जिसमें रचयिता भौतिक और परिणामतः मानसिक रूप में जीवित रहता है। यह सामाजिक स्रोत, क्रिया और प्रतिक्रिया दोनों रूपों में हो सकता है। समाज से अलग और दुनियावी माया मोह से मुक्त संत और भक्त कवियों ने जहाँ अपने दर्शन को समझाया है,

वहाँ तो उनका चिन्तन बोलता ही है; किन्तु आत्म-दैन्य और आत्मनिवेदन की विह्वल अनुभूतियों में डूबकर लिखे गए पदों के पीछे भी एक दर्शन या सामाजिक परिस्थिति की क्रिया-प्रतिक्रिया ही है। यह इतिहास और साहित्य के विद्यार्थी के लिए अब अपौरुषेय अभिव्यक्ति की समस्या नहीं है। विद्यापति या सूर और मीरा की पदावली के पीछे क्या कुछ सामाजिक परिस्थितियों का हाथ नहीं है ? यही क्यों मध्यकालीन भक्त और रीति-कवियों की (एकाध प्रान्त की नहीं, सारे देश की) कविताओं में एक-दूसरे की नकल की हद तक लगनेवाली समानता क्या सचमुच आकस्मिक है ? इसकी कोई सामाजिक-व्याख्या नहीं है ? क्या यह सब प्रश्न हमें इस परिणाम पर नहीं पहुँचा देते कि किसी भी कृति को हम उसकी निर्माण-चेतना और उस चेतना को गढ़नेवाले प्रत्यक्ष या अप्रत्यक्ष प्रश्नों और चिन्तन से अलग करके नहीं देख सकते ?–कम से कम उस कृति के बहुआयामी मूल्यांकन के लिए तो यह आवश्यक ही है। तुलसीदास की बौद्धिक जागरूकता ने उन्हें अपनी इस निर्माण चेतना को, जिसे शास्त्रीय भाषा में 'कारयित्री-प्रतिभा' कहते हैं, माँजने, साधने और सँवारने की सामर्थ्य दी, किन्तु कबीर को यह अवसर नहीं मिल पाया, फिर भी क्या दोनों की रचनाएँ दृष्टि-हीन या चेतनाशून्य या और भी आगे जा कर कहें तो चिन्तन-निरपेक्ष्य हैं ? क्या उनके अपने कोई विचार या सैद्धान्तिक धरातल नहीं हैं जिसे उन्होंने लोगों के सामने रखने या समाज तक पहुँचाने की कोशिश की हो ?

हिन्दी कथाकारों में प्रचारक होने का आरोप सबसे अधिक यशपाल पर लगाया जाता है। किन्तु यशपालजी के अपने शब्दों में "प्रचार-शून्यता और विचार-शून्यता वस्तुतः एक ही बात है।" सचमुच यह बात जल्दी गले नहीं उतरती कि रचनाओं में अद्वैतवादी या विशिष्टतावादी दर्शनों का प्रचार करना या भावना-विह्वल वाणी में उस सबके लिए गाना क्यों 'प्रचार' नहीं है, और आज के किसी विशेष दर्शन को अपनी प्रेरणा बनाना या उसकी बातें करना क्यों 'प्रचार' है ? असल में कला किसी प्रचार या विचार का माध्यम बने, अथवा कला किसी प्रचार का विचार का माध्यम होती है, लोग इस बात के विरोधी नहीं हैं, वे विरोधी, एक दर्शन-विशेष के होते हैं और वे ही जब निरीह भोला मुँह बनाकर कहते हैं कि 'अमुक दर्शन से हमारा मतभेद तो कोई नहीं है लेकिन लोग उसका प्रचार क्यों करते हैं, या उसके प्रचारक बन कर अपनी कला को क्यों गिराते हैं ?' तो उनकी सादगी पर मर जाने को जी चाहता है।

कला या किसी साहित्यिक-कृति को गिरानेवाले तत्त्व विचार या उसको सम्प्रेषणीय बनाने की प्रवृत्ति नहीं, उनका निर्वाह है। इसलिए आज के अधिकांश विचारक यही मानते हैं कि किसी भी कृति को जाँचने की कसौटी यह नहीं है कि उसमें शुद्धकला है या प्रचार, बल्कि यह है कि कृतिकार किस बात को कहना चाहता है–और हरेक को अपनी बात कहने की छूट है–उसे दक्ष कौशल के साथ कह पाया

है या भौंडे और नौसिखुआपन से। कारण, यदि किसी विशेष विचार के प्रति हमारा पूर्वाग्रह नहीं है तो हम उसे इस आधार पर ही जाति-बाहर नहीं कर सकते कि उसका प्रचार करने की कोशिश की गई है। विचार को जहाँ तक दूसरों तक पहुँचाने की बात है, संसार का सारा साहित्य ही प्रचारपूर्ण साहित्य है। फिर किसी एक विचार से ही हमारा द्वेष क्यों हो ? विचार के क्षेत्र में तो रंग रक्त के आधार पर जाति-पाँति नहीं बनती क्योंकि कभी कोई भी विचार अपने आप में निरपेक्ष नहीं होता, वह अनेक विचारों का संश्लिष्ट रूप होता है। अतः किसी भी विचार पर 'राजनैतिक' या 'सामाजिक' चिप्पी लगाना गलत है। आज तो सामाजिक, राजनैतिक और आर्थिक एक-दूसरे को अपने अर्थ में ही नहीं समेटते; प्रत्युत 'शुद्ध सांस्कृतिक' विचारों का अर्थ पाना भी बिना उसमें गुँथी राजनीति को समझे असम्भव है, विचारों को ही क्यों लें, आज तो मानव-ज्ञान की हर धारा और दूसरे से इतनी उलझी, एक-दूसरे पर इतनी अधिक निर्भर है कि उसमें से किसी एक को बिल्कुल अलग करके उसे गौण या कम महत्त्वपूर्ण नहीं बताया जा सकता। उदाहरणार्थ, केवल मनोविज्ञान को पढ़नेवाले विद्यार्थी के लिए भी नृतत्त्व-शास्त्र, इतिहास, भौगोलिक परिस्थितियाँ, सामाजिक परिस्थितियाँ, उनको विशेषतया परिचालित करनेवाली आर्थिक परिस्थितियाँ—सभी के सामंजस्यपूर्ण ज्ञान की आवश्यकता होती है।

इतनी लम्बी भूमिका का कारण यह है कि मेरी समझ में इस 'सामाजिक उपन्यास' का अर्थ स्पष्ट नहीं है : किसे सामाजिक कहा जाए और किसे असामाजिक ? उपन्यास को व्यक्तियों के चरित्र और पारस्परिक द्वन्द्वात्मक सम्बन्धों के माध्यम से समाज का चित्र कहा जाता है। वह व्यक्ति के मानस में प्रतिफलित सामाजिक रूपों का भी हो सकता है और बाहरी सामाजिक परिवेश का भी। इस दृष्टि से उपन्यास को केवल 'सामाजिक, मनोवैज्ञानिक' या 'पारिवारिक' कह देना जल्दबाजी लगती है। अभी तक मुझे एक भी ऐसा व्यक्ति नहीं मिला जो यदि "राजनैतिक हो तो पारिवारिक न हो, और पारिवारिक होते हुए भी सामाजिक न हो।" जब से मैंने 'मनोवैज्ञानिक' कहे जानेवाले दो-एक अश्लील उपन्यास पढ़ लिए हैं तब से इस मनोवैज्ञानिक शब्द का अर्थ तो मेरे सामने कुछ-कुछ स्पष्ट हो गया है। लेकिन, उदाहरण के लिए, पारिवारिक और सामाजिक उपन्यास में या सामाजिक और राजनैतिक उपन्यास में कहाँ और कैसे अन्तर है यह अभी तक मेरे लिए समझ पाना कठिन है। समाज का कोई भाग ऐसा नहीं है जिसकी एक ओर की सीमा राजनीति और दूसरी ओर की परिवार न बनाता हो। बेकारी एक सामाजिक समस्या है, लेकिन राजनैतिक रूप में उसका विस्फोट अधिक भयानक होता है। या केवल पारिवारिक रूप में, एकदम ऐसा कह देना समस्या की जटिलता को न समझना होगा। इतना ही क्यों, ऐतिहासिक कहे जानेवाले उपन्यास में क्या तात्कालिक समाज, सामाजिक चित्रण, या सामाजिक समस्याएँ नहीं होतीं ? इतिहास खुद राजनीति और मानव-संस्कृति की सामाजिक

विकास परम्परा का नाम है।

फिर भी तर्क-संगत और वैज्ञानिक न होते हुए भी इस प्रकार का विभाजन आज प्रचलित है और विभिन्न औपन्यासिक-प्रवृत्तियों का बोध कराता है। विशेष रूप से स्वतन्त्रता से पहले यह विभाजन इतना बताने को काफी था कि अमुक पक्ष या अंग को किसी विशेष उपन्यास में प्रमुखता या महत्त्व अधिक मिले हैं। सच पूछा जाए तो इस प्रकार के विभाजन का कारण ही हमारी राजनैतिक या औपनिवेशिक दासता रही है। हिन्दी के प्रारम्भिक उपन्यास तीन ही मोटी धाराओं में तो बँटे हैं : ऐतिहासिक, सामाजिक और राजनैतिक। हम आज गुलाम हो सकते हैं लेकिन हमारा दार्शनिक चिन्तन, ज्ञान-विज्ञान, हमारा जातीय गौरव, हमारा इतिहास किसी से पीछे नहीं रहा। आज जो कुछ भी 'नया' हम देखते हैं वे सब हमारे यहाँ बहुत पहले से थे—यह अहंकार वस्तुस्थिति के बोध और राजनैतिक चेतना की पहली कड़ी है—जो एक ओर तो इतिहास को अतिशयोक्तिपूर्ण गौरव-गाथाओं और अमानवीय चमत्कारों से भरती है और दूसरी ओर उसे हिन्दू महानता की साम्प्रदायिकता से रंग देती है।

उस समय विदेशी शासकों के विरुद्ध स्वतन्त्रता की सक्रिय या सैद्धान्तिक आकांक्षाओं को चित्रित करनेवाला उपन्यास राजनैतिक कहलाता था, अर्थात् हम किसी के गुलाम हैं और उससे मुक्ति चाहते हैं यही उनका कथ्य होता था। दूसरी ओर कुछ ऐसे भी लोग हमारे आस-पास ही थे जो सदियों से हमारे गुलाम थे और हमारे चंगुल से छुटकारा चाहते थे। इन लोगों को भी दो प्रमुख वर्गों में बाँटा जा सकता है—स्त्रीवर्ग और जाति-पाँति यानी वर्ण-व्यवस्था के शिकार अछूत दलित; इस तरह सामाजिक उपन्यासों का अर्थ था—धार्मिक रूढ़ियों और अंध-विश्वासों का विरोध, छुआछूत और जाति-पाँति, परिवार और समाज में स्त्रियों की दुर्दशा, विवाह की कुरीतियाँ और विधवा के अधिकार, वेश्याओं की स्थिति और उपचार। यही सब मोटे रूप में सामाजिक उपन्यास का ढाँचा था। उस काल के जिन उपन्यासों को हम आज 'सामाजिक' कह कर जानते हैं, उनका अर्थ है वे उपन्यास जिनमें सामन्ती रूढ़ियों का मूल्यांकन करके या तो अस्वीकृति है या उनकी पुनःप्रतिष्ठा का प्रयत्न किया गया हो। हमारी सामूहिक चेतना, समाज-सुधार और राजनैतिक आन्दोलनों की जिन दो धाराओं में बँटी हुई थी यह सब ठीक उसी का प्रतिबिम्ब था।

इस अस्वाभाविक विभाजन ने एक ओर तो हमारे सामाजिक उपन्यास की परिधि को अतिसंकीर्ण कर दिया, दूसरी ओर भावुक आदर्शवादी दृष्टिकोण ने व्यक्ति की स्थिति को गहराई में जाकर समझने से रोके रखा। उस काल के उपन्यास में न गहराई है, न विस्तार। अतः यह निःसंकोच कहा जा सकता है कि विदेशों के 'सोशल नॉवेल' के अर्थ तक आते-आते हमारे उपन्यास ने एक बड़ी लम्बी परम्परा पार की है। इसलिए हमें अपने जैसे सामाजिक उपन्यासों की रूप-रेखा वहाँ न मिले,

तो आश्चर्य नहीं करना चाहिए। जैसे हॉवर्ड-फ़ास्ट के उपन्यासों में चित्रित रंग-रक्त की समस्या अमेरिकन समाज में विशुद्ध राजनैतिक मानी जाती है। हमारे यहाँ 'रक्त-शुद्धता' या वर्ण-गत ऊँच-नीच केवल सामाजिक समस्याएँ ही हैं। जेन-आस्टिन, ब्रोण्टे बहनें, हार्डी या डिकैन्स से लेकर मोपासां, फ्लाबेयर, ज़ोला, तुर्गनेव, टॉल्स्टॉय—किसी के भी उपन्यासों को लें, यह 'सामाजिक' शब्द एक अलग ही अर्थ में प्रयुक्त हुआ लगता है। बोकैशियो परम्परा के बालज़ाक जैसे फ्रेंच उपन्यासकारों ने पोप और पादरियों का पर्दा वहाँ जिस स्तर पर फ़ाश किया है, वहाँ वह राजनैतिक हस्तक्षेप है, जैसे हमारे यहाँ की हिन्दू-मुस्लिम समस्या सामाजिक लगते हुए भी राजनैतिक अधिक है। असल में विदेशी सामाजिक उपन्यासों से आशय है युग की नई बदलती परिस्थितियों में आर्थिक-सामाजिक आधार पर उखड़ते-जमते बिगड़ते-बनते लोग। इधर हमारे बुद्धि-जीवियों के सामने यह स्पष्ट ही नहीं है कि समाज का ढाँचा मूलतः आर्थिक होता है और उस आर्थिक ढाँचे को चलानेवाले ही राजनीति बनाते हैं। यही वजह है कि 'आना कैरिना' जैसे विशुद्ध पारिवारिक उपन्यासों की सामाजिकता जब-जब विराट् परिप्रेक्ष्य (पर्स्पेक्टिव) में आती थी, (जैसे टॉल्स्टॉय के दूसरे उपन्यास 'रेज़रेक्शन' में और आगे चलकर 'वार एण्ड पीस' में) तभी वह राजनैतिक होने लगती है बहुत बेमालूम तरीके से। ठीक इसके विपरीत हमारे यहाँ ऊपरी सुधार का आग्रह ही इतना प्रबल रहता था कि मूलगत आर्थिक विषमता को भाग्य या तक़दीर का खेल कह कर नज़रन्दाज़ कर दिया जाता था। पुराने से मोह छूट नहीं पा रहा था, इसलिए कष्टप्रद वर्तमान से छुटकारा पाने की जब-जब कसमसाहट होती थी तो फटे कपड़े में पैबन्द लगाकर नए की तुलना में रखने की ही कोशिश नहीं होती थी, बल्कि उसकी तुलनात्मक श्रेष्ठता भी समझाई जाती थी। अतः जब भी यह मौलिक समस्याएँ ऊपर के सुधारवादी खोल को फाड़कर उन्हें अनुपयुक्त सिद्ध कर देती थीं, तभी उनके राजनैतिक होने का भय सामने आ जाता था।

राजनैतिक, सामाजिक और मनोवैज्ञानिक श्रेणियों में साहित्य या कला का विभाजन कितना ओछा और अवैज्ञानिक है, इसे देखने के लिए हिन्दी के तीसरे और चौथे दशक के उपन्यासों पर नज़र डालिए। सामाजिक ढाँचे को बदलनेवाला या उसमें सुधार चाहनेवाला उपन्यास 'सामाजिक' और दासता से राजनैतिक-मुक्ति चाहनेवाला 'राजनैतिक', इन दोनों के—यद्यपि ये दो नहीं हैं—बीच विवश और असहाय, शिकार व्यक्ति या व्यक्ति-समूहों का चित्रण करनेवाले 'मनोवैज्ञानिक' उपन्यास। 'सेवासदन' और 'निर्मला' की तुलना 'त्यागपत्र' और 'सुनीता' से कीजिए। निर्मला और मृणाल की कहानियाँ चाहे एक-दूसरे से बिल्कुल न मिलें, लेकिन दोनों की सामाजिक स्थिति और अवस्था एक ही है, अर्थात् सामाजिक रूप से दोनों लगभग एक-सी स्थिति और वर्ग की नारियाँ हैं। एक का चित्रण करते समय लेखक हर पंक्ति में सचेत है कि वह नारी की दुर्दशा का चित्रण कर रहा है जिससे उसका उद्धार होना चाहिए, वह

जैसे हर जगह पाठक की सहानुभूति घसीटने के लिए कहता है—देखो वह मर रहा है उसका उद्धार करो, उसे बचाओ इसलिए वह 'सामाजिक' उपन्यास है। दूसरी ओर मृणाल के लेखक में वैसा कोई आग्रह नहीं है। उसका चित्रण, उसकी अन्तर्दृष्टि, उसकी संवेदना-शक्ति अपने पात्र का तटस्थ चित्रण भर कर देने में है। उससे आगे उसकी कोई चाह नहीं है। वह 'है' में विश्वास करता है, 'चाहिए' में नहीं···इसलिए वह हुआ 'मनोवैज्ञानिक'। वस्तुतः यह अन्तर 'है' और 'चाहिए' का नहीं है, क्योंकि विरोध इन दोनों में आपस में नहीं है, विरोध है इन दोनों के स्रष्टा-दृष्टिकोणों में। 'है' और 'चाहिए' देखने की दो शैलियों के नाम हैं, दो विचार-धाराओं के नहीं। लेखक, पाठक के मन में 'चाहिए' की उत्कट आवश्यकता जगाने के लिए अपनी पूरी शक्ति से 'है' का चित्रण कर सकता है, इसलिए वह ऊपरी दृष्टि से 'है' हो कर भी 'है' नहीं होता। दूसरा 'है' होता है वह, जो किसी भी ओर इंगित नहीं करता, वह कमाल का क्लोज़-अप या लांग शाट देकर वहीं समाप्त हो जाता है। इसे हम जैनेन्द्र और इलाचन्द्र जोशी के उपन्यासों में पा सकते हैं। इन दोनों दृष्टिकोणों तक आने के लिए एक बार उन 'सामाजिक-उपन्यासों' को भी देख लिया जाए जो शरत् के 'पारिवारिक' उपन्यासों का प्रभाव लेकर हिन्दी में आए। भगवती चरण वर्मा के 'तीन वर्ष' और भगवती प्रसाद वाजपेयी के 'दो बहनें' जैसे उपन्यासों की गणना की जा सकती है। स्पष्ट ही, इन सबमें 'चाहिए' का इतना आग्रह नहीं है जितना राजनैतिक बेड़ियों में जकड़ी समाज-व्यवस्था के चंगुल में सिसकते व्यक्तियों की कुंठाओं और विवशताओं का भावनात्मक चित्रण, उनके स्खलन को महिमान्वित करने का प्रयत्न या उनके अपने ढंग से जीवित रह सकने की माँग स्वीकृत न होने पर प्रलाप द्वारा पाठक की सहानुभूति प्राप्त करने का प्रयत्न।

इस सारी कमज़ोरी की जड़ में है व्यक्ति और समाज के सम्बन्धों को वैज्ञानिक दृष्टि से देख सकने की प्रतिभा और सामर्थ्य का अभाव। समाज की इकाई क्या है ? समाज-निरपेक्ष व्यक्ति या समाज-सापेक्ष व्यक्ति, अर्थात् सामाजिक-व्यक्ति या असामाजिक-व्यक्ति ? वाक्य की इकाई क्या है, सार्थक शब्द या निरर्थक शब्द ? और 'चाहिए' शब्द का अर्थ, वाक्य की संगति में होता है या वाक्य से अलग भी शब्द का कोई अर्थ है ? भाषा-विज्ञान तो हमें यही बताता है कि संसार का पहला शब्द देखने-सुनने में चाहे जितना छोटा हो, अर्थ की दृष्टि से पूरा वाक्य ही था। अर्थ-हीन शब्द अपने पर्याय चाहे जितने दे दें बनाएँगे वह कोश डिक्शनरी या गोदाम ही, वे वाक्य नहीं बना सकते। किन्तु जिस तरह बिना किसी सन्दर्भ के शब्द की अर्थ-संगति को नहीं समझा जा सकता उसी तरह समाज-निरपेक्ष या सामाजिक व्यक्ति की स्थिति समझना भी कठिन है। ऐसे 'अगम-अगोचर शब्द-ब्रह्म' को तो कोई शून्यज्ञानी या ज्ञान-शून्य ही समझेगा।

प्रारम्भिक स्थिति में यह तो सबके सामने साफ था कि समाज बिगड़ गया

है, लेकिन वह कहाँ बिगड़ गया है या उसका सुधार कहाँ से होना है, यह किसी के सामने साफ नहीं था। उस समाज से समझौता कर पाने में असमर्थ प्रबुद्ध और विद्रोही व्यक्ति ने सारी शक्ति लगाकर अपने को उससे अलग ही कर लिया था, लेकिन इस प्रयत्न में ही उसकी सारी ताकत चुक गई थी—अलग होकर उसे क्या करना है यह भी उसे पता नहीं था। अलग हो जाने के बाद उसने पाया कि वह हवा में नहीं भटक सकता, रहना उसे उसी समाज में है; क्योंकि कोई और जगह नहीं है। अब उसके सामने तीन-चार ही रास्ते थे, समाज को गालियाँ दे-देकर अपना विक्षोभ निकाले, आत्महत्या—जो देवदास की तरह भी हो सकती है—समाज की आँखों में अँगुली डालकर बताए—देखो, हम तुम्हारे कारण मर गए—या फिर सबसे अलग औघड़ साधुओं की तरह अपनी सिद्धियों और उपलब्धियों का दर्शन करता हुआ लोगों से अपनी महत्ता और महत्त्व मनवाए रखे। इस प्रकार अपनी विलक्षण आचरण से कला के क्षेत्र में 'बोहेमियन' लोगों का ध्यान आकर्षित करता हुआ अपने दिन-दिन मुर्झाते 'अहं' को सन्तुष्ट करता रहे। एक शब्द में इस दृष्टिकोण को हम असामाजिक-व्यक्तिवादी दृष्टिकोण और इन रास्तों को पलायन के वैयक्तिक रास्ते कह सकते हैं। वैयक्तिक इसलिए कि ऐसे कथा-नायक अलग-अलग ही अपने अस्तित्व की सार्थकता सिद्ध करने में लग गए। उस प्रक्रिया में इनको यही ध्यान नहीं रहा कि आखिर इन्होंने विद्रोह किसलिए किया था और असन्तुष्ट किससे थे ? विद्रोह इनके लिए आत्यन्तिक और निरपेक्ष मूल्य हो गया। वे लोग शेखर की भाषा में 'विद्रोह विद्रोह के लिए' की बात कहने लगे हैं।

इसका बिल्कुल दूसरा नज़रिया यह था कि विद्रोह और असन्तोष के असली कारण को कभी आँखों से ओझल न होने देकर, निरन्तर उस दिशा में प्रयत्न किए जाना। सच पूछा जाए तो हिन्दी उपन्यास के ये ही दो विभाजन हो सकते हैं : समाज को व्यक्तिवादी दृष्टिकोण और पृष्ठभूमि में देखनेवाली रचनाएँ और व्यक्ति को यथार्थ-सामाजिक या समाजवादी दृष्टिकोण से चित्रित करनेवाली रचनाएँ। इस दूसरी राह पर चलनेवालों के लिए भी ख़तरे कम नहीं हैं, जैसे व्यवस्था परिवर्तन के स्थान पर सुधार का मोह। सही बात तो यह है कि वस्तुस्थिति को परखने का जब कोई सही दृष्टिकोण सामने नहीं होता तब तरह-तरह के ख़तरे सामने आते हैं। जगह-जगह भटक जाने का डर रहता है। हम अगर सच्चे हैं तो देर-सबेर रास्ता मिल ही जाता है, नहीं तो फिर अन्त 'टेढ़े-मेढ़े रास्ते' हैं ही। राल्फ़ फाक्स ने एक बड़ी महत्त्वपूर्ण बात इस सिलसिले में कही है कि, "यह सच है कि बहुत से दार्शनिक उपन्यास लिखने में बुरी तरह असफल हुए हैं, लेकिन यह भी सच है कि आज तक कभी कोई लेखक अपने चरित्रों को सहज-स्वाभाविक बनाने के लिए आवश्यक उस अन्तर्दृष्टि के बिना कोई महत्त्वपूर्ण कृति नहीं दे पाया, जो जीवन के प्रति एक दार्शनिक दृष्टिकोण की ही उपज होती है।"

इस लगन और दृष्टिकोण की आवश्यकता को हम प्रेमचन्द के विकास में देख सकते हैं। उन्होंने आदर्शवादी भावुक विचारधारा या सुधार के आग्रह से लिखना शुरू किया और व्यवस्था परिवर्तन की उत्कट आवश्यकतावाली भूमि तक आए। 'गोदान' में उनकी पकड़ सचमुच इतनी यथार्थवादी है कि न तो हम उसे सामाजिक कठघरे में डाल सकते हैं न राजनैतिक 'खाने' में। यों नाम देनेवाले शायद कहें कि "गोदान की सामाजिकता एक विशेष राजनैतिक दर्शन की उपज है", जबकि गोदान का यह राजनैतिक दृष्टिकोण प्रेमचन्द की सामाजिक अन्तर्दृष्टि का ऐसा संश्लिष्ट और अविच्छिन्न परिणाम है कि कहीं भी उसे अलग निकालकर उसका कोई नाम नहीं दिया जा सकता। जमीन का मालिक किसान किस तरह मज़दूर और सर्वहारा बन रहा है, यह प्रेमचन्द के 'गोदान' की ही भूमि नहीं, इससे पहले 'रंगभूमि' की भी यही ज़मीन है। सूरदास ज़मीन के लिए लड़ता है लेकिन होरी में लड़ने की भी सामर्थ्य नहीं है—सूरदास का मिठुआ और होरी का गोबर अब दोनों सिर्फ मज़दूर हैं।

हिन्दी के सच्चे सामाजिक उपन्यासों की यह परम्परा व्यक्तिवादी उपन्यासों के प्रवाह के बीच काफ़ी दिनों उपेक्षित पड़ी रही और किसी ने उस ओर ध्यान ही नहीं दिया। नागार्जुन के रतिनाथ की चाची, नई पौध, बलचनमा इत्यादि उपन्यासों ने पुनः उन सामाजिक उपन्यासों की कड़ी को आंचलिक रंग भरते हुए आशाजनक दिशा में बढ़ाया है। छुआछूत, ऊँच-नीच, विधवा, वेश्या इनमें भी आए हैं, लेकिन वे जीवन की ऐसी गतिशील धारा के साथ हैं कि इनकी दयनीयता अपने आप ही खुलती जाती है, लेखक को रुक कर इन सबकी पोल खोलने की ज़रूरत नहीं पड़ती। गाँव की पृष्ठभूमि पर सामाजिक उपन्यास का नवीनतम विकास प्रस्तुत करता है फणीश्वरनाथ 'रेणु' का 'मैला-आँचल'। यद्यपि कथा-गठन की दृष्टि से उसमें सूत्रबद्धता की कमी लगती है फिर भी यथार्थ की पकड़, गहरी अन्तर्दृष्टि और सन्तुलित दृष्टिकोण उसे 'महाकाव्य' की गरिमा देने में समर्थ है। सामाजिक उपन्यासों की दिशा में हमारे समाज का मध्यमवर्ग 'रेणु' जैसी किसी प्रतिभा के लिए आज भी सूना पड़ा है।

['सुप्रभात' कलकत्ता, 1959]

उपन्यास में कथावस्तु का विकास

बहुत प्रसिद्ध कहावत है : कि इतिहास में नामों और तिथियों के अलावा सब ग़लत होता है और उपन्यास में नामों और तिथियों के अलावा सब सच। इतिहास मनुष्य के बाहरी क्रियाकलाप और घटनाओं का लेखा-जोखा देता है और उपन्यास उसकी मानसिक विकास-दिशा का इतिवृत्त प्रस्तुत करता है। कहा जाता है कि संसार में यदि किसी एक व्यक्ति पर सबसे अधिक किताबें लिखी गई हैं तो वह नेपोलियन है, और किसी एक घटना पर विभिन्न दृष्टियों से अध्ययन किए गए हैं तो वह फ्रांस की राज्य-क्रान्ति है। विभिन्न इतिहास ग्रन्थ पढ़नेवाले फ्रांस की क्रान्ति बहुत अच्छी तरह जानने का दावा कर सकते हैं लेकिन जिन्होंने डिकेन्स का 'टेल ऑफ टू सिटीज़;' डयूमा का 'फॉल ऑफ बैसटील', ह्यूगो का 'ला-मिजरेबिल' पढ़े हैं उन्होंने सचमुच उस महान् घटना को आँखों से 'देखा' है। अपनी सीमाओं और सामर्थ्य को ध्यान में रखते हुए इस दृष्टि से हिन्दी के उपन्यासकार ने अपनी समाज-चेतना के विभिन्न रूप काफी ईमानदारी से प्रस्तुत किए हैं।

विस्तार, गहराई और शक्ति की दृष्टि से राल्फ फॉक्स ने उपन्यास को आज के युग का महाकाव्य कहा है, वह महाकाव्य की तरह जीवन और जगत् के विविध रूप प्रस्तुत कर सकने में समर्थ है। चूंकि गद्य का विकास मशीन-युग की देन है इसलिए गद्य में लिखे गए इस महाकाव्य को हम मशीन-युग के मनुष्य का चित्र कह सकते हैं। टॉल्स्टॉय का 'वार एण्ड पीस' किसी भी प्रकार 'महाभारत' से कम परिश्रम और प्रतिभा की चीज़ नहीं है, इसे दोनों का तटस्थ पाठक बता सकता है। हाँ, यह बात अवश्य है कि युग के इन विराट् चित्रों के पीछे सदियों की मेहनत और परम्पराएँ होती हैं। भारतीय समाज में मशीन-युग के इतिहास को अभी अच्छी तरह सौ वर्ष भी नहीं हो पाए हैं। इस बीच उसने इतिहास की कितनी अवस्थाओं और स्तरों को बिना रुके, कितने कम समय में पार किया है, इस सन्दर्भ में हिन्दी उपन्यास में आए कथावस्तु के विभिन्न रूपों को देखते हैं तो विशेष असन्तोष नहीं होता।

राजाओं और सामन्तों से शासन की बागडोर छीन कर आनेवाले अंग्रेज मुख्यतः व्यापारी ही थे और अपने साथ जो सभ्यता वे लाए थे उसे प्रेमचन्द ने 'महाजनी-सभ्यता' का नाम दिया है। शासन और स्वतन्त्रता के लिए बड़े और छोटे विरोध हुए, लेकिन आखिर वे जम ही गए। उन्होंने रजवाड़ों और ज़मींदारी को भी कायम रखा। परिणामतः हम लोग दो सभ्यताओं की छाया में विकास पाने लगे, विगत वैभव और जातीय-ऐश्वर्य के ध्वंसावशेष के प्रतीक राजा और नवाब, तथा अपने व्यापार का मार्केट बनाए रखने में सचेष्ट इनसे साँठ-गाँठ किए हुए कम्पनी-बहादुर। कुछ राष्ट्रीय-चेतना और कुछ इस विचित्र गठबन्धन का परिणाम यह हुआ कि नई और पुरानी सभ्यता की टक्करें हुईं। राष्ट्रीय सम्मान कहता था कि अपनी सभ्यता किसी भी प्रकार नई सभ्यता से हेय नहीं है। आज पिछड़ और बिगड़ गए हैं तो क्या है, हम संसार की सबसे महान् जाति के उत्तराधिकारी हैं। उस समय चूँकि इतिहास के अध्ययन का कोई वैज्ञानिक रूप नहीं था इसलिए चाहे वे चित्र, समाज-सुधारकों द्वारा दिए गए हों या उपन्यासकारों के ज़रिए, उन चित्रों में भावुकता-जन्य अतिशयोक्तियाँ ही अधिक हैं। पुरानी सभ्यता हर जगह नई सभ्यता के मशीनी विकास के सामने हारती है, इसलिए यह अतिशयोक्तियाँ, अधिकतर संसार के सारे वैज्ञानिक विकास की जड़ें अपने पुराने धर्म-ग्रन्थों में खोज निकालने के 'पराक्रम' के रूप में आई हैं। 'आश्चर्य-वृत्तान्त' उपन्यास की कथावस्तु में एक व्यक्ति गया के पास कहीं कुएँ में गिर जाता है और भीतर गुफाओं इत्यादि में घूमता हुआ अपने प्राचीन-वैभव के विभिन्न रूपों को देखता है। साथ ही उसे एक अंग्रेज लूफलिर्पा* भी मिल जाता है जो खोजता-खोजता इन गुफाओं में आ गया है। वह भारतीयों की इस विज्ञान-बुद्धि पर चमत्कृत है कि कैसे उन्होंने हज़ारों साल ताजी बनी रहनेवाली रोटियाँ, सुन्दर फव्वारे, महल पुतले बनाए हैं।

हिन्दी उपन्यास के प्रारम्भ में सारे तिलिस्मी और जासूसी उपन्यासों में कुछ बातें ध्यान देने लायक हैं। चाहे 'चन्द्रकान्ता सन्तति' हो या 'भूतनाथ', तिलिस्मी उपन्यासों का कथानक दो तत्त्वों को लेकर बना है : राजा-नवाबों के आपसी वैमनस्य और युद्ध तथा तिलिस्मी और ऐयारी के चमत्कार। 'चन्द्रकान्ता सन्तति' के अन्त में तिलिस्म को वैज्ञानिक सत्य सिद्ध करते हुए बताया गया है कि इसके द्वारा हमारे पूर्वज अपने योग्यतम वारिस के लिए सम्पत्ति सुरक्षित रख जाते थे और उसका एक दरोग़ा नियुक्त कर जाते थे। चूँकि यह नायक हर तरह धीरोदात्त नायक ही होता

---

* हिन्दी उपन्यास के अध्येताओं ने इस मज़ाक की ओर ध्यान नहीं दिया कि यह 'लूफ-लिर्पा' कौन है ? एक जगह तो मैंने किसी विद्वान् को आलोचना में इस उपन्यास को ऐतिहासिक सत्य मानकर 'भारत की महिमा' का यश गाते हुए देखा था। यदि इनमें से कोई भी दिग्गज उपन्यासकार द्वारा दी गई इस अंग्रेज़ी की स्पेलिंग को ध्यान से देखकर उर्दू की तरह उलटा पढ़ लेते तो सारा मज़ाक साफ हो जाता !

था इसलिए इसमें उपन्यासकार के दोनों उद्देश्य सिद्ध हो जाते हैं। एक तो बिगड़ते और आपस में ही लड़-लड़कर मरते हुए राजा-सामन्तों की तुलना में वह एक आदर्श राजा (नायक) प्रतिष्ठित कर देता है; दूसरे, आज के वैज्ञानिक विकास और चमत्कारों के बीच में अपने पूर्वजों के चमत्कारों को रखकर उनकी श्रेष्ठता बता सकता है कि कैसे उनके बनाए हुए कमरे, सीढ़ियाँ, पुतले केवल एक बटन दबाने से ही काम करने लगते हैं। तटस्थ दृष्टि से देखा जाए तो हमें ऋषि दयानन्द की प्राचीन-प्रियता और उस समय की ऊल-जलूल लगनेवाली तिलिस्मी कथावस्तु के पीछे एक ही भारतीय चेतना काम करती लगेगी। हीन-भावना हमेशा कोई न कोई अहं-संवर्धन का काल्पनिक तरीका खोज निकालती है।

उस समय के जासूसी उपन्यासों के कथानकों को देखने से यह बात और आसानी से समझ में आ जाती है। 'रक्तमण्डल', 'लाल पंजा' या 'मृत्यु-किरण' जैसे जासूसी उपन्यासों में आज की वैज्ञानिक प्रतियोगिता में भारतीय वैज्ञानिकों और जासूसों की श्रेष्ठता ही नहीं दिखाई गई बल्कि अन्तर्राष्ट्रीय स्तर पर अंग्रेजों का विरोध करनेवाले दलों को कथानक का पात्र बनाया गया है। यह चेतना उस समय के हिन्दी उपन्यासों के कथानकों में ही नहीं, किसी न किसी रूप में भारत के सभी उपन्यासों में उभर रही थी। बीसियों साल पहले बंकिम ने अपने 'आनन्द मठ' में साधु-संन्यासियों की टोलियों से विद्रोह कराया है। भारत के प्राचीन गौरव के प्रति आस्था और नई हथकड़ियों का विरोध हमें सबसे पहले बंकिम में ही मिलता है। इसी तरह फिसाने-ए-आज़ाद के आज़ाद साहब को देश-विदेश की विजय करना भी उसी प्रवृत्ति का प्रतीक है। नई सभ्यता का आगमन हमारे यहाँ एक विदेशी शासक और शोषक के रूप में हुआ, इसलिए प्राचीनता के प्रति हमारा अस्वाभाविक मोह हमें सही विकास दिशा खोजने में बहुत अधिक भटकाता रहा। अपने पतन के वर्तमान रूप का कारण हमने मुगल-युग को माना और स्वर्ण-युग के रूप में बौद्ध और गुप्त काल को देखा। इसलिए उस समय के अधिकांश भारतीय उपन्यासों की कथा-वस्तु इन्हीं समयों की है। विदेश में इसके विपरीत रहा। उपन्यासों के पिता, बुकेशियो और सर्वेन्टीज़ को माना जाता है और इन दोनों ने ही अपनी रचनाओं में प्राचीनता के प्रति अन्ध-भक्ति का खुलकर विरोध किया है। 'डीकेमरान में' पोप और पादरियों का मज़ाक उड़ाया गया है और डॉन-क्विक्जोट में पुराने सामन्तों के ही किस्सों में डूबे रहनेवाले और उन्हें सच माननेवाले एक शेखचिल्ली का ख़ाका है।

इस काव्यात्मक रूपक, आलंकारिक ताम-झाम और निष्क्रिय सामाजिक मानसिकता की काल्पनिक कहानियों को चीरकर हिन्दी उपन्यास की कथावस्तु को एक सामाजिक आधार देने का श्रेय प्रेमचन्द को है। बदलती सामाजिक अवस्थाओं से त्रस्त और आर्थिक परिस्थितियों से ग्रस्त, मध्यमवर्गीय समाज किस प्रकार अपनी रूढ़ियों और संस्कारों में पिस रहा है, साथ ही बाहर की दुनिया में पाँव जमाने में

उसे कैसी-कैसी कठिनाइयाँ उठानी पड़ रही हैं इस सबको अपने आदर्शवादी आग्रह के साथ रखकर प्रेमचन्द ने अपने प्रारम्भिक उपन्यासों को कथानक दिए। जात-पाँत, ऊँच-नीच, नौकरी-विवाह, विधवा और अछूत, पर्दा और शिक्षा यह सब वह बाधाएँ थीं जिनसे लड़ता हुआ 'व्यक्ति' राष्ट्रीयता और स्वातन्त्र्य, जातीय सम्मान और श्रेष्ठता की समस्याओं में भी सक्रिय भाग लेना चाहता था। पुराने सामन्तवाद और नए साम्राज्यवाद दोनों से संघर्ष करते हुए अपना विकास करने की उत्कट लालसा ने प्रेमचन्द को अपने उपन्यासों की कथावस्तु को कई धाराओं में बाँट डालने को विवश किया। अतः हम देखते हैं कि प्रेमचन्द के उपन्यासों की कथावस्तु प्रमुख रूप से दो भागों में बँटकर चलती है—गाँव और शहर। यद्यपि उनके 'रंगभूमि' उपन्यास में सामन्तवाद और साम्राज्यवाद दोनों की खुल कर टक्कर होती है, लेकिन उन दोनों के संघर्ष के बीच में भारतीय मानस तीन रूपों में बिखर गया है। विनय के रूप में वह आत्महत्या कर लेता है और वीरभद्र के रूप में वह सशस्त्र-क्रान्ति के रास्ते पर चल खड़ा होता है। इन दोनों के ऊपर है सूरदास, जो मुकाबला तो दोनों से करता है लेकिन क्या करे, बेचारा अन्धा है; आगे कोई राह नहीं पाता। यहाँ हम प्रेमचन्द को सुधारवादी और आदर्शवादी दृष्टिकोण छोड़कर सामाजिक यथार्थवादी दृष्टि से अपनी कथावस्तु का चुनाव करते हुए पाते हैं। वे फिर एक बार अन्धे सूरदास को होरी के रूप में रखकर इस नई धरती पर नया प्रयोग करते हैं। हालाँकि सूरदास का बिगड़ा हुआ मिठुआ, गोदान में गोबर के रूप में भी बिगड़ा हुआ और कृतघ्न ही लगता है लेकिन सच पूछा जाए तो जहाँ सूरदास और होरी की आँखें बन्द हो जाती हैं वहाँ वह कथा की नई दृष्टि बन कर आता है और इसे हम आगे नागार्जुन के उपन्यासों में बढ़ता हुआ पाते हैं।

प्रेमचन्द के शहरी कथानकों की प्रमुख कमजोरी यह रही कि उन्होंने तत्कालीन मध्यमवर्गीय महत्त्वाकांक्षी, स्वप्नदर्शी युवक के घर और बाहर के संघर्ष को प्रायः नहीं लिया। ऐसे शिक्षित युवक का प्रेमचन्द के पास कोई उदाहरण नहीं है जो देश-विदेश के साहित्य, इतिहास, विज्ञान सबको पढ़ चुका हो और बाहर राजनैतिक गुलामी में, घर में रूढ़ियों और अन्ध-विश्वासों की घुटन में अपने-आपको 'पराया' ही नहीं मिस-फिट भी पाता है। इसी प्रकार पुरानी औरत के कष्ट और अत्याचारों को प्रेमचन्द ने जिस सहानुभूति और बेहद सच्चाई से दिखाया, लेकिन उन्होंने स्त्री के स्वतन्त्र अस्तित्व को पुरानी नैतिकता और सतीत्व के आदर्श द्वारा ही सकारा और नकारा है। इस विषय में उनकी दृष्टि 'गोदान' तक साफ होती नहीं दिखाई देती। नारी के स्वतन्त्र अस्तित्व की एकमात्र दुश्मन नैतिकता और अनैतिकता की चली आती हुई मान्यताएँ हैं। ऐसी घुटती नारी और ऐसे भटकते युवक का चित्रण हमें प्रेमचन्द में तो नहीं, शरत् और रवीन्द्र में मिलता है। यद्यपि नारी और पुरुष के बारे में इन दोनों महान् उपन्यासकारों की निगाहें भी साफ नहीं हैं, फिर भी उन्होंने नारी की

भावनाओं और पुरुष के विद्रोह दोनों को स्वर दिए हैं। 'गोरा' शायद उस युग के रक्त और जाति-धर्म सम्बन्धी दम्भ पर सबसे कटु व्यंग्य है, लेकिन इस सबके बावजूद रवीन्द्रनाथ 'घर बाहर' की समस्या पर विचार करते हुए मक्खी रानी को घर से बाहर निकालने का साहस नहीं कर सके हैं जो 'चरित्रहीन' और 'शेषप्रश्न' जैसे उपन्यासों में शरत् ने अपनी सीमाओं में किया। इस दृष्टि से अपनी अन्य कमज़ोरियों के बावजूद उनका 'पथ के दावेदार' लगभग एक समान स्तर पर नारी और पुरुष को आपस में समझने का अवसर देता है। शहरी मध्यमवर्गीय चित्रण में यद्यपि शरत् भी प्रेमचन्द की तरह घर से बाहर नहीं निकले हैं, लेकिन उनकी नारियाँ और पुरुष केवल पुरानी परम्पराओं से लड़ते-जूझते और समझौता या सुधार करते हुए लोग ही नहीं हैं। वे उन सबको झकझोर कर नए रास्ते खोजने को व्याकुल, या ज्यादा सही कहें तो रास्ते खोज न पाने से पराजित, अवसाद ग्रस्त और ऐसे हारे हुए लोग हैं जिनकी हार को लेखक ने स्त्रियों की बलि दिलाकर महिमान्वित किया है।

अतः प्रेमचन्द के कथा-विकास के आधे रास्ते पर ही हम हिन्दी उपन्यास की कथावस्तु को स्त्री-पुरुष के नए सम्बन्धों की आस्थाहीन धरती पर मँडराते हुए पाते हैं। शिल्प की दृष्टि से इस स्थिति ने कथा-वस्तु को अधिक गठाव दिया, साथ ही स्थान-काल और क्रिया-कलापों में एक संगति और समन्विति आने लगी। हाँ इस प्रकार नए दृष्टिकोण से घर और बाहर की समस्या को सुलझानेवाले उपन्यासकारों ने न केवल कहानियों की नई भूमियों को खोजने की प्रवृत्ति को रोक दिया, बल्कि कहानी के क्षेत्र को भी बहुत ही सीमित कर दिया। उन्हें केवल तीन पात्रों की ज़रूरत होती थी : नारी, संसार के संघर्षों से हारा हुआ, सहानुभूति और प्रेरणा चाहनेवाला विद्रोही युवक और नारी की परम्परागत बेड़ियों का प्रतीक एक पति। अपने इन कथाकारों की औपन्यासिक-प्रतिभा और ईमानदारी में ज़रा भी शक न करते हुए मैं कह सकता हूँ कि चाहे सीधे-सादे रूप में इसे रख देनेवाले जैनेन्द्र के उपन्यास हों या काश्मीर से कन्याकुमारी तक जानेवाला शेखर हो, या लखनऊ से मॉस्को तक धावा मारनेवाला यशपाल का डाक्टर खन्ना, तीनों की कथा वस्तुएँ मौलिक रूप से वहीं मँडराती है…और तीनों ही अपने-अपने प्रयोगों के अलग नतीजे पाते हैं। अपनी सरल, उलझी और कथात्मक आत्मीयता के बावजूद जैनेन्द्र ने अपने उपन्यासों में इन दोनों की अपेक्षा सबसे कम साहस और सीमित-परिधि का परिचय दिया है। अपने पुराने कथानकों को दुहराते हुए इसलिए वे दार्शनिक कलाबाज़ियों और बुद्धि का विरोध करने को ही अपने लिखने का चरम लक्ष्य मानने लगे हैं। यशपाल में सबसे अधिक वैज्ञानिक चेतना है और वे इन तीनों का कहीं उचित सामंजस्य पाने को सबसे अधिक ईमानदारी से व्याकुल हैं।

अज्ञेयजी ने अपने उपन्यास 'नदी के द्वीप' में नारी और पुरुष के बीच विवाह-संस्था को ही अनावश्यक माना है। मैं भुवन और रेखा के सम्बन्ध का समर्थक

हूँ, लेकिन फिर रेखा क्या करे, इसका कोई जवाब लेखक ने कहाँ दिया है ?

नारी का विद्रोह अभी तक हिन्दी के किसी भी उपन्यास में कोई साहसपूर्ण कदम नहीं उठा पाया है। चाहे अन्ना कैरेनिना हो, या लेडी चैटर्लीज़ लवर की कोनी, या मादाम बोवारी की नायिका की तरह भावनात्मक स्तर पर विद्रोह करनेवाली 'सुखदा' इत्यादि नारियाँ हों या थाया, चित्रलेखा, (शेषप्रश्न की) कमल, या (नदी के द्वीप की) रेखा जैसी बौद्धिक स्तर पर नैतिकता के खिलाफ बोलनेवाली स्त्रियाँ हों, उनके विद्रोह की परिणति या तो आत्महत्याओं में हुई है या आत्महत्या जैसी ही दूसरी स्थितियों में पुनः वापस लौट जाना, या फिर उन्हीं रूढ़ियों के आगे आत्मसमर्पण कर देना। मानो यही विकल्प है। सच पूछा जाए तो अभी तक इन लोगों ने नारी के व्यक्तित्व से खिलवाड़ मात्र किया है। स्वयं अपनी शक्ति पाने को उद्विग्न नारी अभी हिन्दी उपन्यास में नहीं आई है, लेकिन 'डूबते मस्तूल' (नरेश मेहता) और 'मनुष्य के रूप' (यशपाल), जैसी ज़मीनें, उसके लिए तैयार हैं।

पता नहीं मैंने कहाँ सुना या पढ़ा था कि बोर्जुआ संक्रान्ति-काल में जब पुरुष दार्शनिक बन जाता है, तो औरत वेश्या बनने लगती है। असल में हिन्दी उपन्यासों के कथानक समाज के कटे, पराजित, कुंठित और अपनी इन कमजोरियों को दार्शनिक शब्दावली देनेवाले ऐसे व्यक्तिवादी नायकों के आसपास घूमते रहे हैं जो अपने किसी भी सामाजिक उत्तरदायित्व से इन्कार करते हैं। इनके इस घोंघे और जाल को तोड़ने का सबसे अधिक ईमानदार (निश्चित रूप से असफल) प्रयत्न इलाचन्द्र जोशी ने अपने उपन्यासों में किया है और असफल प्रयोग 'अंचल' ने 'चढ़ती धूप' में।

लेकिन नए उपन्यासों की कथावस्तु ने फिर अब इस संकीर्ण और छायावादी वायवीयता से विद्रोह कर दिया है। आनेवाले इन उपन्यासों की कथा के नायक अधिक सच्चे, अधिक सामाजिक उत्तरदायित्व निभानेवाले, अधिक भौतिक और हमारे आस-पास के लोग हैं। व्यक्ति के जीवन का कोई क्षण अपने-आप में पूर्ण निरपेक्ष नहीं होता—वह किसी न किसी सम्बन्ध में ही जीवित रहता है। दूसरे शब्दों में वह किसी न किसी ऐसी चीज़ को लेकर जीता या मनन करता है जिसका भौतिक रूप, आकार या सम्बन्ध हो। यही व्यक्ति की सामाजिक सापेक्षता है। व्यक्ति का अस्तित्व किन्हीं पिछली परम्पराओं का परिणाम और आगे आनेवाले जीवन की चाह होता है। वह तीन तरफ बँधा है; यही कारण है कि यद्यपि हमारे यहाँ 'डूबते मस्तूल' और 'चाँदनी के खंडहर' के रूप में चौबीस घंटे के जीवन को बाँधनेवाले कई कथानक आए, लेकिन वे जेम्स जॉयस के यूलिसिस की तरह, भँवर में घुटने और भटकने वाले नहीं, अधिक सामाजिक चेतना से पूर्ण हैं। दूसरी ओर परम्पराओं और विकास की शक्तियों के परिपार्श्व में, व्यक्ति को रखकर देखने के कई आशा बँधानेवाले प्रयोग हिन्दी उपन्यासों में हुए हैं। इनमें व्यक्ति को अधिक व्यापक धरती पर, अधिक सर्वांगीण और अधिक पूर्णता में देखने का आग्रह है। इनमें आज सबसे अधिक चर्चा

के विषय, नागार्जुन के 'बलचनमा', 'नई पौध', 'रतिनाथ की चाची' तथा फणीश्वरनाथ 'रेणु' के मैला आँचल इत्यादि हैं। और इनके सामने व्यक्तिवादियों के वे सारे कथा-प्रयोग अब फीके पड़ गए हैं जिनमें कथावस्तु या तो न के बराबर रह गई थी या इतनी असम्बद्ध और असंगत थी कि उसका होना न होना बराबर था···वे सिर्फ रूप अर्थात् फॉर्म के करिश्मे दिखलाने में लगे थे। हिन्दी उपन्यास की कथावस्तु ने अब सचमुच जीवित मानव की आत्मा का संस्पर्श पाया है। एक साधारण, संघर्षशील व्यक्ति को केन्द्र बनाकर जो रूढ़-अर्थों में नायक भी नहीं हैं।

['राष्ट्रवाणी' अप्रैल 1956]

गतिरोध और नया उपन्यास

नए कथा-साहित्य पर लिखते हुए चीन के कथाकार लू-सुन का एक उद्धरण बरबस याद आ जाता है–"साहित्य के इतिहास में कभी-कभी ऐसा समय भी आ जाता है जब पुराना साहित्य अवरुद्ध हो कर निर्जीव होने लगता है और नया एक संक्रमण से गुजरने लगता है और उस समय वह दो स्रोतों से नई शक्ति और सामर्थ्य प्राप्त करता है–एक लोक-साहित्य, दूसरा विदेशी साहित्य।"

हमारे जीवन और फलतः साहित्य में 'स्वाधीनता' ने एक मोड़ और अधिक व्यापक शब्दों में संक्रमण-ला उपस्थित किया। जीवन और चिन्तन के पुराने मान छूट गए। पहले प्रबुद्ध भारतीय-जीवन और साहित्य दोनों का उद्देश्य स्वाधीनता पाना, औपनिवेशिक शोषण और अत्याचार से मुक्ति की कामना था। किन्तु विचित्र राजनैतिक परिस्थितियों की नाटकीयता में जो अहिंसात्मक स्वाधीनता मिली, उसकी शक्ल चिर-प्रतीक्षित 'स्वाधीनता' से बिल्कुल नहीं मिलती थी। श्री गोपाल कृष्ण कौल के शब्दों में "राजनैतिक स्वाधीनता आर्थिक स्वाधीनता के द्वार खोलती है और आर्थिक स्वाधीनता सामाजिक और सांस्कृतिक के द्वार खोलती है।" (समाज, फरवरी 55) लेकिन यहाँ ऐसा कुछ नहीं था। कुछ दिन साम्प्रदायिक दंगों और उनकी प्रतिक्रियाओं में भारतीय-मानस विक्षुब्ध और व्यस्त रहा–लेकिन धीरे-धीरे वह बाढ़ भी थमी और वस्तुस्थिति की विभीषिका चेतना को स्तब्ध करने लगी। इस अप्रत्याशित स्तब्धता से चकित प्रायः सभी समर्थ स्वर चुप हो गए। एक आस्था थी, एक स्वप्न था जिसे हम पाले थे और जब वह यों चकनाचूर हो गया तो हर स्वप्न और हर आस्था हमें झूठ और भुलावा लगने लगे–अपनी शक्ति, प्रयत्न और प्राप्ति जैसी हर चीज के प्रति हमारे दिलों में अविश्वास था। और जैसा कि हर भौतिक पराजय के बाद होता है, 'दार्शनिक शब्दावली' और 'सांस्कृतिक प्राचीनता' के लबादे ओढ़-ओढ़ कर सन्त और महन्त बाज़ार में आ खड़े हुए। असफल व्यक्ति या तो चुप हो जाता है और अगर बिल्कुल टूट नहीं चुका है तो इस धक्के से अपने आप से सँभाल-समेट कर

फिर नई शक्ति-दृष्टि सँजोता सँवारता है, या फिर बाहर की चीख पुकार विषमता की तरफ से कानों में उँगली डाल कर अन्तश्चेतना के ऊर्ध्व शिखर से बरसती स्वर्ण-किरणों में रमण करता, मृतात्माओं को शान्ति और अपने आपको सान्त्वना देता है। एक की चुप्पी दिशा टटोलने की चुप्पी होती है, दूसरे की मुखरता, पराजय-स्वीकृति का उद्घोष ।

यों तो समरसैट मॉम के अनुसार कला और साहित्य का कोई भी रूप जीवन को ज्यों का त्यों प्रस्तुत कर सकने में समर्थ नहीं है और उसमें भी उपन्यास सबसे अधिक अधूरा रूप है; लेकिन उस पूर्ण-रूप विधा की अनुपस्थिति में उपन्यास और कहानी को ही जीवन का निकटतम चित्र दे सकने का प्रयास माना जा सकता है। इस मानसिक गत्यावरोध और संक्रमण-कालीन दिग्भ्रान्ति की जितनी सही और सच्ची तस्वीर हमें इस काल के कथा-साहित्य में मिलती है, वह सचमुच ध्यान आकर्षित करने और चौंकानेवाली है। पुराने भावात्मक आदर्शवादी लक्ष्यों के पारस से, जीवन के लोहे को सोना बना देनेवाले बड़े-बड़े 'कला-बाज़' कैसे चौकड़ी भूल गए, इसके लिए मैं पाठकों का ध्यान अप्रैल (55) की 'राष्ट्रभारती' में प्रकाशित लेख—'यथार्थ कहाँ है ? एक पाठिका की शिकायत ?' की ओर आकृष्ट करूँगा। इन सबकी तुलना में कुछ नए कथाकारों की कृतियाँ अधिक युग-धर्म को निबाहती और युग-सत्य को बाँधती दिखाई देती हैं। इस दृष्टि से पिछले साल डेढ़ साल की कुछ मोटी-मोटी प्रवृत्तियों—अपनी सीमाओं के कारण कृतियों का नहीं—का सिंहावलोकन काफी रोचक है : क्योंकि इसी धरती पर पुराने पड़ गए या पिछड़े हुओं की डूबती आवाज़ों और उभरते जीवन के घोष दोनों एक साथ सुनाई देते हैं।

'स्वाधीनता' ने योजनाओं, उद्घाटनों और भाषणों के अलावा चाहे और कुछ न दिया हो, लेकिन उसके द्वारा उत्पन्न विषम परिस्थितियों ने जन-साधारण को एक उत्कट सामाजिक जिज्ञासा और चैतन्य से अवश्य भर दिया। अपनी स्थिति की व्याख्या लोग अखबारों की भाषा या राजनैतिक शब्दावली में करने लगे, और वस्तुस्थिति को सन्तोष के कोण से न देख कर समस्या के दृष्टिकोण से देखने को विवश हो गए। साधारण पाठक के पास कला के प्रति दो ही दृष्टिकोण रह गए या तो वह भूलने के लिए वस्तुस्थिति से पलायन करे या अपने दैनिक जीवन के समस्यात्मक-यथार्थ का हल लेखक के साथ मिल कर सोचे।

कनाट सर्कस, चौरंगी, फोर्ट और माउंट रोड के चिकने फर्शों से लेकर व्हीलर गुलाब सिंह और हिंगनबॉथम् के स्टालों तक में बिछी, नंगी औरतों और पिस्तौलें लिए नक़ाबपोशों की चमकते रंगों की फड़कती तस्वीरोंवाली अश्लील, हत्या, डाकेज़नी से भरी अमरीकन किताबों, पत्रिकाओं और उनकी हिन्दी प्रतिलिपियों की अफ़ीम की तुलना में तो पासंग भी नहीं; मगर अपने पिछले इतिहास-विकास को देखते हुए काफी अधिक परिणाम में इधर कथा-साहित्य का उत्पादन हिन्दी में हुआ और हो

रहा है। पाठकों की बढ़ती जिज्ञासा और रुचि के सुअवसर को जल्दी से जल्दी भोजन 'सप्लाई' करने की व्यापारिक-त्वरा ने एक ओर कच्चे-पक्के औपन्यासिक 'माल' और कहानी-पत्रिकाओं से, और दूसरी ओर विदेशी अनुवादों से बाजार को पाट दिया है।

अनुवादों का एक ऐसा ही भयंकर युग, आधुनिक हिन्दी कथा-साहित्य के शैशव में आया था जब हिन्दी-भाषी, जन सामाजिक रूप से सचेत होता हुआ अपनी राष्ट्रीयता को पहचान रहा था। उस युग की सीमाओं के कारण उस समय के अनुवाद अधिकांश अंग्रेजी और बँगला साहित्य से ही किए गए थे। वे अनुवाद बोलना-पढ़ना सीखने के लिए किए गए थे। आज के अनुवाद समस्या को निरखने-परखने और हल चाहने की आवश्यकता की पूर्ति के लिए हैं—यह बात दोनों कालों की अनुवादित पुस्तकों या विदेशी लेखकों की चर्चाओं से स्पष्ट है। आज गोर्की, चेखव, तुर्गनेव, स्टीफ़ेन ज़्विग, हावर्डफास्ट, रोमन किम और आस्त्रोवस्की नए मानस के अधिक अनुकूल आ रहे हैं, यह भी उधर इनकी विभिन्न स्थानों से प्रकाशित कथा-पुस्तकों से प्रगट है। राजनाथ शर्मा ने गोर्की की कहानियों को दो भागों में, शिवदान सिंह चौहान ने 'पूँजीपति' तथा 'तीन पीढ़ी' और ओंकार शरद ने 'माँ' तथा तीन भागों की उसकी आत्मकथा को रखा है। 'माँ' को तो इस समय पाँच-छः से अधिक प्रकाशकों ने प्रकाशित किया है। तुर्गनेव और चेखव की कहानियों और लघु-उपन्यासों के अनुवाद उपेन्द्रनाथ अश्क, रामकुमार, हंसराज रहबर, प्रकाश पंडित, राजनाथ और राजेन्द्र यादव ने किए हैं। इसी प्रकार अमृतराय, शरद, वीरेन्द्र त्रिपाठी, नरोत्तम नागर इत्यादि द्वारा 'अग्निदीक्षा' (ऑस्त्रोवस्की का हाउ द स्टील वाज़ टैम्पड) अन्नपूर्णा (पर्लबक, गुड अर्थ) क्षरस्थ-धार, मुक्तिपथ (मॉम) मुक्ति की राह (फास्ट, फ्रीडम रोड) इत्यादि के अनुवाद हुए और हो रहे हैं। निश्चित रूप से विश्व के समर्थ साहित्य के सम्पर्क में लाकर हमारी मानसिक स्तब्धता और जड़ता को दूर करने में यह प्रवृत्ति सहायक हो रही है और हिन्दी का लेखक-पाठक दोनों देख, सीख रहे हैं कि जीवन और जीवन की समस्याओं को सही ढंग से प्रस्तुत करने के क्या तरीके हैं।

इधर चूँकि बाज़ार में उपन्यासों की माँग बहुत काफ़ी रही है इसलिए अचानक इतने अधिक उपन्यास और उपन्यासकार उग आए हैं कि सभी का परिचय देना या परीक्षण करना सम्भव नहीं है। आज तो ऐसा लगता है कि जिस तरह हर हिन्दी पढ़ा सकनेवाला आदमी अपने को आलोचक बताता है वैसे ही आज हर लिख सकनेवाला आदमी उपन्यासकार बन गया है। देश और साहित्य को मोड़ देनेवाला प्रायः हर बड़ा युग-प्रवर्तक उपन्यासकार प्रकाशकों की माँग पर कोर्स या 'पुरस्कार' के लिए हर महीने एक उपन्यास लिखने लगा है। जैनेन्द्रजी ने 'सुनीता' के पुराने कथानक को सुखदा, विवर्त और 'व्यतीत' तीनों उपन्यासों में और भी ज्यों का त्यों दुहरा दिया; उनके उपन्यासों की अवास्तविकता और अधिक उलझे ढंग ने न तो उन्हें क्रान्तिकारियों से सम्बन्धित ऐतिहासिकता के साथ न्याय करने दिया और न

वर्तमान के साथ ईमानदारी ही वे निबाह पाए। भगवती प्रसाद वाजपेयी ने 'चलते-चलते', 'पतवार' और 'गुप्त धन' में अपने भावुकतामय आदर्शवाद को पुनः एक बार स्थापित करने की कोशिश की : लौह-लेखनी के धनी आचार्य चतुरसेन शास्त्री, अपने ही अहं और असफलता से पीड़ित सोमनाथ इत्यादि में मुहम्मद गोरी के आक्रमणों का चित्रण सन् '47 के साम्प्रदायिक दंगों के संस्मरणों के रूप में करते रहे। इतिहास उनके लिए आज की परिस्थितियों का आरोपण मात्र रह गया। उनकी मानसिक स्थिति इधर 'समाज' इत्यादि में प्रकाशित कुछ लेखों में बिल्कुल साफ़ उभर कर आ रही है। इलाचन्द्र जोशी ने मुक्तिपथ, सुबह की भूल और 'जिप्सी' में कथा को अत्यन्त ही कलाहीन नीरसता के साथ रखा। साम्प्रदायिक और संकीर्ण हिन्दू-मनोवृत्ति को सन्तुष्ट करने का ठेका गुरुदत्त ने लिया, और इस दिशा में उन्हें काफ़ी लोकप्रियता भी मिली। शैली और शिल्प दोनों ही दृष्टियों से इनके सब उपन्यास—इनकी संख्या लगभग दो दर्जन है—प्रेमचन्द से पहले के उपन्यासों के साथ ही रखे जा सकते हैं। प्राचीन को अत्यधिक महिमान्वित करके देखने और पुनरुत्थानवाद के रोग से पीड़ित इस उपन्यासकार में कलात्मक दरिद्रता का होना स्वाभाविक ही है।

असल में यह लोग वे नहीं हैं जिनकी गति अवरुद्ध हो, क्योंकि इनमें अधिकांश की गतियाँ प्रायः चुक गई हैं—सूख गई हैं, और जब तक पुराने हवाई आदर्शों से यह लोग मुक्ति नहीं पाते तब तक शायद विश्वविद्यालयी पाठ्यक्रम ही इनके शरणस्थल हैं। इस जगह राल्फ़ फॉक्स का एक वाक्य सुना देना शायद असंगत न होगा क्योंकि वह आगे के विवेचन में भी सहायक है—"संसार के प्रति एक सही दृष्टिकोण और जीवन को समझने की शक्ति के अभाव में मानव-चरित्र का पूर्ण और मुक्त चित्रण असम्भव है।" अगर यह लोग अपनी इस स्थिति से ही इन्कार करते हैं तब तो कुछ कहना ही नहीं है और अगर सचमुच यह कुछ इस तरह का अनुभव करते हैं तो इन्हें एक बार फिर अपने-आप को 'रिवाइज़' करना होगा, निरखना-परखना होगा।

दूसरी ओर इधर कुछ ऐसे भी कथाकार हैं जिनमें गति और वेग दोनों हैं लेकिन जिन्हें दिशा नहीं मिल रही और परिणामतः उनकी गति और शक्ति उन्हें स्वयं ही घोट रही है—प्रचलित शब्दावली में वे 'फ्रस्ट्रेशन' के शिकार हैं। किसी ने एक प्रेत-सिद्ध किया। उस प्रेत की शर्त थी कि अगर उसे कुछ काम नहीं बताया गया तो वह साधक को ही मार देगा। मनोविज्ञान और मनोविश्लेषण का वह प्रेत 'डूबते-मस्तूल' (नरेश मेहता) तक आते-आते सिंह बन गया और उसने काम करने की भी शर्त हटा दी। सिद्ध होते ही वह साधक को खा गया (डूबते मस्तूल की भूमिका) ऐसे कथाकारों की प्रतिभा, अध्ययन और उबलती उफनती शक्ति का एक स्वाभाविक आग्रह है कि कहीं कुछ ऐसा तीर मारें—कहीं कुछ ऐसा कमाल दिखा दें कि सबकी चकित-चौंकी निगाहें हम पर ही आ टिकें। इस तरह जीवन के प्रति ईमानदारी नहीं, बल्कि चकित करने और चौंकाने की भावना इन्हें दिग्भ्रान्त करती रही—इसलिए इन्होंने

कथा-प्रयोग किए हैं। कहानियाँ नहीं कहीं, बल्कि कहानी 'कहने' के 'लटके' दिखाए हैं। इनमें हम बड़ी आसानी से 'अज्ञेयवादी' कथाकारों को ले सकेंगे। डी. एच. लॉरेन्स के विषय में लिखते हुए क्रिस्टॉफर कॉडवेल ने लिखा है—कला को बाज़ारू चीज़ न बनने देने की इन लोगों में एक उत्कट ईमानदारी होती है और उसकी चरम परिणति, अपने पाठक और बाज़ार को बिल्कुल ही भूल जाने के रूप में होती है। तब उसकी आँखों के सामने केवल अपनी कृति रह जाती है वही उसका उद्देश्य बन जाती है। यह कला, कला के लिए का एक सिद्धान्त है।

"The commercialisation of art may revolt the sincere artist, but the tragedy is that, he revolts against it still with in the limitations of bourgeois culture. He attempts to forget the market completely and concentrate on his relation to the art work, which now becomes still further hypostatised as an entity-in-itself. Because the art work is now completely an end-in-itself, and even the market is forgotten, the art process becomes an extremely individualistic relation."

घुटन-कुंठा और 'दर्द के द्वारा नई दृष्टि' को प्राप्त करनेवालों की कथा कृतियों में—चाहे वे कहानियाँ हो या उपन्यास दो प्रवृत्तियाँ प्रायः समान रूप से पाई जाती हैं। इनकी मानसिक स्थिति की तरह उनकी कहानियों का विकास एक स्वाभाविक विकासशील धारा की तरह नहीं, बल्कि घुमड़नेवाले पानी की तरह वर्तुलाकार होता है—जहाँ प्रवाह घूम-घूम कर जैसे-तैसे गति छीन पाता है। इस घुमाव और घुमड़न को सुन्दर ढंग से रखने के लिए उसे शिल्प की दृष्टि से सँवारा और सजाया जाता है। इसलिए चाहे वह 'नदी के द्वीप' हो या 'सूरज का सातवाँ घोड़ा' या 'डूबते मस्तूल' या इधर कहानी में प्रकाशित कृष्णा सोबती की कुछ कहानियाँ—(बादलों के घेरे, बदली बरस गई इत्यादि) उनकी शिल्पगत महत्ता को स्वीकार करना पड़ता है। साथ ही भाषा और शैली की दृष्टि से भी यह कृतियाँ साहित्य में अपना महत्त्व रखती हैं। अज्ञेयजी ने शब्द-शक्ति को जो विस्तार और गाम्भीर्य 'नदी के द्वीप' में दिया है या नरेश मेहता के 'डूबते मस्तूल' का सूक्ष्म चित्रण और मधुर कवित्व पूर्ण स्थिति-चित्रण, या भारती के 'सूरज का सातवाँ घोड़ा' में शैली के विविध प्रयोग—या अंचल जैसी गद्यकाव्यात्मक भाषा या माचवे के 'परन्तु' में मनःस्थितियों की विशृंखल-संगति-साहित्य और पाठक को कुछ नहीं देती, ऐसा कहना ग़लत है। लेकिन इन लोगों की सबसे बड़ी कमजोरी यह है कि इनके पास अपने जीवन की कथा के अतिरिक्त कुछ और देने को नहीं है, और जो कुछ भी यह देते हैं वह उनके जीवन की तरह उद्देश्य और दिशाहीन होता है। वही शहरी उच्च-मध्य और मध्यवर्ग के विशेषताहीन चित्रण, वही घिसी-पिटी प्रेम कहानियाँ, वही भाई-बहनवाला प्रेम और वही प्रेम के सम्बन्ध में उलटे-सीधे 'चिन्तन'—वही भावुकता और घुटन। समाज में यह सब नहीं

है और काफ़ी मात्रा में नहीं है, ऐसा मैं नहीं कहता और न ही मैं यह कहता हूँ कि इस सबका चित्रण क्यों हो, बल्कि मेरा आक्षेप यह है कि यदि यह समर्थ लेखक इस सबको कोई सही सामाजिक व्याख्या दे पाते, इस सबका कोई नया अर्थ और नई दिशा खोज पाते तब तो शायद इनकी अपनी घुमड़ती शक्ति भी नया मार्ग पा सकती।

दोस्तोएव्स्की के बारे में कभी गोर्की ने जो कहा था कि वे पेशेवर-पीड़ित (प्रोफ़ेशन सफ़रर्स) हैं वही आज बहुत अंशों में हमारे यहाँ के कितने ही उपन्यासकारों के बारे में सच है। सामाजिक परिस्थितियों से परेशान, लेकिन हवाई ऐन्द्रजालिक स्वप्नों में डूबे रहनेवाले 'शाश्वत तत्त्वों' की खोज से दुबले, जैसे यह स्वयं हैं वैसा ही पाठकों को बनाते हैं—या कहिए पाठकों के भी उसी कष्ट को सहलाते हैं। 'नदी के द्वीप' के लेखक के पास पाठक को देने के लिए क्या है ? औपन्यासिक दृष्टि से अत्यन्त ही सधा और सुन्दर उपन्यास होने के बावजूद डाक्टर देवराज का 'बाहर-भीतर' जैनेन्द्र के 'त्याग-पत्र' से कैसे भिन्न है ? क्या पन्द्रह बीस साल बाद (शायद और अधिक) भी लेखक और पाठक की सामाजिक स्थिति और चेतना वहीं है, जहाँ 'त्याग-पत्र' के लेखक की थी ? बेचारे अंचलजी एक कथा को लेकर 'चढ़ती धूप' में आए थे, उसी को पात्रों के नाम बदल कर 'उल्का' में दुहराया, 'नई इमारत' में दुहराया, 'मरु-प्रदीप' में दुहराया और हर उपन्यास में पहले से अधिक कविता की भावुकता बखानी,—अब वे क्या करें ?

असल में जिस ख़तरे का ये लोग शिकार हैं उसकी ओर एलिया एहरेनबुर्ग ने इशारा किया है : क्यों कुछ कथाकार एकाध अच्छी चीज़ देकर ही चुप हो जाते हैं ? अपनी पहली कृतियों में वे जीवन के फ़र्स्ट-हैंड अनुभव देते हैं और अनुभवों की यह नवीनता ही उनकी कृतियों की ओर लोगों का ध्यान आकर्षित करती है। यही सफलता उन्हें 'विशुद्ध साहित्यकार' बनाकर जीवन से काट कर अलग कर देती है और वे नए अनुभवों की जगह वही पुराने अनुभव बार-बार दुहराते हैं। इनके कथानकों में नवीनता न मिलने का प्रमुख कारण यह है कि अपने जीवन के अतिरिक्त समाज और उससे अपने सम्बन्धों को देखने से ये लोग इन्कार कर देते हैं। इनकी दूसरी प्रमुख कमज़ोरी—कथानक को जो घिसा-पिटा बना देती है—वह है डाक्टर देवराज के शब्दों में 'मनमोदकों से आनन्द लेने की प्रवृत्ति' या विशफुल-थिंकिंग वह भी काम-भावना की दिशा में, जिधर से यह लोग सबसे अधिक 'फ्रस्ट्रेटेड' और कुंठित रहते हैं। यह प्रवृत्ति शरत्चन्द्र से लेकर नवीनतम भावुक कवि-उपन्यासकारों में मिल जाती है। जीवन में जो कुछ उन्हें नहीं मिल पाता उसे यह उपन्यासों में दिखाने का उत्साह चाहे वह, श्रीकान्त हो या शेखर, भुवन जैसा बौद्धिक हो या 'बरूआ' के उपन्यास 'जर्जर-हथौड़े' का चँचूँ का मुरब्बा नायक 'रजनी' : लड़कियाँ इन सब पर रास्ता चलते प्राण निछावर करतीं और आत्म-समर्पण करती चलती हैं। और इस तरह

अपने 'पुरुष' के अहं को सन्तुष्ट करते हैं। ऐसे उपन्यास-कहानियों की लिस्ट इतनी लम्बी है कि उसे देना कठिन है। (खुद डाक्टर देवराज के 'पथ की खोज' की भी गिनती उन्हीं में है) और इस लिस्ट में स्कूल-कॉलेज के अधकचरे उपन्यासकारों से लेकर बड़े-बड़े दिग्गज समान निष्ठा निबाहते हुए दिखाई देते हैं।

पुरुष लेखकों की इस मनमानी का कारण यह है कि हिन्दी में—अधिक स्पष्ट कहूँ तो भारतीय-साहित्य में इनके जवाब में कुछ सच्चे और स्वस्थ पात्र रखनेवाली नारी कथाकार नहीं आई। वास्तव में समाज हो या घर, स्त्री का स्थान और स्थिति बड़े नाजुक हैं। समाज और साहित्य सभी जगह उसे पुरुषों की बँधी-बँधाई लक्ष्मण-रेखाओं में घूमना पड़ता है, उसी की गढ़ी हुई नैतिकता को मान्यता देकर अपने सम्मान को क़ायम रखना होता है। बदलते समाज की टूटती कड़ियों के प्रति विश्वास उसे भी नहीं है, लेकिन उस अविश्वास को विद्रोह के रूप में आवाज़ वह नहीं बना सकती। आज भी स्वयं बढ़कर अन्तर्जातीय विवाह करनेवाली नारी घोर बौद्धिक होते हुए भी, माँ-बाप के द्वारा विवाह कर दी गई स्त्रियों के झुंड में साहसपूर्वक उसे नहीं स्वीकार कर सकती या यदि स्वीकार भी करती है तो मन ही मन एक हीनता की कचोट अनुभव करती है—जैसे उसने सचमुच कोई बुरा काम किया है। मन ही मन घुटती-मरती और कुढ़ती हुई भी कोई सम्भ्रान्त स्त्री इस या इस तरह के वाक्य कैसे कह सकती है कि "इस पति नाम के व्यक्ति से मेरी नहीं निभती, इसलिए मुझे अमुक व्यक्ति के साथ रहना है।" आज भी नारी हृदय के सच्चे विद्रोह को, समर्थ यथार्थवादी ढंग से चित्रित करनेवाली स्त्री-लेखिका की इस समय हिन्दी कथा-साहित्य को सबसे अधिक ज़रूरत है—और इस दिशा में मुझे केवल एक लेखिका दिखाई देती है चन्द्रकिरण सौन-रैक्सा। यथार्थवादी दृष्टिकोण और शैली-शिल्प सभी जिहाज़ से सौन-रैक्सा को हिन्दी की पहली सफल—अर्थात् समर्थ लेखिका माना जा सकता है। विमला लूथरा में टेकनीक और जीवन की नाटकीय परिस्थितियों को पढ़ने की दृष्टि तो है—लेकिन दृष्टिकोण नहीं है। कंचनलता सब्बरवाल को आदर्शवादी भावुकता उन्हें जीवन के यथार्थ से भगाकर इतिहास की शरण में पलायन करने को विवश करती है। उषा मित्रा, बंगाली—विशेषकर शरत्कालीन—भावुकता से ग्रस्त है। अपने नवीनतम उपन्यास 'नष्ट-नीड़' में भी उन्होंने एक विद्रोहिणी नारी के सारे विद्रोह को—उन्हीं लोगों से सहानुभूति प्राप्त कराने में लगा दिया जिनके विरुद्ध वह विद्रोह करती है। वस्तुवादी परिस्थितियों की विषमता से उत्पन्न, लेकिन दिशाहीन भावुक विद्रोह कुछ छूटें (कन्सेशन्स) चाहकर या आदर्शवादी समाधान दे-पाकर ठंडा हो जाता है।

चन्द्रकिरण सौन-रैक्सा की कहानियों का संग्रह 'आदमखोर' या उनकी पत्रों में प्रकाशित कुछ कहानियाँ—जैसे 'किराए की माँ', 'जवान मिट्टी', 'प्यार की पुतली' में एक सन्तुलित दृष्टि और सधा चित्रण है। इन्दिरा नूपुर और कृष्णा सोबती ने

भी इधर कुछ बहुत अच्छी कहानियाँ दी हैं। उर्दू से आनेवाली रज़िया सज्जाद जहीर और इस्मत चुगताई, पंजाबी की अमृता प्रीतम ने हिन्दी कथा-साहित्य को नई सम्भावनाएँ दी हैं। समय आ गया है जब हिन्दी कथा-साहित्य सौन-रैक्सा से उपन्यासों की माँग करे। वैसे यह ज़रा भी ज़रूरी नहीं है कि अच्छा कहानीकार उपन्यासकार भी अच्छा बने ही।

बदलते सम्बन्धों के इस नैतिकतावादी आग्रह ने एक ओर भाव-प्रवण नारी साहित्यकार को कवि-गीतकार बने रहने देने को विवश किया है (क्योंकि यहाँ वे अपनी भावनाओं को विभिन्न प्रतीकों या अव्यक्त निराकार 'एब्स्ट्रैक्ट' रूप से आसानी से अर्थात् बिना आक्षेप और भय के प्रगट कर सकती हैं) वहाँ भावुक कथाकारों को हवाई रोमांस और अफलातूनी प्रेम की गुत्थियों में उलझाया है—घोटा है।

इस सबकी चरम परिणति होती है—'घेरे के बाहर' जैसे अश्लील उपन्यासों या मंटों की कहानियों में।

यह हिन्दी कथा-साहित्य की इधर की डूबती-सिसकती निःसत्व धार है। दूसरी ओर इस निराशा और विक्षोभ से कुंठित होने के स्थान पर शक्ति ग्रहण पर जीवन की जय-पताका लेकर चलनेवालों की रास्ता खोजती वह कतार है जिसके साथ दुनिया के सब देशों के सबसे समर्थ लेखकों के आशीर्वाद हैं।

'स्वाधीनता' के वरदान स्वरूप देश में जो उथल-पुथल, साम्प्रदायिक संघर्ष हुए उसका विरोध हर सचेत साहित्यकार ने किया और दोनों ही पक्षों ने बौद्धिक तथा भावना के स्तर पर मेल और उदार प्राचीन परम्परागत एकता का पक्ष लिया। वही प्रवृत्ति भाषा और साहित्य के क्षेत्र में—"हिन्दी और उर्दू दो न्यारी-न्यारी बोलियाँ हैं"—के सिद्धान्त के विरोध के रूप में आई। "एक जाति (नैशनैलिटी) की कभी भी दो भाषाएँ नहीं होतीं" और "भाषा की एकता या पृथक्ता, शब्द समूह से या उस भाषा-विशेष को आकार देनेवाली लिपि से नहीं, बल्कि व्याकरण तथा वाक्य-गठन से देखनी चाहिए"—भाषा-विज्ञान सम्बन्धी इन सूत्रों की सहायता से हिन्दी और उर्दू की एकता का समर्थन किया गया। परिणामतः प्रायः सभी उर्दू के प्रमुख लेखक हिन्दी में इतने वेग और गति से आए कि हिन्दी-उर्दू का भेद ही मिट गया। शायद ही आज का कोई पाठक जानता हो कि कृश्न चन्दर, अब्बास, रामानन्द सागर, करतारसिंह दुग्गल, बलवन्त सिंह की रचनाएँ किस भाषा में पहले निकलती हैं।

उर्दू से आनेवाले लेखकों के पास एक समर्थ-सजीव और सलीस भाषा-परम्परा तो थी ही, जिस जलते हुए विषय को लेकर वे आए, और यथार्थ को जिस भावनात्मक रूप से रखने की सशक्त टेकनीक उनके पास थी—उस सबने कुछ समय के लिए पूरे हिन्दी साहित्य को आच्छन्न कर दिया। अब्बास की कहानी 'सरदार जी', 'मैं कौन हूँ' या 'दीवार', कृश्न चन्दर की 'हम वहशी हैं', 'पाँच गुंडे', 'पेशावर एक्सप्रेस'; सागर का 'और इन्सान मर गया' के यथार्थ और शक्ति ने लगभग सारे हिन्दी पाठकों

को जीत लिया।

लेकिन अब वह सब आँधी और बाढ़ जब थम चुके हैं तो हम उर्दू से आने वाले इन लेखकों और इनकी कृतियों के गहरे प्रभाव को जाँचने की स्थिति में आ गए हैं। अभी तक हिन्दी के किसी भी आलोचक ने इस प्रवृत्ति पर प्रकाश नहीं डाला है। इस समय कृश्न चन्दर का पूरा साहित्य और अन्य उर्दू लेखकों की सभी प्रमुख कृतियों का आस्वादन हिन्दी पाठक कर चुके हैं।

अन्तर्राष्ट्रीय ख्याति-प्राप्त कहानीकार कृश्न चन्दर ने हिन्दी पाठकों को ठीक उसी प्रकार मोहाच्छादित कर लिया है जैसा कभी शरत् ने किया था। यदि शरत् यथार्थवाद की आड़ में स्निग्ध भावुक बंगाल का लालित्य और स्वप्निल प्यार लेकर आए थे तो कृश्न चन्दर के साथ उर्दू ज़बान की मादक कवित्वपूर्ण माधुरी और काश्मीर के खेतों की केसर तथा झीलों के कमलों की गमक थी। एक ने बंगाल को सपनों का देश बना दिया तो दूसरे ने काश्मीर के सौन्दर्य को एक अजीब ऐन्द्रजालिकता से सजाया। अन्तर इतना है कि जहाँ आदर्शवादी और राजनीति से बचकर चलने की प्रवृत्ति (केवल 'पथ के दावेदार' इसका अपवाद है) शरत् की सीमाएँ थीं—कृश्न चन्दर उन्हें लाँघ गया है, यही शक्ति और साहस उसके सबसे बड़े हथियार हैं। कटु यथार्थ और राजनैतिक व्यंग्य कृश्न चन्दर की बहुत बड़ी शक्ति है जो कुछ क्षण के लिए पाठक को तिलमिला देती है—स्तब्ध कर देती है। 'भैरों का मन्दिर लिमिटेड', 'नए गुलाम', 'पाँच रुपए की आज़ादी' और 'गोपाल कृष्ण गोखले' उसकी ऐसी ही कहानियाँ हैं।

कुछ यथार्थवादी, राजनैतिक या सामाजिक स्केचों और रिपोर्ताज़ों को छोड़ दें तो कृश्न चन्दर की भी सबसे बड़ी कमज़ोरी वही है जो शरत् की है : दोनों के पास दो या तीन प्लॉट हैं और उनकी हर कहानी प्रायः उसी के आसपास बुनी जाती है। दूसरे, सस्ती-प्रसिद्धि ने उससे साहित्यिक ईमानदारी को छीन लिया है—और वह केवल भाषा के बल पर ही लोगों को भुलाए रखना चाहता है। एक ही तरह के किस्से हैं जिन्हें वह बंगाल के काल पर 'जब खेत जागे' या कोरिया पर 'बारूद और चेरी का फूल' या काश्मीर पर लिखे उपन्यास 'तूफ़ान की कलियाँ' में ज्यों की त्यों दुहरा देता है। उर्दू की कथा-परम्परा से प्राप्त एक ऐसी साँसल़ यौन उच्छृंखलता उसमें व्याप्त है जो प्रायः गम्भीरतापूर्वक उसके मूल्यांकन में बाधक रही है।

सच पूछा जाए तो पत्रकारिता का आग्रह होते हुए भी, मेरी दृष्टि में अब्बास कहानी के शिल्प में अधिक प्रभाव और प्रयोग उत्पन्न करते दिखाई देते हैं और जहाँ तक कहानी की टेकनीक पर अधिकार का प्रश्न है हिन्दी और उर्दू के बहुत कम लेखक राजेन्द्रसिंह बेदी को पा सकते हैं। जिन्होंने उनकी 'तुलादान' की कहानियाँ—या 'टर्मिनस' और नवीनतम 'दीवाला' पढ़ी है, वे मेरी बात का समर्थन करेंगे। मंटो हिन्दी पाठकों के सामने कभी सही रूप में उपस्थित नहीं हुए। उर्दू के प्रायः सभी लेखकों

से हिन्दी के पाठक को दो महत्त्वपूर्ण शिकायतें हैं : एक ये लोग प्रगतिशीलता के नाम पर बड़ा सस्ता, चटखारेवाला उच्छृंखल रोमांस लेकर आते हैं, दूसरी यथार्थवाद के नाम पर जो कुछ ये लोग देते हैं वह बड़ा 'मैलोड्रामैटिक' (अति नाटकीय) होता है—फलतः इनमें अधिकांश रोमैंटिक यथार्थवादी है।

इनकी अपेक्षा अंग्रेजी के माध्यम से आनेवाले मुल्कराज आनन्द और उर्दू पंजाबी के बलवन्त सिंह में यथार्थ को पकड़ने-प्रस्तुत करने का ढंग अधिक सन्तुलित और प्रभावोत्पादक है। पंजाबी चरित्र की विशेषता—(जबान की छूट)—को यदि शिष्ट पाठक का स्तर क्षमा कर सके तो बलवन्त सिंह का 'रात चोर और चाँद' तथा मुल्कराज आनन्द का 'एक था राजा' सजग-समझदार पाठक के लिए काफ़ी दिनों याद रहनेवाली रचनाएँ हैं। दिलीप के माध्यम से यदि मुल्कराज आनन्द ने रियासतों की स्थिति, आन्तरिक षड्यन्त्र और विलीनीकरण की परिस्थिति को रखा है तो एक अपराधी सिख के जीवन के द्वारा बलवन्त सिंह ने जरायमपेशा सिखों को ऐसी सच्ची, रोचक और सजीव तस्वीर रखी है कि पाठक अपने आपको उन्हीं लोगों में घूमता हुआ पाता है। पंजाब के सिखों का गाँव, कथा के सूत्र में बँधा हुआ जितनी सफलता से इसमें प्रगट हुआ है, मिथिला के दो समर्थ उपन्यासकारों को रेणु और नागार्जुन छोड़ कर स्थानीय संस्कृति, रहन-सहन बोल-चाल का सार्थक चित्रण बहुत कम दिखाई देता है।

प्रादेशिक चित्रण और स्थानीय रंग की इस लम्बी परम्परा पर आने से पहले थोड़ा रुक कर मध्यवर्गीय यथार्थ-जीवन की कुछ कथाकृतियों का ज़िक्र करना शायद अनुचित न होगा।

यहाँ मुझे यह कह देने में कोई संकोच नहीं है कि 'टिपीकल' मध्यवर्गीय मानसिकता और वस्तु-स्थिति दोनों के निरुद्वेग तटस्थ चित्रण में उर्दू से आनेवाला कोई नया लेखक नए हिन्दी और बँगला लेखकों के मुकाबले में न तो ईमानदार रह सका है, न वैज्ञानिक। यथार्थ चित्रण में गर्मागर्म लफ्फ़ाजी और भावनाओं के चित्रण में काल्पनिकता इस दिशा में इनकी सबसे बड़ी बाधक रही है। कहानियों के रूप में कोई छिट-पुट प्रयत्न हों तो हों—कोई बड़ा प्रयास तो निश्चित रूप से देखने में नहीं आया। मध्यवर्ग के नाम पर महेन्द्र नाथ के 'आदमी और सिक्के' लिखने से तो अच्छा है कि आदमी सिनेमा के लिए फ़िल्मी कहानी लिखे।

जहाँ तक किसी भी चीज के साथ न्याय कर सकने या वस्तुतः अधिकार पाने का प्रश्न है—आज आदमी विशेषीकृत होकर ही कर सकता है 'सर्वज्ञ' हो कर नहीं। हिन्दी कथा-साहित्य अपने विकास क्रम में 'सामान्य' के सतहीपन से 'विशेष' के गाम्भीर्य की ओर आता दिखाई देता है। प्रताप नारायण श्रीवास्तव की तरह पूरे विश्व को उपन्यास का मंच बना कर लिखना आज शायद ही कोई लेखक पसन्द करे। इसलिए यथार्थवाद का आग्रह उन्हें देश और काल दोनों में ही सीमित कर रहा है।

एक होटल के कमरे में पड़कर चौबीस घंटे में सारे संसार का भ्रमण करानेवाले जॉयस के 'यूलिसीज़' जैसे विशाल प्रयास करने का धैर्य और सुविधा शायद ही किसी भारतीय कथाकार में हो, लेकिन गिरिधर गोपाल का 'चाँदनी के खंडहर' और नरेश मेहता का 'डूबते मस्तूल' दोनों देश को एक स्थान तक तथा काल को चौबीस घंटे में बाँधने का प्रयत्न करते हैं। 'चाँदनी के खंडहर' को मैं अपेक्षाकृत सफल इसलिए मानता हूँ कि टेकनीक के लिहाज़ से वह अधिक सबल रचना है। नरेश का मानवीय या बाह्य रूप और परिस्थिति का चित्रण चकित कर देनेवाला और काफ़ी सूक्ष्म है, लेकिन यह कवि उपन्यासकार अपनी भाषा को बंगाली गिलगिलाहट से अभिसिंचित करने और बंगला वाक्यावली का अनुवाद करने में इतने बड़े सत्य को भूल गया है कि उसने अपनी कथा को बंगाल के ठीक दूसरे छोर, अफ़गानिस्तान से उठाया है—कि रंजना कभी बंगाल नहीं आती। किसी अनजान आदमी को 'अकलंक' बना कर सारी कहानी उस पर उँड़ेल देना भी अधिक जमता नहीं है, और अपनी कहानी को नायिका के माध्यम से जितना अधिक विस्तार वह देना चाहता है उस दृष्टि से भी एक बँगले में कथा को बाँधे रखना उसके साथ घोर अन्याय है। जिस-जिस जगह रंजना की कहानी मोड़ लेती है वह उपन्यास के सबसे लछड़ हिस्से हैं। 'चाँदनी के खंडहर' प्रायः इस तरह के दोषों से मुक्त है और वह एक मध्यवर्गीय बिगड़ते परिवार का, इंग्लैंड से डाक्टरी पास करके आए पुत्र, बसन्त के निश्चित, स्वच्छन्द स्वभाव के कंट्रास्ट में लिया गया सुन्दर चित्र है : किन सपनों को लेकर बसन्त आया और परिवार के 24 घंटे के परिचय में ही वह क्या बन जाता है—इसे लेखक ने अत्यन्त तर्क-संगत रूप से दिखाया है। यदि बसन्त के शुरू के बचकाने व्यवहार को लेखक सँभाल पाता तो और भी अच्छा होता। फिर भी वह "यथार्थ जीवन का सच्चा-चित्रण, आर्थिक संकट से आक्रान्त मध्यवर्गीय जीवन की घुटन, आदर्शों का खंडन" दिखा सकने में सफल हुआ है।

मध्यवर्गीय गृहस्थी के यथार्थवादी चित्रण की परम्परा में राजेन्द्र यादव का 'प्रेत बोलते हैं' (सारा आकाश) भी आता है। इस उपन्यास में भी वही मध्यवर्गीय जीवन, उसकी कुंठाएँ और उन कुंठाओं की पृष्ठभूमि में परम्पराओं का विकृत रूप बड़ी सतर्कता से चित्रित किया गया है। (आलोचना उपन्यास विशेषांक 97)

कुछ समय पहले अमृतराय के 'बीज' को नयन तारा सहगल ने एक बहुत लम्बे-चौड़े लेख में संसार के सर्वश्रेष्ठ कथा-साहित्य की तुलना में देखा था। उसमें उन्होंने स्वीकार किया कि वे अपने विदेश भ्रमण के काफ़ी लम्बे समय बाद आई और उसी समय उन्हें 'बीज' पढ़ने को मिला। खैर, यह उनका अपना दृष्टिकोण है लेकिन मुझे तो उसमें उषा और सत्यवान के गृहस्थ-चित्रण को छोड़ कर सब कुछ बड़ा उखड़ा-उखड़ा और 'बोर' लगा। राज की कथा को लेखक ने एक निरुद्देश्य सरकाई जाती रस्सी की तरह इधर-उधर घुमाया है। जहाँ तक मध्यवर्गीय बुद्धिजीवी

की मानसिक उथल-पुथल, चिन्ता, कुंठा और उस सबसे मुक्ति पाने की छटपटाहट का सवाल है, 'बीज' में वह सब है, लेकिन वह लेक्चर और विवरण बोझिल है। बड़ी आसानी से 'बीज' को घटा कर आधा किया जा सकता है।

स्थानीय रंग में मध्यवर्गीय जीवन को उपेन्द्रनाथ अश्क ने अपने दो उपन्यासों—'गिरती दीवारें' और 'गर्म राख' में रखा है। यद्यपि अनावश्यक विस्तारों और उपन्यास के लिए प्रमुख नाटकीय तत्त्व न छाँट सकने के कारण 'अश्क' को प्रकृतिवादी यथार्थवाद का कथाकार कहा जाता है, फिर भी लाहौर के वातावरण में पंजाब के मध्यवर्गीय जीवन के यथार्थ को ये दोनों उपन्यास बड़े सुन्दर ढंग से रखते हैं। 'अश्क' ने अपने उपन्यासों में परिश्रम किया है इसलिए उसके उपन्यासों में चरित्रों और चित्रों का सधापन अधिक निखर कर आ रहा है। इस दिशा में उनका नया उपन्यास 'बड़ी-बड़ी आँखें' उनकी उपन्यास कला का नवीनतम प्रतिनिधि है। पन्त जी के शब्दों में यह 'गीत-उपन्यास' है—कथा बड़ी सन्तुलित गठी और चरित्र-चित्रण बड़ी बारीक रेखाओं से हल्के हाथ का है—जो अपनी शक्ति के प्रति आश्वस्त है। लेकिन यही मुझे उस उपन्यास में शिकायत भी है। न तो लेखक देवजी के साथ ही 'न्याय' कर सका है न वीणा के। सब कुछ बड़ा दबा-दबा सा है। फिर भी छोटे उपन्यासों में यही काफ़ी सफल उपन्यास है।

उधर शहरी मध्यवर्गीय जिन्दगी में लाए जानेवाले स्थानीय रंगों और उसकी पृष्ठभूमि बना कर लिखे गए यथार्थ जीवन की तुलना यदि इधर निकले कुछ 'आंचलिक उपन्यासों' से करने लगें तो सचमुच हमें मानना पड़ता है कि कथा को सजीव बनाने में लोकतत्त्व और लोकजीवन का बड़ा हाथ है। प्रेमचन्द की परम्परा से अपने को जोड़नेवाले इन लेखकों की दृष्टि, अनुभूति और जीवन को निरखने-परखने की ईमानदारी के मुकाबले शहरी जीवन के चितेरे काफ़ी कमजोर लगते हैं। इनकी वकालत यह कहकर की जा सकती है कि शिक्षा-दीक्षा, अखबार-दफ्तर, भाग-दौड़ इत्यादि दुनिया भर के झमेलों ने शहरी जीवन में जो घुटन, कुंठा और मनोवैज्ञानिक विकृतियाँ, मानसिक उथल-पुथल पैदा कर दी है उन सबसे प्रायः ग्राम्य जीवन को चित्रित करनेवाले लेखकों को नहीं उलझना पड़ा है। वहाँ की जिन्दगी एक बने-बनाए साँचे में ढली, सीधे ढर्रे की है जो बहुत धीरे-धीरे बदलती है; शहरी जीवन की स्थिति तो रोज़ नए रंग नहीं दिखाती है। दूसरे, ग्राम्य जीवन के कथाकारों के पात्र प्रायः वैसी बौद्धिक उत्कट कचोट से मुक्त हैं जो आज प्रायः हर शहरी मध्यवर्गीय चरित्र की विशेषता है, अतः इनके पात्र अधिक जटिल, अधिक समस्यात्मक, उलझे, अधिक गतिशील या कुंठित होने को बाध्य हैं। मुझे तो यहाँ तक कहने दिया जाए कि विषयवस्तु की दुरूहता और इनके प्रयत्नों के नैरन्तर्य को देखा जाए तो इन लेखकों की शक्ति और दृष्टि किसी भी क्षेत्र के लेखकों से कम नहीं है। फिर भी इनकी 'असफलता' के कारणों में प्रमुख है कि भावुकता और नएपन के मोह में ये लोग व्यक्ति और स्थिति की

द्वन्द्वात्मकता को वैज्ञानिक दृष्टिकोण से देखने से इन्कार कर देते हैं—व्यक्ति किसी विशेष सांस्कृतिक शृंखला की कड़ी है, किन्हीं परम्पराओं की विकासशील लहर है, किन्हीं रूढ़ियों या जीवन-पद्धतियों को आत्मसात् भी किए है; सभी जगह केवल भविष्य के सपनों या निषेध और विद्रोह-विरोध में ही वह नहीं जीता। इन शहरी कथाकारों ने जब व्यक्ति का चित्रण किया तो भूत और भविष्य से उसे काट दिया और वह त्रिशंकु जैसा लगने लगा। दूसरी ओर जब वातावरण एवं परिस्थिति का चित्रण किया तो 'व्यक्ति' को उसमें से निकाल दिया, फलतः चित्रण जीवन-हीन हो गया। एक ने उसे अति यथार्थवादी बना दिया, दूसरे ने प्रकृतिवादी। एक को नशा था सार्वभौमिक और विश्वसाहित्य के पात्र देने का, दूसरे का प्रयत्न था वास्तविकता और तथ्यात्मकता को ज्यों का त्यों रख देने का। एकमात्र हवाई चेतना थी, दूसरा जीवन-हीन शव। दोनों अलग-अलग घूम रहे थे। वह स्थान नहीं मिल रहा था जहाँ इन दोनों को मिला दिया जाए और जीवन अपनी विशाल परम्परा में सजीव हो उठे।

"अन्तर्राष्ट्रीय चेतना या अपील और राष्ट्रीय वेश या परिवेश" के वैज्ञानिक सिद्धान्त के रूप में हमें यह दोनों छोर मिलते दिखाई देते हैं। राष्ट्र की अलग-अलग सांस्कृतिक इकाइयों को आधार बना कर वहाँ की सभ्यता, संस्कृति, रंग, रूढ़ियों और नई विकास सम्भावनाओं को प्रस्तुत करनेवाली कथाकृतियों की एक काफ़ी लम्बी स्वस्थ परम्परा हमारे साहित्य में है, जो निश्चित रूप से गतिरोध की स्थिति से उसे बचाने की क्षमता रखती है, या कहें जब तक वह परम्परा है तब तक गतिरोध का प्रश्न ही नहीं उठता। यही वह राह है जहाँ शहरी मध्यवर्गीय टेढ़े-मेढ़े रास्तों में भटक चुकने के बाद प्रेमचन्द आकर ठहरे थे।

हार्डी, तुर्गनेव और ज़ोला से इस परम्परा को न भी जोड़ें तो भी हिन्दी की दृष्टि से प्रेमचन्द के साथ वृन्दावनलाल वर्मा इस धारा के दूसरे समर्थ उपन्यासकार हैं। इतिहास को मात्र राजा-रानियों के प्रेम और युद्ध का खिलवाड़ न बना कर उन्होंने जिस जीवन्त गतिशील संस्कृति-धारा के रूप में और जिस गहराई से लिया, उसी कड़ी को उन्होंने नवीनतम उपन्यासों में निभाया है। 'विराट की पद्‌मिनी' और 'गढ़कुंढार' से लेकर आज के 'सोना' तक में वे बुन्देलखण्ड की पूरी संस्कृति, लोक-जीवन अपने गौरवपूर्ण इतिहास के साथ आ खड़े हुए हैं। उनका 'लगन' तो अनायास तुर्गनेव के छोटे उपन्यासों की याद दिला देता है।

'होरी' के विषय में शिवदान सिंह चौहान ने लिखा है, "होरी के गिरने पर समाज का पूरा ढाँचा गिरता दिखाई देता है और उठने पर पूरा समाज उठता नज़र आता है।"—यह है सामन्तवाद के अवशेषों, छायाओं का ढाँचा—जहाँ होरी किसान से सर्वहारा बनता है। स्वयं सामन्तशाही अपने ही अन्तर्विरोधों और अंतःसंघर्षों से किस तरह भारत के नक्शे से मिटी, इसे मुल्कराज आनन्द ने दिखाया। सामन्त अपने गढ़—राजस्थान—में स्वयं किस तरह धीरे-धीरे जर्जरित हो कर ध्वस्त हुए उसके लिए

मैं यादवेन्द्रनाथ शर्मा 'चन्द्र' के कुछ उपन्यास का नाम लूँगा।

उदाहरण के लिए देवेन्द्र सत्यार्थी के 'रथ के पहिए' उपन्यास लीजिए। सत्यार्थी जी गौंड जीवन के विषय में बहुत जानते हैं। इस विषय में उनका चतुर्दिक अध्ययन स्पृहणीय है—साधना का एक अच्छा इतिहास भी उनके साथ है—लेकिन 'रथ के पहिए' एक सचेत मस्तिष्क द्वारा देखे गए 'रिपोर्ताज' का संग्रह सा लगता है, जिसकी अपील सार्वजनिक कम है, बौद्धिक अधिक। सुगठित कथा उसमें नहीं है। ज्ञान, जानकारी और सामग्री को जीवन और पात्रों के रूप में सँजो कर कैसे सबको एक औपन्यासिक कथानक के रूप में खड़ा कर दिया जाए—यह सचमुच बहुत कठिन है। इसका दूसरा उदाहरण हर्षनाथ का 'करमू और जगनी' है। हर्षनाथ जी को किसान जीवन, ग्राम्य समाज, वहाँ के दृश्य, वातावरण और बदलते आर्थिक दृष्टिकोण के वैज्ञानिक रूपों, सभी के बारे में इतना कुछ मालूम है कि किसी भी उपन्यासकार को वह वरदान सिद्ध हो सकते हैं लेकिन उपन्यास में यह सब कुछ है, बस करमू और जगनी नाम के दो जीवित व्यक्ति नहीं हैं। फलतः कथा-रस-ग्राही जल्दी-जल्दी पन्ने पलटता है कि शायद कहीं उसे कोई जीवित प्रणाली मिल जाए। उपन्यास समाज शास्त्रीय शोध-विवरण अधिक लगता है।

दिन-दिन बढ़ती हुई बौद्धिक जागरूकता ने आज के लेखक को ज्ञान बहुत दिया है, लेकिन उसकी कथाओं से जीवन और क्रियाशीलता छीन लिए हैं। इसके दो अपवाद उपन्यासकार हमारे सामने हैं।

'बाबा बटेसरनाथ' को पढ़कर मैं सोचता रहा, क्या यही 'रतिनाथ की चाची', 'बलचनमा' और 'नई पौध' के लेखक की रचनाएँ हैं ? कितनी सुन्दर टेकनीक उस कलाकार ने पकड़ी, लेकिन उसे निभा नहीं पाया, और बीच में ही छोड़ कर भाग खड़ा हुआ। एक पेड़ पूरी मानव संस्कृति और इतिहास का गवाह हो सकता है, और अगर वह बोलने लगे तो इसे किस तरह कहेगा—यह सूझ और शैली दोनों इतनी मौलिक और प्रभावशाली हैं कि ज़रा धैर्य और परिश्रम से अद्भुत उपन्यास लिखा जा सकता था। कथा का यह माध्यम रांगेय राघव के 'हजूर' से हजार गुना अधिक सशक्त और तर्कसंगत माध्यम होता ('हजूर' में तो लेखक कुत्ते का माध्यम छोड़कर ऐसी जगह का किस्सा भी कहने लगता है जहाँ वह है ही नहीं; दूसरे हिन्दुस्तान में कुत्ते की उम्र 18 साल नहीं होती)—हमारी प्रारम्भिक बलिक्रिया, निवासस्थान, तपस्या, विद्याधाम—युद्ध और आज का वृक्षारोपण—सभी के गवाह तो एक वृक्ष रहे हैं।

यह सब वे कथाकार या कथाएँ हैं जिन्हें हम प्रेमचन्द और उनकी उत्तर-कृतियों को ध्यान में रखकर देखते हैं, लेकिन उसी जीवन को बिल्कुल ही नई नाटकीयता देकर एक अद्भुत प्रभावशाली ढंग से प्रस्तुत करनेवाले फणीश्वरनाथ के 'मैला आँचल' को हिन्दी उपन्यास साहित्य की नवीनतम उपलब्धि कहा जा सकता है। 'मैला आँचल' के लेखक ने अपने आप को मेरीगंज (मिथिला) की जनता के साथ इतना आत्मसात्

कर दिया है कि वह अलग से कहीं आता ही नहीं है।

सचमुच ही 'मैला आँचल' ग्रामवासिनी भारत माता का प्रतिनिधि नख-चित्र (मिनियेचर) है। लेखक वहाँ के जीवन के हर पक्ष को इतनी गहराई और आत्मीयता से जानता है कि चकित होना पड़ता है। साथ ही चाहे वह कांग्रेस का 'बालदेव' हो या सोशलिस्ट 'कालीचरन', लेखक ने सबकी तटस्थ और वास्तविक तस्वीर दी है। लछमी दासिन, कमली हों या वामन, डाक्टर प्रशान्त—हर छोटे-बड़े चरित्र का अपना व्यक्तित्व और जीवन है, (कमली को छोड़ कर) और उन सबके माध्यम से 'मेरीगंज' के जीवन के इतने अधिक पक्षों का अंकन है कि लेखक की शक्ति पर आश्चर्य होता है। वह सभी पात्रों के प्रति तटस्थ है, साथ ही कलाकार के हृदय की सहानुभूति सभी को प्राप्त है उसने 'प्रेजूडिस्ड' (पूर्वाग्रही) किसी भी पात्र के प्रति पाठक को नहीं बनाया। सबसे बड़ी बात तो यह है कि पृष्ठ पर पृष्ठ भर कर न तो इसमें भाषण (उपन्यास राजनैतिक है।) झड़वाए हैं न लम्बे-लम्बे दृश्य और स्थिति वर्णन ही हैं। लेखक वहाँ का जीवन, भाषा, लोगों के मनोविज्ञान, रीति-रिवाज, तीज-त्योहार, गाने, उत्सव सबको इतना अधिक और इतने आत्मविश्वासपूर्वक जानता है कि उसे एक साथ सब कुछ उगल देने की कोई जल्दी नहीं है। जहाँ जितनी आवश्यकता और अवसर समझता है, उतना ही देता है। कुछ अजब ध्वन्यात्मकता से पूर्ण, चित्रात्मक संगीतमय भाषा उसके साथ है। लोगों के बोलने के लहज़े और विभिन्न लोगों द्वारा प्रयुक्त विभिन्न शब्दों के तद्भव रूप उसके पास हैं। जो उसकी विषयगत यथार्थता में चार चाँद जोड़ देते हैं।

उपन्यास के अन्त की ओर भी लेखक उतना ही तटस्थ और सचेत रहता तो एक बहुत बड़े दोष से उपन्यास बच सकता था। अचानक 'तहसीलदार' साहब का 'हृदय परिवर्तन' करा के उसने 'भूमिदान' के द्वारा जो सारी समस्या हल कर दी है, उसके लिए कोई सूत्र, कोई तर्क, कोई पृष्ठभूमि पहले नहीं है। समझ में नहीं आता इतना सचेत कलाकार यह ग़लती कर कैसे सका—पूरे उपन्यास की गति और ढलाव भी तो उसके अनुकूल नहीं है—बिल्कुल ऐसा लगता है जैसे वह घटना (या कहें केवल वह अध्याय) ऊपर से खौंस दी गई है।

जीवन और चिन्तन में गतिरोध जहाँ हो वहाँ हो, यहाँ साहित्य के यह कुछ नए क्षितिज हैं जहाँ, 'गतिरोध' शब्द ही विदेशी है—क्योंकि नित्य नई दृष्टि, नई सम्भावनाएँ इसमें उभरती आ रही हैं।

[मई-जून-जुलाई और सितम्बर 1955, ज्ञानोदय (श्यामलता के नाम से)]

उपन्यास और प्रयोग

सुनते हैं कुछ दिनों पहले फ्रेंच में एक उपन्यास छपा और उसने अपने प्रयोग के कारण अनेक साहित्यिक विवाद उठा दिए, शायद लेखक थे रॉब-ग्रिये। उपन्यास ताश के पत्तों की तरह था और उसे फेंट कर कहीं से भी पढ़ना शुरू किया जा सकता था। अपने यहाँ मैं इस या ऐसे प्रयोग की कल्पना नहीं कर पाता। हाँ, आगरे के पुराने कवि हृषीकेश चतुर्वेदी ने अनेक मध्यकालीन कवियों की तरह कविता में प्रयोग अवश्य किए थे। फूल, चक्र, त्रिकोण या और भी चित्र-विचित्र आकारों में अक्षर लिखे रहते थे, उन्हें किसी भी तरफ़ से पढ़ना शुरू कर दीजिए, कवित्त या सवैया बनने लगता था। उन्होंने 'रामकृष्ण-काव्य' लिखा था, जिसकी हर पंक्ति को दोनों तरफ से पढ़ा जा सकता था—बाएँ से दाएँ कृष्ण की कथा, दाएँ से बाएँ राम-कथा। रीतिकालीन साहित्य में ऐसे हज़ारों चमत्कार-काव्य भरे पड़े हैं—चावल पर लिखे जाने वाले श्लोक की तरह।

लेकिन ये प्रयोग नहीं चमत्कार हैं इनके पीछे तर्क या सिद्धान्त कोई भी क्यों न हो, कथ्य का आन्तरिक दबाव नहीं, लोगों को चकित करने या बेवकूफ़ बनाने की आकांक्षा ही अधिक होती है। स्टेज पर इसे बाजीगरी कहते हैं। एक विशेष समय या परिवेश में ही वे सुसंगत हो सकते थे। सामन्ती दरबारों का समृद्ध फुरसती ज़माना चमत्कार-काव्यों के लिए सबसे सही माहौल देता था—उसी फुरसत से वे लिखे जाते थे और उसी फुरसत से उन्हें सराहा जाता था। उसी संस्कृति के जन-साधारण ने अपेक्षाकृत अधिक सार्थक प्रयोग किए और रात को अलाव के आस-पास बैठकर कहानियाँ कहने का ऐसा सिलसिला शुरू हुआ जो अनेक रातों तक चलाया जा सके। चाहे 'अलिफ़ लैला : हज़ार दास्तान' हो या कथा सरित्सागर—या आगे जा कर सिंहासन बत्तीसी, वैताल पच्चीसी और किस्सा तोता-मैना। इनकी हर कहानी अपने आप में पूरी है, लेकिन अगली कहानी से इस तरह जुड़ी है कि सब मिलाकर एक लम्बी कहानी भी है। इन्हीं का संशोधित-परिष्कृत रूप पुराणों या महाभारत जैसे काव्यों

में मिलता है। यदि आज कोई कथाकार साप्ताहिक, दैनिक या मासिक पत्र में ऐसा धारावाहिक शुरू करता है जो हर किस्त में सम्पूर्ण होने के साथ-साथ सब मिलाकर एक लम्बी कहानी भी बनाता हो तो इसे मैं समय की ज़रूरत ही कहूँगा—सत्येन्द्र शरत् ने कभी ऐसी कहानी लिखी भी थी। समय की ज़रूरत ने ही आज की लघु-लघु कथा और लघु-उपन्यास को जन्म दिया है और यदि कल को स्क्रीन-प्ले, टी. वी. स्क्रिप्ट या रेडियो-आलेख उत्कृष्ट साहित्यिक कृतियों के रूप में सामने आएँ तो उन्हें भी कहानी-उपन्यास का नया प्रयोग स्वीकार करना होगा। जैसा विदेशों में इन्गार-बर्गमान जैसे फिल्म निर्देशकों की कृतियों को किया जाता है।

मगर ये सारे प्रयोग कथा के रूप या फॉर्म को लेकर हैं।

यहाँ मैं सन् ’55 के बाद आनेवाले तीन उपन्यासों का विशेष रूप से उल्लेख करना चाहूँगा। फणीश्वरनाथ रेणु का ‘मैला आँचल’, यशपाल का ‘झूठा सच’ और अपना ‘उखड़े हुए लोग’—जागते हुए ग्रामांचल को अपनी सम्पूर्णता में पकड़ने के लिए चाहे फिल्म की वृत्त-चित्रवाली शैली हो, या पत्रकारिता की रिपोर्टिंग जैसी विवरणात्मकता या फिर सात दिनों में पूरी भारतीय राजनीति की आन्तरिक झलक—तीनों ही अपने समय की सचाई को प्रभावशाली ढंग से पकड़ने की कोशिश करते हैं, इसलिए पुराने स्वीकृत औपन्यासिक रूपों को तोड़ते हैं।

लेकिन जैसा कि मैंने कहा : विकासशील देश अपने अतीत, वर्तमान और भविष्य की पीड़ामयी चिन्ताओं से ही इतने ज्यादा बँधे हैं कि विकसित देशों जैसे ‘प्रयोग के लिए प्रयोग’ वाले ऐश या ऐयाशी की सुविधा उन्हें नहीं है। हमारा हर प्रयोग सोद्देश्य और सार्थक होने के लिए अभिशप्त है। यही कारण है कि रूप या फॉर्म के स्तर पर एकदम अलग, विलक्षण या चौंकानेवाली कोई रचना हमारे यहाँ नहीं आ सकती। नए-पुराने देशी-विदेशी रूपों में ही कुछ घटा-बढ़ा कर हम अपनी बात कहने के साथ-साथ प्रभाव और ताज़गी पैदा करने की कोशिश करते हैं और हमारा हर प्रयोग अपनी वास्तविकता को समय-सन्दर्भ में शक्तिशाली ढंग से प्रस्तुत करने का प्रयास है—वह चाहे जगदम्बा प्रसाद दीक्षित का ‘कटा हुआ आसमान’ हो या ‘मुरदाघर’, मन्नू भंडारी का ‘आपका बंटी’ हो या मृदुला गर्ग का ‘उसके हिस्से की धूप’, ख्वाजा बन्दी-उज्ज़मा का ‘एक चूहे की मौत’ हो या योगेश गुप्त का ‘उनका फ़ैसला’।

यहाँ अगर चाहें तो यह भी कह सकते हैं कि स्वतन्त्रता के बाद हिन्दी में उपन्यास के रूप या फॉर्म के स्तर पर प्रयोग भले ही कम हुआ हो—कथ्य के स्तर पर प्रयोगों की कमी नहीं है। हर आनेवाले उपन्यासकार ने अपने कोण, भाषा, वास्तविकता या संवेदना की ताज़गी से ही अपनी अलग पहचान बनाई है। परिणामतः बदलाव उपन्यास के स्वरूप में उतना नहीं आया जितना उसके पूरे कंसैप्ट या अवधारणा में आया है। आज बार-बार यह सवाल रचनात्मक साहित्यकार के सामने आ रहा

है कि आखिर हम उपन्यास या सारे साहित्य से चाहते क्या हैं ? इसी सवाल के उत्तर की तलाश में उपन्यास कभी कुमायूँ की पहाड़ियों में गया है तो कभी बिहार या पूर्वी उत्तर-प्रदेश के गहरे ग्रामांचलों में, कभी बस्तर मध्यप्रदेश की आदिवासी बस्तियों में भटका तो कभी मुम्बई, कलकत्ता, दिल्ली के सीमेंट-लोहे के जंगलों में, कभी दफ्तर के घुटन-भरे कमरों में बैठ कर लिखा गया है तो कभी बिस्तर पर नारी के मांसल कटावों में। कभी जेल की अँधेरी कोठरियों में उसने 'एक और हिन्दुस्तान' (कामतानाथ) की तलाश की है, तो कभी 'दूसरी तरफ' (महेन्द्र भल्ला) के लन्दन, अमरीका, फ्रांस, जर्मनी के 'जाने पहचाने अजनबियों' (मीनाक्षीपुरी) के बीच अपनी 'राधिका' (उषाप्रियंवदा) को आवाज़ लगाई है।

मूलतः भारतीय मानस, सन्तोष और ठहराव से बना है, इसलिए बहुत अधिक दुस्साहस और जोखिम—यानी एडवेन्चर और रिस्क उसकी प्रकृति से मेल नहीं खाते वह अपने पुराने और अभ्यस्त औज़ारों को आसानी से नहीं छोड़ता। इसलिए न ज़िन्दगी को लेकर उसने प्रयोग किए हैं, न उपन्यास को लेकर। वह जहाँ है वहीं रह कर घुटना, तोलना या दर्शन-परिदर्शन करते रहना चाहता है। परिस्थितियाँ ही उसे मजबूर कर दें तो बात दूसरी है। उसका भारतीय दर्शन हर स्थिति से समझौता करने और 'सन्तोष धन' देने के लिए हमेशा हाज़िर है। वह यथास्थितिवादी है।

हर नई बात, नए कथ्य और समय की मानसिकता को इस बात की ज़रूरत पड़ती है कि अपनी बात को अपने ढंग से कहा जाए, प्रभावशाली और सार्थक ढंग से दूसरों तक पहुँचाया जाए और इसी सरोकार में कथाकार महसूस करता है कि पुराना या चला आता स्वीकृत स्वरूप और तरीका इसके लिए ना-काफी है। वह अपने हिसाब से उसे तोड़ता, घटाता या बढ़ाता है—यानी प्रयोग करता है। फॉर्म या रूप जितना ही सीमित होगा, प्रयोग की तड़प और ज़रूरत उतनी ही अधिक होगी। शायद इसीलिए सबसे अधिक प्रयोग चित्रकला में किए गए हैं, और कला-साहित्य के अधिकांश आन्दोलन, या विचार स्कूल प्रायः चित्रकला से ही उद्‌भूत हुए हैं। जिसे चेतना-प्रवाही शैली कहते हैं, उस मानसिक-सच्चाई को जब उपन्यास में पकड़ने की कोशिश की गई तो जेम्स-जॉयस को 'यूलिसीज़' जैसा प्रयोग करना पड़ा, स्वप्न और फन्तासियाँ लिखने की मजबूरी काफ्का के सामने आई। क्योंकि वे नए समय और नई मानसिकता की बात करना चाहते थे। इसीलिए यहाँ इस बात पर ध्यान देने की ज़रूरत है कि पुराने जीवन और मूल्यों को चित्रित करनेवाले कथाकारों ने प्रायः उपन्यास का रूप भी परम्परावादी ही अपनाया है। प्रयोग उन्होंने ही किए हैं जिन्होंने अपनी बात को नए समय-सन्दर्भों में कहना चाहा है। हिन्दी में प्रयोग प्रेमचन्द ने नहीं, युवा इलाचन्द्र जोशी, जैनेन्द्र, अज्ञेय, निराला या 'चित्रलेखा' जैसे उपन्यासों में भगवतीचरण वर्मा ने किए थे। किसी भी साहित्य या कलारूप का टूटना सिर्फ फॉर्म का टूटना ही नहीं होता, वह अपने समय के मूल्यों और आस्थाओं का टूटना भी होता है। और चूँकि

इस टूटने की घुटन को सबसे पहले संवेदनशील रचनाकार ही अपने भीतर महसूस करता है इसलिए चाहें तो यह नतीजा भी निकाल लें कि स्वतन्त्रता के आस-पास के समय में ये सारे प्रयोग व्यक्ति-निष्ठ कथाकारों ने ही किए थे। अपने भीतर की बेचैनी को उन्होंने अनेक कोणों, दृष्टियों और तरीकों से कहना चाहा था—कभी पत्रों से, कभी आत्मस्वीकृतियों से, कभी रूपकों से और कभी अपने को अपने से अलग व्यक्ति मानकर। शैली चाहे डायरी हो, पत्र हो या आत्मकथात्मक—अक्सर प्रथम पुरुष 'मैं' ही इनका नायक रहा है लेकिन बात सिर्फ इतनी ही नहीं है।

गुलामी के दिनों का व्यक्ति अपने आस-पास, यानी समाज या राजनीति को भूल कर अपने भीतर की ही दुनिया में रह सकता था, वह अपने आपको बिल्कुल स्थगित करके समाज या राजनीति में भी झोंक सकता था—लेकिन स्वतन्त्रता के बाद न तो वह अपने आस-पास के समय, समाज को पूरी तरह नज़रअन्दाज़ कर सकता था न अपने आपको। वह अपने भीतर पूरे समाज और युग को भी महसूस करता था और अपने को समाज के बीच भी। इसलिए गिरधर गोपाल ने 'चाँदनी के खंडहर' या नरेश मेहता ने 'डूबते मस्तूल' में चौबीस घंटों के भीतर पूरी ज़िन्दगी जीने का प्रयोग किया तो धर्मवीर भारती ने 'सूरज का सातवाँ घोड़ा' में कथा-चक्र में सारे गली-मुहल्ले के जीवन को माणिक मुल्ला के बहाने पकड़ने की कोशिश की और मैंने 'प्रेत बोलते हैं'—(बाद में सारा आकाश) में नए युवक के भीतर सड़ती पुरानी दुनिया के दर्द को वाणी दी।

[1967]

कथा-साहित्य में हास्य रस

मूर्खों ने संसार की कोई उल्लेखनीय भलाई की है या नहीं; यह अभी भी विवादास्पद प्रश्न है, लेकिन यह अवश्य है कि उन्होंने अपने को हास्य-रस के आलम्बन के रूप में प्रस्तुत करके जहाँ एक ओर महान् साहस और अपूर्व त्याग का परिचय दिया है, वहीं इस दुख-द्वन्द्व भाग-दौड़ से भरे मायामय संसार में हमें यह समझाने का श्रेय भी उन्हें ही है कि उन जैसी विभूतियों के रहते यह असार हो ही नहीं सकता। अब बेचारे डॉन-क्विक्जोट को ही देख लीजिए न, उसने अपने लेखक सर्वेन्टीज को ही अमर नहीं बना डाला, बल्कि उसे संसार का पहला मौलिक-उपन्यासकार बनने का भी सौभाग्य प्रदान किया। दूसरी तरफ कृतघ्न सर्वेन्टीज है कि बेचारे क्विक्जोट के साथ क्या-क्या कसर उसने नहीं निकाली ? क्या-क्या दुर्गतियाँ उसकी नहीं बनाईं ? कहावत है : मूर्ख लोग दिल के बहुत भले होते हैं, हमें उनके इसी गुण के कारण नत होना चाहिए कि जब-जब संसार दुख और कष्ट में फँसा है, और गम्भीर-सूरत शक्लवाले 'दुष्टों' ने सात्विक-गुणों की 'ग्लानि' की है तब-तब नाना-वेश और नाना-रूपों में अवतरित होकर उन्होंने संसार को रसातल जाने से बचाया है। कहते हैं 'गुन ना हिरानो गुन गाहक हिरानो है', अत्यन्त दुख के साथ स्वीकार करना पड़ता है कि हिन्दी कथा-साहित्य में ऐसे भक्तों का नितान्त अभाव रहा जो अपने इन आराध्यों की खोज करते। स्वयं संस्कृत में भी रामायण और महाभारत के दो-एक प्रसंगों को छोड़कर इस रस का एकदम पता नहीं है। नाटकों के 'लड्डू-खाऊ' विदूषक और कविताओं की ऊहामय उत्प्रेक्षाएँ भी इतनी घिसी-पिटी हैं कि उनकी हँसी पर रोना आता है।

यह ठीक है कि मुक्त-हास्य, स्वास्थ्य और ज़िन्दगी की निशानी है, और हिन्दी का कथा-साहित्य भारतीय जातीयता के ह्रासोत्तर उत्थान के प्रयत्न-काल का साहित्य है, लेकिन हिन्दी की दूसरी शाखा, उर्दू में इस दिशा में जो रचनाएँ प्राप्त हैं, वे हमें यह सोचने को विवश कर देती हैं कि एक ही देश-काल में, लगभग एक ही शहर

में रहनेवालों और एक ही भाषा बोलनेवालों में यह खाई कैसे पनपती रही ?—सच तो यह है कि हिन्दी कहानियों और उपन्यासों में हास्य-रस प्रारम्भ में हमने उर्दू से ही लिया। चन्द्रकान्ता-सन्तति के दीवार-कहकहा के प्रसंग या बाद में गुलेरीजी की 'उसने कहा था' के मज़ाकिया चुटकुले, फ़िसानाए आज़ाद के खोजी साहब जैसे 'लाना मेरी करोली' वाले सम्पूर्ण चरित्रों के सामने गम्भीर ही लगते हैं। यह खोजी साहब यद्यपि डॉन क्विक्जोटवाले साँको-पांजा के छोटे भाई ही हैं लेकिन जिन परिस्थितियों और शैली में इन्हें प्रस्तुत किया गया है वह कथा-साहित्य के हास्य का एक अनूठा नमूना है। उर्दू कथा-साहित्य के दूसरे शेखचिल्ली 'चचा छक्कन' ने काफी दिनों हिन्दी पाठकों का मनोरंजन किया। सचमुच शेखचिल्ली और लाल-बुझक्कड़ लोक-कथा के इन दो चरित्रों को शिष्ट-हास्य का आलम्बन बनाकर जिन दो चरित्रों में प्रस्तुत किया गया है वह आज भी हमें गुदगुदा देता है। 'अकबर-बीरबल-विनोद' चुटकुले हैं, उन्हें कथा-साहित्य में लेना उनके साथ ज़्यादती होगी।

प्रेमचन्द का युग सुधार और जागरण का युग है, उस समय का कोई साहित्यिक रूप इस गम्भीर छाप से मुक्त नहीं है। प्रेमचन्दजी की एकाधिक कहानियों में आनेवाला चरित्र मोटेराम शास्त्री एक ऐसा रूढ़िवादी पुराण-पंथी पण्डित है जिससे किराए पर हर काम कराया जा सकता है। इसके द्वारा उन्होंने रामनामी ओढ़े, ढोंगी पंडितों की पोल खोली है। इसके अलावा उनके 'बड़े भाई साहब' जैसी कहानियों के हास्य को हास्य कहा जाए या बड़े भाई साहब का दर्द, यह कहना मुश्किल है। सच पूछा जाए तो गोदान इत्यादि में कारिन्दे की रिश्वत लेने के दो-एक प्रसंगों की नकल को छोड़कर प्रेमचन्द भी प्रायः हास्य से कतराते रहे हैं। हास्य का उपयोग हथियार के रूप में भी हो सकता है इसे उस काल में जी. पी. श्रीवास्तव ने समझा, लेकिन इसे उस समय की सीमा कहिए, कि उनका वह हथियार डंडे के रूप में आया। श्रीवास्तव जी ने गढ़ी हुई परिस्थितियों और अतिशयोक्तिपूर्ण शैली में पुराने रूढ़िवाद और नए नक़लचियों का जी-भरकर मज़ाक उड़ाया : उनका उपन्यास 'लतखोरी लाल' जब 'चाँद' में निकला करता था तो लोग कैसे उसकी एक-एक पंक्ति पर लोट-पोट हो जाया करते थे, यह आज भी बहुतों को याद होगा। विवाह-विषयक अन्धविश्वास और धार्मिक पाखंडों के साथ-साथ विलायत की नकल करनेवाले साहबों और मेमों पर उनका आक्रोश उन लोगों की भंडैती करने में निकला है। सब मिलाकर वह हास्य न तो स्वाभाविक है और न बहुत अधिक रूढ़ि-मुक्त। जो भी हो, श्रीवास्तवजी को दो दशकों तक हिन्दी के एकमात्र हास्य कथा-लेखक रहने का सौभाग्य रहा है। श्री अन्नपूर्णानन्द आदि लेखकों के 'महाकवि-चच्चा' 'मगन रहु चोला', 'अकबरी लोटा' जैसे प्रयोग उस समय के शिष्ट हास्य की दिशा में अच्छे प्रयोग हैं।

जिन दिनों हिन्दी के लेखक पिकविक-पेपर्स या लीकॉक की रचनाओं से प्रभावित और प्रेरित हो रहे थे तब उर्दू के हास्य-रसाचार्य मिर्ज़ा अजीम बेग चगताई ने लगभग

सारे हिन्दी-पाठकों को अपने साथ ले लिया था। यह ठीक है कि चगताई में न तो शौकत थानवी जैसी सामाजिक-चेतना है और न कन्हैयालाल कपूर जैसी सूक्ष्म कारीगरी। भाषा के प्रयोग भी उनमें पतरस जैसे नहीं मिले, लेकिन उर्दू और हिन्दी कथा-साहित्य पर कैसे चगताई एकदम छा गए थे, यह आज के शफ़ीक़ुर्रहमान जैसे लोगों में देखा जा सकता है। परिस्थिति को अबोध-सादगी से वर्णन करने का ढंग और हास्यास्पद परिस्थितियों में पात्रों का चित्रण, उनकी मानसिक और शारीरिक चेष्टाओं का अंकन, मन को सच ही ताज़मी और बल देते हैं। निम्न मध्यवर्गीय मुस्लिम घरानों का सशक्त और सजीव चित्रण चगताई ने बेजोड़ किया है। आत्म-कथा के रूप में कही गई 'कुत्ते की कहानी' और 'अँगूठी मुसीबत' ही उन्हें साहित्य में स्मरणीय बनाने को काफी है।

निरालाजी ने 'बिल्लेसुर बकरिहा' और 'कुल्ली भाट' में भी इस रस के कुछ प्रयोग किए थे। श्री हरिशंकर शर्मा ने 'पिंजरापोल', 'चहचहाता चिड़ियाघर' में हास्य और व्यंग्य को मिलाया है। गुलाबराय के हास्य रस को समझने के लिए हजारी प्रसाद द्विवेदी की तरह संस्कृत की पृष्ठभूमि ज़रूरी है।

बेढब बनारसी ने यद्यपि कविताओं के अलावा छोटी-छोटी कहानियाँ भी लिखी हैं लेकिन सबसे पहले हिन्दी में उन्होंने हास्य-रस और राष्ट्रीयता का मेल किया। सैटायर लिखने की जो प्रवृत्ति 'महाकवि चच्चा' के बाद प्रायः धुँधली पड़ गई थी उसे उन्होंने ही जगाया। 'बनारसी इक्का' और 'मसूरीवाली' इत्यादि कहानियों में निश्छल और शिष्ट हास्य मिलता है। बेढबजी की इस दिशा में देन स्वीकार करते हुए भी इतना मान लेने में कोई हर्ज नहीं है कि कहानी कहने और परिहासमयी परिस्थितियों का चयन या चित्रण करने की प्रतिभा न तो मराठी के चि. वि. जोशी या वी. जी. ओक जैसी है न बँगला के परशुराम जैसी। इस दिशा में प्रसिद्ध व्यंग्य-चित्रकार शिक्षार्थी विशेष रूप से उल्लेखनीय हैं। यद्यपि उनके तीन ही कहानी-संकलन देखने में आए हैं, लेकिन उनमें एक सचेत कहानीकार और पैने व्यंग्यकार का गंगा-जमुनी मिश्रण है। द्वितीय महायुद्ध के शहरी जीवन की मुसीबतों के उनके चित्र सचमुच कमाल के हैं।

कथा-साहित्य के हास्य-लेखकों में अमृतलाल नागर का नाम शीर्षस्थ लोगों में गिना जा सकता है। नागरजी ने अपने तुलाराम शास्त्री, नवाबी मसनद, सेठ बाँकेमल जैसी रचनाओं में जहाँ एक ओर व्यंग्य और विद्रूप के हथियारों को राजनैतिक और सामाजिक समस्याओं पर आजमाया है, वहीं डॉन-क्विक्ज़ोट और फ़िसानाए-आज़ाद की परम्परा को भी जीवित रखा है। प्रायः सामाजिक रूप से सचेत लेखक (मेरा मतलब हास्य-प्रतिभा-सम्पन्न लेखकों से है) शुद्ध हास्य रस की चीजें लिखते-लिखते व्यंग्य और सैटायर लिखने लगते हैं, फिर धीरे-धीरे गम्भीर लेखक हो जाते हैं। सैटायर नाम ही उस मजबूरी का है जिसमें दर्द और चुभन तो इतनी तीखी होती है कि 'कचोट'

बनकर तिलमिलाती है, लेकिन हम रो नहीं पाते, अतः हँसी उड़ाकर दिल हल्का करते हैं। एण्टन चेखव ने हास्य से ही अपनी कहानियाँ लिखने की शुरुआत की और निस्सन्देह उन्होंने अद्भुत हास्य-कहानियाँ दीं, लेकिन उनके पीछे इतना बड़ा सामाजिक दर्द या कचोट है कि हिला देता है। उनकी 'गिरगिट' कहानी को ही लीजिए, जिसमें किसी अफसर के कुत्ते और पुलिस के अधिकारी को लेकर पुलिस पर करारा व्यंग्य किया गया है। नागरजी की व्यंग्य-कथाओं में वह सारे गुण हैं जो चेखव की हास्य-कृतियों में हैं, लेकिन रतननाथ सरशार की परम्परा ने उन्हें वह सामर्थ्य और दृष्टि दी है जो पिछले किसी भी लेखक में नहीं है : वह है मनुष्य की हास्यास्पद लगनेवाली प्रवृत्तियों को सामाजिक-विकास-क्रम और संस्कृति-विशेष की पीठिका में देखने की प्रतिभा और स्थान-स्थान की बोलियों और व्यक्ति-व्यक्ति के बोलने के ढंग को ज्यों-का-त्यों प्रस्तुत कर देने की पकड़। 'सेठ बांकेमल' को इस दिशा में विशिष्ट उपलब्धि माना जा सकता है। सामन्ती संस्कृति की बीतती छाया की गोद में पले हुए लोग जब नए वैज्ञानिक-विकास और औद्योगिक प्रगति के सम्पर्क में आते हैं तो उन पर क्या-क्या प्रतिक्रिया होती है, यह सेठ बांकेमल में देखते ही बनता है। घटनाओं और व्यक्ति के चरित्र का ऐसा मुक्त और मस्त वर्णन तो शायद ही कहीं मिले। चाहे वह मिटती हुई नवाबी हो या ठेठ-मुम्बइया जीवन के आधुनिकतम चित्र, 'बंगाल के अकाल' में पैसा कमानेवाला महाजन हो या उत्तर-प्रदेश के मध्य और उच्च-मध्यवर्गीय घरेलू जीवन की झाँकियाँ, नागरजी की हास्योद्भावनी कलम ने कहीं भी वास्तविकता का साथ नहीं छोड़ा है। केवल उनके वार्तालापों से ही पाठक, पात्रों के प्रान्त या उनकी मातृ-भाषा का ही पता नहीं लेता, बल्कि उनके वर्ग और वातावरण का भी परिचय पा लेता है। वस्तुतः कथोपकथन में ऐसी बारीकी, सचाई और पकड़ लाने की क्षमता हिन्दी के किसी दूसरे लेखक में नहीं है। 'महाकाल' जैसे गम्भीर उपन्यास में मोनाई जैसे पात्र की अवतारणा शायद नागरजी का एकदम नया प्रयोग है—वर्ना सामाजिक उपन्यासों में ऐसे चरित्र या तो हैं नहीं, और हैं भी तो उनको निभाया नहीं जा सका है।

राजनैतिक-व्यंग्य या कैरीकेचर की दिशा में जयनाथ 'नलिन' की रचनाएँ यद्यपि स्केच या रेखाचित्रों से आगे नहीं बढ़तीं, लेकिन उनके 'शतरंज के मोहरे' में एक कुशल और शिष्ट कार्टूनिस्ट के सारे गुण मौजूद हैं—महात्मा गाँधी से लेकर पंडित सुन्दरलाल तक और चर्चिल से लेकर बर्नार्ड शॉ तक का जो खाका उन्होंने खींचा है वह उनकी 'विट' और संयम का अद्भुत रूप है। नवाबी जीवन पर 'नलिन' जी ने भी कुछ प्रयोग किए हैं लेकिन वे नागरजी या शौकत थानवी की गहराई और ऊँचाई तक नहीं पहुँच पाते। बंगाली-जीवन और संस्कृति के रोचक प्रसंगों को एक पात्र के माध्यम से गाँथने के कई सफल प्रयत्न मोहन सिंह सेंगर ने किए हैं, लेकिन कहीं-कहीं परिस्थिति की गम्भीरता उनके पात्र पर हावी हो जाती है। साथ ही इस 'खोन बाबू' की बोली को लेकर जो रस और रोचकता उत्पन्न की जा सकती है,

उस ओर भी उनका ध्यान गया नहीं लगता। असल में इस प्रकार के चरित्र अपना उद्देश्य उस समय खो देते हैं जब लेखक उनकी समस्याओं या व्यक्तित्व में खुद गम्भीरता से उतरने लगता है।

बाद के लेखकों में सबसे अधिक सफलता केशवचन्द्र वर्मा को मिली है। अपनी भाषा और शैली के अद्भुत लेकिन स्वाभाविक प्रयोगों से उन्होंने कुछ पुरानी लोक-कथाओं को नया रूप दिया है। उनमें सूझ, दृष्टि और चयन तीनों हैं और उन्हें हम नागरजी के अखाड़े का उदीयमान 'पट्ठा' कह सकते हैं। 'काठ का उल्लू और कबूतर' सेठ बांकेमल के बाद दूसरा हास्य-रस का औपन्यासिक-प्रयोग है और इसे 'किस्सा तोता-मैना' की शैली पर लिखा गया है। यद्यपि इसी शैली में अमृतलाल नागर की कहानी 'किस्सा बी सियासत और बुल्लेशाह एडीटर का' बहुत पहले पर्याप्त प्रसिद्धि पा चुकी है। यहाँ वर्माजी की दो कमजोरियों की ओर ध्यान दिलाना भी आवश्यक है : एक है बहक और दूसरी राजनैतिक मसीहा बनने का रोग। उक्त उपन्यास में यह दोनों रोग काफी उभर कर आए हैं। वे शेक्सपियर के प्रसिद्ध कथन का कभी-कभी ध्यान कर लें तो अच्छा है 'संक्षिप्ति ही उक्त-चमत्कार की आत्मा है'। विशेषकर उपन्यास गठन की माँग करता है।

यह ठीक है कि पी. जी. वुडहाउस या परशुराम जैसा शुद्ध-हास्य लिखनेवाले कथाकार हिन्दी में नहीं हैं लेकिन सच पूछा जाए तो उस शैली में हँसनेवाली बातें सुनाई जा सकती हैं, किसी का खाका उड़ाया जा सकता है, किसी सामाजिक बुराई को लक्ष्य करके कोई कमाल की कहानी गढ़ी जा सकती है, और आज गम्भीरता से बोझिल समय में यह सब मिलता है तो थोड़ी देर को तो हम सारी दीन-दुनिया भूल जाते हैं—लेकिन आज के बुद्धिजीवी लेखक के लिए शायद यह सम्भव नहीं है कि समाज या सामाजिक समस्याओं से इतनी दूरी, अधिक समय तक निभाए रखे। वह हास्य गढ़ना नहीं, हास्य चुनना अधिक पसन्द करता है। किसी भी कीमत पर उसे वास्तविकता की बलि देना गवारा नहीं है। अतिशयोक्ति से बचाकर वास्तविकता को यथातथ्य रूप में रखने और उसी में हास्य-प्रसंगों को चुनने की दिशा में अमृतलाल नागर सबसे सफल हैं। (इस लेख के समय तक 'रागदरबारी' जैसी रचनाएँ नहीं आई थीं। न हरिशंकर परसाई, शरदजोशी, रवीन्द्रनाथ त्यागी, मनोहर श्याम जोशी जैसे लेखक आए थे।)

फिर भी हास्य-रचनाओं की एक विशेषता की ओर ध्यान देना ज़रूरी है। पहले भारतीय-संस्कृति के सामन्ती परिवेश और मानसिकता के बीच आधुनिक या जीवन के नए तौर-तरीकों पर लोग हँसते थे। फिर आज के शहरी जीवन के बीच असन्तुलित हो जानेवालों की बौखलाहट पर हँसने लगे। अब हँसी का आधार अपने जीवन का हास्यास्पद हो जाना है। नेताओं की कथनी-करनी का अन्तर उन्हें हास्यास्पद बना देता है।

[राष्ट्रभारती 1955]

पठनीयता और यथार्थ कहाँ है ?

एक पाठिका की शिकायत

प्रिय राजेन्द्रजी,

···अभी मैंने आपके एक प्रमुख उपन्यासकार का प्रसिद्ध उपन्यास समाप्त किया है और सचमुच इतनी अधिक झुँझला उठी हूँ कि बिना आपसे यह पूछे नहीं रह सकती कि आखिर इन उपन्यासकारों को हो क्या गया है ? जब इनके पास कुछ भी लिखने को नहीं है तो क्यों यह हमारा पैसा और देश का काग़ज बर्बाद करते हैं ? कोई और काम क्यों नहीं करते ? चूँकि इनमें से कुछ के नाम आपने ही सुझाए थे इसलिए आज मैं आपसे ही बहुत साफ-साफ बातें करूँगी।

सबसे पहले मैं अपने विषय में बता दूँ। आप जानते ही हैं कि मेरे पति को 350 रु. मासिक मिलते हैं। तीन-चार व्यक्तियों के परिवार के लिए यह आज कितनी छोटी रकम है, यह मैं नहीं कहना चाहती। ख़ैर चूँकि मैंने जब बी. ए. किया था तभी से अच्छे साहित्य की तरफ शौक बढ़ गया था। शौक तो पुराना ही था। जब उसकी आन्तरिक विशेषताएँ और सौन्दर्य समझने लगी तो शौक नशे के रूप में बदल गया। मेरे पति बहुत ही उदार और साहित्यिक तथा कलात्मक अभिरुचि के व्यक्ति हैं और वे मेरे इस शौक को अपनी तनख़ा का एक अच्छा खासा प्रतिशत देकर भी पूरा करते हैं। किन्तु पिछले पाँच-छह वर्ष से ऑफिस की व्यस्तता तथा अन्य झंझटों की वजह से वे साहित्य इत्यादि से दूर पड़ गए हैं। मुझे कभी-कभी बड़ी दिक्कत होती है यह पता लगाने में कि अब क्या पढ़ा जाए। इसी विषय में सलाह के लिए मैंने आपको लिखा था। मैं इस बात को मानती हूँ कि हमें खरीदकर पत्रिकाएँ और किताबें पढ़नी चाहिए। मेरे पति अक्सर दफ्तर से आते समय अपने समय के किसी प्रसिद्ध उपन्यासकार के नए उपन्यास खरीद लाते हैं, क्योंकि वे जानते हैं रात को दो-एक घंटे पढ़े बिना मुझे नींद नहीं आती। इधर मैंने जो कुछ पढ़ा है उसे देखकर ही मैं आपसे पूछती हूँ कि अपनी खून-पसीने की कमाई को क्या हम इन्हीं किताबों

के लिए बर्बाद करें ? या फिर पढ़ने का शौक छोड़कर कोई और शौक अपनाएँ, या आप सलाह यह देते हैं कि सस्ती अश्लील, हत्या और डाकेजनीवाली अमेरिकन किताबें, पुलिस रिपोर्ट और उनकी भौंड़ी हिन्दी नकलें पढ़कर अपने शौक को कायम रखें ? लीजिए अब मैं बहुत ही साफ-साफ बात कहती हूँ।

पहले 'माया' में अज्ञेयजी के नाम से कुछ कहानियाँ देखकर मैंने सोचा था कि क्या सचमुच ये कहानियाँ 'अज्ञेय' जी की हैं ? चूँकि अज्ञेयजी के नाम के साथ मैं कुछ गम्भीरता और उत्तरदायित्व का सम्बन्ध जोड़ती रही हूँ इसलिए फिर दुबारा एक-एक अक्षर पढ़ा कि शायद ध्यान से न पढ़ने के कारण ही मैं उन्हें समझ नहीं पाई होऊँ। अफ़सोस नतीजा कुछ नहीं निकला और कहानियाँ किसी 'थर्ड रेट' लेखक की ही लगीं। बाद में कहीं अज्ञेयजी द्वारा प्रतिवाद देख कर आप विश्वास मानिए, मुझे कितना सन्तोष मिला कि मैं ही जानती हूँ। लेकिन इधर सैकड़ों चीजें पत्रिकाओं में ऐसी निकलती हैं जिनके लेखक प्रतिवाद भी नहीं करते। अब मैं इधर पढ़े कुछ उपन्यासों की बात करूँगी।

आपके साहित्य के इतिहास-लेखक चीख-चीखकर कहते हैं कि जैनेन्द्र कुमार, इलाचन्द्र जोशी, भगवतीचरण वर्मा, भगवती प्रसाद वाजपेयी यही हिन्दी के सर्वश्रेष्ठ उपन्यास लेखक हैं—क्या यही आपकी हिन्दी के सर्वश्रेष्ठत्व का मापदंड है, जो जितना उलझता और हावी होता चला जाता है वह उतना ही अच्छा लेखक बनता जाता है ? मैं एक साधारण पाठिका की तरह कहती हूँ : जैनेन्द्र के 'त्यागपत्र', परख और सुनीता को हमने इसलिए अच्छा उपन्यास नहीं कहा था कि उसमें शब्दों का बेहूदा उलझाव है या दार्शनिकता की ऊटपटाँग कलाबाजियाँ हैं। हमने उन्हें अनेक समाज-सत्य के सजीव वर्णनों और पात्रों की मनोवैज्ञानिकता के साथ उनका सन्तुलित द्वन्द्व और भीतर की बेचैनी को कलात्मक ढंग से अभिव्यक्ति के लिए सराहा था विशेष रूप से नारी की छटपटाहट। इसका मतलब यह तो कभी नहीं था कि वे बैठकर हमें वही-वही किस्से निहायत कलाहीनता से सुनाए जाते और मनोवैज्ञानिकता का दावा करके दूसरों को भुलाए रखते ! रवीन्द्रनाथ के 'घर बाहर' के किस्से को अगर हमने सुनीता में चुपचाप सुन लिया था तो फिर 'सुखदा', 'विवर्त' और 'व्यतीत' में उस सबको नए सिरे से सुनाने की क्या ज़रूरत थी? आपके साहित्यिक विज्ञापनबाज और आलोचकों से मुझे कोई लेना-देना नहीं है, मैं तो एक अत्यन्त साधारण पाठिका हूँ और एक अच्छे ढंग से कही गई रोचक सुरुचिपूर्ण कहानी चाहती हूँ जिसका अर्थ हो, उद्देश्य कोई भी हो। व्यक्तिगत रूप से आपने अपने घर-भर में खद्दर बिछा रखा है, लँगोटी लगाकर रहते हैं, उबले और कच्चे साग-सब्जी खाते हैं या रूस से मँगाए लाल झंडों की बन्दनवार आपने लगा रखी है इससे मुझे कोई मतलब नहीं है। पाठक को किताब पढ़ते समय यह तो न लगे कि उसके साथ गहरी साज़िश की जा रही है यानी उसे घिसी-पिटी वही कहानी सुनाई जा रही है, या बेजान और संगतिहीन

कहानी को कठपुतले पात्रों की खूँटियों से बाँध दिया गया है, उसे झूठे, अव्यावहारिक और भ्रान्त विचारों में भटकाया जा रहा है या औंधी-सीधी भाषा की बाजीगरी दिखाकर उसकी आँखों में धूल झोंकी जा रही है ? आप मेरी झुँझलाहट को उस समय समझेंगे जब आपको महीनों मेहनत की कमाई से खरीदे शुद्ध घी में घासलेट मिला दिखाई देगा, लक्स के कागज में बहुत सस्ता, कपड़ा धोने का साबुन निकलेगा। सच-सच बताइए, विदेशों में भी क्या उपन्यासकार दो ही एक अच्छे उपन्यास लिखकर बाद में कूड़ा-कचरा भरने लगते हैं ?

यह ठीक है कि बड़े कहलानेवाले और अच्छे प्रकाशक इन्हीं दिवालिया लेखकों के पास भागते हैं और ये चालाक लेखक दूध में पानी मिलाकर मोटे-मोटे उपन्यास पेल डालते हैं, पैसे बनाते हैं, लेकिन मुझे बताइए, क्या ये प्रकाशक भी एकदम बेपढ़े होते हैं ? और जब इन लोगों की किताबें नहीं बिकतीं तो ये रोते क्यों हैं ? हम क्यों खरीदें ? अगर आप बड़े प्रकाशक हैं, आपको अपनी सामर्थ्य पर विश्वास है तो आप छोटे लेखक पकड़िए, हमें इन मठाधीशों के नामों से कोई मोह नहीं है। मेरी इनसे सिर्फ़ इतनी प्रार्थना है कि यदि उपन्यास कहकर आप कोई पुस्तक देते हैं तो उपन्यास ही दीजिए।

आप कह सकते हैं कि छायावादी उत्थान के ये वे पतनशील लेखक हैं जिन्हें हवाई और निराकार बातें बघारने का चस्का लग चुका है और किसी भी सक्रिय विचार-दर्शन के साथ आना इनके बस का नहीं है, इसलिए इनके सौ गुनाह माफ ही किए जाएँ। मैंने माना, यदि यही है तो फिर यह अपनी बकवास बन्द करें, और हमें बहकाकर अपना महत्त्व मनवाए रखने की इन गन्दी चालों से बाज़ आएँ।

जैनेन्द्रजी की बात मैंने कह दी। अब अपने भगवती प्रसादजी वाजपेयी को लीजिए। इनकी एक किताब है 'गुप्तधन'। (प्रकाशकों की तिकड़मों से ये किताबें कोर्स में लगी होती हैं।) ओफ सच, उससे ज्यादा बेकार किताब तो मैंने पढ़ी ही नहीं। न कहानी कहने की तमीज, न मनोविज्ञान का ज्ञान, न विचारों में स्पष्टता और न भाषा की दुरुस्ती। बिल्कुल ऐसा लगा जैसा विश्वविद्यालयी आचार्यों की तरह किसी नौसिखिए से लिखवाकर, लेखक ने अपना नाम ठोंक दिया है। इनकी 'चलते-चलते' किताब आपने पढ़ी ? रोना आता है इनकी बुद्धि पर।

भगवतीचरण वर्मा का 'आखिरी दाँव' आपकी निगाह से गुजरा है ? वाह, क्या कहना है। वर्माजी को तो चाहिए कि उस कहानी का एक युग-प्रवर्तक सिनेमा बनवा डालें। उनकी कला का दिवाला तो 'टेढ़े-मेढ़े रास्ते' में ही निकल चुका था, लेकिन वे इस हद तक नीचे जा सकते हैं यह 'आखिरी दाँव' देखकर ही लगा। बिना इसे लिखे उनकी कौन सी साहित्यिक कीर्ति को घुन लगे जा रहे थे ? शुरू से अन्त तक कहीं भी तो ऐसा नहीं लगता कि जरा भी समझदारी या तर्क से लिखा गया है। चमेली और रामेश्वर के चित्र देखकर तो जादुई कठपुतलियों का ध्यान आता रहता

है…सिनेमा-जीवन का चित्रण चाहे यशपाल ठीक से न कर पाए हों, लेकिन मानव मनोविज्ञान से ऐसी दुश्मनी तो उन्होंने 'मनुष्य के रूप' में नहीं दिखाई। प्रत्येक बदलती परिस्थिति में सोमा की मानसिक और आन्तरिक स्थिति का चित्रण इतना सरस और रोचक है कि पाठक चेखव की 'डार्लिंग' की तरह उसे सहानुभूति से स्वीकार करता चला जाता है। घटनाएँ और उनकी प्रतिक्रियाओं को चित्रित करने का रत्तीभर ज्ञान 'आखिरी दाँव' के लेखक को नहीं है।

अच्छा, मैं मान लेती हूँ कि बेचारे भगवती बाबू को 'चित्रलेखा' की सफलता ही खा गई और उन्होंने कुल मिलाकर तीन ही तो उपन्यास लिखे हैं इसलिए यदि वे 'आखिरी दाँव' में बुरी तरह असफल हुए हैं, उन्हें क्षमा कर दिया जाए। पर क्यों साहब, आपके एक दर्जन उपन्यासों के कुशल लेखक इलाचन्द्र जोशी ने जब 'सुबह के भूले' और 'जिप्सी' लिखे थे तब उनकी 'प्रचंड-आलोचक बुद्धि' और ''मानव मन के स्तर प्रस्तरों को चीर फेंकनेवाले तूफानी मनोविज्ञान को चित्रित करनेवाला'' महान् ज्ञान कहाँ सैर करने गया था ? रांगेय राघव के उपन्यासों या सेठ गोविन्द दास के 'इन्दुमती' को छोड़कर कागज की इतने विशाल परिमाण में बरबादी जैसी 'जिप्सी' में है कहीं और हुई है ?

अभी मैं पढ़ चुकी हूँ 'सुबह के भूले' इसलिए दो-चार बातें इसी के सम्बन्ध में लीजिए। 'चन्द्रकान्ता सन्तति' के अन्त में एक 'दीवार कहकहा' का वर्णन है, जहाँ जो भी आदमी चढ़कर दूसरी ओर झाँकता था, हँसता हुआ उधर ही कूद पड़ता था। मुझे तो आपकी मुम्बई नगरी भी कुछ-कुछ ऐसी ही लगी। उस जगह जो भी दो-एक साल रह लेता है वहाँ से तो असफल हो कर सिर पर पाँव रखकर भागता ही है, अपनी गाँठ की सफलता भी खो आता है। जो लौट नहीं पाए उनकी तो बात ही छोड़ दीजिए। लौट आनेवालों में श्री इलाचन्द्र जोशी और भगवतीचरण वर्मा भी हैं। हालाँकि मुझे शक है कि जोशीजी ने कभी 'स्टूडियो' को भीतर से घुसकर देखा होगा। 'सुबह के भूले' पढ़कर मुझे निश्चय है लेकिन 'मुम्बई पलट' होने के कारण सिनेमा जीवन पर लिखना उन्होंने भी अपना परम कर्तव्य समझा। आप चाहें तो मेरी ओर से घोषित करवा दें कि इन दोनों उपन्यासों को बिना मानसिक मिचलाहट के जो भी पढ़ लेगा उसे इनाम दिया जाएगा।

'सुबह के भूले' का पहला अध्याय पढ़ते ही आपको मालूम हो जाएगा कि लेखक ने न तो कभी बच्चों को खेलते देखा है और न कभी उनके बोलने के ढंग या भाषा को ही ध्यान से देखा-सुना है। आप बताइए, मुझ जैसी एक स्त्री शुरू की ही इस बोरियत के बाद आगे पढ़ने की हिम्मत कैसे कर सकती है ? उसके बाद झमिया का जो वर्णन चलता है तो खुदा की पनाह। 'आखिरी दाँव' की चमेली और यह 'झमिया' आपस में सगी बहनें लगती हैं। गनीमत है कि जोशीजी ने उसे

स्वयं अभिनेत्री न बनाने का विशेष धैर्य रखकर, उसकी लड़की गुलबिया को ही अभिनेत्री बन जाने दिया है। झमिया का मुम्बई में महावीर की भाभी बन कर जमने तक का वर्णन तो हिन्दी साहित्य के सबसे नीरस और रूखे कलाहीन वर्णनों में से है। इन दोनों लेखकों के वार्तालापों की भाषा बिल्कुल वही है जो यह महानुभाव अपने आलोचक मित्रों से करते होंगे। भाषा शुद्ध, साहित्यिक कोशवाली और बीच-बीच में 'उमिर' इत्यादि शब्द ऐसे ही हैं जैसे ड्राइंगरूम में अपना ग्रामीण ज्ञान प्रदर्शित करने को चक्की रख दी गई हो। टोन लहजा, भावभंगी, ध्वनि कुछ भी तो ऐसा नहीं है जहाँ लगे कि सचमुच के जिन्दा लोगों की कहानी है। बस इसमें एकाध जगह ही ऐसी है जहाँ मन रमता है, पाठक का ही नहीं, लेखक का भी। बाकी सारी किताब तो बेगार और बेकार है।

पता नहीं, जोशीजी की ही विशेषता है या मुझे ही वे स्थल अच्छे लगे हैं जहाँ उन्होंने हीनता की भावना से पीड़ित पात्रों का चित्रण किया है, जैसे कवि, 'महीप' का 'निर्वासित' उपन्यास में, पारसनाथ का 'प्रेत और छाया' में, नन्दकिशोर का 'सन्यासी' में इसी तरह इसमें भी वही स्थल कुछ अच्छा जरूर बन पड़ा है जब 'गिरिजा' उच्चवर्ग के दिखावटी पुरुषों—मोहनदास या हेम कुमार से मिलती है। ये पचास-साठ पन्ने पढ़ने लायक हैं, वर्ना एक भी लाइन ऐसी नहीं है जहाँ पाठक को बेवकूफ न बनाया जा रहा हो।

लेखक को न तो यह पता है कि शेडों में रहनेवाले लोग कैसे रहते हैं, न यह पता है कि सिनेमा कैसे बनते हैं ? शंकरलाल से गिरिजा का इन्टरव्यू पढ़कर ही हर आदमी समझ जाएगा कि इस व्यक्ति ने कभी भी न तो प्रोड्यूसर का मुँह देखा है, न फाइनेन्सर की शक्ल जानी है। और फिर 'गिरिजा' के प्रथम श्रेणी की अभिनेत्री बन जाने तक का वर्णन, या निर्मात्री बन जाने का विचार देखकर तो मुझे आश्चर्य है कि मैंने किताब फेंक क्यों न दी। विदेशी ही क्या, कोई जानकार ही पढ़ने लगे तो क्या कहे—यही हैं आपके हिन्दी के चोटी के लेखक, जिन्होंने सिनेमा को पर्दे के सिवा कभी उसे बनते देखा नहीं और सिनेमा जीवन पर उपन्यास लिखने दौड़ते हैं ? मेरे पति के एक उर्दू प्रेमी मित्र ने जब यह कह दिया कि "इन महान् लेखकों को अब्बास का 'अँधेरा उजाला' भेजकर लिख दीजिए कि इसे दो साल, रात दिन दोनों वक्त पढ़ें तब जानें कि सिनेमा जीवन क्या है।" यह सुनकर आप ही सोचिए, मेरे हिन्दी-प्रेम का क्या हुआ होगा ? मैं यह नहीं कहती कि 'अँधेरा-उजाला' या महेन्द्रनाथ का 'आदमी और सिक्के' बहुत अच्छी रचनाएँ हैं, लेकिन कम से कम झूठ और कल्पना से लिखी गपबाजी तो उनमें नहीं है।

जैसे वर्माजी की 'चमेली' बात की बात में सब कुछ कर डालती है वैसे ही जोशी जी ने किशन को कभी समझदार और कभी बेवकूफ या कभी बेवकूफ समझदार

दिखा-दिखाकर निहायत ही भद्दे ढंग से गिरिजा से उसकी शादी करा दी है और उठाकर 'मातृ-मन्दिर' में ले आए हैं, फिर 'जन देवता' पर भाषण झड़वा दिया हैं। इस भाषण का न कोई अर्थ है, उपन्यास में न कोई संगति है, न जाने यह कहाँ आसमान से आ टपका और मेरा तो कहना यह है कि आप सिनेमा जीवन पर कुछ नहीं जानते तो कम-से-कम 'अश्क' के 'मस्केबाज़ों का स्वर्ग' या 'पैंतरे' ही पढ़ डालते या अमृत लाल नागर के कई नाटकों या कहानियों को पढ़कर उन लोगों के बोल-चाल, उठने-बैठने के ढंग, ढर्रे सीखते।

झमिया, किशन, महावीर, गिरिजा, हेमकुमार कोई भी तो कम्बख़्त ऐसा नहीं है, जिन्हें पढ़कर लगे कि हाँ ये सचमुच के लोग हैं। सारा दिमागी खेल। यों दूध के धुले सभी हैं। वास्तव में मुम्बई के सिनेमा-जीवन में ऐसे पात्रों का अवतार करके जोशीजी ने अभूतपूर्व क्रान्ति करा डाली है। अन्त तक यही समझ में नहीं आता कि आखिर इस उपन्यास का उद्देश्य क्या है और पाँच रुपए प्रकाशक किस बात के चाहता है ? मुझे तो ऐसा लगता है जैसे आपके यहाँ पेजों के हिसाब से पैसे मिलते हैं इसलिए ये उपन्यासकार लिखने के स्थान पर पन्ने भरते हैं। वैसे इनके ज्ञान या जीवन को देखने की हालत यह है कि 'स्टैथस्कोप' को (खुद किसी पात्र द्वारा नहीं) 'संडसीनुमा नली' (पृष्ठ 306) लिखते हैं जबकि पास ही प्रिसक्रिप्शन जैसे शब्द तक रख देते हैं। अरे भाई, किसी डाक्टर से ही पूछ लेते कि इस 'संडसीनुमा नली' को क्या कहते हैं ? मेरा तो सुझाव यह है कि इस वर्ष की सबसे 'बोर' भाषा वाले घटनाहीन उपन्यास लिख डालने के लिए 'नोबुल पुरस्कार' अर्नेस्ट हैमिंग्वे को न दे कर इन्हें ही दिलवा दिया जाए। आप बतलाइए भगवान न करे इन उपन्यासों का किसी दूसरी भाषा—या अँग्रेजी जैसी अन्तरराष्ट्रीय भाषा में अनुवाद हो तो हम लोग क्या मुँह दिखाएँगे ? क्या सचमुच ये लोग अपने नाम, सम्मान और जिम्मेदारी को जरा भी अनुभव नहीं करते ?

यह तो आपके प्रथम श्रेणी के उपन्यासकारों के हाल हैं तो रांगेय राघव या 'अंचल' जैसे दूसरी श्रेणी के लेखकों की बात ही क्या की जाए ? अज्ञेयजी के प्रतीक के उपन्यास 'बारह खम्भा' में आपने 'रांगेय राघव' वाला हिस्सा पढ़ा था ? रेलों की भागदौड़, सिनेमा, मुम्बई, पिस्तौलबाजी, उसमें क्या नहीं था ? सचमुच स्टंट सिनेमा का मज़ा आ गया। 'घरौंदे' से लेकर आप इनके सबसे नए सामाजिक उपन्यास 'उबाल' तक पढ़ जाइए, आपकी समझ में ही नहीं आएगा आपने पढ़ा क्या है ? न कहीं कथा बनती दिखाई देगी, न कहीं कोई चरित्र बनेगा, घटनाओं में तारतम्य और प्रवाह नहीं होगा, एक वाक्य का दूसरे से सम्बन्ध अपनी कल्पना से ही तलाशते रहिए—उपन्यास का हर चैप्टर स्वतन्त्र होगा और सब मिलाकर उपन्यास चूँ-चूँ का मुरब्बा होगा। आपने इनका 'सीधा-सादा रास्ता' पढ़ा है ? मेरा तो विचार है कि

हिन्दी के तीन सबसे अफसल उपन्यासों में ऊपरवाले दो के अतिरिक्त तीसरा यही है। प्रकाशित पुस्तकों की तीन दर्जन से ऊपर संख्या देखकर प्रकाशक जरूर रौब में आ जाते हैं, लेकिन दुख है कि हिन्दी के कृतघ्न पाठक और कुम्भकर्ण आलोचक इस बेचारे लेखक का उचित मूल्यांकन ही नहीं करते। भाई, आखिर आप लोग उन्हें यह बता ही दीजिए कि कितने पन्ने और वे रंगें कि आप लोग उन्हें सफल उपन्यासकार मानेंगे ? उन्होंने तीन वर्ष का जवाब 'घरौंदे' लिखा, आनन्द मठ का 'विषादमठ' लिखा, 'टेढ़े-मेढ़े रास्ते' का 'सीधा-सादा रास्ता' लिखा, दिव्या का 'मुर्दों का टीला' लिखा—अब आखिर वे तरकीब क्या करें ?

और बेचारे 'अंचल' जी, एक कथा लेकर 'चढ़ती धूप' में आए थे, उसी को पात्रों के नाम बदलकर 'उल्का' में दुहराया, 'नई इमारत' में दुहराया, 'मरु प्रदीप' में दुहराया, और हर उपन्यास में पहले से अधिक अपनी कविता की भावुकता बखानी—अब वे क्या करें ? भाई, मैं पूछती हूँ कि जैनेन्द्रजी जब एक ही कहानी दुहराने के तरीके से उपन्यासकार बन सकते हैं तो 'अंचल' जी क्यों नहीं बन सकते ?

सो ये आपके बड़े उपन्यासकारों के हाल हैं। मैं छोटे-मोटे लोगों की बात नहीं कहती। लगता ऐसा है ये लोग न तो जीवन को देखकर लिखना चाहते हैं और न देखने की मेहनत करना चाहते हैं और गलतफहमी है बड़े उपन्यासकार बनने की। कम से कम अपने आप से और घर से बाहर निकल कर तो देखो कि लोग कैसे बोलते-खाते और संघर्ष करते हैं। 'समरसैट मॉम' ने एक-एक उपन्यास पर कितनी मेहनत की है ? 'अप्टनसिल्क्येर' के एक-एक उद्योग पर लिखे गए उपन्यास निर्जीव ज़रूर हैं, लेकिन यह नहीं कहा जा सकता कि वह अपने क्षेत्र का जानकार नहीं है। शोलोखोव और इल्या हैरन बुर्ग की तो बात ही छोड़ दीजिए, जिन्होंने एक उपन्यास पर आठ-आठ साल लगाए हैं। और तो और आप अपने मुल्कराज आनन्द को ही लीजिए, 'कुली', 'अछूत', 'दो पत्तियाँ', 'एक कली' या 'एक था राजा' सभी में उसने अपनी कहानी के भौगोलिक, आर्थिक, सामाजिक या मनोवैज्ञानिक पहलू का अध्ययन नहीं किया—यह उसका कट्टर-से-कट्टर आलोचक भी नहीं कह सकता। और दूसरी ओर ये लोग हैं, जो दुनिया के हर विषय पर अपने दिमाग से ही सोच कर लिख डालते हैं और शिकायत करते हैं कि 'विश्व-साहित्य को क्रान्तिकारी मोड़' देनेवाले उपन्यास लिखने पर भी इन्हें उचित मान्यता नहीं मिलती।

आपकी बात मैं मानती हूँ कि स्वस्थ और वैज्ञानिक जीवन-दर्शन की बात की कल्पना भी इन यशपाल और रांगेय राघव को छोड़कर—'पतनशील' लेखकों से नहीं की जा सकती और वैसे 'जीवन-दर्शन' के अभाव में यथार्थवादी वर्णन आ ही कहाँ से सकता है, लेकिन कम-से-कम कला ही ये लोग दें। 'पतनशीलों' की कला

की तो बड़े-बड़े 'प्रगतिशीलों' ने तारीफ की है। इनके पास तो वह कला भी नहीं है जो 'अज्ञेय' जैसे गम्भीर या बाजारू कहे जानेवाली 'विकी बॉम' या 'अगाथा क्रिस्टी' के पास है। आप बताइए, तो क्या हम गोविन्ददास और कुशवाहा कान्त को पढ़ना शुरू कर दें ? कम से कम ये पठनीय तो हैं। और हमें सबसे पहले ऐसी कहानी चाहिए, जिसे हम पढ़ सकें। अपने दर्शन, दृष्टि या संवेदना को आप पठनीय नहीं बना सकते तो लेख लिखिए—उपन्यास की तो पहली शर्त ही पाठक को अपने विश्वास में लेकर साथ लिए चलना है।

आपकी,
प्रतिमा

['राष्ट्रभारती' नागपुर, अप्रैल 1955]
श्यामलता के नाम से

उपन्यास की ज़मीन : अपने आप से बाहर

हम जब अपने को सिर्फ अपनी ही निगाह से देखते हैं तो अक्सर आत्मदया या आत्मप्रशंसा में डूब जाते हैं या फिर आत्म-भर्त्सना करने लगते हैं। दोनों ही स्थितियों में अपने वर्तमान के लिए तर्क तलाश कर लेते हैं और हमेशा 'सही' होते हैं। यह निगाह हमें आस-पास की सच्चाइयों से काट देती है। वास्तविकता को तटस्थ-दृष्टि से देखने के लिए ज़रूरी है कि आदमी अपने भीतर से बाहर की ओर छलाँग लगाए और वहाँ से अपने को देखे—कि दूसरों की निगाह से, उनके बीच से और उनके बीच में वह कैसा दिखाई देता है ? ऐतिहासिक दृष्टि से देखें तो शायद हम लोग बहुत ही स्वकेन्द्रित लोग हैं और अपने-आप से बाहर निकलने की कोई परम्परा हमारे यहाँ नहीं है। व्यक्ति के रूप में अपने भीतर ही आत्म-साक्षात्कार, ब्रह्मज्ञान या आत्मा का उन्नयन हमारी चरम सिद्धि रही है, समाज के रूप में अपनी जाति, समाज या वर्ग से बाहर किसी से स्वस्थ, समान या सार्थक संवाद करने की कभी हमने ज़रूरत नहीं समझी। राष्ट्र या देश के रूप में तो पचास साल पहले तक हालत और भी बुरी रही है। धर्म या मोक्ष के लिए कन्याकुमारी से कैलाश तक अनेक कष्ट झेलते हुए तीर्थ-यात्री तो मिलेंगे, लेकिन सिर्फ घुमक्कड़ी के मारे देश की सीमाएँ लाँघकर बाहर जानेवाले लोग न के ही बराबर हैं। अगर हों भी तो उनके कोई विवरण उपलब्ध नहीं हैं। हाँ, बाहर के लोग ही हमारे यहाँ आते रहे हैं—चाहे धार्मिक जिज्ञासुओं के रूप में आनेवाले चीनी और पूर्वी द्वीपों के लोग रहे हों, या हिन्दू कुश से आनेवाले आक्रमणकारी, पश्चिमी तटों पर उतरनेवाले वास्को-द-गामा जैसे लोग हों या सुदूर रूस से आनेवाले अफ़नासिन। इस बात के प्रमाण ज़रूर मिलते हैं कि हज़ारों सालों से हमारे व्यापारी पश्चिम और पूर्व में दूर-दूर जाते रहे थे, लेकिन उनमें से किसी ने अपने प्रवास के प्रामाणिक विवरण छोड़े हों, यह मेरी जानकारी में नहीं है। हाँ, मुग़लों के ज़माने से यह इकतरफ़ा सिलसिला ज़रूर कुछ टूटा है और उनमें से कुछ लोग हज करने, मक्का-मदीना या 'अपने मुल्क' (ईरान-मिस्र) जाते थे कभी-कभी

राजनैतिक शरण और शक्ति लेने भी। डच-फ्रेंच-अंग्रेज़ तो कभी अपनी सीमाओं में बँधे ही नहीं थे। लेकिन वे कभी भी इतने हमारे नहीं हुए कि इसे अपने से बाहर जाना माना जाए। विदेशी उपनिवेशी अपने यहाँ के जिन लोगों को वे गुलाम, नौकर, साथी या प्रशासन के प्रशिक्षण के लिए ले जाते थे उनमें से लौटकर बहुत कम लोगों ने वहाँ की असलियत बताई। वस्तुतः अपने आपसे या देश से बाहर जाना धर्म-विरुद्ध होना था। जो गए उन्हें न जाने कितने कठोर प्रायश्चित्त करने पड़े।

राजा-महाराजा या उच्च-प्रशासनिक शिक्षा के लिए लोगों का विदेश जाना अंग्रेज़ों के ज़माने से ही शायद शुरू हुआ है। पलायन, आश्रय या साधनों की खोज में देशभक्त, क्रान्तिकारी और दूत भी इन्हीं दिनों गए हैं और बन्धक बनाए हुए मज़दूर भी उन्हीं दिनों भेजे गए हैं। उनमें से अधिकांश लौट नहीं पाए। उन पर क्या गुज़री, इस सबके हमारे पास कोई रिकॉर्ड नहीं हैं। उनके अनुभवों को हम अब विभिन्न स्रोतों से संकलित कर रहे हैं।

विदेशों में जाकर बाक़ायदा लौट आनेवाला सामान्य-जन था भारतीय सिपाही जिसे अंग्रेज़ों ने अपनी लड़ाइयाँ लड़ने बाहर भेजा था। हालत उसकी भी गुलाम या मज़दूर से बेहतर नहीं थी, लेकिन सिपाही होने का गर्व और शौर्य दिखाने का गौरव उसके साथ जोड़ दिया गया था। अगर वह मरा नहीं तो क्षत-विक्षत या सही सलामत लौट आने की सुविधा भी उसे मिली थी। हिन्दी की पहली मौलिक, सशक्त और कलात्मक कहानी इसी सिपाही के ऊपर लिखी गई, 'उसने कहा था' तब से स्वतन्त्रता-प्राप्ति तक यह सिलसिला किसी न किसी रूप में बना रहा। लेकिन अधिकांशतः ये सारी कहानियाँ या तो सुनी-सुनाई बातों और विवरणों पर होती थीं या फिर धनीराम शर्मा प्रेम जैसे लोग इंग्लैंड में बैठकर भी रोमानी भावुकता की कहानियाँ लिखते थे। गाँधीजी की प्रेरणा से बनारसीदास चतुर्वेदी ने प्रवासी-भारतीयों की तरफ 'विशाल-भारत' में निरन्तर कुछ न कुछ निकालकर ध्यान ज़रूर आकर्षित किया, हाँ उस दौरान कोई अच्छी कथा-रचना आई हो, मुझे ध्यान नहीं आता। दूसरे महायुद्ध से पहले सत्यदेव परिब्राजक और राहुल सांकृत्यायन के कुछ रचनात्मक यात्रा-विवरण और उपन्यास ज़रूर आए। उपन्यास के रूप में बाक़ायदा और किसी हद तक प्रामाणिक ढंग से क़दम रखने का पहला प्रयास यशपाल ने अपने उपन्यास 'देशद्रोही' में किया—लेकिन तब तक उन्होंने विदेश देखा भी नहीं था।

स्वतन्त्रता से पहले मोटे रूप में हमें अपने उपन्यास-कहानियों में सिर्फ बाहरी देशों की भौगोलिक जानकारी ही मिलती है या फिर विदेशी चरित्रों-स्थानों के नाम। अपने कुछ भी न होने की हीनता से मारा इन कथा-रचनाओं का नायक इतना व्यक्तित्वहीन और बेचारा है कि उसे न अपनी पहचान है, न दूसरों की। मनोवैज्ञानिक, सांस्कृतिक और आर्थिक सन्दर्भों में इस संघर्ष और पहचान की शुरुआत हमें सबसे पहले मिलती है हिन्दी में निर्मल वर्मा और उषा प्रियवंदा की रचनाओं और उर्दू में

कुर्तुल-एन-हैदर की 'जिला-वतन' जैसी कहानियों में। उषा की कहानियाँ और 'रुकोगी नहीं, राधिका ?' जैसे उपन्यास अमरीका और भारत के मूल्यों, मान्यताओं और संस्कारों के भावनात्मक द्वन्द्व की रचनाएँ हैं—दो दृष्टियों, दो संस्कृतियों के बीच भटकती नारी की त्रासदी इनका कथ्य है। भारत से वह उखड़ गई है और अमरीका को वह स्वीकार नहीं कर पाई है—फिर-फिर यह जड़ें तलाश करने की बेचैनी उसे मानसिक, आध्यात्मिक स्तरों पर भटकाती है। भावना और संवेदना के धरातल पर टूटती इस छिन्नमूल नारी को केन्द्र बनाकर उषा ने कुछ बेहद खूबसूरत, कलात्मक और प्रभावशाली कहानियाँ लिखी हैं।

द्वितीय महायुद्ध के बहुविध ध्वंस से निकलते योरोपीय देशों की कहानियाँ दी हैं निर्मल वर्मा ने। अक्सर ही उनका बेकार युवक नायक, शराबघरों, पबों, रेस्त्राँओं या पार्कों में वहाँ के सामाजिक-सांस्कृतिक जीवन को समझने और मानसिक रूप से उसमें घुसने की कोशिश करता दिखाई देता है। यूरोप के भौगोलिक और सामाजिक धुन्ध, धुएँ और कोहरे के अनुरूप ही निर्मल की भाषा है जो अनेक सूक्ष्म और एब्स्ट्रेक्ट धरातलों पर अपनी और वहाँ की सचाई के द्वन्द्व को अपने भीतर जीता है, बाहर कम। निर्मल की अत्यधिक संवेदनशील भाषा उनका सबसे बड़ा हथियार है। उनका नायक मुझे हमेशा ऐसे भाव-प्रवण युवक की याद दिलाता है जो ऐतिहासिक खंडहरों और अत्याधुनिक मशीनों के जाल-जंजाल से गुज़रता अपनी चेतना पर उस सबका दबाव महसूस करता रहता है—जो एक ही क्षण में भारत-योरोपीय अतीतों और वर्तमान में जी रहा है। उन्होंने ज्यादा जटिल और संकुल मनःस्थितियों को अपनी कथा-कृतियों में लिया है। बेकार हो या टूरिस्ट, उनका नायक आधुनिक सभ्यता के 'घेटोओं' (चालों और स्लमों) से गुज़रते हुए तिल-तिल आविष्कार करता है कि किस तरह सभी कुछ उसी क्षण उसके भीतर से भी गुज़र रहा है। उपन्यास 'वे दिन' में यह सैलानी-निगाह ज़्यादा मुखर और स्पष्ट है। युद्ध के आतंक और आसन्न विस्फोट के बीच के अत्यन्त महीन क्षण को उन्होंने अपनी रचनाओं में कलात्मकता और प्रभावशाली भाषा में पकड़ा है। 'लंदन की एक रात' जैसी कहानियों में वे रंग-भेद, बेकारी, आतंक, हिंसा के बीच पहली बार अपने को औरों से जुड़ा हुआ पाते हैं। यह इस सत्य के साक्षात्कार की भी पहली कहानी है जहाँ भारतीय अस्मिता सच्चे अर्थों में पाती है कि उसके अस्तित्व नियति वास्तव में जुड़े कहाँ हैं और उसे अपना तादात्म्य कहाँ तलाश करना है, गोरों की इस दुनिया में उसकी नियति किन लोगों के साथ है। अस्तित्व और अस्मिता की इस यातना को न तो भीष्म साहनी जैसे लोग रूस में बैठकर समझ सकते हैं और न ही खुद निर्मल ने इस कहानी से पहले कम्यूनिस्ट देशों में रहकर महसूस किया—उन्हें हर जगह कोई न कोई लिज़ा या कोनी थोड़ी-बहुत भावनात्मक दिलासा देने मिल जाती थीं और अपने परिवार से तकल्लुफ़ाना परिचय भी करा देती थीं—या फिर किसी पब में 'डेढ़ इंच' ऊपर से बोलता अपने जैसा टूटा-फूटा व्यक्ति

अपने मनोविज्ञान में उतरने की सह-अनुभूति दे देता था।

'काला शहर : गोरे लोग' में योगेन्द्र कुमार अमरीकी व्यावसायिक प्रतिद्वन्द्विता की दुनिया में अपनी जगह तलाश करते भारतीय की संघर्ष-कथा कहते हैं। व्यवसाय की रीढ़ है विज्ञापन-एजेन्सी और उसी को केन्द्र बनाकर अपने-अपने दाँव खेलते लोगों की चूहा-दौड़ में योगेन्द्र ने भारतीय अस्मिता को पहचानने की कोशिश की है। भारतीय व्यक्ति श्रम और प्रतिभा में किसी से कम नहीं है, इस विश्वास पर सबसे क्रूर प्रहार होता है नायक की प्रेमिका की हत्या के रूप में—काले आदमी के साथ अगर गोरी लड़की जाएगी तो उसे मार दिया जाएगा। और यही मार-धाड़ अपने वीभत्सतम रूप में खुलकर आती है महेन्द्र भल्ला के उपन्यास 'दूसरी तरफ़' में। इंग्लैंड में उतरनेवाले अश्वेतों को किन अपमानों, गालियों या आतंकों के माहौल से गुज़रना पड़ता है, या वे किन अमानवीय स्थितियों में रहने को मजबूर हैं इसका अनेक आयामी चित्रण ही 'दूसरी तरफ़' का कथानक है। आर्थिक विपन्नता, भूखे मरनेवाले लोगों का तमग़ा, जंगलों में आदिम स्थितियों में रहने की किंवदन्तियाँ, अनचाहे मेहमान की ज़लालत और काले होने का कोढ़—इन सबके बीच वहाँ हिन्दुस्तानी-पाकिस्तानी-बँगलादेशी का कोई अन्तर नहीं है। कभी भी कोई दो-चार छोकरे आकर घर लूट लेंगे, सड़क चलते लहू-लुहान कर देंगे या किसी रेस्त्रां-पब से निकाल बाहर खड़ा करेंगे। यह अलगाव और अपमानबोध किस तरह वहाँ जानेवालों के मनोविज्ञान को तोड़ता-बनाता है, किस दंश और कड़वाहट को लेकर औसत हिन्दुस्तानी लौटता है और वहाँ अपनों या परायों का व्यवहार किस तरह अपनी असमर्थता को उजागर करता है—'दूसरी तरफ़' काफ़ी विस्तार से इस सबकी यातना-यात्रा है। महेन्द्र भल्ला की निगाह तेज़ है और क़लम सशक्त—वे इन दोनों रवैयों की टक्कर को बहुत महीन स्तरों पर पकड़ते हैं और प्रभावशाली कोण से प्रस्तुत करते हैं—अपने मोह-भंग से लेकर उनके सांस्कृतिक भौतिक संकट तक। क़लम मीनाक्षी पुरी की भी कमज़ोर नहीं है और अपने उपन्यासों 'जाने-पहचाने अजनबी' (देस-निकाले और सातफेरे : अधूरे) में जब वे जर्मन प्रचार-संस्था में काम करनेवाले भारतीय परिवारों को एक-साथ लेती हैं तो उनके आपसी सम्बन्ध, उनकी कुंठाएँ, सपने, प्रतियोगिताएँ, कमज़ोरी मनोविज्ञान सभी को बखूबी जानती हैं और उन सबकी ज़िन्दगी के नाटकीय क्षण पकड़ने की मीनाक्षी के पास अद्भुत निगाह है। दौड़ती ज़िन्दगी को बाँधने के लिए छोटे-छोटे वाक्य, सार्थक शब्द और पूरी स्थिति या मनोविज्ञान को उजागर कर देने वाले नाटकीय संवाद। मीनाक्षी बहुत विस्तार में नहीं जातीं। भारतीय सभ्यता-संस्कृति या लड़कियों के प्रति पलनेवाला सम्मोहन और ठीक उसी तरह विदेशी लड़कियों, जीवन के प्रति आम भारतीय के मन में पैठे सपने और विदेशी ऐश्वर्य को लेकर ही मीनाक्षी ने इन कहानियों के ताने-बाने बुने हैं। इस प्रक्रिया में देशी और विदेशी दोनों के मानसिक-नैतिक खोखलेपन को उद्घाटित करने के दौरान एक-दूसरे के लिए

अपरिचित होते चले जाने को भी फोकस किया है और इस नाटक में पारिवारिक या व्यक्तित्व के विघटन की ज़हरीली परिणतियों को भी वे नहीं भूली हैं।

निर्मल वर्मा के मुलायम, धुँधले और रूमानी संसार को जिस तरह 'लंदन की एक रात' या महेन्द्र 'दूसरी तरफ़' के रंगद्वेषी हिंस्र नरक तक आता था उसी तरह उषा प्रियंवदा के प्रेम-प्यार की कहानियों को 'मछलियों' की नरभक्षी तलहटियों से गुज़रकर मीनाक्षी पुरी के 'जाने-पहचाने अजनबी', 'देस-निकाले', 'सात फेरे' के सांस्कृतिक-संघर्ष तक पहुँचना ही था। दोनों ओर की सच्चाइयों का यह सीधा टकराव ही हमें वास्तविकता के साक्षात्कार तक ले जा सकता था। गिरीश अस्थाना ने अपने बृहद् उपन्यास 'धूप छाँही रंग' के तीन-साढ़े तीन सौ पन्नों में दूसरे महायुद्ध के दौरान, मध्य-पूर्व और पूर्वी-यूरोप के अंचलों में भारतीय फौज का जो चित्रण दिया था—उसके मुकाबले यह लड़ाई ज्यादा गहरी, जटिल और संश्लिष्ट है। ये लोग कुर्तुल-एन हैदर के 'आग का दरिया' के पात्रों की तरह विदेश में रहकर सिर्फ 'जिलावतन' या निष्कासित होने की भावना के बीच ही जीते-मरते नहीं रह सकते। इनकी यातनाओं की कहानियाँ ज्यादा उलझी और अनेक स्तरीय हैं।

लेकिन यातनाओं की ये कहानियाँ अधूरी और एकांगी ही रह जाएँगी अगर इनमें हम मौरिशस, फ़िजी, त्रिनिदाद या इस तरह के उन देशों की कहानियों को शामिल नहीं करेंगे जहाँ भारतीय सौ डेढ़-सौ साल पहले पहुँचे थे। आज उनके लौटने का सवाल नहीं है और वे अब बाक़ायदा उसी तरह दूसरे देश हैं जैसे पाकिस्तान, बँगलादेश, नेपाल या लंका। कल तक वे हमसे पारिवारिक रूप से जुड़े थे, आज राजनैतिक रूप से अपने समीकरण तलाश कर रहे हैं लेकिन मॉरिशस और नेपाल में अन्तर है। वहाँ भारतीय, गुलाम, बंधुआ मज़दूर या शुद्ध गाय-बैल जैसे जानवरों की तरह जीविका की तलाश में गया था—सपनों और भुलावों का मारा हुआ। आज डेढ़-सौ साल बाद वह वहाँ का शासक है और अपने अँधेरे इतिहास को वाणी दे सकता है।

दीपचंद बिहारी का 'दैट अदर्स माइट लिव' या अभिमन्यु अनत का उपन्यास 'लाल पसीना' इस क्रम की सबसे नई कड़ी हैं : दोनों एक ही कहानी कहते हैं—डेढ़-सौ सालों के खून-पसीने का इतिहास। अभिमन्यु सक्रिय और उर्वर लेखक है और उसने अनेक उपन्यासों में इस कथ्य को पकड़ा है, उसके पास बेहद सशक्त भाषा है और वातावरण सजीव कर देनेवाला मुहावरा। वहाँ भी विपन्न, भूखे मरते, निहत्थे और गुलाम भारतीय की टक्कर सर्वशक्तिमान अंग्रेज़ या (ज़्यादा सही फ्रेंच) शासक से है ज़ो उसे बात-बात पर कोड़ों-बन्दूकों बीमारियों और भूख से मारता है, कुत्ते छोड़ता है और आख़िरी साँस तक निचोड़कर कूड़ेदान, जेल या क़ब्र में फेंक देता है। लड़ाई या बचाव के लिए उसके पास सिर्फ अपने श्रम, धैर्य, ज़िन्दा रहने की मजबूरी और रामायण के सिवा कुछ भी नहीं है। पूरी एक शताब्दी चलनेवाली यह लड़ाई सचमुच

कितनी ख़ौफ़नाक, दिल दहला देनेवाली रही होगी—यह 'लाल पसीना' की एक-एक पंक्ति बताती है। मॉरिशस के अनन्त प्राकृतिक वैभव के बीच कीड़े-मकोड़ों की तरह मरते-खटते इस आदमी का चित्रण अभिमन्यु ने ठीक उसी तरह किया है जिस तरह सत्यजित रे ने 'अशनि संकेत' फिल्म में अपार हरियाली के बीच बंगाल के अकाल की विडम्बना को अर्थ दिए हैं।

अब इस लेखन में भी इतनी वयस्कता आ गई लगती है कि राजदूतों, सम्मेलन-समारोहों या यात्रियों-पर्यटकों के चलताऊ विवरणों से हटकर अपने और दूसरे देशों की भौगोलिक, सांस्कृतिक, ऐतिहासिक और आर्थिक मुठभेड़ों की अधिक सार्थक हिस्सेदारीवाली और रचनाएँ आएँगी।

[8 नवंबर 1977]

मध्यवर्गीय 'घर' और सर्जना के बंद रास्ते

मुझ पर अक्सर आरोप लगाया गया है कि मैंने प्रेम-त्रिकोण को लेकर ही उपन्यास कहानियाँ लिखे हैं। अपनी बात शुरू करने से पहले केवल एक सूचना कि 'एक इंच मुस्कान' से अलग अपने छः छोटे-बड़े उपन्यासों में मैंने त्रिकोणवादी कथानक नहीं लिया है। कहानियाँ भी दो-चार ही होंगी। इन्हीं के आधार पर सारे लेखन पर ऐसी राय मुझे किसी हद तक बड़ी ज़्यादती लगती है जिसमें मुझे शिल्पवादी कहा जाता रहा है।

अनुभव प्रामाणिक हो, स्वानुभूत हो और उसे दूसरों के साथ बाँटने की, यानी अभिव्यक्ति की इच्छा हो—(इसे मजबूरी भी कह लें)—यह अनुभव का एक पहलू है। सवाल यह है कि अनुभव के स्रोत हैं कहाँ ? लेखक परिवेश का अंग है और उसमें रहते हुए ही उसे अनुभव मिलता है—अपने संस्कारों और मानसिक क्षमताओं के अनुरूप। लेखक और परिवेश के किन्हीं सम्बन्ध-क्षणों में कभी-कभी विशेष अनुभव ही प्राथमिकता लेने लगते हैं। उन्हें हम समय की प्रामाणिकता कहते हैं। स्वानुभूत अनुभव की प्रामाणिकता, समय की प्रामाणिकता के सन्दर्भ में ही सार्थक हो पाती है—यह उसका दूसरा पहलू है और यह हमें सम्प्रेषणीयता और साधारणीकरण से जोड़ता है। शायद यही कारण है कि पागल और विलक्षण-मानसिक बनावट के व्यक्ति का अनुभव, खुद उसके लिए चाहे जितना प्रामाणिक हो, समय की संगति नहीं पकड़ पाता—जब तक कि सारा समय ही उस तरह का न बन गया हो। कभी-कभी किसी 'जीनियस' के अनुभव की प्रामाणिकता, समय की प्रामाणिकता से मेल नहीं खाती। उस समय जीनियस, पागल या विलक्षण व्यक्ति कहलाने लगता है। लेकिन इसी आधार पर हर पागल और विलक्षण-व्यक्ति अपने को जीनियस कहने का दावा करने लगे, तो बात उलझ जाएगी। हाँ मैं यह भी मानता हूँ, समय से अलग या विरोध में अपने अनुभव को प्रमाण माननेवालों ने ही 'अजनबी' या 'विद्रोही-व्यक्तित्व' दिए हैं।

बहरहाल, आज हम जिस सामाजिक अवस्था से गुज़र रहे हैं उसमें सबसे प्रमुख

मुद्दा व्यक्ति-व्यक्ति के आपसी सम्बन्धों को नए परिवेश में समझने का, परिभाषित करने का ही है। आज के सारे साहित्य का मूल 'अनुभव' ही यह रह गया है। व्यक्ति-व्यक्ति के सम्बन्धों में सबसे अधिक जटिल, नाटकीय और अनिवार्य सम्बन्ध स्त्री-पुरुष का आपसी सम्बन्ध है, इसलिए वही लेखक को असाधारण रूप से आकर्षित भी करता है, करता रहा है। मानवीय भावनाओं का तीव्रतम आलोड़न, किसी हद तक ख़तरनाक उथल-पुथल इसी सम्बन्ध के आस-पास बुने जाते हैं। टॉल्स्टॉय ने कहा था कि "युद्ध लड़ाई के मैदानों में नहीं लड़े जाते। वस्तुतः वे लड़े जाते हैं बन्द कमरों में बिस्तरों पर।" यानी सारे रवैये और मानसिकताएँ वहाँ ही तय होती हैं।

हमारे यहाँ शिक्षा की कमी और अन्य सामाजिक अलगाव या बाधाओं के बीच जो कहानियाँ लिखी जाती थीं वे स्त्री-पुरुष के सम्बन्धों की कम, सम्पर्क में आने की ही अधिक थीं और उन्हें हम आसानी से प्यार की कहानियाँ कह देते थे। वस्तुतः ये प्यार की कहानियाँ, सम्बन्ध बनने या टूट जाने पर ही समाप्त हो जाती थीं। इसमें भावुकता, दर्द, प्रयत्न, शौर्य और रोमांस सभी कुछ था। और भी अनेक उलझनें, गहराइयाँ और परिणतियाँ रही होंगी, लेकिन मूलतः वे इसी बात की वकालत अधिक थीं कि स्त्री-पुरुष अपने सम्पर्क, पसन्द को एक सम्बन्ध का रूप दे सकें। जहाँ यह नहीं हो पाता था वहाँ ट्रेजेडी बन जाती थी और उसके लिए समाज, भाग्य या अन्य मजबूरियों को रेखांकित किया जाता था। जब यह तय हो गया कि सम्बन्ध न बनने देने के पीछे सबसे बड़ा कारण भाग्य से अधिक समाज और अन्य वर्ग-गत रूढ़ियाँ या अवरोध हैं, तो इन कहानियों का स्वर समाज में परिवर्तन की माँग का या प्रगतिशील हो गया। और दृष्टियों के साथ इस दृष्टि से भी समाज का विश्लेषण, आलोचना की जाने लगी। समाज और दुनिया को कोसने की बजाय उसे समझने की कोशिशें हुईं।

व्यक्तित्व के विकास, स्वतन्त्र-च्यन और मुक्त-मिलन के बढ़ते वातावरण में इधर नए सम्बन्ध बनने लगे और उनकी जटिलताओं, उलझनों के बीच वास्तविक, या आज की कहानी उभरने लगी। कहीं पाया गया कि इस सम्बन्ध को हम जितना सरल समझते थे, उतना वह है ही नहीं—उनके बीच अर्थ, पेशे और व्यक्तित्व, स्वभाव की मजबूरियाँ भी हैं, अपनी-अपनी महत्त्वाकांक्षाएँ और कुंठाएँ भी हैं। या यह सम्बन्ध केवल दो व्यक्तियों के बीच ही नहीं, उनमें कहीं 'तीसरा' भी उलझा है। वह तीसरा साक्षात् 'व्यक्ति' भी हो सकता है, आर्थिक शोषण, संघर्ष भी हो सकता है, या स्वतन्त्र व्यक्तित्व के विकास की कशमकश भी। सम्बन्धों के तनाव और नए आयाम सामने आने लगे। दो व्यक्तियों के बीच एक सम्बन्ध स्थापित होते ही वे लोग किसी अकेले टापू पर चले जाते, या अपने चारों ओर ऐसी नाकेबन्दी कर लेते कि 'बाहर' का कुछ भी उन्हें न छू पाता तो बात बहुत सरल हो जाती जैसाकि 'नदी के द्वीप' में हुआ है—लेकिन समाज का हिस्सा या उससे बँधे होने की मजबूरी के नाते इस 'तीसरे'

प्रभाव का सामना हर क़दम पर करना पड़ता है, कभी यह तीसरा प्रभाव बाक़ायदा एक व्यक्ति के रूप में होता है, कभी सम्पूर्ण आर्थिक-राजनैतिक परिवेश के रूप में और कभी मानव-प्रकृति की परिवर्तनशील प्रकृति के रूप में। पुनरावृत्ति, चाहे सम्बन्धों की हो या परिवेश की, एकरसता बनकर आदमी को मारने लगती है और इस मौत से भागने की छटपटाहट में वह इस 'तीसरे' सूत्र से जा टकराता है। यह शायद सम्पूर्ण कथा-साहित्य की वर्तमान अवस्था है।

लेकिन इसी सबको बार-बार लिखते रहना भी तो दूसरी तरह की एकरसता पैदा करता है, यह लेखक को एक दूसरी समस्या के सामने ला खड़ा करता है। वह भारतीय लेखक की अस्थायी, लेकिन अपलायनीय मजबूरी है। अस्तित्व की सम्पूर्ण सामाजिक असुरक्षा के बीच, सम्मान-लालसा की चुनौतियों से घिर कर हम लोग जल्दी से जल्दी स्थापित हो जाना चाहते हैं। लेखक विशिष्ट और उपजीवी नहीं, एक सामान्य व्यक्ति और सजग नागरिक है, इस झोंक में हम सारे सामाजिक मूल्यों को ज्यों का त्यों स्वीकार करके 'संभ्रान्त नागरिक' बनते हैं। किसी भी प्रोफ़ेसर, डाक्टर, वकील या अफ़सर की तरह घर, परिवार और अन्य सुविधाएँ जुटाकर अविशिष्ट हो जाना चाहते हैं, लेखक के रूप में किसी भी दया या छूट का खुद विरोध करते हैं, और अन्य पेशों के साथ लेखन को भी एक सम्माननीय दर्जा दिलाना चाहते हैं—फलतः हर पेशे के साथ लगी राजनीति की तरह इस पेशे के दाँव-पेंचों में उलझते चले जाते हैं—औरों से अधिक प्रबुद्ध होने के कारण अपने हर कार्य को बौद्धिक और सैद्धान्तिक जामा पहनाते जाते हैं। सिद्धान्तों की इस नीतिहीन लड़ाई में हमारा सारा विरोध, विद्रोह या आक्रोश बड़ा नकली, झूठा और सतही होने को बाध्य हो जाता है—वह या तो एक मुद्रा का रूप ले लेता है या सौदे का। सुरक्षित भूमियों की यह लड़ाई किसी भी क्षण मनोरंजक समझौते और सौदे के रूप में बदल जाती है। बिना इंटेग्रिटी (व्यक्तित्व की अखंडता) वाली बौद्धिकता, भयानक और ख़तरनाक होती है। वह ऐसा जहाज़ है जिसका कुतुबनुमा खो गया है।

ऐसी स्थिति में या तो लेखन बिल्कुल ही नहीं होता या इसी सबको लेकर होता है—अनुभव के रूप में हमारे पास पूँजी होती है केवल स्त्री-पुरुष के सम्बन्ध की या फिर इस राजनीति की। हम या तो एक-दूसरे के बारे में लिख सकते हैं या फिर अपनी इस व्यक्तिगत समस्या को लेकर जो समानान्तर, हर घर की तरह, हमारे साथ भी चलती ही रहती है। यही आज हमारे कथा-साहित्य के नायक-नायिका रह गए हैं।

अनुभव के सीमित दायरे को बढ़ाने की बात मुझे या और लेखकों को परेशान नहीं करती, ऐसा नहीं है। बात यह भी मन में आती है कि अगर अन्य पेशों की तरह लेखन को भी स्थापित सामाजिक मूल्यों के साथ स्वीकार करना है तो कोई और पेशा ही क्यों न हो ? कम से कम अलग तरह के लोग होंगे, अलग परिवेश,

समस्याएँ होंगी और एक बदलाव आएगा—वही स्थापित घर होगा, वही सम्भ्रान्त नागरिकता होगी, वही इज़्ज़तदार मध्यवर्गीय व्यवस्थित परिवार होगा। लेकिन हमने देखा है कि और पेशों की अपनी उलझनें प्रायः जीवन्त लेखकों को क्रमशः 'भूतपूर्व' बनाती जाती हैं, लेखन उनके लिए दाँव पर लग जानेवाली चुनौती के रूप में नहीं आता, फ़ुर्सत और अवकाश में ख़लिश मिटाने का साधन हो जाता है। जिन्दगी भर सोचते हैं कि घर-परिवार और नौकरी से कभी छुट्टी लेंगे और जाकर लिखने की कोशिश करेंगे—फिर वापस वहीं आ जाएँगे। परिवार-पेशे की एकरसता उन्हें लेखक और व्यक्ति दोनों रूपों में भरती जाती है और तब नई तरह की कुंठाएँ जन्म लेती हैं—वर्तमान को नकारने और अपने में सन्तोष खोजने के सिद्धान्त आविष्कृत होते हैं। "जब हम लिखते थे तब साहित्य की एक गरिमा थी" और "उस गंदगी से कहीं ज्यादा सन्तोष तो हमें अपनी नौकरी और बच्चों में मिलता है" की दलीलें दी जाती हैं। इन उदाहरणों से उत्पन्न भय, हमें दूसरे पेशों की तरफ़ जाने से रोकता है कि एक बार प्राप्त सुरक्षा और सन्तोष को कोई नहीं छोड़ना चाहता, और जब छोड़ने की मज़बूरी होती है तो 'उम्र' निकल जाती है।

'एक किताब का लेखक' या 'बार-बार उसी किताब का लेखक' बने रहने की नियति का हल कहाँ है ? इतनी बड़ी दुनिया में अनुभव-अर्जित करने के लिए कहीं भी निकल जाने और वापस आकर उसे अभिव्यक्ति देने की बात भी मन में आती है, लेकिन वहाँ दूसरी तरह की कठिनाइयाँ हैं। सबसे बड़ी चिन्ता आर्थिक और दूसरी "बाद में बीवी-बच्चों या घर को कौन देखेगा ?" वास्तविक बाधा तो परिवार और मित्रों की तरफ़ से ही आती हैं, "आपका दिमाग़ ख़राब हुआ है जो दुनियाभर की ख़ाक छानते फिरते हैं, अरे, अपने घर बैठिए, कमरा बन्द कीजिए और लिखिए हरेक के पास अपने सुझाव हैं—'अनुभव के लिए कहीं जाने की ज़रूरत नहीं है। आदमी में लिखने की इच्छा और निगाह हो तो कहीं भी लिखा जा सकता है। उसके लिए हिमालय पर जाना ही ज़रूरी है ?" आज के समय में इकहरे परिवार की अपनी चिन्ताएँ और असुरक्षाएँ तो हैं ही, "बाद में यहाँ कुछ हो गया तो किसका मुँह देखा जाएगा ?" तेज़ी से बढ़ते शहरीकरण में आदमी के सम्बन्ध यों ही बड़े औपचारिक हो गए हैं। पहले पड़ोसी ही ऐसे होते थे कि आप दो-चार महीने अपने परिवार को भूल कर बाहर रह सकते थे। आपकी पत्नी, युवा या शंकालु हुई तो जाने का सवाल ही नहीं है, "बाद में जाने क्या हो रहा होगा ?" या "पता नहीं बाहर किसके साथ होंगे ?" के शक़ आपके साथ बँधे जाएँगे, लगातार बेचैनी और चिन्ता के बीच वह सारा समय बीतेगा और जब 'अनुभव-अर्जित' या अपने को समेटकर आप इस आशा से लौटेंगे कि अब शान्ति से इसे रचना का रूप देना है तो देखेंगे कि 'घर' एक अजीब रस्साकशी का अखाड़ा बना हुआ है। उसे नॉर्मल स्थिति में लाने-लाने तक आपको खुद लगने लगेगा कि जिस अनुभव से होकर आप आए हैं, वह बेकार और

अ-महत्त्वपूर्ण है, असली अनुभव तो यही है जो तीव्रता से आपकी चेतना को छू लेता है। यही क्षण है, जब घर और लेखन दोनों अपनी पूरी तीव्र शक्ति से आपके ऊपर आक्रमण करते हैं। घर और सामाजिक सम्भ्रान्तता का जो पैटर्न आपने स्वीकार किया है उसकी जिम्मेदारियाँ और मर्यादाएँ भी उसी रूप में स्वीकार करनी होंगी। चूँकि पिछली बार आपने कुछ भी नहीं किया था या कुछ भी नहीं कर पाए थे और आपका अनुभव-क्षेत्र, मानव-चरित्रों का अध्ययन या तो सीमित होता चला जाएगा या आप अपने को दुहरा कर अपने जीवित रहने का सन्तोष खोजते रहेंगे। वही जाने-पहचाने चरित्र और वही जानी-पहचानी स्थितियाँ, जगहें और अनुभव दुहराए जाते रहेंगे।

रास्ता एक ही है कि या तो लेखक घर के मोह और घर की स्थापित अवधारणा से बचे या घर को भी अपने स्तर पर ले आए। सम्बन्धों का यह तनाव, तीसरे किसी व्यक्ति या माँग की उपस्थिति और आशंका, इसलिए आज और भी जटिल है कि घर अपनी पूरी अवधारणा में कहीं भी लेखक के स्तर तक नहीं आ पा रहा है। दूसरे व्यक्ति के दिमाग़ में अभी भी यही सामन्ती विश्वास कायम है–गुलाम बन जाने या गुलाम बना लेने का। यहाँ जो भी व्यक्तित्व शक्तिशाली होता है वही दूसरे को गुलाम बना लेता है। बराबर की मैत्री और समझने का कहीं कोई प्रयत्न नहीं है–जहाँ 'घर' बन्धन और कारा का अहसास न दे, मुक्ति और व्यक्तित्व विकास का स्रोत हो। आज तो सारी बौद्धिक जागृति और शिक्षा-नौकरी के बावजूद, नारी और पुरुष के तनावों के बीच वही सामन्ती-घर है। चूहे-बिल्ली का खेल है जहाँ एक पकड़ कर दबोच लेना चाहता है और दूसरा भाग निकलने की फ़िराक में रहता है। इन सीमाओं और दायरों में बंद लेखन निश्चय ही 'व्यक्तिगत-लेखन' होने को बाध्य है, जब दूसरी ओर से हर स्थिति और चरित्र की सफ़ाई माँगी जाए तो उसे भी स्थगित करने में भलाई है–क्योंकि लेखन जब व्यक्तिगत होगा तो हर चीज़ व्यक्तिगत ही होगी, शायद परिचित भी हो।

औरों से तो नहीं, लेकिन लेखक-वर्ग से यह आशा ज़रूर की जा सकती है कि वह इस दमघोंटू आपसी सम्बन्ध को एक खुलाव और नया धरातल देगा। तभी हमारे अनुभवों का दायरा बढ़ेगा और हम अपने से उठकर दूसरों में अपने को देख सकेंगे, उनकी स्थितियों और अनुभवों को अपना बनाकर उसी आत्मीय-प्रामाणिकता से उसका चित्रण कर सकेंगे।

काश, कहीं कोई ऐसी विचारधारा, आन्दोलन और लक्ष्य होता कि हम इस सबको झटककर उससे जा जुड़ते और अपने से बड़ी सच्चाइयों की कहानियाँ लिखते।

[1964]

आंचलिकता की पहचान

अभी-अभी एक उपन्यासिका पढ़ी है...'एक चादर मैली-सी'। राजेन्द्र सिंह बेदी की। सोच रहा हूँ कि इसे आंचलिक उपन्यास कहेंगे या नहीं ? रानों को बाहर की दुनिया का कोई पता नहीं, वह अपने ही जीवन की समस्याओं में बँधी और डूबी है। उसे फुरसत ही नहीं कि देखे बाहर कहाँ क्या हो रहा है ? शायद उसने लुमुम्बा का नाम भी नहीं सुना। उसे शायद यह भी नहीं पता कि महानदी नाम की एक नदी है और जब उसमें बाढ़ आती है तो हर-वर्ष लाखों लोग शरणार्थी हो जाते हैं। वह तो सिर्फ इतना जानती है कि वह कोटला गाँव के एक इक्केवाले की पत्नी है और उसके पति तिलोका का कत्ल हो गया है, उसकी एक किशोरी लड़की है—बड़ी, और रानों ने अपने देवर मंगल के साथ चादर डाल ली है। रानों, मंगल और बड़ी के साथ गुँथा है एक मुहल्ला, एक समाज, एक युग, एक भूगोल। वहाँ के रीति-रिवाज हैं, वहाँ के गाने-गालियाँ हैं, वहाँ के ताने-परिहास हैं, वहाँ के उत्सव और सियापे हैं...सब कुछ है जो सिर्फ़ और सिर्फ़ पंजाब के गाँव का है और उन सबके बीच साँस लेता मनुष्य है जो केवल पंजाब में रहता है...उस मानसिक बनावट का आदमी, जो ठीक उसी तरह आचार-व्यवहार करे...भारत में किसी और प्रान्त में हो ही नहीं सकता...यों यह कहानी भारत के हर प्रान्त में घटित हो सकती है। इसे मैं कहता हूँ...व्यक्ति और परिवेश के सार्थक, सन्तुलित सम्बन्धों की पकड़। सबके ऊपर उपन्यास की एक टोन है जो मानो जादू के ज़ोर से सारे प्रस्तुत को प्रतीक में अर्थान्तरित कर देती है : ज़िन्दगी एक महायात्रा का निर्बाध प्रवाह है और उसमें छोटी-छोटी नदियाँ आकर मिलती हैं, योग देती हैं और वह बहता रहता है। मुम्बई के शोर-शराबे और गति-अंध वातावरण में बैठकर 'एक चादर मैली-सी' लिखनेवाले लेखक की इस कृति को आंचलिक कहा जाएगा या नहीं, मैं तय नहीं कर पा रहा...क्योंकि मूलतः यह वही तो लेखक है जिसने 'गुलामी', 'गरम-कोट', 'लाजवन्ती' जैसी नितान्त शहरी व्यक्ति-कुंठाओं की कहानियाँ दी हैं।

और सच बात तो यह है कि आंचलिकता की कोई भी परिभाषा मेरी समझ में नहीं आती—'सम्पूर्ण झूठा-सच' आंचलिक उपन्यास होगा या शहरी ? अंचल का अर्थ भौगोलिक क्षेत्रीयता में, आधुनिक विकास से अपरिचित-अछूता अनुन्नत भू-भाग होता है या अपने समग्र रूप में कोई स्वायत्त सांस्कृतिक इकाई ? 'मैला आँचल' क्यों आंचलिक है और सेठ बाँकेमल क्यों आंचलिक नहीं है ? 'आधा गाँव' ही क्यों आंचलिक है विभूति-भूषण वंद्योपाध्याय का उपन्यास 'आरण्यक' क्यों नहीं ?

मुझे लगता है कि लेखन और कथा के मौलिक प्रश्नों पर विचार करते हुए हम लोग इधर-उधर बहकते बहुत रहे हैं और यह बहकना कभी-कभी आँखों में धूल झोंकने का पर्याय बनकर भी आया है। इस सिलसिले में प्रेमचंद का नाम ठीक उसी तरह तकिया-कलाम बनाकर इस्तेमाल किया गया है जैसे राजनीति में गाँधीजी का नाम। प्रेमचंद की परम्परा क्या है, जीवन को उसके यथार्थ में पकड़ना या गाँव और शहर ? अगर गोदान को ही लें तो उसकी टोन क्या है ? गाँव से शहर की ओर जाता हुआ आदमी या शहर से गाँव को लौटता हुआ आदमी ? प्रेमचंद की परम्परा में केवल 'पूस की रात' और 'कफन' ही क्यों आएगा ? शतरंज के खिलाड़ी, बड़े भाई साहब, बैंक का दीवाला या निर्मला, 'ग़बन' और आधा 'गोदान' या पूरा 'रंगभूमि' किसकी परम्परा है ? बड़े-बड़े दिग्गज आलोचकों के मुँह से प्रेमचंद की परम्परा के नाम पर निहायत ग़ैर-जिम्मेदार बातें सुनकर आश्चर्य ही होता है। मैं तो प्रेमचंद की परम्परा का सीधा अर्थ यही समझता हूँ कि व्यक्ति को उसके सही परिवेश में, इतिहास में स्वयं बनते-बिगड़ते और स्वयं इतिहास को बनाते-बढ़ाते हुए प्रभावी कला के साथ प्रस्तुत करने का प्रयास। इसलिए 'आंचलिक कथाकारों' को प्रेमचंद का नाम-जाप बहुत अधिक नहीं करना चाहिए, क्योंकि जब लोग शान्त-मन से उनकी परम्परा को जाँचने बैठेंगे तो हो सकता है आंचलिक कथाकारों को पासा उलटता ही नज़र आए।

वस्तुतः अंचल है क्या ? परिवेश ही न ? लेकिन परिवेश का चित्रण तो कहानी या उपन्यास नहीं बनाता···चाहे वह शहर का परिवेश हो या गाँव का। किसी एक परिवेश को उदात्त या सार्थक कहने का आधार क्या है ? क्या यही कि शहर का परिवेश अधिक जटिल और अधिक द्रुत-परिवर्तनशील है और गाँव का परिवेश धीरे-धीरे बदलता है और अपेक्षाकृत कम उलझा है ? विकास की गति में पीछे छूटकर अविकसित रह गए परिवेश का चित्रण ही उच्च और स्थायी साहित्य की शर्त है—यह लेखन के किस अधिनियम में आता है ? हाँ, यह मैं मानता हूँ कि हमें पिछड़े इलाकों, वहाँ के लोगों, उनके रहन-सहन, रीति-रिवाज, संस्कृति और लोकगीतों का सहानुभूति से चित्रण करना चाहिए—भू-शास्त्र और नृतत्व शास्त्र को भी कथान्तरित करना चाहिए। इस दृष्टि से ये आंचलिक उपन्यास हमारे लिए उतने ही महत्त्वपूर्ण होंगे जितने ऐतिहासिक उपन्यास। एक इतिहास के परिवेश में मनुष्य को पाता है तो दूसरा भूगोल के—और दोनों ही हमारे बोध को बढ़ाते हैं, हमें अपने समय और समाज के प्रति

अधिक सजग और प्रबुद्ध करते हैं।

यह सही है कि जिस तरह आंचलिकों ने परिवेश से व्यक्ति को निकाल दिया है उसी तरह कुछ व्यक्तिवादियों ने उसके परिवेश को ही काट फेंका है। उनके नायक दिक्काल से परे हवा में लटकते हुए प्यार-घृणा और आत्मान्वेषण के शीर्षासन (क्योंकि आध्यात्मिक ऊँचाई पर विश्व अधोमूल है ही) करते हैं। बहरहाल कथा-साहित्य में परिवेश-हीन व्यक्ति की कल्पना एक बार देवाशिशु के रूप में शायद की भी जा सके, लेकिन व्यक्तिहीन परिवेश तो डाकुमैंटरी ही होगा। यहाँ ठहर कर सोचने की ज़रूरत यह है कि आज के आंचलिक कथा-साहित्य की महानता के पीछे चित्र-विचित्र रंगे हुए पर्दे और सींगोंवाले मुखौटे और अजीबोग़रीब ढोल-ढफ की आवाजों की ही कानफोड़ ताज़गी तो नहीं है जिसके घटाटोप में न हमें घिसा-पिटा सामन्ती कथानक दिखाई देता है न हमें कठपुतली मनुष्य। और कहीं ऐसा तो नहीं है कि जिसे हमने अभी तक 'कला मर्मज्ञता' समझा है वह सिर्फ, इस 'ताज़गी' के प्रति 'विस्मय' का भाव हो ? या कहीं रूसो का 'बैक टु नेचर' वाला रोमांटिक नारा ही तो जटिल संघर्ष से हारे हुए कथाकारों को रूप बदल कर नहीं मुग्ध कर रहा ? क्योंकि जहाँ तक मैं सोच पाता हूँ—कथा का स्थायी-तत्त्व मनुष्य है—वातावरण उसे सजीव भले ही बनाता हो। ईसप और पंचतंत्र की कुत्ते-बिल्ली कछुए-खरगोशवाली कहानियों का वास्तविक नायक भी मनुष्य ही था और आज आर्वेल की 'एनीमल फ़ार्म' का भी नायक मनुष्य है। हाँ, बकौल हरिशंकर परसाई। परती-परिकथा' नाम के उपन्यास को ही कथा-साहित्य में यह गौरव प्राप्त है कि उसका नायक 'मीत' नाम का एक कुत्ता है—अपने अभिधार्थ में।

[1960]

भारतीय उपन्यास : असफलता के कुछ बिन्दु

एक तीसरी श्रेणी का अमरीकन उपन्यास है 'द मैन'—लेखक इरविंग वैलेस। (हालाँकि यह तीसरी श्रेणी का उपन्यास भगवतीचरण वर्मा या शंकर, विमल मित्र जैसे किसी भी 'श्रेष्ठ भारतीय उपन्यासकारों' की प्रथम-श्रेणी की रचना से अधिक सशक्त, कथ्य में नया, सुगठित और रोचक है) इसमें कल्पना की गई है कि अमरीका का राष्ट्रपति एक नीग्रो हो गया है। कहानी की अपनी सनसनी, उत्सुकता, बुनावट और परिणतियाँ हैं। लेकिन भारत का तीसरी श्रेणी का कथाकार भी इस बात से कहीं कोई प्रेरणा नहीं ले पाता है कि देश की प्रधानमंत्री एक 'विधवा' नारी है, राष्ट्रपति 'विधर्मी' है, कांग्रेस जैसी विशाल संस्था का अध्यक्ष एक हरिजन रहा है और पहली बार नए व्यक्तिगत या सामाजिक क़ानून बनाकर अम्बेदकर ने मनु-याज्ञवल्क्य को एक तरफ़ फेंक दिया है। हज़ारों सालों देश को जकड़े रहनेवाली वर्ण-व्यवस्था अब केवल नौकरियाँ पाने या वोट वसूलने का हथियार है। (यहूदी होने की यातना को सॉलबैलो ने 'हरज़ोग' में कितने गहरे स्तरों पर पकड़ा है) बड़े-बड़े राजा और ज़मींदार जनता का निर्णय सुनने के लिए चुनावों के कठघरों में खड़े मुँह ताक रहे हैं, लाल-तिकोन की बाढ़ में एबॉर्शन को कानूनी रूप देने पर बहसें हो रही हैं, छोटे-छोटे उद्योग घर-घर की शक्लें बदले दे रहे हैं और जिन्होंने साइकिलें नहीं देखी थीं, उनकी एयरकंडीशंड गाड़ियाँ, नगर के सबसे खूबसूरत मुहल्ले की आलीशान कोठियों में खड़ी हैं···थानेदार-कलक्टर से काँपते हुए हाथ मिलाकर कृतार्थ होनेवाले आज तय कर रहे हैं कि अब अमुक मिनिस्टर को रखना है या हटा देना है।

ये सामाजिक परिवर्तन के डिटेल्स हैं। सूची बहुत लम्बी हो सकती है और पता नहीं, प्रेमचन्द इनमें से किसी स्थिति पर लिखते या नहीं—लेकिन आज का हिन्दी कथाकार नहीं लिखता, न ही लिखने की बात सोचता है। कम से कम इन्हें लक्ष्य बनाकर लिखने की बात उसके मन में नहीं आती। हाँ, पुरानी व्यवस्था के टूटने से जो बिखराव आया है, उस पर ज़रूर कुछ सशक्त रचनाएँ आई हैं। कथा-साहित्य

का सम्बन्ध सामाजिक परिवर्तन की घटनाओं से उतना नहीं होता, जितना उनमें उलझे नैतिक मूल्यों और सांस्कृतिक संकट से होता है, यही हमारे आपसी सम्बन्धों और व्यवहार को निर्धारित करते हैं। इसलिए चीज़ों और सम्बन्धों के प्रति हमारा रवैया ही कहानी में आ सकता है, आना चाहिए। मैं अक्सर सोचता हूँ कि क्या सचमुच हमारी ऐसी कोई कटा-छँटी स्पष्ट सुनिर्णीत संस्कृति है, जो नई परिस्थितियों की टक्कर में हमारे भीतर दयनीयता और भ्रान्ति नहीं, संकट और तनाव पैदा करती है? राष्ट्रीय और व्यक्तिगत दोनों स्तरों पर क्या हम हर सुविधा और सुयोग को स्वीकार ही नहीं करते रहे हैं? 'भारतीयता' और 'अभारतीयता' क्या केवल अवसर के अनुरूप पक्ष-विपक्ष में दिया जानेवाला तर्क ही तो नहीं है? जिसे हम भारतीय संस्कृति कहते हैं, क्या दो हज़ार सालों से उसके विकास को स्थगित नहीं मानते? संस्कृति की जीवन्त तात्कालिकता से जब हमारा कोई रिश्ता ही नहीं है तो 'सांस्कृतिक संकट' की बात हवाई और झूठी नहीं हो जाती? और जिसे हम सांस्कृतिक या मूल्यों का संकट कहते हैं, वह कहीं मानसिक अभ्यासों, नया सोचने की अक्षमता और सुरक्षा न छोड़ सकने की साहसहीनता ही तो नहीं है?

मुझे अफ़सोस है कि भारतीय कथा-साहित्य ने मूल्यों और सम्बन्धों के आधारभूत संकट को वास्तविक निगाहों से बिल्कुल नहीं देखा है, नई स्थितियों के सामने हारते हुए, पुराने को ही कथा-साहित्य ने अपना केन्द्र बनाया है। दुखद यह है कि पुरातनता को ही वह 'मानवता' के रूप में कन्फ़्यूज़ करता है। नयों की आकांक्षाओं और कुंठाओं, आशाओं और पराजयों की कहानियाँ मुझे हिन्दी के अलावा किसी और भाषा में उतनी नहीं दिखाई देतीं।

कथा-साहित्य में स्थिति का साक्षात्कार न कर पाना उतना ट्रैजिक या दयनीय नहीं होता जितना उस चुनौती से कतराकर निकल जाना। देश के पूरे परिप्रेक्ष्य में सबसे अधिक निराशाजनक स्थिति इंडो-एंग्लियन और बँगला कथा-साहित्य की है। एक एयरपोर्ट के आसपास की बस्तियों की कॉकटेल पार्टियों और पूर्व-पश्चिम के सांस्कृतिक संघर्ष को जितने भौंडे, सपाट और बेहूदे ढंग से रख रहा है—उतने ही फ़ॉर्मूलाबद्ध, बाज़ारू और पलायनवादी ढंग से, और दो सौ सालों के इतिहास की काल्पनिक, झूठी और भावुकता-भरी मनोरंजक फ़िल्मी कहानियाँ दे रहा है बंगाल। भारत के अंग्रेज़ी कथाकार की जीवन-भर की उपलब्धि या नियति—किसी अंग्रेज़ी आलोचक या कथाकार से 'अच्छी भाषा' लिख लेने का सर्टिफ़िकेट ले लेना है, तो बंगाल के कथाकार की सफलता किस्सागोई के कमाल के साथ एक शरच्चन्द्रीय नायिका की सृष्टि कर देना। समरेश बसु या अन्य कथाकार इस व्यावसायिकता से निकलने की सफल-असफल कोशिश ज़रूर कर रहे हैं।

ड्राइंगरूम की बहसों और लम्बे-लम्बे एकालापों के रूप में पुरानी मूर्तियों और भारतीय दर्शन या योग को विदेशी बाज़ारों में बेचनेवाले, मूलतः केवल सभ्यताओं

की टक्कर दिखाते रहे हैं, जन-जन के मन में चल रहे 'सांस्कृतिक संकट' की शायद उन्हें ख़बर भी नहीं है। वस्तुतः जन्मान्तर और कर्म का सिद्धान्त भारतीय मानस में 'पाप' और 'द्वन्द्व' की वह वेधक, तीव्र और यन्त्रणामय अन्वेषी दृष्टि ही नहीं देता जो दोस्तोएव्स्की या ग्राहमग्रीन की रचनाओं को एक खास तरह की गहराई देती है। अहं को मारने के नाम पर 'आत्म' को मारकर वह अपने-आपको चुनाव करने या 'चुनाव न कर सकने' की अस्तित्ववादी ज़िम्मेदारी से भी बचा लेता है और अस्तित्व को भीतर तक परखने की उसे आवश्यकता ही महसूस नहीं होती। सारी मध्यकालीन संस्कृति 'जाने हुए को जान लेने' वाले को ही विद्वान् और मनीषी के रूप में स्वीकृति देती है—इसलिए, 'अनजान को जानने की तड़प' या प्रश्नाकुलता हमारे चिन्तन को शक्ति या निरन्तरता नहीं दे पाती। अधिक से अधिक दे पाती है तो बस, एक उच्छ्वास 'क्षितिज के पार क्या है' ? हर भारतीय के पास प्रत्येक द्वन्द्व के ऐसे जादुई समाधान हैं कि प्रातः आत्मा की ऊँचाइयों और योग की सिद्धावस्था में विहार करनेवाला व्यक्ति, बिना किसी द्विधा या आत्म-दंश के रिश्वत, सिफ़ारिश, चमचागिरी कर सकता है। माया के हर पक्ष को आत्मसात कर लेनेवाला पैसे-पैसे को दाँत से पकड़ता है, और भूत-भविष्य-वर्तमान सभी को आर-पार देख लेनेवाला हर क्षण को वसूल कर लेना चाहता है; अपरिग्रह, योग और तुरीयावस्था के हरकारे हवाई जहाज़ों से कम यात्रा नहीं करते—वे 'भारतीय दर्शन' को आधुनिकता दे रहे हैं। विदेश में बेचने के लिए 'नया लुक' ला रहे हैं।

इसलिए आज के भारतीय मानस, विशेष रूप से हिन्दी-मराठी-गुजराती कथाकार के लिए ये सब निहायत अप्रासंगिक, फालतू और फ़िजूल हैं—उसकी रचनात्मक चिन्ता और चेतना को छू नहीं पाती। उसकी चिन्ता का विषय तो उसका अपना जीवन, परिवेश, सम्बन्ध, मूल्य और इन सबके प्रति अपना बनता हुआ रवैया है। इतिहास और दर्शन आज शायद ही किसी जीवन्त, युवा कथा-लेखक के विषय में रहे हों ···तेज़ी से बढ़ते हुए औद्योगीकरण, सिमटते हुए भूगोल और प्रचार-भ्रष्ट भाषा के बीच अपनी नियति, इयत्ता और अभिव्यक्ति खोजनेवाले लेखक को इतनी फुरसत कहाँ है कि वह बैठकर तीन-तीन पीढ़ियों के झूठे-सच्चे इतिहास की खुदाई करे या भारतीयता-अभारतीयता, आत्मा-परमात्मा की साँप-रस्सीवाली पहेलियाँ बुझाए। दर्शन, उपदेश, आदर्श, स्वप्न, शब्द—जो कुछ भी उसे ऊपर से दिया जाता है उन सब पर उसकी आस्था नहीं है। उसके लिए वास्तविकता उसका अपना होना, उस होने को निर्धारित करनेवाला आस-पास, अपनी नियति और अपनी पहचान हैं। समय और दिशा में उसका दायरा सीमित ही सही, लेकिन प्रामाणिकता और संवेदनशीलता की दृष्टि से वही उसका यथार्थ है। आज उसकी अपनी विधा कहानियाँ और लघु-उपन्यास हो गए हैं; उसका अपना इतिहास सन् '47 के पहले से शुरू नहीं होता···पुराने समाज को समानान्तर भोगते हुए भी उससे उसका कोई परिचय और वार्तालाप नहीं है—और

पीढ़ियों की यह दूरी निरन्तर बढ़ती चली जा रही है। जिस नई परिस्थितियों में वह अपने को पाता है, वहाँ न उसका अभी कोई व्यक्तित्व बना है और न सन्दर्भ। वह अपनी आइडैंटिटी और सम्बन्धों को समझने के दौर से गुज़र रहा है। हाँ, पल-पल पर उसकी टक्कर या सामना यथास्थिति से है जो उसे ख़रीदती, बेचती और तोड़ती है, शायद इसीलिए उसमें सबसे पहले सम्मानजनक दूरी और यथास्थिति को आशा और सम्मान से देखने का भाव था, फिर भ्रम-भंग का दौर आया और वह अपने को अजनबियत, आत्मदया या निर्वासित होने की भावना से घिरा पाने लगा, फिर क्रमशः उसका रवैया एक कैज़ुअलनैस या उदासीनता में बदलता गया और आज वह एक हिंस्र प्रतिशोध का रूप लेने लगा है—प्रतिशोध अपने-आपसे और यथास्थिति से···

हो सकता है आज के बुद्धिजीवी-वर्ग ने अपने-आपको समझने की जल्दबाज़ी में कभी अस्तित्ववादियों, कभी हिप्पियों और कभी माओ-गुवेआरा की शब्दावली का प्रयोग किया हो; लेकिन दूसरी ओर से इन्हीं नामों को लांछन की तरह उछालकर स्थिति से आँख मूँदने की शुतुरमुर्गी कोशिशें भी कम नहीं रही हैं।

स्वतन्त्रता के बाद, पहली बार सच्चे अर्थों में हमारे समाज में एक विशाल मध्यवर्ग ने अपना वास्तविक आकार ग्रहण किया है। बड़े-बड़े राष्ट्रीय या वैयक्तिक उद्योगों की छाया में करोड़ों लोगों का ऐसा वर्ग है जो कहीं भी अपने को जुड़ा हुआ नहीं पाता। कोई शहर उनका अपना नहीं है, कोई सम्बन्ध उनका अपना नहीं है, उनकी जड़ें न कहीं पीछे खेत-खलिहानों में हैं, न किसी संयुक्त-परिवार में उनका एकमात्र साधन नौकरी है और एकमात्र भय बेकारी। धर्म, संस्कार, नैतिकता उनके आपसी सम्बन्धों को सुरक्षा नहीं देते···उन्हें अपने लिए अपना एडजस्टमेंट तलाश करना है···अपनी स्थिति को अपने मुहावरे में समझना, भोगना या छोड़ना होता है ···अकेले, असहाय और व्यर्थ होने की नियति उनकी अपनी है और उनके लिए सबसे बड़ी चुनौती, या तुलना है सरकारी योजनाओं को लूटकर रातोंरात रईस हुए सहोदर-वर्ग से···न उत्पादन के स्रोत इस मध्यवर्ग के हाथ हैं, न उत्पादन के साधन···शिक्षा, बेकारी, आश्वासन और व्यापक असुरक्षा के जंजाल में वह बहुत अकेला, अजनबी, अनसमझा, निर्वासित, क्रान्तिकारी शहीद सब कुछ है···या फिर है टुच्चा, ढोंगी, लालची, कुटिल और तिकड़मी। ढाल के रूप में लादे यह वर्ग चाहे जो कुछ रहे, लेकिन असलियत यह है कि न उसके कोई मूल्य हैं, न संस्कृति—वह सब भी उसकी अपनी नहीं है जिसका वीभत्सतम प्रदर्शन नवधनिक वर्ग कर रहा है···

और यह मध्यवर्ग हर कुछ को भोगने, बर्दाश्त करने के लिए अभिशप्त है—उसकी क़िस्मत को ढालने, गढ़ने, दिशा देनेवाली शक्तियाँ या तो ऊपर हैं या नीचे···नीचे वालों से उसका सम्पर्क केवल ब्यूरोक्रेटिक धरातल या पिकनिक के अवकाश पर है···ऊपर से उसका सम्बन्ध फ़ाइलों, प्रमोशन और लाइसेंसों या फिर कृपापूर्वक फेंके

गए निमन्त्रणों पर···इन्हीं सम्पर्कों की होड़ पर उसकी हैसियत और सुरक्षा कायम है ···इसी ख़ाली और खोखलेपन को वह कभी 'सांस्कृतिक कार्यक्रमों' से भरने की कोशिश करता है, कभी आत्म-साधना के नुस्खों से···उसके लिए साधु और कलाकार दोनों अपनी-अपनी जगह ज़रूरी हैं, लेकिन उपयोगी है डेल-कोनेगी और पार्किन्सन···

यहीं से हमारा कथा-नायक आता है और यहीं से कथा-लेखक और शायद यही कारण है कि हमारी कला और संस्कृति, अपनी सारी बारीक़ियों और परफैक्शन के बावजूद संवेदनशीलता और सच्चे विक्षोभ के रहते हुए भी राजनीति की छाया होकर रह गई है, 'बूर्जुवा समाज में राजनीति पहली और प्रमुख शक्ति होती है, कला और साहित्य नहीं' यह टॉमस मान ने कहा था, जिसे आज अज्ञेय महसूस करते हैं कि, "बीसवीं शताब्दी में कलाकार मात्र की स्थिति गिरी है" दोनों ही लेखकों को वस्तुतः कहना यह चाहिए कि कला ही नहीं, कलाकार और बुद्धिजीवी आज जिस समाज की उपज है, जिसे बिलौंग करने की बात वह करता है—स्थिति वास्तव में उसकी गिरी है, उसे अपनी नहीं, कहीं और से ली या दी हुई शक्ति या उपाधि से अपनी प्रतिष्ठा का भ्रम बनाए रखना पड़ता है···प्रतिष्ठित होने के लिए उसे राजनीतिज्ञों के आस-पास चक्कर लगाने पड़ते हैं, उनके साथ अपने प्रभाव या सम्बन्धों की घोषणा करनी पड़ती है।

मैं समझता हूँ कि भारतीय कथाकार को बदलते हुए समाज में सबसे पहले अपनी स्थिति को स्वीकार कर लेना चाहिए···यह भी हो सकता है कि स्थिति-स्वीकार का ही यह धक्का है जिस्ने हम सबको थोड़े समय के लिए चुप या स्तब्ध कर दिया है और अपने समय को स्वर देनेवाली कोई भी रचना किसी भी साहित्य में नहीं आ रही।

केन्द्रीय विधा की तलाश

नागपुर कथा-सम्मेलन में एक दिलचस्प चर्चा चली थी : आगे साहित्य की केन्द्रीय-विधा क्या होने जा रही है ? कुछ ने इस सवाल की सम्भावनाओं को गम्भीरतापूर्वक लिया था और कमलेश्वर ने यह तर्क देकर सवाल को ही हटा दिया था कि आज की संवेदनाएँ और सच्चाइयाँ किन रूपों में अपनी अभिव्यक्ति खोजेंगी, इस सबकी भविष्यवाणी करना हमारा काम नहीं है, समय खुद तय कर देगा। मेरी राय थी कि समय, भाग्य और भगवान का दूसरा नाम है और हमें सवालों से कतराना नहीं चाहिए।

हमें केन्द्रीय नहीं, सार्थक विधा की तलाश है, कहना बात के साथ चतुराई बरतना है और श्रीकान्त वर्मा की इस बात से मैं सहमत नहीं हूँ; केन्द्रीय सरकार अपनी सार्थकता खो देने के बाद भी कुर्सी से चिपकी रह सकती है। मगर साहित्य की दुनिया अधिक प्रजातान्त्रिक है। यहाँ सार्थक-विधा ही, केन्द्रीय है। समय का स्वर जिस विधा में अपनी अभिव्यक्ति और जबान पाता है वही विधा सार्थक हो सकती है—हो जाती है। शताब्दियों तक केन्द्रीय विधा रहने के बावजूद कविता पिछले कुछ दशकों से उतनी सार्थक नहीं दिखाई देती, जितनी कहानी। इस अवधि की सारी बौद्धिक, संवेदनात्मक चेतना और चिन्तन का आलम्बन कहानी ही रही है और समय की जीनियस ने इसी के द्वारा अपनी सार्थकता पाने की कोशिश की है।

लेकिन इधर कुछ वर्षों से कहानी में भी एक खास ठहराव नजर आने लगा है। संवेदना और अनुभवों से ले कर जब उनके प्रति एप्रोच और ट्रीटमेंट, भाषा और शैली सभी में एकसापन और एकरसता आने लगती है, तो विधा की अपनी प्रासंगिकता या सार्थकता समाप्ति पर आ जाती है। लगता है आज कहानी, एक ही भाषा में एक ही मुहावरा दुहराने लगी है और एक कहानी को दूसरी से अलग कर सकना कठिन हो गया है। कहानी जिन प्रतिभाओं के सहयोग से समृद्ध हुई है, वे या तो एक-एक करके चुप हो गई हैं या लिखते रहने के बावजूद उनकी चुप्पी मुखर है। किन्हीं एक-दो के साथ हुई घटना को व्यक्तिगत संकट, सामर्थ्य-रिक्तता या प्रतिभा

का अक्षम हो जाना कह सकते हैं; लेकिन जब वही घटना किसी-न-किसी रूप म अनेक जगह दुहराई जाए, तो उसे प्रवृत्ति ही मानना होगा, उसके कारण साहित्य या लेखक में नहीं समाज में देखने होंगे।

केवल लिखते रहना, जीवित होने की निशानी नहीं, मजबूरी भी हो सकती है। सही है कि विधा की अपनी कोई सार्थकता-निरर्थकता नहीं होती, उसे अपनानेवालों की हो सकती है—विधा तो उस स्थिति की अभिव्यक्ति मात्र है। इसी स्थिति की अभिव्यक्ति के लिए कभी विधा को तोड़ना-बदलना होता है, तो कभी एकदम हटकर किसी और ही मुहावरे की खोज करनी होती है। विधा की सम्भावनाओं का चुक जाना महसूस करके, समर्थ लेखक या तो नए सिरे से सार्थकता की खोज शुरू करता है या रुककर अपने आपको तोलता है। सही बात के लिए सही मुहावरे और विधा की पहचान भी लेखकीय प्रतिभा का दायित्व है। इस तलाश या पहचान को भविष्यवाणी का नाम देकर जिम्मेदारी से कतरा जाना या उसी बिन्दु पर चिपके रहना—दोनों मुझे लेखकीय अन्तर्दृष्टि के अनुरूप नहीं लगते। हर समय, चुप हो जाना, चुक जाना ही नहीं ईमानदारी भी हो सकती है, अपने को नई यात्राओं के लिए तैयार करना भी हो सकता है। चुक जाना स्थिति को ज्यों का त्यों स्वीकार करते जाना है। खोज और सम्भावनाओं की वृत्ति को ही खारिज करना है। नई यात्राओं की तैयारी के इस अन्तराल में हमें ईमानदारी से इस बात की पहचान करनी होगी कि खोज और प्रयोगों के रूप क्या हो सकते हैं ? युग की संवेदना को वहन कर सकने की सम्भावना क्या और कहाँ हो सकती है ? विद्यमान-विधाओं को ही ज्यों का त्यों स्वीकार किए रहा जाए या स्थिति की सार्थकता के लिए विधाओं के वर्तमान रूपों को तोड़कर अपने लिए अभिव्यक्ति के नए उपकरणों की तलाश की जाए ?

अनेक तेजस्वी प्रयत्नों के बाद भी निरन्तर सिद्ध होता चला जा रहा है कि कविता आज के स्वर को पकड़ नहीं पा रही है। इससे मैं सहमत हूँ कि नाटक निश्चित रूप से विकसित और प्रबुद्ध साहित्यों का प्रमुख स्वर हो गया है। लेकिन इसीलिए 'हिन्दी में कहानी की सफलता, नाटककार की असफलता है' कहकर श्रीकांत वर्मा की तरह बात को चुस्त फिकरे में कसकर घुमा देने से समस्या हल नहीं हो जाती। अगर यह सही है कि आज वही विधा सफल हो सकती है, जिसमें अधिक-से-अधिक लोग हिस्सा ले सकें, उनसे सीधा, सजीव संवाद स्थापित किया जा सके, तब तो नाटक ही निस्संदेह हमारे सामने एक सशक्त विकल्प रह जाता है। मगर हिन्दी में वह नहीं है। आज तक नहीं है। क्या हिन्दी में मंच का न होना या नाटक के साथ किसी प्रथम श्रेणी की प्रतिभा का न जुड़ पाना ही इसका कारण है ? पहले मंच वाली बात ही लें; यह अंशतः सही होते हुए भी प्रासंगिक नहीं है। जिस तरह के नाटकों की बात आज के सन्दर्भ में हम सोचते हैं, वह लेखन और मंचन दोनों स्थितियों में प्रयोगधर्मा रहने को बाध्य हैं—यानी मंच का होना या न होना वहाँ बहुत मदद

नहीं कर पाएगा। बंगला में मंच का होना भी नाटक को साहित्य प्रयोगों के रूप में बहुत सार्थक कर पा रहा है, ऐसा नहीं लगता। वह कुछ दर्शकों को सम्भ्रान्त (साफिस्टिकैटेड) मनोरंजन दे कर रह जाता है या दूसरी जगहों से 'प्रेरणा' ले कर कभी-कभी कुछ सवाल उठा देता है। आधारभूत सवाल मौलिक ढंग से वहाँ भी अभी नहीं उठाए गए।

बात हिन्दी नाटकों की ही हो। आज व्यवस्था का सारा समर्थन और सारे साधन मंच और नाटककार के लिए उपलब्ध हैं, उसे फिलहाल आवश्यकता न सही, फैशन बनाने के सारे तरीके मानसिक और बौद्धिक स्तर, ऊँचाई के साथ इस्तेमाल किए जा रहे हैं; नाट्य समीक्षकों की सारी उन्नासिक, गरिमामयी दार्शनिकता और सौन्दर्यबोध की नाजुक महीन समीक्षाएँ नाटक की सेवा में हाजिर हैं, फिर भी हिन्दी नाटक वह सार्थकता नहीं ग्रहण कर रहा, जो अन्य विकसित साहित्यों में दिखाई देती है। जो ब्रेख़्त, बैकेट आयनास्को, ऍल्बी जैसे नाटककारों ने नाटक को दी है। शायद इसके कारण के लिए दूर जाने की आवश्यकता नहीं है। राज्य की हो या सरमायेदार की, व्यवस्था कभी भी साहसिक प्रयोग या विद्रोह की स्वीकृति नहीं देती और जिसे वह स्वीकृति देती है वह सब कुछ हो सकता है, साहसिक प्रयोग और विद्रोह तो नहीं ही होगा—अधिक-से-अधिक किसी हवाई-विद्रोह की परिभाषा होगी—दार्शनिक और अमूर्त। दूसरी ओर, कलाकार व्यवस्था का समर्थन करके लूट में हिस्सा ले या उससे विद्रोह करके अस्वीकार का रुख अपनाए, यह चुनाव भी आज हमारे सामने नहीं रह गया है—उसे सार्थक होना है तो विद्रोही होना ही होगा। कहानी इसीलिए तो सार्थक विधा रह सकी कि उसे कभी भी व्यवस्था का समर्थन नहीं मिला : विद्रोह और अस्वीकार अपनी जगह हैं और व्यवस्था से प्राप्त सुविधाएँ अपनी जगह : इस कलाकारी को केवल सौदे का नाम दिया जा सकता है। यहाँ कलाकार की सारी गरिमा इस सौदे को ढंग से साध लेने में है। इस सिद्धि का परिणाम सामने है : हमारे यहाँ के नाटककार या बंगला के लोकप्रिय उपन्यासकार अचानक ही इतिहास की सुरक्षाओं में जाकर आज के जलते और विप्लवी 'सवालों' को हल करने लगे हैं या निवृत्ति और प्रवृत्ति की गीता लिखने लगे हैं—वह सब अनायास ही नहीं हो गया। और यह भी मात्र संयोग नहीं है कि क्यों हिन्दी का जीवन्त कथा-साहित्य अपनी किसी समस्या के लिए एक बार भी इतिहास में नहीं भागा। अधिक-से-अधिक पौराणिक प्रतीक लिए गए हैं, जिनकी प्रामाणिकता नहीं, प्रभाव-क्षमता ही सामने रही है। यहाँ ऐतिहासिक और पौराणिक स्थितियों के बीच में अन्तर करना होगा। कृष्ण, अर्जुन, दुर्योधन इत्यादि इतिहास नहीं, ऐसे मिथक हैं जो आर्क्टाइप्स—या संस्कारों के रूप में आज भी हमारे साथ हैं और हममें से हर व्यक्ति ने उन्हें इस तरह अपने भीतर पाया है कि वे व्यक्ति नहीं वृत्तियाँ बन गए हैं। धर्मवीर भारती के कृष्ण या कामू के कालीगुला की पौराणिक अप्रामाणिकता

हमारे समय की प्रामाणिकता को खंडित नहीं करती। इनके विपरीत, इतिहास की प्रामाणिकता यथावत् बनाए रखते हुए अपनी प्रामाणिकता स्थापित कर देना—निश्चय ही दोनों तरफ अप्रामाणिक होना है और हिन्दी कहानी ने वह नहीं ही किया है। व्यवस्था इसी 'अप्रामाणिकता' को स्वीकार सकती है—उसे कोणार्क और उज्जयिनी का 'प्रामाणिक' स्थापत्य अपने होटलों और भवनों में चाहिए। अपनी सांस्कृतिक उपलब्धियों को उठाकर आधुनिकता के पूरे परिवेश में प्रस्तुत कर देना—सैलानियों को अनेक असुविधाओं से ही नहीं बचाता, अपनी आधुनिकता को परम्परा और सांस्कृतिक मुखौटे देने में भी सफल हो जाता है। हमारे आज के सारे विद्रोही सवाल, योग और इतिहास—संस्कृति में अपने हल खोज रहे हैं—व्यवस्था को इसमें आपत्ति क्यों हो ? हाँ, इन अनुसंधानात्मक जिज्ञासाओं के लिए व्यवस्था के सारे शोध-संस्थान, अकादमियाँ और विश्वविद्यालय पेशे-खिदमत हैं। साफ ही है कि ये 'वैल-मैड' और 'वैल-टेलर्ड' नाटक आज की सार्थकता के सन्दर्भ में अप्रासांगिक और 'इर्रिलेवेंट' हैं। जिस तरह का नाटक आज केन्द्रीय विधा हो सकता है, उसका प्रारम्भ भुवनेश्वर के 'ताँबे के कीड़े' में हुआ था और ललित सहगल ने 'हत्या एक आकार की' या काशीनाथ सिंह ने 'घोआस' में केवल उसे ही छुआ है। इसे सिर्फ शुरुआत ही माना जा सकता है। सम्भावनाओं का उपयोग कब होगा, कह सकना कठिन है।

आज के आदमी की यातना और विक्षोभ को उसकी अपनी जबान देने का जोखिम कहानी ने उठाया था और साफ ही नाटककार उससे कतरा गया है। इस कहानी ने न नई और पुरानी-कहानी से एक साथ ही स्वीकृति लेने की अदा अपनाई, न व्यवस्था और विद्रोह के बीच 'मध्यम-मार्ग' को साधा। इसलिए रूमानी, रूपहीन और संध्या-भाषा में उसने सर्व-स्वीकार्य रचनाएँ नहीं दीं—वे निश्चय ही राजनीतिक, नैतिक और सौन्दर्यशास्त्र की स्थापित मान्यताओं के लिए चुनौती थीं—सीधी, ठोस और बेबाक—सही चीजों को सही नाम देने की कोशिश सम्पूर्ण और समग्र युग-संचेतना ही थी, जो कला के स्तर पर राजनीतिक, नैतिक और सौन्दर्यशास्त्रीय दृष्टि से आपत्तिजनक रचनाओं को जन्म दे रही थी—यानी यह उस अस्वीकार का स्वर था, जो व्यवस्था के लिए 'आपत्तिजनक' हो उठता है, क्योंकि तर्कहीन विश्वास और झूठे आशावाद से उसे बहलाया नहीं जा सकता।

लेकिन आपत्तिजनक होने को ही जब कुछ लेखकों ने विद्रोही होने की एकमात्र शर्त के रूप में स्वीकार कर लिया, तो सारा दृष्टि-बिन्दु ही बदल गया। बोध अपने में सम्पूर्ण और समग्र इकाई है। विधा या अभिव्यक्ति के माध्यम कोई हों। बोध को राजनीतिक और सौन्दर्य शास्त्रीय स्तर पर खंडित नहीं किया जा सकता। विद्रोह किसी एक कोण पर संग्रथित, संकेंद्रित हो सकता है, मगर ऐसा नहीं होता कि एक धरातल पर आदमी विद्रोही हो और दूसरे पर परम रूढ़िवादी; नैतिक दृष्टि से क्रुद्ध हो और राजनीतिक स्तर पर परम्परा-पोषक। व्यवस्था का पैटर्न इस तरह बँटा हुआ

नहीं है और वहाँ राजनीतिक दृष्टि से कांग्रेसी, नैतिक दृष्टि से आर्यसमाजी और सौन्दर्य-दृष्टि से रसवादी होने के पीछे एक ही व्यवस्था-दृष्टि है। इसके मुकाबले खंडित और विभाजित विद्रोह सिर्फ अपने व्यक्तित्व को तोड़-मरोड़ सकता है। नतीजे में इधर कुछ दिनों से साहित्य में आनेवाला घोषित 'देहवादी विद्रोही' यौन-धरातल पर घनघोर आक्रामक रहा और दूसरे पक्षों पर सुविधाजनक रूप से मौन···शीघ्र ही यह सब विद्रोह न होकर आत्मरति और नुमायश होकर रह गया। परिवेश की सम्पूर्णता या उसमें व्याप्त अन्विति उसकी निगाह से ओझल हो गई।

भोगे और झेले हुए यथार्थ की प्रामाणिकता को जब तक तटस्थ और अलग आदमी की दृष्टि से नहीं देखा जाएगा, तब तक न तो परिवेश की सम्पूर्णता पकड़ में आ सकती है, न व्यापक अन्विति—अर्थात् कहानियों में छाई यह घुटन और ऊब केवल आत्मरति और आत्मदया के ही शहीदाना क्लोज़अप देती रहेगी। भोगने और झेलने की सारी तल्खी और तीव्रता एकरसता और मुहावरे के एक सपने में खो जाएगी। इस तटस्थता को पाने के लिए सतह से ही न चिपक कर, गहराई में जाना होगा, हटकर इस सबको दूसरी तरह देखना होगा और उसका रास्ता या तो हरिशंकर परसाई, श्रीलाल शुक्ल, शरद जोशी जैसे लोगों की व्यंग्य रचनाओं में देखा जा सकता है, जहाँ अपने और दूसरों पर हँसने, उनका मज़ाक उड़ाने की तटस्थता हासिल की जा सकी है या फिर लोक-कथाओं और काफ्का जैसी रूपक कथाओं, फेंटेसियों में 'अब और यहीं' की इस सँकरी-कैद को तोड़ा जा सकता है। कहानी के वर्तमान स्वरूप को बनाए रखने के आग्रह के साथ बात को सही कह सकने का और तो कोई सार्थक तरीका फिलहाल सामने नहीं दिखाई देता। हाँ, विधा को एकदम तोड़ने या छोड़ने की बात सोची जाए, यह अलग स्थिति है।

परिवेश की सम्पूर्णता और व्याप्ति, अन्विति की खोज एक बार फिर उपन्यास को अपनी अभिव्यक्ति के माध्यम के रूप में स्वीकार करने की दिशा में प्रेरित कर सकती है। लेकिन उपन्यास की जो मध्यकालीन-फुरसती तस्वीर हमारे सामने है, वह आज की जिन्दगी के सन्दर्भ में निहायत बेमौजूं हो उठी है। शायद वैसे बड़े उपन्यास संस्कृतियों की समाप्ति पर ही लिखे जाते हैं। वहाँ जिन्दगी साफ-सुथरी, सुस्थिर और निथरी दिखाई देती है। कशमकश, तनावों और दबावों में आज जैसा घपला नहीं होता, मूल्य और लोगों के आपसी सम्बन्ध प्रायः पूरी तरह निर्धारित होते हैं और समय या भौगोलिक व्यापकता में पूरी पृष्ठभूमि के साथ इत्मीनान से उनका उद्घाटन-अन्वेषण किया जाता है। वे समाप्ति बिन्दु पर खड़े होकर संस्कृतियों और व्यक्तियों के सिंहावलोकन हैं; तभी उनमें व्यक्ति या घटना की जिन्दगी बड़े धीरज के साथ दिखाई जा सकती है। आज उस तरह के महाकाव्यों और उपन्यासों का न होना एक संस्कृति की समाप्ति के सिवा और क्या है ? हाँ द्वितीय श्रेणी की प्रतिभाएँ या व्यावसायिक दृष्टियाँ हमेशा इस तरह की सांस्कृतिक परम्पराओं को भुनाने

के लिए उन्हें घसीटे जाती हैं—और विमल मित्र, शंकर, गुरुदत्त, नरेन्द्र कोहली, अपनी-अपनी क्षमताओं में यही सब कर रहे हैं।

नई संस्कृति के प्रारम्भ में जब चारों ओर एक अनिश्चय, अस्थिरता और असुरक्षा का वातावरण हो, मूल्यों और दृष्टियों की कहीं कोई साफ रूपरेखा न हो तो अपने अनुभवों और अपने बोध के सिवा कहीं कुछ भी प्रामाणिक नहीं लगता, यानी निगाह का वृत्त या फोकस छोटा हो जाता है। बीती और उतरी संस्कृति की रेत में मुँह छिपाना या भविष्य के यूटोपियन आशावाद में छलाँग लगाना, दोनों वर्तमान संकट की चुनौतियों से पलायन करना है। इस पलायन और अपनी असमर्थता को चतुराई से दार्शनिकता भी दी जा सकती है। इस स्थिति में बृहद् और डबल-डेकर उपन्यासों में परिवेश की व्यापकता पकड़ने की ज़िद ने अनेक लेखकों को असफल उपन्यासों के स्रष्टा का ही गौरव दिया है। व्यक्तित्व के निर्माण-तत्त्वों की खोज के नाम पर उन्होंने या तो पीछे जाकर शरच्चंद्रीय अदा में अपनी रोमानी कुंठाओं के लम्बे, नॉस्टेल्जिक विवरण दिए हैं या इस तरह अलग-अलग कहानियों को गूँथा है कि आसानी से उन्हें काट-काट कर मुक्त किया जा सकता है। वे या तो अलग-अलग व्यक्तियों के पोर्ट्रेटों के अलबम हैं या ट्रेन की दो-तीन टायरोंवाली सीटों जैसे स्वतंत्र किस्से और यह सब एक जगह इसलिए नत्थी हैं कि उपन्यास का नायक वहाँ मौजूद है। व्यक्तित्व के अविच्छिन्न अंगों के रूप में ये सब आते हों या न आते हों, हाँ परिवेश की सूचनात्मक तालिका के रूप में जरूर आते हैं।

वस्तुतः आज की जिन्दगी में कोई भी व्यक्ति इतना महत्त्वपूर्ण नहीं रह गया है कि बाकी सब कुछ, बहुत अधिक समय तक केवल उसी के लिए और उसके आस-पास सौर-मंडल की तरह घूमता रहे। ऐसे मुग़ालते लेकर जो निकले थे, वे शीघ्र ही दर्शक या पर्यटक होकर रह गए; वे या तो समाज के एक धरातल पर भटकते, नोट-बुक लेकर अखबारनवीसी करते पाए गए या एक जगह रुके रहकर आस-पास के चेहरों को घूरते रहने का शुगल करते रहे। इस तरह रिपोर्ताजों का रेणु जैसे लोगों ने सार्थक उपयोग करने की भी कोशिश की और वास्तविकता समझ कर पूरे परिवेश को ही प्रमुख-पात्र के रूप में पकड़ना चाहा—यह प्रयोग किसी हद तक सफल इसलिए भी रहा कि परिवेश की सम्पूर्णता को पाने के लिए रेणु ने सम्पूर्ण इन्द्रिय-बोध का उपयोग किया—उन्होंने परिवेश को 'देखा', 'सुना', सूँघा' और इस तरह उसे छूकर महसूस करने की कोशिश की, लेकिन इस सब में व्यक्ति भी नदी-पेड़ की तरह की कोई चीज बनकर रह गया।

शायद यही कारण था कि इस विधा को अनुशासित और नियंत्रित करनेवाला कोई तत्त्व नहीं रह गया और लगा, यह विहंगावलोकन अनन्त भी हो सकता है। अपनी घुटन और जकड़न से ऊपर उठ या उड़कर पूरे विस्तार को देखने की ताज़गी देनेवाला खुलाव इसमें ज़रूर था, लेकिन व्यक्ति और परिवेश का भावनात्मक तनाव

उस तीखेपन और गहराई से वहाँ दिखाई नहीं देता था जो आज की कहानी की विशेषता है। अनुवीक्षण-यंत्र से आँख लगाए बैठे रहनेवाले व्यक्ति के लिए दूरबीन लेकर वायुयान से इतना कुछ देखने का यह अनुभव काफी स्फूर्त-विस्मय और रोमांचकारी डिस्कवरी के रूप में आया और शायद यहीं से एक और सूत्र मिला : व्यक्ति-स्तर पर चूँकि परिवेश-बोध एक अखंडित प्रक्रिया है, इसलिए अभिव्यक्ति माध्यम के रूप में भी एक ऐसी अखंडित विधा की खोज क्यों न की जाए जो इस सम्पूर्णता को बाँध सके। इस युक्ति के आधार पर एक ही अनुभव को लेकर, एक ही कृति में, अनेक विधाओं के प्रयोग की बात सोची गई। मुझे लगता है इसका परिणाम पुरानी फिल्मों में जिन्दा नाच-गाने डालने या आधुनिक नाटक में स्लाइडें दिखाने के चमत्कार के सिवा कुछ नहीं हो सकता। वैसे नया और अनूठा प्रयोग मनोरंजक तो निस्संदेह रूप से रहेगा ही कि कहानी चलते-चलते अचानक नाटक में बदल जाए, नाटक, सिनेरियों बनने लगे कि लिफाफे से एक लांग-प्लेइंग डिस्क निकल पड़े, अगली बात पेंटिंग में होती हुई कविताओं तक आए और फिर कहानी सबको समेट कर एक रूप दे दे। जब थ्री-इन-वन आइसक्रीम या काकटेल-शराब आधुनिकता-बोध की उपज हो सकती है, तो विधाओं के इस मुरब्बे ने ही क्या बिगाड़ा है ?

खैर, सवाल विधाओं की जोड़-तोड़ और काट-छाँट से बोध और अनुभव की अखंडता का भ्रम देने का नहीं, इस बोध को अविच्छिन्न शिद्दत (इटैसिटी) में जीने और व्यक्त करने का है। कहानी की सार्थकता शायद इसी में रही है। लेकिन यह अब हम सब को लगने लगा है कि कहानी न तो अनुभूति के दूसरे बृहत्तर आयामों का अन्वेषण कर पा रही है, न वर्तमान क्षण की सँकरी होती सीमाओं को तोड़ पा रही है—इसलिए वह या तो बहुत अधिक सपाट हो जाती है या फिर बेहद दुरूह। मुझे लगता है कि बोध की समग्रता और तीव्रता को कायम रखते हुए ही कहानी के वर्तमान स्वरूप का अतिक्रमण करना हमारी मजबूरी हो गई है। हो सकता है स्वरूप का यह अतिक्रमण (जैसा कि मैंने कहा) यथार्थ के अतिक्रमण के रूप में हो। लोक-कथाओं और फैंटेसियों जैसे प्रयोगों में—या वर्तमान-विधा की सीमा विस्तार करके। यानी कहानी और उपन्यास के बीच की कोई विधा समय के सन्दर्भ में सार्थकता ग्रहण करने लगे—और कथाकार सजीव-बिम्बों में ही अपनी बात कहने के लिए अनुभूति का ऐसा नाटकीय क्षण चुने, जो छोटी कहानी और बड़े उपन्यास—दोनों को तोड़ने से बनता है। शायद नाटक, उपन्यास और कहानी का यही एक सामासिक (सिंथेटिक) रूप हो। मैं पृष्ठ-संख्या निर्धारित करके बात को व्यावसायिक नहीं बनाऊँगा—मेरा आशय, बोध की सघन-समग्र तीव्रता और प्रामाणिक अनुभव की अखंड व्यापकता को पकड़ने की 'एप्रोच' से है। कुछ महत्त्वपूर्ण लेखकों की सारी रचनाओं में इस तरह के प्रयोगों का अत्यन्त विशिष्ट हो उठना मुझे अकारण और अचानक ही नहीं

लगता—वे चाहे सँकरा-द्वार; ब्लैक-स्वान, बूढ़ा और समुद्र, अजनबी, बारावास, नौशिया जैसी विदेशी कृतियाँ हों या चित्रलेखा, त्याग-पत्र, बारह घंटे, अपने-अपने अजनबी, चाँदनी के खंडहर, सूरज का सातवाँ घोड़ा, मित्रो मरजानी, समुद्र में खोया हुआ आदमी, हुजूर, बड़ी-बड़ी आँखें जैसी हिन्दी की रचनाएँ।

लगता है, उपन्यास और कहानी समय की सार्थकता को पकड़ने के लिए किसी ऐसे ही रचनात्मक नाटकीय-क्षण की ओर बार-बार बढ़ते रहे हैं, क्योंकि आज का आदमी खुद न तो पहले की तरह का (महापुरुष) है, न अपना व्यक्तित्व और आइडेंटिटी खो कर भीड़ और परिवेश की वह नगण्य इकाई, जिसे लघु-क्षुद्र मानव के रूप में जाना जा सके। वह इन दोनों के बीच इनसे हटकर अपना व्यक्तित्व जीता और उसे स्थापित करता ऐसा व्यक्ति है जो अपने आप में पूरे समय को पाना चाहता है और पूरे समय में अपनी स्थिति और प्रासंगिकता जानना चाहता है। उसकी इस तड़प को न तो ज्योतिषी की भविष्यवाणी के रूप में लेना चाहिए, न निर्णायक के फैसले के रूप में—यह तो केवल अपनी स्थिति का जायजा और सम्भावनाओं की खोज की दिशा में एक प्रयत्न-भर है—इसे स्थिति से विद्रोह भी कह सकते हैं और विधाओं के उपलब्ध साँचों का अतिक्रमण भी।

●●●